西路軍

西路军

河西浴血

冯亚光○著

陕西新华出版传媒集团
陕 西 人 民 出 版 社

图书在版编目（CIP）数据

西路军．河西浴血/冯亚光著．—西安：陕西人民出版社，2009（2021．4重印）

ISBN 978-7-224-08878-6

Ⅰ．西…　Ⅱ．冯…　Ⅲ．红四方面军—史料　Ⅳ.E297.2

中国版本图书馆 CIP 数据核字(2009)第 048878 号

西路军·河西浴血

作　　者　冯亚光

出版发行　陕西新华出版传媒集团　陕西人民出版社

（西安北大街 147 号　邮编：710003）

印　　刷　西安市建明工贸有限责任公司

开　　本　787mm×1092mm　16 开　24.75 印张　3 插页

字　　数　387 千字

版　　次　2009 年 5 月第 1 版　2021年4月第9次印刷

书　　号　ISBN 978-7-224-08878-6

定　　价　45.00 元

西路军西进行动示意图

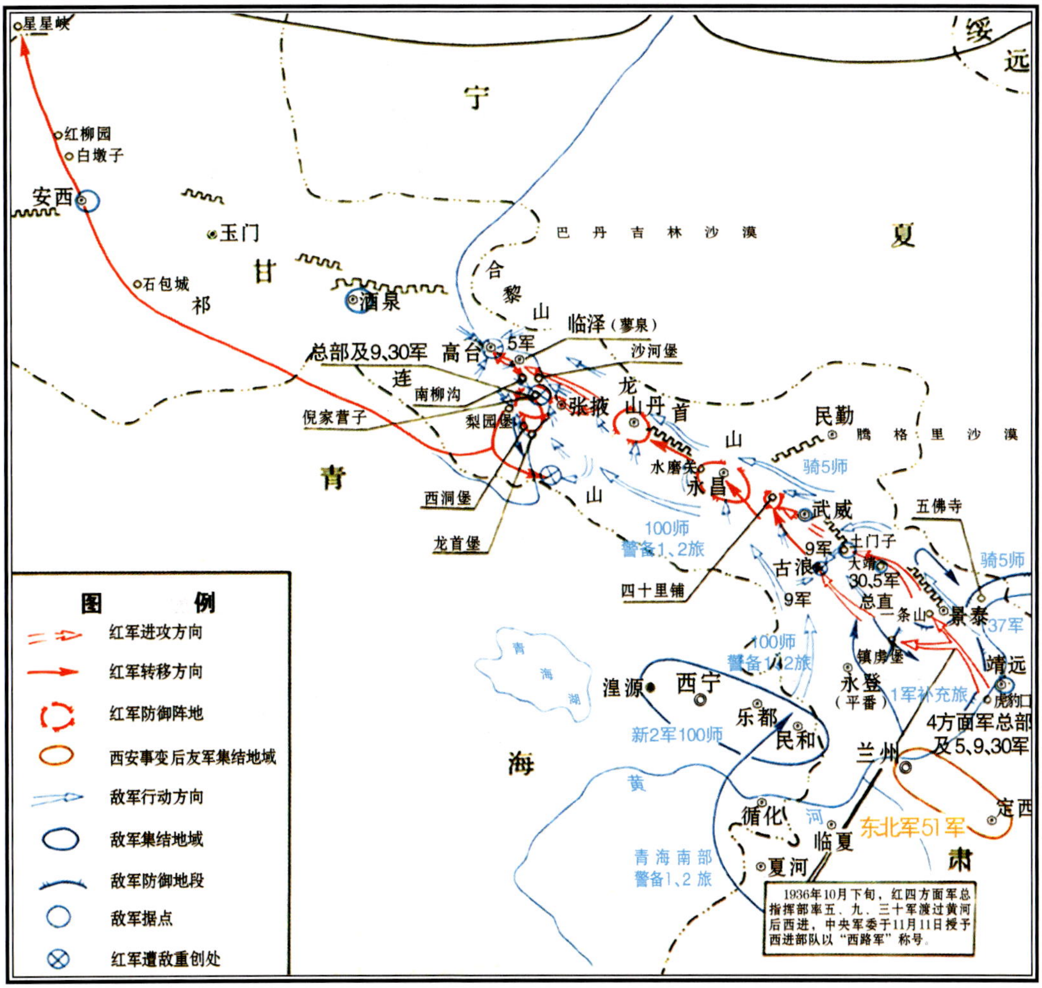
星星峡
红柳园
白墩子
安西
玉门
石包城
甘
祁
酒泉
宁
巴丹吉林沙漠
夏
绥
远
合
黎
山
临泽（蓼泉）
沙河堡
总部及9、30军
高台
5军
连
南柳沟
倪家营子
梨园堡
张掖
龙
山丹
首
山
民勤
腾格里沙漠
水磨关
永昌
骑5师
青
山
西洞堡
龙首堡
100师
警备1、2旅
武威
五佛寺
土门子
9军
古浪
大靖
30、5军
骑5师
四十里铺
9军
总直
一条山
景泰
37军
100师
警备1、2旅
镇虏堡
靖远
青
海
湖
湟源
西宁
永登
（平番）
1军补充旅
虎豹口
乐都
民和
4方面军总部
及5、9、30军
新2军100师
海
兰州
黄
河
定西
循化
临夏
东北军51军
肃
青海南部
警备1、2旅
夏河
1936年10月下旬，红四方面军总指挥部率五、九、三十军渡过黄河后西进，中央军委于11月11日授予西进部队以“西路军”称号。
图例
红军进攻方向
红军转移方向
红军防御阵地
西安事变后友军集结地域
敌军行动方向
敌军集结地域
敌军防御地段
敌军据点
红军遭敌重创处

再版前言

2009年5月《西路军·河西浴血》、《西路军·生死档案》、《西路军·天山风云》正式出版。《中华读书报》、《科学时报》、《甘肃日报》、《陕西日报》等几十家媒体做了报道或评介。《兰州晚报》、《银川晚报》、《荆门晚报》、南京人民广播电台、济南人民广播电台等做了连载或连播。

西路军是党史军史上的一件大事，用文学的载体让更多的人了解这段历史，应该说是十分有意义的一件事。这三部书，因完整、系统地记叙了西路军的悲壮征程而引起较大反响，赞扬的人很多，同时也有不少读者提出意见和建议，强调历史的真实性与文学的可读性的统一。许多意见是中肯的。历史的真实性依靠史料的翔实和准确，文学的可读性必须以历史的真实性为前提。

西路军历史积淀深刻。《西路军》三部价值的高低，就在于反映西路军历史的真实与否。与此相关的著作应该具有深厚的历史内涵、丰富的历史知识、感人的历史人物、饱满的时代风貌、优秀的叙述文笔。本着上述目标，对《西路军》三部及时勘定是对历史的尊重，是对读者的尊重。

这次勘定用了整整半年时间，修改差误，并增加了数万字。无论是内容的充实还是形式的完善都有明显提高。《西路军》的成书过程，是一个学习、研究的过程。为了使内容与形式达到高度的统一，这个过程还将继续下去。一旦时机成熟，还会再出修订版。

感谢读者和陕西人民出版社的支持，希望能得到更多交流和有益的意见。

冯亚光

序言

魂归河西

蓝天，白云，黄沙，绿洲。大漠，气势雄浑，朴厚苍茫；长河，源远流长，汹涌澎湃。飞机平稳地飞行在河西走廊上空，追寻着徐向前元帅当年的战斗足迹：虎豹口——梨园口；一条山——祁连山。机舱内，徐向前元帅的骨灰盒覆盖着鲜红的党旗；舷窗外，千里祁连白雪皑皑，向后延伸着延伸着，似乎在依依地挥手道别，肃立含悲。

此刻，是1990年11月6日。此前，李先念到病房探望徐帅。徐帅把酝酿很久的意愿，告诉了这位与自己并肩战斗半个多世纪的老战友，他说："把我的骨灰撒到大别山、大巴山、河西走廊和太行山！"徐帅曾把自己的脚印留在河西走廊那浑莽、空漠、深沉的世界里，他对长眠在这里的战友、部属以及这里的各族人民有着深厚感情和无限怀恋。

遵照徐帅的遗愿，其亲属将徐帅的部分骨灰伴着白黄两色鲜花撒向徐帅当年浴血奋战过的河西大地。徐帅的英灵像遥远的地平线将永远横在天际，和牺牲在这里的万千英烈同在，和祁连山同在。

一位西路军女战士肃立在徐帅家中会客室设的灵堂前，仰望徐帅的遗像，不禁潸然泪下。她难忘祁连山下那殊死的搏斗，更难忘艰苦岁月里徐帅表现出的博大胸怀和高风亮节。她呼叫了一声"徐帅"，痛哭失声。

徐帅是西路军军政委员会副主席、总指挥。军政委员会主席、总政委陈昌浩如果能够留下自己的遗愿，也会把骨灰撒在河西走廊。他对河西也有比绵连起伏的祁连山峰还要深重得多的情谊，但是，他在过去那些风风雨雨的岁月里去了，沿着曲折而寂寞的小路无声无息地去了。中共中央党史研究室收到一位老同志写的回忆文章中提到陈昌浩时说："陈昌浩是张国焘分裂主义路线的忠实走狗。"胡耀邦就这个提法做了如下批示："昌浩同志犯过严重错误，但人死，并且是'四人帮'迫害致死的，说什么'忠实走狗'，不妥。"陈昌浩地下有知，也会心潮如鼓，嘭嘭地撞击胸膛。

河西走廊，经历了战争的洗礼、荒野的苦寂、风雨的侵袭，阅尽了人间沧桑。河西走廊既然曾经被鲜血浸染，那么，遍地猩红的野罂粟、绛黄的野百合、苍蓝的勿忘我，就应该把无边的色彩织成世世代代的缅怀和沉思；河西走廊既然曾经凝固了红军老战士赤诚的灵魂，就该将那低沉或亢奋、喑哑或粗苍的呐喊声汇聚成奔腾的祁连雪水，给无垠的沙漠留下一个绿色的梦……

屹立在河西走廊的祁连山上，能感觉到世界的沉重、道路的坎坷，以及人类自身不停地拼搏和奋进的坚实力量。祁连山啊！你身躯的魁伟，是西路军红军老战士的血肉和灵魂雕琢而成的吗？浓缩了红军信念的崇山峻岭，才会显得如此雄劲有力，随时都能爆发出移山倒海的气势！

翻阅那些饮恨河西走廊的红军老战士用血泪写成的回忆录，翻阅中共党史军史工作者深入细致的调查材料，和西路军红军老战士促膝长谈，常常不禁怆然泪下，心中翻腾着一种难以言说的复杂的情绪。他们那娓娓的述说、沉重的叹息，把我引入一个悠远的广漠的世界，引入历史的深处。西路军悲壮惨烈的西征，老一辈英勇牺牲的身影，是那样深重地刻在我的脑海里，冲撞着我的心扉。

这支从土地革命战争烈火中冲杀出来的南方钢铁队伍，与敌殊死搏斗在大西北严冬的河西走廊，欲急进而不能，欲速退亦不可，流血裂冰，伏尸盈雪，外无援军，内无粮弹，历时近五个月，惨遭失败，在中国革命战争史上写下了悲壮的篇章。

西路军一度同张国焘的退却逃跑路线捆在一起，这符合历史事实吗？西路军西征的起因是什么？失败的历史原因有何复杂性？应当怎样评价它的历史作用？这些疑问犹如一曲粗犷、原始的悲歌，和着当年战火沉重的脉搏，从我的心上流过。我要将这如幽灵般在天空中闪烁的问号收入我的《河西浴血》，我要努力拂去历史蒙上的尘埃，追思那永不泯灭的悲壮与屈辱。

历史终于褪去了雾的迷茫。李先念在《沉痛悼念徐向前元帅》一文中说："党的十一届三中全会后，在党中央特别是小平同志、陈云同志的关怀下，经过认真调查研究，作出了这支部队西渡黄河与转战河西走廊，是执行中央军委命令的结论。向前认为，这一实事求是的历史结论，是对浴血奋战的西路军和众多牺牲的英雄儿女的莫大告慰。"

又有飞机乘云而起，扶摇直上。阳光透过舷窗将覆盖着李先念骨灰盒的中国共产党党旗照得鲜红透亮。骨灰和粉色的花一起撒向白雪皑皑、松涛阵阵的祁连山。骨灰和鲜花在风中簌簌作响，仿佛吟诵着李先念的最后遗言："把我的骨灰撒到我曾战斗过的地方——大别山、大巴山、祁连山。那是我成千上万的战友流血牺牲的地方，我舍不得牺牲了的战友，我想和他们在一起。"祁连山，冰峰雪岭，逶迤连绵；风笛呜咽，竖琴咏叹；诉诸心肝，质诸天地。

西路军的一幕幕，随着时间的消逝而融入远方的苍穹。今天，红军虽已不再是河西走廊这块土地的唯一注脚，但我将永远铭记，风骨擎天、意志穿岩的西路军悲壮西征的故事。我以强烈的冲动和极大的振奋挥笔疾书，似乎感到那白纸上墨迹的体温和硝烟，看见无数老红军微笑着走来。他们身后，东方天际，现出了一抹粉红色的朝霞，喷薄出万道霞光。金灿灿的光环，红红的云，浓情似火燃着整个大地。

目　录

第一章

西渡黄河

红军三大主力会师的战略决策

甘肃省会宁县。山冈起伏，大野悄悄，秋风中弥漫着凄楚苍凉。这里的山被千百年无数次风雨袭击、剥蚀得只剩下赭色岩石或黄土山脊，巍峨耸峙，傲骨擎天。由于水土流失，河流切割，到处是土梁和沟壑。树是偶尔能瞥进眼的几株，草是灰蓬蓬的数丛。流水带走了沃土，只把贫穷和饥饿留下。豪强劣绅压榨盘剥，更胜于凄风苦雨，刮走了一层层的民脂民膏。现在虽是秋天，但收获季节的风也似乎吹不散笼罩在四野的阴霾，长空像裹着一层厚重的殓布。然而，终有回天巨手要将混沌的乾坤扭转。十月的金风里，飘来无数红色的军队，犹如午夜的闪电，划破了浓重的黑暗，搅动了山乡的凄凉。

1936 年 10 月，红军三大主力一、二、四方面军于会宁地区实现大会师。10 月 10 日，中共中央、中央工农民主政府、中央革命军事委员会，联合发出了《为庆祝一、二、四方面军大会合通电》，向三个方面军领导人及全体指战员致以热烈的慰问和祝贺。

会宁城西津门拥进一队队红军。西津门这座清代建筑，两层飞檐挑角的阁楼上，插上了红旗，刷满了标语，飞起道道光华，十分耀目显眼。西津门因此在新中国成立后改称“会师门”，在中国革命历史上大放异彩，闻名中外。

此刻，西津门下，一位剑眉飞扬、双目炯炯的军人正骑马通过。他身穿一套灰色土布半旧军装，腰间束着一条半旧牛皮腰带，腿上裹着“人”字形的灰布绑腿，帽子上和所有红军一样也缀着一颗红五角星。他三十出头，可是一脸肃穆，一派老成，连过长的胡楂也秋草一般灰蒙，仿佛落了土，带了霜。征程上的风雨，洗去了他青春的鲜亮，敷上了一层壮年的苍老。他，就是驰骋疆场、叱咤风云的红四方面军总指挥徐向前。

徐向前1901年11月8日出生在山西省五台县永安村。他1924年考入黄埔军校，一期毕业后，毅然投身革命。徐向前投身革命之际，中国将要经历一次鲜血的洗礼。坐在南京总统府会议厅长桌上首的蒋介石举起右手比画着，然后像刀一样从上劈下，他要把孙中山先生充分信赖的共产党人斩尽杀绝。正是在蒋介石磨刀霍霍，准备把共产党人和人民群众淹没在血泊之中的1927年初，徐向前加入了中国共产党。他参加过著名的广州起义；坚持过东江游击战争；在粉碎“罗李会剿”中以少胜多，五战皆捷；他驰骋大别山，四次反“围剿”，创建红四方面军；西行转战三千里，开辟川陕根据地；长征途中，率领红四方面军浴血奋战，迭摧强敌。

古老的会宁城焕发出青春的活力。花鞭鼓号与激越的歌声交响回荡，镰刀斧头和灿灿的红五星辉映闪光。会宁城几乎容纳不了这从天而降的喜庆，那头

甘肃会宁会师门

欢呼声、口号声刚停，这头又炸响爆竹。战友们按捺不住激动的心情，放下手中的武器，抛下肩头的背包，含着热泪互相拥抱，互致问候。

徐向前看着如潮的人群，也格外激动。1935 年 6 月，红一、四方面军会师于夹金山下，又于 9 月在茫茫草地中痛苦地分别，经过一年的艰苦转战，今天又在黄土高原胜利会合了。

徐向前

到了驻地，徐向前总指挥便马上展开作战地图，研究地形和敌我情况。徐向前是一位专心致志的军事家，他的“军事劳动”特别细致艰苦。无休止的戎马生活是紧张疲累的，可是徐向前求知砥砺，夜以继日地钻在作战方案、敌我情况、军事论著之中。李先念在《沉痛悼念徐向前元帅》一文中说：“他是我的马克思主义理论和军事学识的启蒙教师。在红四方面军，他经常和我同吃同住。只要有点空闲时间，他就抓起书本，默默地读。我养成攻读马列和军事著作的兴趣，结合战争实践不断提高作战指挥艺术，是与他的教育和帮助分不开的。”

徐总指挥也有自己的休息方法，宿营闲暇时，爱哼哼京戏，还拉拉京胡、吹吹箫，自有一番乐趣。此刻，三军会师带来的喜乐还激动着他，徐总指挥心里高兴，又拉起京胡唱起《甘露寺》中的一段：

……
他有个二弟，汉寿亭侯，
青龙偃月神鬼皆愁，
白马坡前诛文丑，

在古城曾斩过老蔡阳的头。
他三弟翼德威风有，
丈八蛇矛惯取咽喉，
鞭打督邮他气冲牛斗，
虎牢关前战温侯，
当阳桥前一声吼，
喝断了桥梁水倒流。
他四弟子龙常山将，
盖世英名贯九州，
长坂坡，救阿斗，
杀得曹兵个个愁。
这一班虎将哪个有？
还有诸葛用计谋。
……

徐总指挥唱得忽而欢畅沸扬，忽而细如燕语。《甘露寺》这段西皮原板转流水的唱腔，经徐总指挥一唱，愈显高亢明快。

这时，四方面军总政委陈昌浩走了进来，看见总指挥唱到得意处，也分享着快乐。

陈昌浩生于1906年7月，湖北汉阳县永安堡戴家庄人，1923年考入武汉高等师范学校，1925年参加农民运动，1926年加入共青团，1927年底到莫斯科中山大学学习，1930年回国，转为中共党员。陈昌浩1931年4月从上海到鄂豫皖根据地，初时任共青团中央分局书记。1931年11月7日，红四军和红二十五军改编为红军第四方面军，陈昌浩任总政委，徐向前任总指挥。

红一方面军和红四方面军懋功会师，然而不久，张国焘即和中央发生分歧，最终分道扬镳，一个南下，一个北上。毛泽东和党中央单独带一、三军团北上，于9月9日夜开拔。当此关键时刻，陈昌浩维护了红军的团结。

徐向前在回忆录中说：

"第二天凌晨，我们才知道。那天早晨，我刚刚起床，底下就来报告，说叶剑英同志不见了，指挥部的军用地图也不见了。我和陈昌浩大吃一惊。接着，前面部队打来电话，说中央红军已经连夜出走，还放了警戒哨。何畏当时在红军大学，他跑回来问：是不是有命令叫走？陈昌浩说：我们没下命令，赶紧叫他们回来！发生了如此重大的意外事件，使我愣了神，坐在床板上，半个钟头说不出话来。心想这是怎么搞的呀，走也不告诉我们一声呀，我们毫无思想准备呀，感到心情沉重，很受刺激，脑袋麻木得很。前面有人不明真相，打电话来请示：中央红军走了，还对我们警戒，打不打？陈昌浩拿着电话筒，问我怎么办？我说：哪有红军打红军的道理！叫他们听指挥，无论如何不能打！陈昌浩不错，当时完全同意我的意见，做了答复，避免了事态的进一步恶化。他是政治委员，有最后决定权，假如他感情用事，下决心打，我是很难阻止的。在这点上，不能否认陈昌浩同志维护团结的作用。"

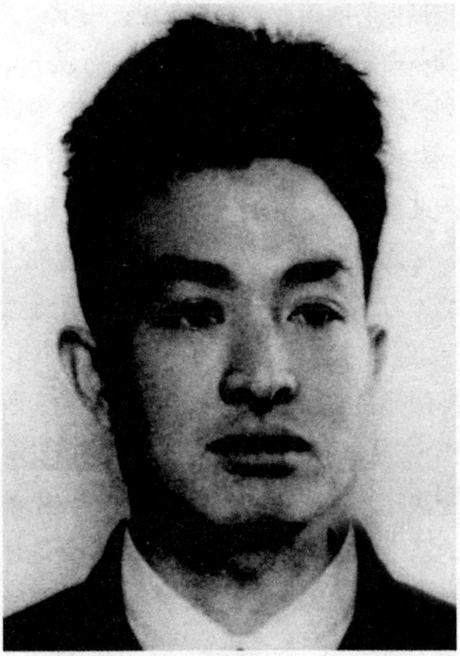

陈昌浩

直到徐总指挥唱完，陈政委才说："朱德总司令和张国焘总政委已赶到会宁，顾不上休息便派人叫我们去研究行动计划。"

朱、张"两总"的紧急到来，自然是带着重大使命的。

红军在实行从南到北的战略转移时，中共中央就已经考虑到打通国际路线，解决红军的战略靠背问题。还在红一、四方面军会合之前，1935 年 6 月 16 日，中革军委即致电四方面军领导人，提出了今后的战略方针："为着把苏维埃运动之发展，放在更巩固更有利的基础上，今后我一、四方面军总的方针应是占领陕甘川三省，建立三省苏维埃政权，并于适当时期，以一部组织远征军，占领新疆”。8 月5 日，在毛儿盖附近的沙窝召开了中共中央政治局扩大会议，会议通过的《中央关于一、四方面军会合后的政治形势与任务的决议》明确指出：“西北各省是中国反动统治及帝国主义力量最薄弱的地区，在地理上又接近世界无产阶级国家及蒙古人民共和国，这更造成苏维埃与红军发展的有利条件。”9 月12 日，中共中央政治局在俄界召开扩大会议，关于在何处建立根据地的问题上，毛泽东说：由于一、四方面军已经分开，张国焘南下，使中国革命受到相当严重的损失，所以一、三军团必须变更建立川陕甘根据地的计划，以游击战争来打通国际联系，靠近苏联，在陕甘广大地区求得发展。11 月，共产国际派林育英（化名张浩）回陕北，传达了斯大林的指示：不反对中国红军主力从北方（外蒙方向）和西北（新疆方向）靠近苏联。12 月31 日，中共中央政治局瓦窑堡会议通过的《中央关于军事战略问题的决议》，确定红一方面军东征，“拿三个步骤，达到打通苏联与巩固开展现有苏区的任务”。红一方面军东征，只完成了两个步骤，第三步（战略目的）未能实现，旋即回师陕甘苏区，复准备西征。关于西征，毛泽东1936 年6 月29 日的电报指出：“从总的战略上看，无论站在红军的观点上，站在红军与友军联合成立国防政府的观点上，打通苏联解决技术条件是今年必须完成的任务。”打通苏联的道路有二，一是宁夏及绥西，一是甘、凉、肃三州。红军出动的时机亦有二，一是夏秋，一是冬天。不论采取哪一条道路与选择哪一个时机，给马鸿逵以坚决的打击，都是决定性条件。为此，要求一方面军必须于一个月内做好打击宁马及西渡黄河的准备工作。

张国焘南下失败后，内外交困，被迫放弃川康计划。1936 年3 月，红四方面军复北上，抵甘孜、炉霍、道孚一带休整。5 月25 日，中共中央致电二、四方面军领导人：外蒙与苏联已订立了军事互助条约，共产国际盼望中国红军靠近外蒙、新疆。一方面军自东征回师后正猛力发展陕甘苏区，以渐次接近外蒙；二、四方面军宜趁此有利时机，速定大计，或出甘肃，或出青海，以便一方面军适时向天水、兰州出动，进行策应。张国焘及四方面军领导人同意上述方针，准备待与二方面军会合后，共同北进。6 月上旬，张国焘宣布取消伪中央，成立西南局。二、四方面军会师后，为统一两军的行动，7 月下旬经中央同意，由两个方面军的领导人组成西北局，张国焘任书记，任弼时任副书记。8 月，二、四方面军根据中央指示出甘南。9 月 4 日，中共中央致电西北局领导人，介绍了陕甘宁苏区情况：地广山多、沟深林稀、水少粮缺、物产贫乏、人口稀少，“不能供给大军久驻”。同时，还介绍了全国现存红军游击区的情况，强调指出：“通南巴以北之巴山山脉，有王邵春部活动，似散川陕鄂豫边境，可造成大规模游击战争之重要的战略地区。”西北局领导人故向中央提出了西进甘西或出川、陕、豫、鄂的方案。9 月 8 日中共中央复电：向西行动须求得苏联协助。“你们提出的出川、陕、豫、鄂方案，是一种向南京进攻的姿势，只在不能出西北及与南京谈判决裂之时，才是可行的与必须的。我们已将此点电告国际，我们向国际提出的亦是出西北与不得已时出东南两方案。”共产国际复电中共中央，同意红军占领宁夏及甘西。中共中央研究了共产国际的复示，决定一、四方面军合力先取宁夏，然后分兵再取甘西。经过电报反复商讨，四方面军领导人表示服从中央的决定，北上静宁、会宁地区，与一方面军会合。9 月底及 10 月上旬，四、二方面军分别下令北进，不久即在会宁地区与一方面军会师，准备实现夺取宁夏、打通苏联的战略计划。

红军接通苏联的意图，蒋介石早有猜测。1934 年秋，红军开始了举世闻名的长征。为了摸清红军北上意图，彻底“剿灭”共产党，蒋召开了军事会议。在会上胡宗南做了重点发言，他说：“共产党之所以放弃在江西多年的根据地而到处流窜，就是因为共产党没有苏联的援助，连根据地也保不住。因而，它只有转移到新疆或者外蒙古附近，才能取得苏联的物资援助，进出甘、青、新一带，打通国际交通线，伺机反扑。”在座各级将领无不为之惊服，蒋亦认为胡之分析有理。他为能有这样有见解、有头脑，且忠实于自已的下属而感到自慰，遂宣布胡宗南由第一师师长升任第一军军长。

红军三大主力会师，造成了横跨黄河两岸发展、打通苏联、雄峙西北的战略态势。蒋介石忧心如焚，焦灼万状，加之对共产党与东北军、西北军的秘密联系已有风闻，生怕“三位一体”，抗日反蒋，他慌忙处理完“两广事变”便回戈西北，全力“剿共”。蒋的“剿共”部署分为两步：第一步，组织通渭会战。令胡宗南第一军进至秦安、清水地区，王均第三军两个师及关麟征第二十五师向天水、甘谷集结，毛炳文第三十七军向陇西、武山、榆盘集结；东北军于学忠部从兰州抽调两个师进至定西，王以哲部控制平凉、隆德、静宁，董应斌部抽两个师至固原策应；马步芳、马步青部沿黄河西岸筑碉防堵。敌企图在西兰通道地区给红军主力以致命打击，防止红军渡过黄河，北进宁夏。第二步，组织最后“围剿”。集中几十万大军，配属百架新式战斗轰炸机，稳扎稳打，步步为营，将红军主力压迫在黄河以东、西兰通道以北地区，一举消灭。所剩“残匪”，予以和平“收编”，收编数目5000人左右。在“围剿”红军的同时，乘机观察张学良、杨虎城的动向，如不服从军令，则撤职查办，并将东北军、西北军调离西北，予以肢解。10月上旬，张学良把蒋介石的通渭会战计划通报中共，提议红军及早进行宁夏战役：“朱、张速通过西兰大道与一方面军会合，执行宁夏战役。”

宁夏战役计划是党中央经同张学良等协商后，于8月12日提出的。其战略目的是：我军同东北军合作，打通与苏联的陆上交通，建立西北国防政府，出兵绥远，以推动全国大规模抗日战争之实现。

红军三大主力会宁会师前，鉴于敌情变化，中革军委即考虑提前执行宁夏战役计划，以三个方面军合力夺取宁夏，打通苏联，以实现西北抗日的新局面。为此，10月2日，毛泽东致电彭德怀：“关于提早攻宁问题，请你提出意见。”同日，毛泽东、周恩来、彭德怀致电朱德、张国焘、徐向前、陈昌浩、任弼时、贺龙、关向应、刘伯承，提出：“如果四方面军之渡河技术能保证在中卫地段渡河，则以早渡为妙，对南敌一般可暂取钳制手段。”10月9日，毛泽东、周恩来将蒋介石的通渭会战计划以及张学良的意见电告朱德、张国焘、徐向前、陈昌浩、任弼时、贺龙、关向应、刘伯承、彭德怀九人，“请兄等提出意见”。

朱德和张国焘赶抵会宁，就是要和徐、陈共同研究，拿出意见供中央参考。

会宁城内的一座普通居民院落。屋内叠放着一份份电报和作战方案的土炕小桌边，坐着红军总司令朱德和总政委张国焘。“你们来了，快坐下！”朱总司令操着浓重的四川口音对走进屋的徐、陈说。张国焘也挺起身来，抑郁的眼睛闪出了些许亮光。此时，张国焘还背着另立“中央”的包袱，心情显得沉重。

徐、陈走到铺着地图的桌前坐下。这是一幅军用地图，上边记着无数的符号、线条，如绿色的斑点、黑色的曲线、红色的箭头。徐向前冷峻地扫了一圈地图，抽出别在腰带上的旱烟锅，从吊在烟锅杆上的黑色烟袋里拈出烟叶，慢慢地摁进烟锅里，吧嗒吧嗒地抽起来。

朱总司令目不转睛地瞅着地图，凝神思考了片刻，然后在屋里来回走着，灰军衣的下襟来回摆动着。朱总司令和大家共同分析红军三大主力会师后的军事和政治形势。

朱、张、徐、陈于10月10日致电洛、毛、周、贺、任、刘、关："四方面军之三十军即向靖远进，协同打拉池七十三师，部署渡河。""这一部署要点，即靖远渡河部署，宜迅速，因二、四方面军过渭河北进后，我之企图已太明。""如靖远渡河不成功，则须对胡、毛、王为部分决战，阻止该敌，等结冰后实现宁夏计划。""如靖远渡河成功，又须三个方面军主力一同过河到甘北时，则首先以四方面军先渡河，接着二方面军跟渡，尔后一、四方面军互为掩护一同过河，黄河右岸留适当兵力活动。""这一计划请你们告之，并告国际，要求其迅速准备与我接通。如何，盼速复，以便执行。"

中共中央和中革军委参考各方面军领导人的建议，权衡轻重，决定执行宁夏战役计划。在《为庆祝一、二、四方面军大会合通电》发出的第二天，即10月11日，中央及军委发布《十月份作战纲领》，内容如下：

甲、根据目前敌我情况，为着集中一切力量克服困难条件，完成基本战略任务起见，十月份作战纲领拟定如次。

乙、四方面军以一个军率造船技术部迅速进至靖远、中卫地段，选择利于攻击中卫与定远营之渡河点，以加速的努力造船，十一月十日前完成一切渡河准备；四方面军主力在通（渭）马（营）静（宁）会（宁）地区筹粮休整，派多数支队组成扇形运动防御，直逼定西、陇西、武山、甘谷、秦安、庄浪、静宁各地敌军附近，与之保持接触，敌不进我不退，敌进节节抵抗，迟滞其前进时间，以期可能在十月份保持西兰大道于我手中。

丙、二方面军进至通渭马营以北、界石铺以南地区，休息数日，转进至静宁、隆德线以北地区休整，派支队伸出静隆线以南，威胁胡敌侧翼，滞其西进，准备尔后以主力或一部接替一方面军在固原北部之防御任务。

丁、一方面军之西方野战军主力保持同心城间之枢纽地段豫旺城于手中，其第二师相机袭占庄浪，待二方面军到达静隆线后，北上归还建制；第一师及陈支队暂在黄河、海原间，威胁与抑留于学忠部使不敢东进，尔后逐渐西移归还主力；二十八、二十九两军集中定、盐地域，一部逼近灵武，准备居民条件，完成侦察任务；独四师确保环曲苏区，其余东方部队任务不变。

戊、攻宁部队，准备以一方面军西方野战军全部及定盐一部、四方面军之三个军组成之；四方面军之其余两个军及二方面军全部、一方面军之独四师，组成向南防御部队，可能与必要时，抽一部参加攻宁。

己、攻宁开始时机，依造船情况决定，但至迟十一月十日前须完成一切攻宁准备。

庚、十一月十日前，各部队注重休息、补充、扩大，尤特别注意训练，以便有力地执行新任务。

……

（引自《中国工农红军西路军·文献卷》上，甘肃人民出版社 2004 年 7 月第 1 版，第 287 页）

中共中央为统一军事指挥，团结对敌，对张国焘的分裂主义未予追究，确定由毛泽东、彭德怀、王稼祥、朱德、张国焘、陈昌浩六人组成军委主席团（周恩来因准备与蒋介石谈判，暂不参加）。《十月份作战纲领》指出“各部任务由朱、张两总转及各方面军首长以个别命令行之”。

当日，中央书记处又致电朱、张两总并告彭、贺、任、徐、陈：“现三个方面军已完全会合，新的伟大战斗即将开始，为统一指挥起见，拟请朱、张两同志以总司令、总政委名义，依照中央与军委之决定，指挥三个方面军之前线作战事宜。三个方面军对朱、张两总之报告，及朱、张对三个方面军之电令，均望同时发给中央军委一份，密切前后方联络。”

红军北进宁夏，打通苏联，自然会招来蒋介石不惜一切代价的阻止。蒋介石的“围剿”正在展开，刺刀与炮火结成的网，从四面八方向红军拉了过来。

“你当过木匠，指导造船有办法！”

向暮时分。夕阳跌落在荒山秃岭上，碰伤了，刺破了，金浆从山坡上流下来，整个山谷被染得金碧辉煌。两骑马飞驰着，马匹伸成一条线，肚皮几乎要挨着地。因为骑得飞快，前面的一匹白马，恰似划过一道透亮的闪电。会宁城渐渐地清晰起来，马慢了下来，两肋汗淋淋的，像水洗过一样，马头扬起，鼻中喷着雪片似的白沫。骑在前面的人二十六七岁，他那张敦厚的方脸盘轮廓鲜明，线条锐利。他是红四方面军三十军政委李先念，跟在后面的是他的警卫员，年龄只有十六七岁。李先念接到徐、陈紧急通知，特意赶到四方面军指挥部。

“啊哈，你来得好快！”李先念一进来，徐向前和陈昌浩的脸上露出会意的笑容。总参谋长李特也在场。李特，安徽霍丘人，曾赴苏联入莫斯科东方大学和列宁格勒军政学院学习。

徐向前和李先念既是老上下级，更是老战友，他们曾互相用生命救援过对方。四方面军撤离鄂豫皖西征时，在枣阳新集，敌人突然包围了总指挥部，徐向前把身边的警卫人员和机关干部组织起来，硬顶住敌人。李先念见总部被围，脱下上衣，率领部队冲锋，打垮了敌人，解救出总部。子午镇一仗，敌人把四方面军的四个师截成两段，李先念负伤，徐向前对他说：“你先走吧，后面我来指挥！”将敌击溃，冲出重围。

徐、陈、李、李四人随便坐在炕上或炕沿，围着一张摊开地图的小炕桌。一盏在当时算是奢侈品的马灯挂在天花板下面，照亮着桌上的地图。徐总指挥将烟锅中的烟灰在桌边磕了磕，指着地图说：“指挥部拟定，三十军率先在靖远渡过黄河，迅速逼近宁夏南部，占领黄河弯曲处之枢纽地带，袭取宁夏战略要地定远营！”

徐、陈以及四方面军其他首长，对渡河方向已是考虑再三。天堑黄河，奔腾万里。古代跋涉在丝绸之路的人们，从长安起程西行，或从西域穿过河西走廊到长安，都要遇到这条大河的险阻。从甘肃到宁夏，黄河上较大的峡就有乌金峡、红山峡、黑山峡，其余地段也都石山峭立，河道狭窄，水流湍急。这段黄河，丝绸之路的著名渡口就有临津、金城、鹯阴口、索桥、灵武等处。而这些渡口目前都被武威的马步青部和宁夏的马鸿逵部重兵把守。靖远县境内有索桥和鹯阴口两个渡口，丝绸之路从甘肃境内的北线进入河西走廊，就必须通过这两个渡口。不过，红军是不能通过渡口过黄河的。

李先念

李特参谋长拿了几份电报给李先念。内容是要四方面军造船，过黄河，打宁夏战役。他反复地看，几乎都能背下来了。

陈昌浩两道细而浓的剑眉下的大眼睛流露着信任的神色，恳切地说："先念，为全军开辟道路的重任就放在你肩上了。当年强渡嘉陵江是你们三十军实施的，你又当过木匠，指导造船有办法，造船和强渡任务就交给你！"

徐向前对李先念说："三十军先过河，其他部队跟进。"

"过河主要是解决船的问题！"李先念回答陈政委和徐总指挥。旁边的参谋长说这一带有不少杨树。

"有杨树就好办，制造百十条船不成问题！"李先念沉吟片刻，斩钉截铁地回答："我们一定完成造船任务，做好强渡的准备工作！"

李先念分明感到了所承担的千钧重任。当面，马步青已在黄河沿岸构筑了严密防御工事；背后，蒋介石的嫡系部队正步步紧逼。在这敌军重兵围剿，军情瞬间逆转的形势下，危机就像乌云低垂在红军将士的头上，伸手可触。突破黄河，挺进宁夏，打通国际路线，是中央的战略决策。他不惜粉身碎骨，也要完成强渡任务，为全军打开胜利的通道。

根据《十月份作战纲领》，四方面军的任务，一是迅速造船，完成一切渡河准备；一是南向西兰通道地区防御，拒阻南面敌人的进攻。据此，红三十军奉命到靖远地区秘密造船，侦察渡河点，准备渡河。四军、五军、三十一军，沿会宁、界石铺、华家岭、马营、通渭、宁远镇、葛家岔、静宁等地，梯次配置，抗击胡宗南、毛炳文、王均、关麟征等军的进攻。九军置于会宁至靖远之间，作预备队，如三十军渡河成功，九军即迅速跟进；如渡河不成而南敌突击，则以四、五两军牵制敌之侧翼，而以三十军、九军反击南敌，为三十军渡河争取时间。为了及时造好船只，实施战略计划，毛泽东通知彭德怀，红一方面军火速从前方大力搜集木板、铁钉、桐油、棉花、破衣等材料，寻找木匠、铁匠等技术人员，支援三十军。

李先念离开总指挥部，天已经黑下来了，到处亮起飘忽的灯光。走到街上，李先念的目光因兴奋而变得明亮，造船任务把他当过木匠的记忆的火星又燃了起来。

李先念，大别山区湖北省黄安县（今红安县）人。黄安县抚育了红四方面军。在中国工农红军的队列中，曾经每三个人就有一个黄安人，每四名英烈中就有一名属黄安籍，从这里走出了223名共和国开国将军。

李先念1909年6月23日出生在黄安县九龙冲李家大屋，乳名全伢，号克念。少时读过两年私塾，种过田，当过店员，学过木匠，人称“小李木匠”。15岁时，他的木匠师傅送他到汉口一家寿器店学徒谋生。疮痍满目、充满不平的社会现实，使他萌发了革命思想，他要为旧世界打一副棺材。当黄安县一燃起革命烈火，他就投身到了当时的革命洪流中。“小小黄安，人人好汉；铜锣一响，四十八万；男将打仗，女将送饭。”临去世前的李先念，在病中经常念起这首当年攻打黄安的歌谣。

1927年4月12日，蒋介石在上海发动反革命政变，黄麻农民暴动也遭到了血腥镇压。但是，黄安县的共产党人和革命志士，并没有被吓倒，他们纷纷转入黄陂北部山区，继续开展农民革命斗争。当时，年仅18岁的李先念，受上级的委托，也来到了黄陂，从事共青团的组织和发展工作。李先念以学木匠为掩护，白天和师傅一起干活，晚上不是到黄安开会，就是走村串户地联络当地的贫苦农民和窑工，向他们宣传革命的道理。他还秘密教唱革命歌谣《穷人歌》和《农友歌》：

穷人生的埃（埃，黄陂俗语，即困窘之意），没有粮食买，只得上山去砍柴，挑到街上卖。一进龙五街，眼前尽是柴，今天柴多不好卖，卖不起价来。匪军和民团，做事尽拉蛮，不管大担和小担，随便把钱开。柴卖一吊三，慢慢往回转，落雪下凌路放光，穷人真可怜！

农友快快觉醒：天天起五更，回家披月星；热天里，冷天里，总是苦辛勤。豪绅和地主，要债逼人命，一年忙到头，自己难脱身。……农友们，快快觉醒，参加革命！

由于晚上经常熬夜，李先念白天干活有时就实在支持不住，不知不觉打起瞌睡来。有一次，他推刨子，推着推着，便倒在刨花上睡着了，被师傅发现了他藏在身上的手枪。师傅知道他在闹革命，用手拍着他的肩膀喊醒他，小心地问道："这是怎么回事啊？你到底在搞什么事？"李先念知道再也瞒不过师傅，便爽直地说："我参加了革命！"师傅再三关心地嘱咐他千万要小心，他却乘此机会做师傅的思想工作。在他的诱导和启发下，师傅和其他一些青年农民及窑工都要求参加革命组织。不久，李先念便创建了陂安南县第一个共青团支部，并担任了该团支部的书记。

鄂豫皖苏区第四次反"围剿"，李先念正指挥部队激烈战斗。"政委，你妈妈来了！"当通讯员带着他妈妈来时，他着急地说："怎么在这么危险的时候来了，打着你怎么办？"妈妈望着两眼发红的儿子，拉拉儿子皱起的衣角，叮嘱一番，抹去眼角的泪，悄然离去。部队转移，李先念在行军途中发现衣袋里有两块银元，不禁流下两行热泪。家里那么穷，常常揭不开锅，这两块银元凝结着母亲多少心血和汗水！带着母亲的关怀，李先念踏上了西征路。他怎么也想不到，战场一别竟是与母亲的永诀。他一生都在想："妈妈，那天我不该对你发火……"

迈出城门，啊，爽快！凉风撕扯着薄薄的夜幕。李先念干脆解开灰布军衣的扣子，敞怀迎风而立。夜景好奇特啊！西天，乌云密布，东天，却从山峦上浮出一弯银白色的上弦月。看着弯弯的月亮，他突然觉得这月亮多么像他将要制造的木船。

“渡河刻不容缓”

靖远城南，一条灰色的浑浊的河蜿蜒喘息。这条河在地图上称做祖厉河，因河水含有大量芒硝而苦涩，不能饮用和灌溉，当地群众叫它苦水河。苦水河滩全是白茫茫的芒硝和盐碱，只在离河几里远的地方才渐渐开始有零星的树和瘦弱的草。苦水河像一条病病歪歪的巨龙，长年蠕动在从会宁到靖远的山峦间，最后进入黄河。只有在下雨的时候，奄奄一息的河水，才像是注入了顽强的生命力和不屈不挠的意志，利箭般地向黄河射去，任什么高山深壑也阻挡不住。

前些日子，苦水河两岸小村，狗汪汪地叫着，胆小怕事的村民紧闭着柴门，躲在家里不敢出来。只有一些大胆的孩子，不顾大人们的呵斥，偷偷地溜出来，怯生生地望着往来穿梭的一群群“共产”。

红三十军开赴这里，驻扎在离黄河 20 里至 40 里的小芦子和大芦子一带。红四方面军造船队开始在苦水河边加紧造船。担任突击任务的红三十军八十八师二六三团的指战员以班、排为单位，紧张地演练着上船、渡河、登陆和强攻滩头阵地的战术动作。斧、锯、刨的响声，阵阵冲杀的喊声，汇成了热闹的一片，删改着黄土高原肆意的凄凉。

苦水河，水流击岸，河声盈耳。岸边土坡上，红三十军副军长兼八十八师师长熊厚发正在观察部队训练。他中等个头，敦敦实实，面色红润，一双大眼像是为了扩大视野，几乎拉向太阳穴上，双眼透出火热的光芒。他席地而坐，从河滩演练处望过去，蓝湛湛的苍穹下，秋阳疲倦地将它灿烂的光辉洒向大地，山峦和田野披上了一层耀人眼目的金色轻纱。稀疏的树丛和衰草带着秋色的金黄与火红，为荒凉破败的黄土高原乡村点缀着少得可怜的生机。

熊厚发 1914 年 3 月 5 日出生在湖北省大悟县宣化店甘家湾一户普通农家。父亲以榨油为业，艰难度日。因家境贫寒，童年时的熊厚发只读了两年私塾就辍学在家，帮助父亲榨油。黄麻起义的隆隆炮声震醒了熊厚发的家乡，宣化店也爆发了起义。起义的勇士们举起如林的大刀和长矛，用破旧的土炮和鸟铳，赶走了反动民团，没收了豪绅地主的财产。这次壮举，熊厚发的父亲是领导者之一。年仅 13 岁的熊厚发跟在父亲身后，举着一把小砍刀，参加了火热的斗争。不久，父亲积劳成疾病故。1930 年，16 岁的熊厚发告别了断墙残壁的甘家湾，告别了朝不保夕的母亲、两个姐姐和新婚的妻子萧阳春，毅然参加了红军。部队转移后，宣化店反动民团把他的大姐熊厚兰抓去卖到河南，生死不明，他二姐因生活所迫当了童养媳，两年后他妻子萧阳春也被迫改嫁。母亲一人寡居，苦受苦熬着，在望子不归的期待中悄然离开人世。

革命者也是血肉之躯，熊厚发常常思念鹰巢燕窝，多少次梦回故里，泪洒母怀！泪水、血水……枪声、炮声……唤起熊厚发慓悍的血性，经受了战火的洗礼。他刚刚 20 岁就当上了八十八师师长，22 岁任三十军副军长兼八十八师师长。

红八十八师是战争烈火中冲杀出来的钢铁队伍。1934 年 3 月，红四方面军总指挥徐向前命令将八十八师的二六三团、八十九师的二六五团和九十师的二六八团编成八十八师。这三个团，都是鄂豫皖的老红军团。1934 年 9 月，川陕根据地反“六路围攻”进入最后阶段，总指挥徐向前命令三十军“以主力火速抢占黄木（猫）垭，切断敌人孙震所部向苍溪的退路，并歼灭全部敌人”。这个任务交给了 20 岁的师长熊厚发。9 月 11 日，熊厚发率八十八师到达黄猫垭地区，占据有利地形，多次打退敌人。在反复冲杀中，熊厚发衣服撕成布条，战刀戳弯，血溅满身。一天一夜血战，敌两个旅被歼。反“六路围攻”胜利以后，方面军总部给三个团授予荣誉称号：守如泰山二六三团，夜老虎二六五团，攻如猛虎二六八团。这些荣誉称号，表明三个团的坚强战斗力和独特战斗作风。八十八师是红四方面军的一只铁拳头。

天高气爽，浮云流动。熊厚发看见远处十几匹战马掠河而过，拖着一股卷起的黄尘飞奔而来。为首的两人挥鞭纵马，带着一股雄风。他看清楚来人是总指挥徐向前和政委陈昌浩，便小跑着迎上去。

徐、陈和熊厚发一行沿着岸边小径，折向开阔的洼地。由八十八师二六三团抽调指战员组成的渡河先锋连正在演练。二六三团为渡河前卫团，该团强渡嘉陵江时担任渡江前卫团，出色完成了强渡任务。

先锋连连长赵海丰从队列首位跨前一步，粗壮的胳膊一挥，简捷有力地向徐、陈二位首长报告。

“谁是英雄，谁是好汉，渡河战斗中比比看！”渡河先锋连迅速分成小队，分别登上用厚重的木板扎在树上或木桩上的浪桥。浪桥来回荡着，像小船似的颠簸。先锋连的“船”像一匹真正的马，一匹狂傲不羁、睥睨一切的战马，它扬鬃奋蹄，急欲摆脱一切羁绊。战士们或蹲或卧，端着枪，提着刀，那“船”甩开汹涌波涛，带着尖利的风声冲向“对岸”。战士们一跃而起，呐喊着向敌滩头阵地冲去。

徐总指挥对熊厚发说：“战局的发展，使渡河刻不容缓！”

10月16日，蒋介石下达“进剿”令。18日，敌西北“绥靖”主任兼第三路军总司令朱绍良发布《剿匪计划纲要》，内称：“本路军以歼灭会宁、静宁、通渭附近朱徐等股匪之主力之目的，以第一军及三十七军由东西方向夹击，而以第三军由南向北进击，求匪于该地而歼灭之。”21日，敌发起总攻。22日，蒋介石飞抵西安坐镇，亲自监督执行他10月16日下达的“进剿”令。23日，南敌来势凶猛，攻势凌厉，已占领华家岭、会宁、通渭、静宁、界石铺等地。敌沿靖、会大道前进，渡河计划将遭破坏。

此时，红四军、红五军、红三十一军运动防御，迟滞敌人，红九军为机动部队。五军战斗激烈，22日副军长罗南辉牺牲，撤出华家岭，放弃会宁城，退到二十里铺、三十里铺、四十里铺、五十里铺一带。四军在会宁至靖远一带坚守防御，与敌苦战。军长陈再道率一部于路西对着兰州方面防敌迂回我侧翼；政委王宏坤率一路于路东正面阻击敌人。王宏坤在《我的红军生涯》中回忆说：“我们路东部队节节防御，不断给进攻之敌以重大杀伤，但敌人攻势不减。我们的部队打得十分的英勇顽强，不管敌人怎么猛攻，阻击决不手软。到后来，优势的敌人聚拢过来，把我们四面包围。到夜晚，我们又发动反击，从包围圈中突出来，又组织起新的防线。像这样节节抗击，日复一日。”

早在10月18日，徐向前、陈昌浩鉴于战局发展，以及李先念他们能造出十只渡船，向朱、张两总做了可以渡河的报告。当日，朱、张两总即电报毛泽东、周恩来：“三十军电谓二十日晚即可开始偷渡”。次日，毛、周给朱、张回电指示：“三十军渡河以至少备足十只船开始渡河为宜，恐船过少载兵不多，不能一举成功。二十日渡河问题，是否推迟数日，请依具体情况斟酌。”

据此指示，方面军总部推迟了20日渡河的计划。

这时，红三十军已造船16只，还从就近搜集了两只大船，争取渡河有了可能。22日，徐向前、陈昌浩电告朱德、张国焘："三十军在靖远附近，决明（二十三日）晚抢渡。"23日，朱德、张国焘抵打拉池会见彭德怀。24日，毛、周电示彭德怀："朱、张已见面否？""三十军迅速渡河控制西岸。"

亲身经历者谈渡河准备

西路军总政治部主任李卓然——

西路军过黄河的宗旨在于打通国际路线，从苏联那边得到援助，得到新式武器。这是一个很吸引人的计划，我们那时正缺乏武器，自然很高兴，士气很高。

李卓然

我当时跟着三十军，与李先念同志在一起。这是一支很能战斗的军队。

总部作战科长吕黎平——

1936年10月中旬，我跟随四方面军总指挥徐向前、政委陈昌浩赶赴渡河先遣军三十军的驻地。

我们顺着沿山崎岖的羊肠小道，来到黄河边看地形。黄河冲开山岩，咆哮而去。拟定的渡河点，宽处有三四百米，贴近河岸有一片平川。岸边和附近山头，星星点点地布满了马匪河防团的碉堡。

我们来到山后茂密的梨树林里。三十军的工兵部队和在当地请的木匠，正汗流浃背地修造渡船。指战员们以班、排为单位，紧张地演练着上船、登陆和强攻滩头阵地的动作。英勇善战、年仅23岁的八十八师师长熊厚发，向方面军首长报告说：指战员听说西渡黄河、打通国际路线是中央的重大战略部署，既可以得到苏联的直接援助，又能建立新的根据地，士气非常高昂，各项渡河准备工作都能提前完成。

沿路上，几十名老乡向部队驻地走来。男的扛着木材和粮食，妇女提着满筐的黄河梨。原来，经过我们宣传群众，打土豪、分粮财，当地老百姓都明白了红军是为穷人打天下的，听说红军需要木材造船和口粮，就主动送来了。

红三十军代军长程世才——

西路军准备由甘肃靖远县附近渡河，那时我是三十军副军长（代理军长），李先念同志是政治委员。

为了避免暴露我军的行动方向，部队在离黄河 30 里的地方驻扎下来，秘密地进行侦察，选择渡口，并在那些密密层层的梨树林里造船，进行强渡登陆的军事训练。

红三十军政治部主任李天焕——

我们三十军为了战胜对岸有马匪重兵把守的黄河天堑，自上而下地进行着紧张的准备：司令部在作战前侦察，部署战斗；政治部在做群众工作，筹集粮食，搞树造船，封锁消息；供给部在筹集物资，分发、补充被服；战士们在赶造船只，进行河川战斗演习。

任务艰巨，各领导机关都派了干部，深入部队帮助进行渡河准备工作，我们军里的几个领导同志，也不断到部队里进行检查督促。这天，我去了一个住在树林深处的老乡家里的连队，只见树底下摆着十几条新做的木船，战士们正以班为单位演习着上船、登陆和强攻滩头阵地的动作。老乡家里静悄悄的，只有大门外边土墙跟前蹲着两个战士。一位体格魁梧，留着一撮黑黑的胡子，汗渍渍的帽子推到后脑勺上，挽着袖子，拿把斧头，在修理面前的一堆桨板；另一位看上去还是个孩子，大概只有十五六岁，又肥又大的军装褂子遮住了膝盖，他正在一针一线地缝一张没有毛的羊皮。我走到他们跟前，他们都站起来。

“主任，看看我们的桨板怎么样？”修桨板的战士笑嘻嘻地把一根修得溜光的长桨递过来说。

“好啊，渡河就看你们的了，黄河可比嘉陵江大得多啊！”

“放心吧！首长！别说有船，就是凫水，也要渡河！”

“小鬼，你这是缝什么啊？”我转身问那个缝羊皮的小战士。

“他不会水，房东送他个羊皮，让他缝个羊皮袋。”挽袖子的年轻战士替小鬼回答。

这个红小鬼是无依无靠的孤儿，他记事起就给地主放牛，身上经常被打得红肿紫青。去年红军到达川西北，他正在山上放牛，看见山下过队伍，打的是迎风招展的红旗，便把鞭子一扔，奔下山参加了红军。小鬼不会凫水，听说要强渡黄河，有些发愁。这事被房东老大娘知道了，趁同志们不在家，便把一张羊皮塞到小鬼的怀里，说：“先前我家有个羊皮袋，叫马家抢走了，这张皮你拿去缝缝，吹上气带在身边，就是船坏了，抱着它也能漂过河去。”小鬼不收，惹得老太太生了一阵气。

我还没来得及开口，大门里走出来一位老大娘，斑白头发，两手沾着玉米面粉，一边走一边说：“可不许埋怨小家伙，羊皮袋是我送给他的。”她拍着小战士的肩膀：“像这么大的孩子，还不该送到学堂里去念书吗？可是这年月，又是蒋家，又是马家，逼得没成人的孩子都得拿枪打仗，要不就活不下去！他不会凫水，带着羊皮口袋，防备个万一……”老太太慈祥的眼睛里流露着怜惜，颤抖的声音充满了辛酸。

红八十八师政委郑维山——

我们师担任先头部队。代军长程世才同志和师长熊厚发同志在虎豹口掌握指挥所，分工由我带师主力于夜间冲破河防，打散马家的河防团，占领滩头阵地，掩护方面军主力陆续过河。

渡河先锋连指导员周纯麟——

我们二六三团是渡河前卫团。为了保证渡河成功，从全团九个连队和团部特务连里各抽出一个班，临时组成渡河先锋连。许多党员、团员纷纷报名，写请战书。团首长最后挑选100多名优秀的共产党员、共青团员和打仗勇敢的英雄、模范组成了渡河先锋连。连长由一营营长赵海丰担任。我原来在三营当教导员，也被团里临时抽调来当指导员。

佯攻靖远县城的红八十九师二六七团战士张达明——

暮色苍茫中，渡河部队战士们抬着亲手制造的船只，像一条翻滚的巨龙，赶向渡河地点。我们二六七团与渡河部队同时出发，抬着亲手制造的云梯，顺着小河前进，佯攻靖远县城。攻下更好，攻不下也可牵制敌人的力量，以防他们卡我们的后路。靖远县城守军为邓宝珊新一军的一个旅。部队到达靖远县城南关附近，了解到敌人早有准备，城门已封。我们团一营在城南门右侧约 200 米处，通过护城河接近城墙，梯子搭上城墙即被敌人发现，打了起来。虽然几次搭梯爬城，终因寡不敌众，没有成功。与此同时，我们二营先占南关，再攻南门，拟 26 日凌晨 2 时打响。由于一营攻城暴露，我们二营再攻打南门时，敌人在门楼上用火力封锁。我营几次冲击也只接近到城门附近，上不了城墙。天将明，接命令撤退到离城五里多一线，监视靖远守敌直到天黑。

红三十军夜渡虎豹口

虎豹口两岸峭壁雄踞，巨石参差，像一双巨大的铁手，紧紧扼住放荡不羁的黄河，但是黄河愤怒地咆哮着，夺路而走，以排空的浊浪，呼啸着向山岩冲击，在沉雷般的轰鸣中，水花飞溅。

靖远虎豹口

一大群衣着破旧的“老百姓”，冒着秋凉的河风，来到了虎豹口。他们隐蔽在河滩村落茂密的梨树丛中，不断地向河对岸眺望着，指手画脚地在议论。

红三十军代军长程世才戴着一顶毡帽，穿着缀着补丁的蓝布对襟大褂，腰里系着一根麻绳，像一个到处流浪的短工。

程世才是湖北省大悟县宣化店镇杏冲村大塘冲人。1930 年参加工农红军，同年加入中国共产主义青年团，翌年转入中国共产党。鄂豫皖红军西征途中，他率部一路硬打硬拼，最先进入川陕，解放了通江、南江、巴中等地区。他是位燕颔虎颈的将领，曾是“铁拳头”红八十八师的师长。他和熊厚发组织实施了红四方面军第一次渡江作战——1935 年 3 月强渡嘉陵江的战役。强渡任务交给红三十军。副军长程世才和师长熊厚发身背背篓，手拿镰刀，腰里别上旱烟锅子，化装成当地老乡的样子，几次到江边砍柴、割草，详细察看地形地貌、江水流速以及守军兵力部署等情况。战斗打响，红八十八师二六三团的两个营突袭成功，胜利登岸，全歼守军一个营，毙守军团长一名。全师迅速过江，一天之内向纵深推进 70 余里，歼敌一个旅。

李先念在《痛悼程世才同志》一文中说：“他出生于湖北省大悟县的一个贫农家庭，从小就过着饥寒交迫的苦难生活，形成了勤劳勇敢、坚忍不拔、反抗压迫、渴求光明的性格特点。1929 年 11 月，中国共产党在鄂东北地区点燃了黄麻起义的革命火炬，工农革命军鄂东军宣告成立。一批最早觉醒的农民群众，纷纷起来，‘打土豪、分田地’，向反动统治阶级猛烈冲击，走武装斗争的道路。世才就是其中的成员之一。”“在大别山区，在西征路上，在川陕根据地，在长征途中，在河西走廊，在风雪祁连山，我们同命运、共呼吸，带领部队浴血奋战，迭摧强敌，战胜重重风暴和苦难，经受过数不尽的血与火的考验，结下了披肝沥胆、生死与共的战斗情谊。”

程世才和红八十八师二六三团以及先锋连的指挥员，站在一块岩石上，隔着轻淡的河雾仔细眺望着对岸。滚滚黄河以它那一泻千里的气势，掀波涌浪，浩荡直下。巨大的漩涡急剧地转动，浊浪飞溅着暗红色的水沫。对岸的峭壁秃岭，重重叠叠，起伏连绵，星星点点地矗立着国民党军的碉堡。马步青的骑兵三五成群，在裸露的田野上奔驰，飞扬起一溜溜黄尘。隔着河面，可以断断续续听到马的嘶鸣声。

“今夜在虎豹口强渡!”程世才用布满血丝的眼睛巡视了许久，最终下达了渡河命令。

昨夜，二六三团在靖远县城以西30里的红嘴子强渡。船到中流，遇到浅滩，渡河未成。李先念、程世才当机立断，向徐、陈请示后，给二六三团下达了撤退的命令。今日，朱德、张国焘电示徐、陈：“三十军渡河必须请当地船工掌舵，如未为敌发觉，今晚应再偷渡。”朱、张还电示徐、陈并报毛、周：“今晚渡河如成功，请速开一个船工分队配足工匠到打拉池来，以便即开去助一方面军渡河。”

虎豹口离黄河古渡鹯阴口只隔二三里路。《三国志·魏志》记载，东汉后期，武威地区的卢水胡（匈奴的一支）兴兵犯汉，声势颇大，姑臧（今武威）告急。曹操命张既率兵数千人速渡黄河，增援武威。卢水胡得讯后，估计张既要从鹯阴口渡河，于是便在这里伏兵7000。张既探得这一消息，将计就计，佯从鹯阴口进兵，暗中却率兵从金城渡口过河，直抵武威，出奇制胜。不过红军这次是真从虎豹口渡河，另派一部兵力在上游的北湾对岸一带活动，造成在北湾渡河的假象。马步青部的前线总指挥马廷祥24日令一个骑兵营增援北湾，又自带一个步兵排，携土炮一门，驰往督战，即隔河向红军阵地发射了几十发炮弹。

1936年10月24日夜。缀着稀疏星光的深蓝色天幕，沉重地垂在靖远河谷。岸畔荒颓的村落里灯光俱熄，鸦雀不鸣，狺狺的犬吠声也消逝净尽。裸露的田野上，人影绰绰，步履匆匆，踩碎了夜的虚妄的宁静，呈现出异样而紧迫的气氛。黑乎乎的人流，像势不可挡的洪水，从远处黑沉沉的夜幕下流出来，越过起伏不平的旷野，穿过虎豹口陡岸的豁口，顺着低洼的河槽，曲曲折折，无声无息地延伸到了波浪漫卷的河边。“沙沙，沙沙……”人流踏着坎坷的沙石，发出一片嘈杂而低沉的响声。不过，几步之外，响声就被黄河的涛声掩盖，被呼啸的秋风吹得无影无踪。

程世才站立在陡岸下边的岩石上，注视着对岸。红二六三团全体指战员，隐蔽列队站在岸边的一片梨树林里。手提肩背的马刀、刺刀闪着幽幽的寒光。在透过梨树枝的黯淡星光下，一双双灼灼有神的目光，几乎要喷射出火星。

渡河先锋连的100多名战士，分成十几支小分队密密匝匝地站在笼罩着陡壁阴影的细长河滩上。他们拿着各种火器，提着明晃晃的大刀，腰缠着满满一圈手榴弹，像一尊尊铁铸的雕像在夜风中屹立着。

河水拍打着岸边，像是性急地敲击着鼙鼓，发出沉闷而嘈杂的响声。十几只大小各异的木船，焦灼不安地俯仰腾跃着，像一群暴躁的黑骏马，似乎要挣脱羁绊，凌波而去，旋风般地直驰对岸。河边的卵石滩上，十几个红军战士脚蹬滩石，仰身奋力拽着船上的缆绳，就像勇敢的驭手拉着烈马，焦急地等待着扬鞭催马、驰骋疆场的时机。

对岸，铁青色的峭壁与山峦上依稀可辨的中和堡村，蜷缩在凝重的夜色里。守军河防碉堡的昏黄灯光，稀稀落落地散布在黑黢黢的河岸上。三三两两的骑兵游动哨时隐时现，不时地大声吆喝着，放几声冷枪。时而有一两个黑影踅到河岸的峭崖上，用手电筒晃悠一阵，搜索着什么。那微弱的亮光，倏而熄灭倏而又在黑天鹅绒一样的夜空划出一道惨白的细线，触到岸边的岩石，或是融入翻卷着黑浪的河面上。

河水“哗啦、哗啦”地流淌，时间一分一秒地过去。程世才不时看着夜光表，心里着急得像燃了一团熊熊的火。终于，时针指到 11 点，攻击的时刻到了。程世才疾步走到先锋连队前，手卡着武装带，朝大家审视稍许，说：“强渡黄河，为全军开辟通道的任务就交给你们了！希望大家奋勇作战，完成强渡任务！”

“渡河！”程世才在黑暗中有力地挥手，发出命令。霎时间，虎豹口两侧轻舟齐发。

河水“哗啦、哗啦”地流淌，时间在焦急的等待中过去。程世才透过夜幕注视着第一批强渡的英雄，把希望寄托在他们身上，紧张得透不过气来。突然，对岸火光闪烁，枪声大作，亮起三堆大火，在沉沉夜幕中格外耀眼。

强渡成功，木船陆续返回。先锋连还缴获了守军的两条船，这两条船比红军的船大得多，每条船一次可以乘渡五六十人。

凌晨，程世才回到渡河指挥部。警卫员送来两碗羊肉面条汤，这时他才感到又饿又困。吞咽着热腾腾的面条，他想起正在寒夜中战斗的部队。天气一天比一天冷了，可是战士们还穿着单衣呢！想起这些，香喷喷的面条也难以下咽了。整夜没有合眼，他不知不觉地伏在桌上睡着了。

“轰隆隆！轰隆隆！”震天动地的巨响把程世才惊醒，他忙走出指挥部，天已大亮。国民党军从兰州飞来的三架双翼轰炸机，在虎豹口上空盘旋、俯冲、轰炸、扫射。一颗炸弹落在岸边水中，一声巨响，泥水和着弹片飞起。站在程世才身旁的参谋一晃，鲜血顺着上衣流下来。程世才对警卫员说：“他负伤了，快扶下去包扎！”参谋用手捂着伤口，连说：“不要紧，不要紧！”便自己跑下河岸。过了一会儿，他包扎好伤口，又跑回来，说：“挂一点轻花，影响不了过河。”

红军的道路，是洒满鲜血的道路。先锋连攻占登陆点时，守军的一个碉堡里，两挺机枪喷吐着火舌，十几支步枪响成一个点。先锋连因地段不利被压住了，冲上去的战士被火网罩住倒地。危急时刻，排长李国忠跃向身边沟坎，进入射击死角。他取下四枚一捆的集束手榴弹向射孔塞去，守军又将手榴弹向外推。20 岁的李国忠挺身向前，用胸膛堵住了射孔，用自己的身躯开辟了通向胜利的道路。

敌人飞机“哒哒哒”地打了阵机枪，又投了一串一串的炸弹，河水被打起一排排水花，被炸起一根根水柱。但是，渡河部队紧张而有节奏地荡着桨，劈开迎面而来的层层浊浪向对岸斜插过去。

红三十军八十八师二六三团的勇士们，驶木船，战恶浪，一举突破黄河天险。大部队迅速跟进，势如破竹，摧毁了马家军防线。

10 月25 日，徐、陈电告朱、张并报毛、周：

1. 我三十军已于靖远附近全部胜利渡过天险黄河，这里我四方面军接受中央政府命令北上抗日的行动，望即在部队进行鼓励，大大提高士气，继续实现本战役计划。

2. 宁夏甘北地区广大，人烟稠密，物资丰富。我军渡过黄河将大大扩大红军，开展陕甘宁苏区根据地，把抗日后方放在更广大更巩固的基础上。

3. 推动全国民族统一战线的迅速开展。

4. 目前部队正在夺取甘北、宁夏，巩固与扩大陕甘宁苏区，实行停止内战，准备出师东北抗日，大大扩大红军，高度巩固部队，尽一切扩大力量，争取广大回民，驱逐日本帝国主义出中国，学习与发扬我三十军英勇坚决战斗的模范。

5. 一、二、四方面军兄弟团结在中心口号周围，准备举行庆祝伟大会合、庆祝苏联胜利、誓师北上抗日的盛大的胜利、十月革命纪念大会。

（引自《中国工农红军西路军·文献卷》上，甘肃人民出版社 2004 年 7 月第 1 版，第 322 页）

徐、陈电报，洋溢着胜利的喜悦，洋溢着对宁夏战役前途的乐观预期。

一行大雁"嘎咕、嘎咕"地叫着，从对面群山轮廓线后飞出来，掠过灰白色的淡云，慢慢地隐入了天边的一团黑暗之中。那高扬的颤抖的声音在阒寂空旷的山野里回响着，经久不息。

红九军西渡，红三十一军东返

红三十军渡河成功，揭开了宁夏战役的序幕。捷报传来，全军振奋，欢呼声响彻云霄！

25 日 16 时，朱德、张国焘、彭德怀致电中央军委及红二、四方面军领导人，高度评价红三十军的渡河行动，并提出了下一步的作战计划和部署。电曰："控制西兰大路十月份在我手中之任务，已大体完成，三十军渡河成功，开辟了执行新任务的第一步胜利。""一、四方面军布置我们原则上同意徐、陈二十四日电所提意见。四方面军主力应速渡河，抢占一条山、五佛寺、永登、红城堡、古浪一带地区，重点在控制五佛寺渡河点在我手中，并对由兰州北进敌为有力的拒止。留出一部机动部队于一条山、五佛寺之线，以便将来适时协助一方面军从中卫、灵武段渡河。其河右岸郭城驿前线部队，尽量迟滞和吸引会宁方面之敌。该掩护部队将来如必须渡河时，其一部可于掩护任务完成后，在靖远下游至五佛寺段渡河。"

同日，彭德怀致电毛泽东："三十军昨晚渡河已得手，本日黄昏前可渡毕，第九军继续。""四方面军主力以三个军渡河，两个军抗击会宁之敌。""一方面军主力仍集中王家团庄、高崖子、同心城，在金积、灵武之线为主渡点，中宁、中卫为次渡点。"

但是，情况有了很大变化，当日，中革军委改变了部署。毛泽东、周恩来电示朱、张、彭并致贺、任、徐、陈：

甲、根据敌向打拉池追击及三十军已渡黄河的情况，我们以为今后作战，第一步重点应集注意力于击破南敌，停止追击之敌。我处南北两敌之间，北面作战带阵地战性质，需要准备两个月时间。不停止南敌，将使而后处于不利地位。第二步重点集注意力于向北。

乙、因此，部署应如下：

（一）以九军以外之一个军接三十军渡河后，两军迅速占领黄河弯曲处西岸头庐塘、眼井堡、大营盘、大塘驿地区之枢纽地带及向中卫方向延伸，侦察定远营与中卫情形，准备第二步以一个军袭取战略要地之定远营。

（二）四方面军除渡河之两个军外，尚余以九军为中心三个军。二方面军除派赴七营部队外，尚余其主力。对南敌不须多加抵抗，如在若干天内逐渐集结于打拉池南北地区，对敌则坚壁清野，诱其深入，对我则构筑阵地，鼓舞士气，待敌前进时消灭其三四个团，即足以停止南敌矣。

（三）一方面军之主力于四方面军两个军控制河西枢纽地带后开始行动，以突然手段占领金积、灵武地带。徐、陈拨造船技术队二分之一或更多些附属之，迅速造船，准备渡河。

（四）在南敌确受严重打击后，第九军从中宁渡河。此时整个战局进入以北面为重点之第二步，而以四方面军之两个军与二方面军全部防御南敌。

（引自《中国工农红军西路军·文献卷》上，甘肃人民出版社 2004 年 7 月第 1 版，第 327 页）

这份电报明确指示：“以九军以外之一个军接三十军渡河……”本来，遵照朱德、张国焘、彭德怀 25 日在打拉池的计划和命令，红九军已开到河边，准备接红三十军后渡河。25 日 18 时左右，红三十军渡河完毕，接渡部队正好渡河。可是，由于有了新命令，已到渡口的九军只能待命河边。

这之前，在西兰大道边，红九军是作为全军向南阻击部队的预备队，位置在红四军、五军、三十一军之后，更接近河边渡口；同时，位于前面的防守部队正与敌人对峙交锋。若按军委最新命令换下九军，让别的部队渡河，这一改变不仅影响渡河进程，同时也影响对进攻之敌的防御。此时此刻的时间，真可谓一刻千金。敌机白天轮番前来轰炸扫射，封锁河面，给红军造成很大困难。部队渡河，主要在黄昏后、日出前。滔滔黄河，奔腾咆哮，小船驶渡，颠簸飘摇，往返一次至少需要一个多小时。白天渡河不易，好不容易等到黄昏，可又只能待命河边。徐向前在回忆录中说："这样，九军虽已开到河边，但不得不待命行动。部署变来变去，我们很着急，只好令机关人员先过一部分。"

26 日 1 时半，毛泽东、周恩来电令九军过河："三十军、九军过河后，可以三十军占领永登，九军必须强占红水以北之枢纽地带，并准备袭取战略要地定远营，此是极重要一着。"

红九军遵照毛、周指示，西渡黄河。

徐向前仔细阅读了朱、张、彭处转来的毛、周 26 日 1 时半电，并深入分析了河东河西战况，深感河西任务之重，渡河之两个军的兵力严重不足。考虑再三，徐、陈即于当日（26 日）致电朱、张、彭："为开展目前战略方针，争取主动，吸引敌人于兰州方面，并尽力能迟滞会、定前进之敌，我们即遵二十五日收到总部 158 号批准二十四日提议之电示，决以三十、三十一、九三个军迅速渡河，以一个军向兰州大力压迫，两个军速控五佛寺、一条山、红水一带战略地区，留五军在河岸监视靖远、一条城之敌及守船任务，四军位现阵地扼阻会、定敌人。"

当日 17 时，朱、张回电徐、陈，表示"同意你们部署"。

同日 21 时，毛泽东就打胡敌与取定远营的部署致电彭德怀：

彭：（绝密）

一、国焘有出凉州不愿出宁夏之意，望注意。

二、目前以打胡敌、取定远营两者为最重要。

三、三十军占领永登是对的，九军必须占定远营，这是接物攻宁的战略枢纽，不应以一方面军去，不便利，又失时机。

四、四、五、三十一军、二方面军应以打胡敌为中心，仅抗击不够，打法可采诱敌深入。

五、一方面军速集结同心城休息。

（引自《血色黎明》，香港金陵书社出版公司 1999 年 2 月第 1 版，第 75

页）

彭德怀收电后，致电毛泽东等人，表示了对张国焘的强烈不满。据《中国人民解放军战史》第350页注释中的说明，10月27日，彭德怀曾致电毛泽东、左权、聂荣臻，揭露张国焘把自己的意见强加于人的恶劣手段，申明：此电（指前面引用过的10月25日16时朱、张、彭致中革军委及二、四方面军电）是“发后才给我看”，“以后联名电报作为无效”，并指出：朱德同志是拥护中央的。

27日5时，朱、张致电徐、陈并报毛、周：“毛、周电令，目前作战重点，系注意击破南敌，停止追击。我各部应即遵照这一指示执行。”“四方面军除三十、九军及指挥部已过河外，其余各部应停止过河。”“四、三十一两军即以一部逐渐迟滞敌人，准备于郭城驿附近与敌决战，消灭敌之突进部队，而停止其前进。”

此时，因受部署改变仍滞留河东前线大芦子的徐向前、陈昌浩心急如焚。徐、陈于当日（27日）向朱、张、彭和毛、周致电，进一步陈述自己的意见，建议四方面军全部渡河：

甲、敌如先知我已渡河，估计其企图一面增兵兰州，施行拦头政策，一面从西南方向我压迫，飞机朝夕扰乱。现船只十六只，船钉用完，不易隐蔽，西岸掩护部队至少须三个团，如渡河时间延长，渡河点恐有被敌切断，船只有被敌破坏之可能。

乙、为着迅速实现宁夏战役计划及便利迎接一、二方面军渡河起见，提议四方面军全部渡河，以一个军对付兰州之敌，四个军迅出中卫、宁夏，并放船到大庙及中卫，迎接一、二方面军。

丙、如果一、二方面军可单独完成宁夏战役计划，无须我们在技术力量上配合时，提议四方面军亦须全部渡河，准备在兰州、平番间与敌部分决战，亦乘机占兰州之线死守均较妥当。

丁、四方面军如不全部渡河，各方掩护顾此失彼，不但开路、掩护、决战都难完成，甚至根本影响战役计划，望重决速示，万勿坐失良机。

……

（引自《中国工农红军西路军·文献卷》上，甘肃人民出版社2004年7

月第 1 版，第 335 页）

站在宁夏战役的立场和角度看，徐、陈的提议不无道理。

第二天，即 28 日 13 时，中共中央及中革军委致电朱、张、彭、贺、任、徐、陈，并致各军首长及政治部主任，肯定了朱、张 27 日 5 时电的部署，也就是再一次重审了毛、周的部署。电曰："完全同意朱、张二十七日五时部署。""除九军、三十军已过河照张电位置眼井堡、三塘驿地区，准备以一军向中卫、一军向定远营，其余以坚决击破南敌为目的，务必消灭其进攻部队之一部或大部，根本停止其追击。现当敌人轻我锐进之时，正是我打胜仗的时候。""必要时，拟请德怀赶前线指挥此次战役，在政治上立即开始大动员，坚决消灭南敌。"

晨曦渐渐从黑暗和硝烟中浸出，这是徐向前西渡黄河迎来的第一个黎明，也是他又一个缺少睡眠之夜的结束。这时的徐向前和过河后的四方面军部队，面临着极大压力。九军、三十军渡河之后，三面受敌，背水作战。西受马步芳、马步青部的攻击，南临兰州北进之国民党军，北有马鸿逵、马鸿宾的遏阻，要完成以一个军出中卫、一个军取定远营的任务，困难极大。同时，河东的四军、三十一军亦正在蒋家大路与郭城驿间与南面之国民党军苦战。昨晚，他率指挥部渡过黄河之后，来到指挥部驻地，再一次认真领会消化军委和总部指示，又反复分析河东河西战局，最后仍然觉得有必要再一次向军委陈述。于是，当日（28 日）徐、陈又一次致电朱、张并请转毛、周：

> 四方面军任务之大，兵力之散，既不便于展开向北，又不利于处处掩护，平均使用，多少无重心，不但远方任务难速完成，即控制战略枢纽亦恐难久固，指挥上深感不便。因此建议：
>
> （一）三十一军无论如何须抽出随指挥部行动。
>
> （二）南面由四军担任防守即是，以打拉池为后方，归总部指挥。
>
> （三）五军暂控制靖远两岸，主力（至）三角城，而后跟进。
>
> （四）九、三十、三十一三个军以两个军出动，如得手后即分一个军出定远营后四方面军主力控中卫。
>
> （五）船只待三十一军渡河后，即可开到三角城。

（引自《血色黎明》，香港金陵书社出版公司 1999 年 2 月第 1 版，第 78 页）

当日，朱德、张国焘接电后立即转致军委毛泽东、周恩来，并于当日19时15分，就全军部署意见再电中革军委毛、周并徐、陈：

甲、我们及徐、陈电想已都收到。

乙、……我们对具体部署有如下意见：

1. 三十一军即跟三十、九两军后面，迅速渡河。该三个军至少以三个团扼守一条山、大芦塘阵地，对两马。指挥部即率两个军以上兵力，迅出中卫，先头精干一个师袭击中卫附近要点，以便接引主力进入中卫以东地区，消灭马鸿逵部；迅以一个军出定远营。五军暂位三角城一带休整，将来可移到五佛寺、中卫间休整。四军即在郭城驿、打拉池线迟滞敌人。

2. 一方面军速集同心城，将来与四方面军主力在金积、灵武地区，隔河会合。如有必要，一方面军即以一部或主力渡河配合四方面军完成基本任务。

3. 二方面军仍在海原地区活动，将来移到适当地点休整。

丙、若谓目前重心在击破南敌，停止敌之追击，事实上，四、三十一两军亦难有保证地完成任务，恐反多消耗，不如利用天然障碍坚壁清野，以四军牵制敌人，也可得到争取时间之利。

丁、估计九、三十、三十一三个军，可于三十日到十一月一日陆续到达一条山、大芦塘，先头师可于三日到达中卫。如此在十一月十日前，四方面军主力能达到占领定远营和宁夏地区之目的。四军牵制敌人于打拉池以南，直到十一月十日尚可做到，必要时还可用二方面军一部去协助四军。

戊、取得物质后，再以主力回击深入之敌，那就更有把握了。究应如何？盼今晚十二时电复。如未得复，徐、陈即依此电执行。

（引自《中国工农红军西路军·文献卷》上，甘肃人民出版社2004年7月第1版，第340页）

10月29日12时，中革军委毛、周复电，同意三十一军过河："根据朱、张、徐、陈意见，为迅取宁夏起见，三十一军可以立即渡河，在九军、三十军后跟进。"

朱德、张国焘接毛、周电后，于当日19时致电徐、陈和三十一军首长萧克、周纯全："据毛、周电令，同意三十一军立即渡河，接九军后跟进。"

根据中革军委和红军总部指示，红三十一军军长萧克、政委周纯全率部向河边疾进。

彭德怀得知红三十一军即将渡河西进，立即向毛泽东、周恩来发报，要求红三十一军留河东作战。他甚至误解了本来是由徐向前、陈昌浩提出的红四方面军主力过河，拿了武器再回来向东横扫的意见，并将此意见判断为张国焘的恶意意图。他致电毛泽东、周恩来："张对打胡敌，始终是动摇的，企图以四方面军先取（远）方（物）资后再说，以一方面军与胡敌周旋，削弱力量，（他）好说话。"

毛泽东、周恩来即同意了彭德怀的要求，命令已经开到河边准备渡河的红三十一军折向麻城堡开进，参加海（原）打（拉池）战役。毛、周于30日给朱德、张国焘发"指人密译"电："为战胜胡敌，三十一军即照德怀二十九日二十时电令，部署执行任务，胜利后直由中卫渡河。"当日，毛、周又一次给朱、张发指人密译电："方针先打胡敌，后取宁夏，否则攻宁不可能，请二兄握住此中心关键而领导之。除九军、三十军已过河外，其余一、二方面军全部四方面军之三个军，统照德怀二十九日部署使用……"

同日，朱德、张国焘电示徐向前、陈昌浩：

甲、关敌今可能逼近打拉池，决以一、二方面军主力及三十一军集结麻城堡附近，消灭突进之敌。

乙、三十一军、四军均甚疲劳，现已令三十一军今由打拉池经干盐池向麻城堡进。

丙、五军在靖远警戒，已令渡到三角城，同时将新有船只下开三角城左岸。

丁、九、三十两军即在一条山、五佛寺休息待机。四军经新堡子开同心城。

（引自《中国工农红军西路军·文献卷》上，甘肃人民出版社2004年7月第1版，第356页）

徐向前、陈昌浩对朱、张传达的毛、周指示有明确的态度，即坚决执行。我们从徐、陈10月29日致三十一军和四军首长的电文，可以清楚地了解这一点。

萧（克）、周（纯全）、宏（王宏坤）、再（陈再道）并朱、张：

甲、接朱、张二十八日十九时命令，决集中一、二、四方面军主力于海原、打拉池一带消灭南线进犯之胡、毛、王部，并令三十一军火速开打拉池，四军一部在原地迟滞敌，主力跟三十一军向打拉池进。该两军自今（二十九）日归总部和前敌总指挥彭直接指挥。

乙、决定三十一军今晚全部分两路经大小芦子迅速开打拉池找总部，该军直属队请直令速开打拉池。

丙、宏坤所部以两营在郭城驿阻敌，再道所部以一营在马家堡通大芦子路上游击，均以打拉池为后方。其余宏坤所部今晚速开大芦子通打拉池路，接三十一军后开打拉池。再道率一个师今晚上速经大芦子直开打拉池，军直属队开打拉池。该军两方共一团之游击部队尽量阻止敌人，适时向大小芦子及以东线撤收，以打拉池地为后方。

丁、……

戊、此后我们与三十一、四军互通情报，不再指示行动。务望常与我们联络通报重要消息。

己、以上部署如何？请总部直电该两军执行。

（引自《中国工农红军西路军·文献卷》上，甘肃人民出版社 2004 年 7 月第 1 版，第 349 页）

从红九军西渡黄河红三十一军折而东返，可以看出，对于中革军委的命令，不论是徐、陈还是朱、张，都是以坚决的行动执行的。

红五军抵西岸三角城

黄昏。西方的天边，紫红色的夕阳在静静地燃烧。长空中大雁列阵南迁，不时传来孤鸿哀鸣。

梨树之下，西向立着一位身材魁伟的军人。他正当壮年，浓眉朗目，短发墨黑，国字脸上透出勃勃英气。他神色冷峻，双目凝视着远方，眼角细密的鱼尾纹在轻轻颤动，深灰色的眼睛深处，也有血红的落日在燃烧。他就是红五军军长董振堂。

董振堂时年41岁，从戎19载，心胸豁达，待人宽厚，少有苦恼。可是现在，一种难以抑制的悲痛正在他心中翻腾，时起时伏，无法平静。会宁会师的欢呼声还未停止，蒋介石的军队就接踵而来。红五军和兄弟部队扇形线摆开，拒阻南敌，为红三十军西渡黄河争取时间。红五军在会宁一带设防，这一带地势空旷、草木稀少，不便隐蔽。国民党军仰仗优势兵力和步步为营的战术，向红军并进猛扑，攻势十分凌厉。国民党军的双翼飞机肆无忌惮地俯冲，连驾驶员的脑袋都能看见。飞机翅膀一摇一摇，甩下一串一串炸弹。10月22日，副军长罗南辉在敌机轰炸中，牺牲在华家岭上，时年28岁。飞机轰炸会宁城，城内一片火海。军政委黄超组织机关及后勤人员扑火救人，自己也被埋在倒塌的墙下，身上多处中弹，幸亏弹片没有打到要害部位。10月23日，会宁失守。朱、张两总10月27日致电中共中央及军委毛、周：“五军此次在会宁一带激战两日夜，敌机7架轰炸，伤亡887人，炸毁与损失枪支380条，干部、弹药消耗，伤亡甚大，罗南辉同志牺牲。”董振堂为在阻击南面之国民党军战斗中牺牲的众多战友而悲伤。

董振堂

董振堂走过的道路，布满荆棘和鲜血。董振堂祖籍河北新河，从保定军官学校毕业后，在冯玉祥的西北军由见习官升到十三师师长。他当师长后，月薪200大洋，仍不嗜烟酒，唯好读书。蒋、冯、阎中原大战，冯、阎失败，冯玉祥被迫远走。蒋介石乘机将冯玉祥残部改编为国民党第二十六路军，董振堂的十三师被缩编为二十五师七十三旅。1931年春，二十六路军被蒋介石调到江西参加对红军的第二次“围剿”，一交火，丢盔卸甲，损兵折将。董振堂看出蒋介石用“杂牌军”拼红军的司马昭之心。同年夏，蒋又纠集第三次“围剿”，董振堂托病辞职，未获批准，再觅遁词，又被训斥。九一八事变举国震惊，他想到平生夙愿，不由慨然长叹：谁能救中国？正当他苦恼时，二十六路军中的共产党员赵博生等，和他畅谈起义参加工农红军的事。宁都兵暴成功，蒋介石破口大骂，口吐鲜血。二十六路军起义部队17000余人扯掉了青天白日帽徽，打起了镰刀斧头红旗！

宁都起义的部队进入苏区。董振堂顿觉天地开阔，情怀为之豪迈。洁净的天空，温暖、碧蓝、光明、诱人。纯粹的蓝天，自由的蓝天，宽广的蓝天！有阳光在照耀，有雄鹰在翻飞，有山风在滚动！阳光好像在风中呼啦啦作响，把光芒洒向大地，洒到他身上！

董振堂被共产党领导的红军为中华民族的解放、劳苦大众的翻身而英勇奋斗的精神所激动，决心为红军的事业而献身。1932年2月，他自愿加入中国共产党。宣誓那天，他如孩童过年，喜上眉梢，抓住军政委何长工的胳膊，非要把在旧军队积蓄的1500枚大洋全数交了党费才行。

中央苏区红军开始长征，董振堂任五军团军长，李卓然任五军团政委。五军团殿后掩护，所谓长征途中的“后有追兵”，势必直抵董振堂、李卓然的部队。五军团以参加宁都暴动的官兵为主要阵容，是红一方面军的三大主力之一，能打硬仗。突破四道封锁线，血染湘江；遵义东南布防，拱卫遵义会议召开；皎平渡坚守九日九夜，确保大军飞渡金沙江；顽强阻击，掩护主力跨过大渡河。

中央红军向湘江突进时是1934年11月底。27日湘江战役打响，一、三军团经过几天几夜的激战，控制了30公里湘江两岸。当日，军委距离最近的湘江沿岸只有80公里，但由于携带“坛坛罐罐”，东西过多，行军缓慢，致使敌人包围上来。负责后卫的五军团与敌人展开了殊死搏斗。五军团仅有第十三师、第三十四师两个战斗师，兵力约11000人。根据中央“掩护部队应不顾一切阻止及部分地扑灭尾追之敌”的命令，董振堂率部与敌血战。敌众我寡，战斗惨烈。董振堂不停地来往于各团阵地，下达着最严厉的命令：“不准一个敌人靠近军委纵队！”他们掩护红军主力和军委纵队渡过湘江，军团部也已经过江，李卓然派贴身警卫员骑马冲回湘江桥，传令剩余部队立即过江，能过几个过几个。由于敌人炸毁了湘江桥，三十四师被敌军重重包围。最终，三十四师包括师长陈树湘、政委程翠琳以及5000名红军将士阵亡。部队12月下旬到达贵州黄平县，军委决定在此进行整编。经过整编，红五军团与红八军团合编，把两个团合并为一个团，两个连合并为一个连。

如果说，红军的四渡赤水之役是中国工农红军战争史上以弱胜强、以少胜多的光辉篇章的话，那么，五军团的掩护战、牵牛术则是其中精彩的一笔。1935年1月底，红军往北推进到赤水河东面的土城，遭遇川敌，激战青杠坡，参战的五军团的三十九团在激战中阵地被突破遭重大伤亡。由于敌情不明，部队分散，战斗未能取胜，红军只好就近在土城渡过赤水河，进入云南，在威信扎西镇进行整编。由于国民党军沿长江重兵防堵，原定在泸州和宜宾间过长江也不可能，红军决定回师东进。2月中旬二渡赤水返贵州，又遭遇川军追击、黔军拼力防堵，敌人妄想利用天险娄山关作屏障消灭红军于长江以南、乌江以北、横江以东一带。为阻滞川敌，军委命五军团和九军团统归董振堂、李卓然指挥。董、李采取疑兵之计，以一个团的兵力牵制了敌军九个团达七天七夜。川军被弄得晕头转向，以为在与红军主力作战，真正的主力则已经在此期间取得娄山关战斗胜利打开遵义北大门，重占遵义城，歼灭和击溃国民党中央军两个师、黔军八个团，取得长征以来首次大捷。蒋介石哀叹：这是国军追击以来的奇耻大辱。

中革军委发电报表扬：以一个团吸引住九个团，以极小的代价换得重大胜利，有力地配合了主力红军重占桐梓、遵义的战略行动，军委特予表扬。

掩护中央和红军主力过金沙江，是董振堂、李卓然率五军团为中央和主力红军作的又一重大贡献。红军强渡金沙江是1935年5月。中央红军决定兵分三路，从三个渡口同时过金沙江。董振堂的红五军团负责掩护军委纵队从中间的皎平渡渡江。按照这个部署，五军团在江南岸的石板河一带掩护三天。石板河背靠一座大山，翻过山就是波涛滚滚的金沙江，石板河是通向江边的唯一通道。5月1日战斗打响，敌人的先头部队向五军团阵地发起进攻。董振堂在前沿阵地上指挥部队奋勇抗击，三天三夜过去了，但情况发生了变化。渡江行动开始后，一军团找不到渡船，搭了半截的浮桥又被江水冲垮；三军团仅找到一只渡船，又无法架浮桥。于是军委命令一军团沿江而下，三军团沿江而上，都改从皎平渡渡江。皎平渡仅有六只木船，因此，军委一再命令五军团延迟撤防日期。三天三夜，六天六夜，九天九夜，直到5月9日接到撤出战斗的命令。董振堂、李卓然指挥部队撤出阵地，渡过金沙江。

红军一、四方面军终于在懋功会师。会师后的红军分左右两路北上，谁料张国焘擅自命令部队南下，接着又另立中央。当时，红五军团为左路军前卫，也被迫南下。这时，有人建议把朱总司令抢出来再去和中央红军会合北上。何去何从，董振堂去找朱总司令。总司令操着四川口音和他推心置腹地交谈："要顾全大局，讲革命，讲团结。对于坚持错误的人，当然要坚决斗争。"说到这里，朱总笑了，"一、四方面军都是共产党领导的工农红军，搞好红军内部的团结，我们的力量就大了，困难就拿我们没得办法，蒋介石拿我们没得办法，日本帝国主义也拿我们没得办法！"朱老总一席话，像一束火把，把董振堂的心照亮了。以后，张国焘调走原红五军团政委李卓然，派黄超任政委。黄超秉承张国焘的意志，为防止董振堂直接和中央联系，控制了电台。董振堂顾全大局，隐忍未发。1936年初，长征到川西地区，红五军团和杨克明、罗南辉的红三十三军合编。

这当儿，红五军政治部主任杨克明从村中走出，匆匆来到董振堂跟前。他看见董振堂满腹心事的样子，也不做声，两人默默地望着天边落日。

杨克明，31岁，出身农民家庭。学生时代便从事爱国学生运动，1929年受中共四川省委派遣组织农民暴动，开展武装斗争。当时，恶霸地主黄汉清等霸占了贫苦农民冉荣桥的女儿，杨克明即与几位同志将黄等六人诛杀，为民除了害。1932年夏，他任中共梁（山）达（县）中心县委书记，与王维舟领导的川东游击军紧密配合，开展游击战争，坚持并发展了川东游击根据地。红四方面军入川，1933年发动宣达战役。王维舟、杨克明指挥游击军，积极配合红四方面军作战，牵制了敌人两个师的兵力。两军会师后，杨克明深入到宣（汉）、达（县）交界处的10多个乡镇，动员群众参军，被誉为"铁脚板书记"。1933年11月，川东游击军改编为红四方面军三十三军，杨克明任军政治委员。曾与军长王维舟率部参加川陕苏区反"六路围攻"。不久，因反对张国焘错误的"肃反"政策，被撤销了职务，调川陕省苏维埃政府内务部工作，后任补充师政委、独立师师长等职。红三十三军和红五军团合编为红五军时，杨克明任政治部主任。

杨克明终于启口说："军长，南线敌人向靖远突进，总部命令我军看守的船只顺流放至三角城渡口，以保证船只安全。"

杨克明

敌中路关麟征第二十五师持续向黄河突进，左右两路部队也紧随而来，企图聚歼河东红军。红四军政委王宏坤在《我的红军生涯》中回忆说："敌人集中兵力向靖远黄河渡口方向压来，妄图阻击我军后续部队渡河，并将我军河东部队聚歼于黄河东岸。敌机也成批出动，轮番向我阻击部队和河上船只轰炸。敌人攻击部队分三路向我发起猛攻，以正面突击，左右两翼迂回"。"由于敌人多路进击，我军被拆成为营连单位，有的排或班不得不各自为战"。三十一军在蒋家大路阻击，在与敌人反复拼杀中，九十三师师长柴洪儒英勇牺牲。

五军担任看守船只及监视渡口两岸敌人的任务。船只是宁夏战役开展的关键，是命根子，放弃船只将影响宁夏战役计划。徐、陈10月29日电告萧（萧克）、周（周纯全）、宏（王宏坤）、再（陈再道）并朱、张的电报，明确红四、三十一军直接归总部指挥，并告知："已令五军今晚派一个营在二十里铺，两营迫近城东及东北口监视靖远敌，到三十一日二十时止，决当夜该团主力移三角城河东。三十一日晚以后，靖远附近及二十里铺无部队。五军余部控制靖远河北岸及三角城一带，尔后待命向一条山进。北岸船只今晚全移三角城。"10月30日，朱、张电告徐、陈："五军在靖远警戒，已令渡到三角城，同时将所有船只下开三角城左岸。"

此时，敌已逼近靖远，红五军奉朱、张两总的命令，撤至靖远黄河下游西岸三角城。

夜。峭崚崚的河岸。孤独的月光，跌落在冷冰冰的河心，跟河水凝固在一起，无可奈何地仰起一张苍白的脸。十数艘木船，急速地顺流而下，在河面拽出十数根长长的飘带，泛起一片黯淡的波光。

突然，有放船的战士，满怀豪情，高声地唱起了红五军团过金沙江时唱过的歌：

金沙江流水响叮当，
常胜的红军来渡江，
不怕水深河流急，
不怕山高路又长……

红五军大部随船过河。为完成警戒靖远东北方向之国民党军，掩护打拉池侧翼的任务，留两个营在河东。次日，国民党军推进至郭城驿、大芦子地区，并进而控制靖远附近的河岸，这两个营即撤离归建。徐、陈将五军布置于三角城地带，仍担任守船及控制渡口的任务。

10 月 30 日下午 4 时，国民党军关麟征第二十五师占领虎豹口渡口，并进而沿靖远向打拉池推进，我河东河西部队即被切断。

当雄鸡高唱时，五军抵达三角城。太阳就要升起，满天彩霞。据说彩霞给人以希冀，启示人们将有一个石破天惊的奇迹出现。董振堂站在霞光中，似乎听到了自己血管中那流动的血液的汩汩声。

第二章

“二马”堵截

冷？裹着狐皮大氅

红军西渡黄河，就进入了河西走廊东端的武威地区。河西“四郡”被西北地方军阀所占据。马步青占据着武威，马步芳占据着张掖、酒泉、敦煌。

河西“四郡”地名始于西汉。公元前 121 年，汉武帝派骠骑将军霍去病出陇西、击匈奴，俘虏单桓王、酋涂王，浑邪王杀休屠王投降西汉。公元前 121 年，西汉王朝于河西置武威、酒泉二郡，十年之后又增置张掖、敦煌二郡。武威，意思是曾在此地显示了西汉王朝的武功和军威；公元 220 年魏文帝曹丕置凉州，姑臧（今武威）为州治，以地处西方气候寒凉而取名。张掖之名取其政治、军事地理位置之重要，即所谓“张中国之臂掖，以通西域，断绝匈奴右臂也”；张掖有一泓清泉，澄澈见底、游鱼可数、水味甘甜，名曰甘泉，向有“河西第一泉”美誉，西魏时期张掖郡兼甘州州治，就是以甘泉得名。酒泉得名于民间传说，霍去病西征到此，汉武帝赐酒为他庆功，酒少人多，就将酒注入城东泉内与将士共饮；“肃州”之称始见于隋仁寿二年，其义取于境宇辽阔，肃清边远。敦煌，唐中叶属吐蕃，宋属西夏，郡、县废；元代称沙州路，明为沙州卫，清代又改称敦煌县。

古人温子升《凉州乐歌》：

远游武威郡，遥望姑臧城。

车马相交错，歌吹日纵横。

秋成熟一切。武威城东关花园触目所见，尽是一年来阳光雨露之力。果木花草黄绿杂彩相间，多用比春天更美丽炫目的颜色，点缀地面，到处是鲜艳与饱满。然而在如此景物明朗中，有阵阵秋风掠过，似乎蕴蓄了一点儿凄凉。园中实在太静了，从这点“静”中即见出寂寞和凄凉。

此刻，马步青六神无主地站在城东关花园蝴蝶楼的二楼南面阳台上。他皱起的眉毛下目光显得呆滞，两眼向前望着绝不转动，因上唇稍稍有点豁，刮净胡子的脸显得绷得很紧。

马步青

马步青，字子云，祖籍甘肃临夏西乡摩尼沟，生于1901年。马氏家族的发迹人马海晏，受其姻亲马安良的提携，矢志效忠清室，受宠于慈禧，从而登上了政治舞台。马步青仰承祖荫、平步青云，历任营、团、旅、师长等职务。他在兰州接替其叔马麟任甘肃暂编骑兵第一师师长，不久移驻凉州，1932年被蒋介石收编为新编骑兵第二师，次年又改编为陆军骑兵第五师。

马步青敛财征兵无所不用其极。武威城东关花园原是果农、菜农聚居区。马步青赶走农户，用墙圈起，让人种上奇花异草，栽植各种果木，建起蝴蝶楼。蝴蝶楼状如蝴蝶，主楼像蝶身，东西随楼像是蝴蝶展开的两翼，主楼北面正中凸出的半圆阳台是蝶头，南面正中凸出的长方阳台是蝶尾，楼下走廊整齐的立柱是蝶足。可怜原有农户都变成了上无片瓦、下无立锥之地的赤贫者。马步青让八名妻妾中的几名搬进蝴蝶楼，终日寻欢作乐。马步青还常派爪牙抢夺民间妇女供其蹂躏。武威城乡，凡是有姿色的姑娘和年轻妇女都锁居深闺，不敢露面。如被马步青看中或侦得消息，深夜即派手下鹰犬去抢，等玩弄够了再送回。受害者只能忍气吞声，否则就会招来更大的灾难。武威东街居民稠密，又是交通要道，有很多铺面和车马店。马步青看中这块地方可以发财，就下令居民搬走，只给少许搬迁费，便霸为己有。他在东街修建了铺面、车马店和居民院落，取名“三十大院”，广收房租。有些居民还没有来得及搬走，他的爪牙就开始砸箱倒柜，拆房扒墙。马步青还用同样的办法霸占了城北的“平苑”、城南的牛家花园和王家花园。城周围像样的风景，都变成了他的私产。

马步青先后在武威、兰州、西安、北京等地购置产业，修建亭馆、花园。1937 年，马步青赶走临夏下二社居民 100 多户，强占宅基地 200 余亩，修建了东公馆。这项工程长达七年之久，极为富丽堂皇。1944 年，马步青又在临夏西川赶走贫苦农民 300 余户，占地 600 多亩，又修建了一座“蝴蝶楼”。数以千计的贫苦百姓流离失所，长年夜宿街头巷尾。马步青家的生活用具大部分是纯金的，首饰多是从外国购置的。马步青的儿子结婚，一对金钻石戒指就花去黄金 35 两，各种嫁妆就拉了十几汽车，抬送场面长达一公里之多，流水席吃了两个多月。马步青妻妾后来也大有发展，太太三人，姘头十余人，他又以 3000 银元强买有夫之妇、兰州剧院艺貌双全的张筱云为第四小老婆，蝴蝶楼金屋藏娇。当年临夏百姓用“花儿”控诉道：

蝴蝶楼修了个九里三，
修在了临夏的西川，
害下的百姓万万千，
穷人的眼泪（哈）哭干。

此刻，马步青俯视着攫为己有的东关花园。一阵秋风乍起，树上落下无数黄叶，满地乱滚。他心中也像掠过丝丝秋风，浑身上下微微颤抖，一阵惶恐不安的情绪又袭上他的心头。

最近，红军集结黄河以东，马步青和马步芳一再收到蒋介石急电，令他们派部在黄河西岸堵截。马步青与马步芳往返计议。马步青以防线窎远，坚决要马步芳出兵联防。马步芳以红军在甘南的威胁尚未完全解除为由，认为河防应由马步青的骑五师担任。马步青明白，骑五师步骑兵力共约万人，要想守住几百公里的黄河河防和自己的地盘，不过是痴心妄想。因此他观望不前，迟不应命。马步芳几次派人前往马步青处怂恿，并答应所需粮秣由他从青海利用黄河运输，马步青才答应派兵防守黄河。

马步青几个月来惨淡经营河防。他把骑五师主力布置在自皋兰县属的北湾起到宁夏中卫县属的沙坡头，蜿蜒400余公里的地带。因为防线太长，他便重点防守渡口，其他地段，每一据点派骑兵20名。据点后面20里或40里派骑兵40名作为前线的后备军，紧急时飞驰增援。其中，以靖远沿河一线为纵横交错、紧密联结的防御重点。布防之后，马步青感到河防蜿蜒400余公里，指挥困难，难以得心应手。他电告马步芳：“若遇劲敌，绝难抵御。”为安定军心，马步芳敦促马步青亲到沿河防地视察一次。回来后，马步青也装出踌躇满志的样子，逢人便吹：“布防严密，万无一失。红军疲于远征被动不利，我军兵精粮足以一当十，足以遏止红军于黄河以东。”

10月以来局势越来越紧，马步青也越来越坐卧不宁。意识到自己称王称霸、骄奢淫逸的日子将要受到影响，心中升腾起一股莫名其妙的晦气，他离开阳台走进房内，悻悻地跌坐在太师椅上。

副官蹑手蹑脚走进来：“师长……”欲言又止。

“什么事?”马步青神经质地从太师椅上一弹而起，他生怕又是什么不利的军情。

“城北几家大户求见。”

“噢——”马步青白眼一翻，仰面向天。他想起来了，那是城北的几个大户来送钱的……

马步青1931年驻防武威，初到时只挂着个骑兵师的空牌子，属下只有两个团约千余人。当时有人讥笑他的军队是“官比兵多，兵比枪多，枪比子弹多”。他的势力，完全是利用掌握武威地区的武威、永昌、民勤、古浪、永登五县的军政大权发展起来的。

马步青的兵员及战马，都以抓壮丁和摊派的方式来自于民间。马步青规定，凡每户有两个以上够当兵年龄的男子，都要有一个乃至几个人当兵。每年征兵一至两次，谁先去，谁后去，由抽签决定，而抽签则是秘密的。富户中了签，行贿活动，另换一个穷人去顶替，所以绳捆索绑抓去当兵的大都是穷人。那些有钱无势者，年年行贿，也有沦于破产的，只有有钱有势者，方能幸免。征马也有“马签”，一般派在城市工商业者和富户头上，有好马者出马，没好马者出钱买马。于是，几年之内，一个足员的骑兵师就建立起来了。

马步青利用烟亩罚款和鸦片走私来购置军火，装备部队。武威地区的鸦片在冯玉祥的国民军驻防期间曾禁种过几年，马步青为捞取好处，取消禁令，恢复种烟。他以高税率征税，美其名曰“烟亩罚款”，好像征高税是为了禁止种烟。每逢鸦片收获季节，大大小小的鸦片专员带着军警下乡，鞭打绳捆地强索烟款。有些土豪劣绅为了从中渔利，也出头包揽鸦片税。他们包八百收一千，层层加码，不顾百姓死活。马步青将搜刮来的鸦片经过加工，一部分由骆驼运到包头、绥远等地贩卖；一部分运到太原，从阎锡山的太原兵工厂换来枪炮和弹药。军队所需军粮、马料、薪饷也都以各种名目的苛捐杂税向驻地人民榨取。

此时，在外面求见的是既抽到了“丁签”又派上了“马签”的几个富户。他们相约而来，交免丁费和买马钱，是马步青前几日答应要见他们一面的。但是，此刻马步青又改变了主意。眼前，他需要的是兵而不是钱，尽管那几户人家不过几个兵，可是对他来说，现在多一个兵似乎就多了一根救命稻草。

马步青“呼”地从太师椅上弹了起来：“一块铜板也不收！叫他们回去，天黑以前将兵丁、好马如数送到师部，延迟者统统砍头！”

副官愕然：“师长，他们都是变卖了家产的呀！”

“这我不管！”马步青昂着头，又重重地坐回了太师椅。

午夜。裹在浓重的黑色幕帷之中的武威城，突然被一阵急促的马蹄声惊醒。马蹄叩打着石块，飞溅火花，发出清脆的响声，在夜的静寂里显得格外阴森可怖。战马三五成群通过城中的陋巷小街，向坐落在东关的蝴蝶楼狂奔而去。

马步青正舒舒服服躺在一个姨太太的被窝里做着美梦。一阵急促的“报告”和敲门声惊醒了他。平时，不是特别紧急的事情，没有人敢半夜惊动他。

“师长！红军在虎豹口强渡！”副官双腿立正面对着他，“河防前线韩起禄旅的急电。”

马步青满脸恼怒和恐慌，半卧着接过电报：“中和堡失陷，红军全部渡河，韩、马两旅全部冲散，失去联系。”这个消息来得这么突然又这么糟糕，犹如当头一棒，打得他晕头转向。马步青眯着眼睛，从牙缝里挤出一些只有他自己才懂的话语。他乜斜睡眼，极力作出一副临危不乱、指挥若定的神态。

就在10月23日，骑五师骑兵第二旅旅长韩起禄曾由河防前线致电马步青：“防务严密，万无一失，黄河天险，绝难飞渡，一切有我负责，师长可高枕无忧。”

马步青一边慌慌张张地扣着军衣纽扣，一边急匆匆地从二楼走下来，皮靴踏着木制楼板橐橐直响。几个穿红着绿的姨太太看见马步青天不亮从楼上下来，个个瞠目不解，急忙从摊着麻将的方桌边立起向他围过来。她们一看马步青那沮丧的脸色，吓得敛起媚态，屏声静气地站住了。

马步青刚刚跨出楼门，身上不由打了个哆嗦。一个姨太太急忙抓起狐皮大氅走到他跟前。马步青伸出胳膊把大氅穿上。

外面天已亮起来，马步青心绪却更加黯淡。汽车穿过穷街陋巷，经过凹凸不平的道路，驶出东门，又拐向正西，向骑五师师部满城驶去。满城修筑于1837年，城高数丈，是清朝旗兵驻防的营房。因满城修筑时间大大晚于武威城，因此当地群众把武威城叫旧城或老城，把满城叫新城。

马步青下车走进司令部，里面的军官如热锅上的蚂蚁混乱一团。无线电台及几个破旧电话机，正不停地呼叫着前线指挥官。马步青进来，顿时鸦雀无声。参谋把一份份电报和报告递到马步青手中。马步青看也没看就甩到桌子上，他脸色阴沉，背着手，绕着放在大厅中央的长条会议桌，不安地走来走去，簇新锃亮的马靴踏着地板，发出咯吱咯吱的响声。他以低沉而粗野的声音发出命令：“给老子接马廷祥。”

马廷祥是骑五师参谋长，前不久被马步青任命为前线作战指挥官，由他坐镇设在大芦塘（当年的景泰县城，今景泰县芦阳镇）的前线指挥部，协调四方，指挥部队，意图以逸待劳，迎击渡河的红军。此刻，马廷祥正在往回逃奔。他是在北湾获知红军渡河消息的，震惊之余，这个平素以凶狠勇猛而被骑五师内部称为“悍马”的前线指挥官，首先想到的便是“逃”。他的确很幸运，在他逃离北湾的当天，红三十军一部便突破北湾防线，并迅速截击溃逃的河防部队。马廷祥从北湾乘车逃跑，汽车抛锚于途中。这匹“悍马”一怕被红军截击，二怕贻误指挥第二道防线阻击红军的战机，便弃车徒步疾奔大芦塘。一路上，心中焦躁，口内干渴，逢水就喝，逢果园就吃，以致途中泻肚拉稀。跑出 20 多公里后遇到正向北湾增援的骑兵营，当即令其停止前进，拉过骑兵的副马，于当日深夜驰至尾泉步兵旅马进昌团，留下书面命令，令韩起禄坚决堵击，令马禄旅由一条山迅速前进。27 日，马廷祥乘专程来接他的汽车，缩回大芦塘指挥部。

马步青终于在马廷祥逃到大芦塘时，和他恢复了电讯联系：“速收聚各旅，重整防务，决阻红军北进。并望赴寺儿滩一见，议今后作战行动。”“我丢兵损将，败不成军，愧对上司，无颜再见。”马廷祥懊丧气馁，拒绝了在寺儿滩和马步青见面。

马步青和马廷祥都把希望寄之于尾泉、脑泉一带的第二道防线上。

“死了时托一个梦来”

吴家川的夜，从来都是冷寂和黑暗的，今天，却在冷风飕飕的旷野上亮起了堆堆篝火。这里，聚集着从河防前线溃逃的各路败兵和前来增援的部队。对于这些平日作威一方、安享酒色的马家兵来说，露宿深秋野外的确是少有的苦遇，但是，在红军雷霆电闪般的攻击下，亡命奔逃之后，能在火堆旁过一个安稳的夜晚，也就是很大的享受了。

一堆篝火边，马家兵紧裹着皮袄围坐着，其中一个正扯起嗓子唱“花儿”。

打马的鞭子闪折了，
走马的脚步儿乱了，
我维的“花儿”分别了，

刀割了连心的肉了。

半圆的锅儿里烙馍馍，
蓝烟儿庄子（哈）罩了；
搓着个面手送哥哥，
清眼泪腔子（哈）泡了。

白蜡杆子三丈三，
风刮（者）打了个倒尖；
家里（哈）有我的好牵连，
尕嘴（啦）喊一声老天。

白纸上写一颗黑字来，
黄纸上拓着个印来；
活着时捎一封书信来，
死了时托一个梦来！
……

这歌声犹如从荒凉的大戈壁深处吹来的一股忧郁的风，犹如从古老的岩壁那累累伤痕般的褶缝里迸发出来的凄怆的哀号，拂动了寂寞地生长在戈壁滩里的骆驼草，引动起一阵惆怅的叹息和无法宣泄的愁闷，使人平添一怀思乡愁绪。渐渐地，又有几个沙哑的喉咙加入了歌声，酝酿着，寻找着回音，渐渐地向整个荒漠扩散开去，形成一片喧嚣的风潮。歌词消失了，曲调也消失了，只剩了一片原始的野性的呼喊。

“花儿”是起源于青海河湟地区的一种民间歌唱形式，流行于青海、甘肃、宁夏一带，也有称之为“少年”者。“花儿”指所钟爱的姑娘，“少年”则是指小伙。“花儿”是西北回、汉、土、撒拉、东乡、保安等民族十分喜爱的一种民歌形式。在信仰伊斯兰教的回、撒拉、东乡等民族中，“花儿”所占据的位置就更高了。有一首“花儿”唱道：“花儿本是咱心里话，不唱是由不得自家。刀刀拿来把头割下，不死还是这个唱法。”这首“花儿”极为流行，道出了穆斯林对“花儿”的深厚感情。

“别嚎了！唱你爹的屌!”从隔壁一个较大的篝火旁，传来了一声粗野蛮横的喝骂。

歌声戛然而止。一个身材高大而壮实的汉子正扶地站起，黝黑的方脸盘上，一撮二寸多长的山羊胡子不住地颤动，尖尖的鹰钩鼻子上方，两只利眼在暗红的篝火映射下，闪动着亮光。

“你们还有心思唱？唱个屌!”这是旅长韩起禄。韩起禄是骑五师骑兵第二旅旅长。24日夜，红军于虎豹口渡河，防守于虎豹口西岸中和堡的韩起禄旅二团的马显图营一触即溃，营长本人也于当夜失踪。韩起禄旅司令部驻三角城，距中和堡十二三公里。当他接到红军渡河报告后，在一纸命令拼死抵抗的同时，勉强派出一个骑兵营增援。骑兵营碰到逃跑的马显图残部，听到红军势不可挡，未敢再前进一步。溃兵们说：“红军大炮一响，吓得人眼睛看不见了，耳朵听不清了，究竟红军是啥样子，还没有看到!”溃逃士兵惊慌失措，谈虎色变，增援部队闻风而止，畏缩不前。军情紧迫，身为旅长的韩起禄，只得急忙收拾旅司令部的大车、帐篷、炊具、行军马槽，以及携带的粮秣等等，准备逃跑，无暇顾及前方战斗。韩起禄以往在三角城骑高头大马，或驾着摩托车，带着一长串鹰犬似的卫士，在防地往来兜风的骄横劲，早已飘到九霄云外。

26日晨，韩起禄已率领仓皇间从三角城拉出的旅司令部，逃到中和堡以北10多公里的大道上。他稍作镇定，还想观察一下红军的渡河情况，登上高地，被吓呆了：“过来了，又一船过来了……”他双手颤颤巍巍地举着望远镜，断断续续、语不连贯地报着一个又一个数目。更使他恐骇的是，黄河对岸还有数不清的红军的列队，无数红旗随风飘动，在阳光照耀下如火焰般燃烧。

还在几天前，有人曾担忧地问韩起禄：“红军神勇非凡，倘若大队人马同时抢渡，你每一据点只有20支枪如何应付？后备40骑紧急时即便飞怕也无用。”韩起禄的回答轻蔑而干脆：“你们根本不懂军事和打仗的事。”面对红军渡河的严整和浩大的声势，讥笑他人不懂军事和打仗的韩起禄胆战心惊，懊丧气馁，仓皇逃到吴家川，遇上了马禄的援兵。

“韩兄，快坐下。跟尕娃们值不得发火。”说话者拉了拉韩起禄的皮袍下摆。他是骑兵第一旅旅长马禄，率部增援河防，亦进至吴家川。

“韩兄，红军虽已过河，但我们的人伤亡不大，还可重振旗鼓与红军决战。只是师长那里，怕老兄日子不好过啊！”

“有什么不好过的？红军那个架势，谁能挡得住？就是师长自己来，也是干着急没治！”韩起禄微露怒容，悻悻地说。

“你可是给师长打过保票发过誓的呀！”马禄似乎满意地看到韩起禄正在为自己的败绩忧心如焚。

韩起禄知道目前的不利局面，他必须立功赎罪，才能或免处罚。

此刻，红军先头部队在夜幕的掩护下，迅速地靠近了马家军宿营地。映红了半边天际的堆堆篝火，把红军引向了这里。不需要侦察，红军仅从火光便准确地判断出宿营地的范围，兵力的多少。

韩起禄和马禄围坐的火堆被红军的机枪击中，迸起的火星溅了一身。他们立即惊跳起来，飞身上马，疾驰而逃。随带的望远镜、皮大衣、手枪都丢了，连马鞭子也没来得及拿。官兵们有的做饭，有的喂马，有的睡着了，在突然震耳的机枪声中，人叫马嘶，一窝蜂地向北狂奔。大部分武器丢失，电台、被服、给养、装具、车辆等等，全部遗弃。

攻击吴家川的红军部队是三十军八十九师，在师长邵烈坤、政委张文德的率领下，俘敌200余人，缴获战马70余匹、步枪800余支、机枪10余挺。

韩起禄、马禄翌晨双双逃至尾泉。尾泉地处吴家川到大芦塘大路的要冲，西北五公里是脑泉。尾泉有两个大堡寨，祁明山步兵旅所属第二团马进昌部构筑有防御工事。

当他们走进马进昌团部时，团长马进昌未及行礼，便递过一纸便条。韩、马二人惊魂未定，急急看去，两行歪歪扭扭的字映入眼帘：“韩兄：命你率部布防于脑泉、尾泉一线，俟马禄援至，即合力坚决堵击红军于北进途中。如有差错，定将军法从事，严惩不贷。”这是马廷祥回防大芦塘时，路过马进昌团留下的手迹。

韩、马二人面面相觑，怔在当地。良久，还是马禄先打破了沉默：“韩兄，咱们得赶紧布置防守事宜。”韩起禄也意识到再不能后退了，否则，真会招来杀身之祸。他俩协商决定由马禄和马进昌团守尾泉，韩起禄守脑泉，两地互为掎角，可望形成一道比较牢固的阻击线。

“韩兄，你可别忘了，红军一到，谁受到攻击，另一方立即支援。咱二人可要齐心协力，共同守好这条防线哪！”马禄在韩起禄离开时，又不放心地郑重叮嘱。

韩起禄左脚已跨出门槛，闻见此说，复回头振振盟誓：“一言为定！谁若负言，谁就不是穆民！”

29日夜，红军向尾泉攻击。马进昌团在前线的一营步兵，年龄大多十几岁，而该营的工事是按《筑城教范》规定的成人身高尺寸构筑的。这些兵大都身材矮小，枪口在工事射击口不能平伸出去，有的还不会放枪，胆大些的朝天乱放几枪就掉头向后逃。马禄旅的骑兵，把马控制于阵地左右的村落。混战中，红军利用夜暗迫近阵地前沿投手榴弹。爆炸声和火光惊脱了军马，骑兵们立即放弃阵地，纷纷追赶马匹，抓住就攀鞍上马，不顾一切地逃命。

不论是马禄的骑兵，还是马进昌的步兵，虽然凭借着坚固的工事和有利的地形，但是，当红军于深夜向尾泉发起闪电般的攻击时，便又重演了河防前线和吴家川的悲剧，全线崩溃，亡命奔逃。

驻在脑泉的韩起禄听到尾泉发生战斗，组织兵力赴援，途中碰到逃散的骑兵。他们为替自己遮掩，谎言战斗激烈，使韩起禄惊慌万分。韩起禄率领部队一哄而逃，速不可挡，终于逃到了锁汉堡西南约10公里的一个名为芨芨水的堡子。马禄逃到锁汉堡，马进昌团更加狼狈，团长的乘马也丢了，部队逃散于山沟里。

10月30日，马廷祥已几天没有得到韩起禄、马禄的任何消息，心情急躁，成天在指挥部打转转。电话铃声骤然响起，他走到桌旁，急忙拿起了话筒。“我们已经到了尾泉，两天后芦塘相见！”他听语气不对，才猜到这个电话是红军打来的。这是三天来马廷祥第一次得到前线的消息，而且，是从红军口中获知的。

这时，马进昌收罗了残部200余人奔抵大芦塘。马廷祥听到马进昌兵败到此，就拿马进昌出气，不准进城，斥令其立即到一条山防守。马进昌请求补充一些枪支弹药，也遭到了严厉拒绝，只得率领残部，到一条山去了。

马步青、马廷祥的第二道防线彻底瓦解了。

10月30日至11月1日，红三十军一部占领了一条山大部村寨，一部击溃五佛寺守军祁明山步兵旅及马鸿逵的骑兵团，控制了黄河渡口，军部进驻一条山附近的双龙寺；红九军进占一条山以南的福禄水、大拉牌一线，警戒兰州和青海方向之敌；红五军防守三角城渡口，掩护后方；总指挥部及妇女抗日先锋团等直属部队进驻赵家水，总供给部及妇女工兵营等进驻脑泉。

“青海的青蛙”

青海省西宁市上五庄的马步芳公馆门前，全副武装的警卫人员，在已经凛冽的秋风中肃立着。时已入夜，西宁市依然像往常一样冷寂凄清，昏暗的路灯在高低不平的道路两边忽闪着。但马步芳公馆却华灯初放，暖烘烘的炉火使室内热气腾腾。

一阵急促的电话铃声。马步芳疾步奔到电话机前抓起话筒。几天来，他一再接到其兄马步青告急求援的电报和电话。这个电话又是马步青打来的。

“……河防部队完全溃散，红军全部渡河，已到达一条山休整，请连夜派出大量骑兵驰援！”

“我星夜派部队驰援，五昼夜到达一条山。部队由表兄马元海率领。”

“五天不行！三天，三天，缓不救急！援军一定要在三天内赶到……”

“好！援军三昼夜到达。”马步芳沉吟片刻，答应道。

马步芳靠着一把半圆形靠背的雕花太师椅，闭着眼，嘴里跟着唱机播出的音乐的节奏轻声地哼着，手指习惯性地捋着黑色整齐的长须。他身着青色长袍，头戴黑平顶帽，体格魁梧，姿态洒脱。此刻，尽管他脸上神色坦然，让人莫测高深，但心里却焦躁得很。他为红军西渡黄河直指河西而绞尽脑汁。

河西四郡除武威外，其余张掖、酒泉、敦煌都是马步芳的势力范围。马步芳的第一〇〇师三〇〇旅韩起功部驻守张掖，第一〇〇师二九八旅马步康部驻守酒泉、敦煌。

马步芳是1930年占据河西张掖、酒泉和敦煌的。1930年，因湟源屠城、永昌屠城、民勤屠城而臭名昭著的马仲英在纵横三陇之后西返，占据了河西的张掖。马仲英是马步芳的堂弟，他以蒋介石给予他的乌合之众新编三十六师的番号，正想重振旗鼓，以图再举。马步芳以张掖扼青海门源之背，深恐马仲英羽毛丰满，形成隐患，便派人活动，取得蒋介石的默契，即率领韩起功等部，取道门源，越扁都口，直抵张掖，将马仲英赶到酒泉。马仲英所属原国民党残部高振邦团留守张掖，走投无路即向马步芳投降。马步芳佯示接受投诚，却暗中派人在原州提督府旁东小院，挖掘深坑，埋伏大刀手百余人。傍晚，托词集合该团官佐200余人听训，将这些军官骗入小院，乱刀砍杀。砍死的和受伤呻吟未死的，都被重重叠叠地投入深坑掩埋。之后，马步芳又进占酒泉、敦煌，将马仲英赶出星星峡。

红军西进的军事行动，对于马步芳来说，既怕红军在河西建立永久的根据地，推翻其家族统治，同时又唯恐蒋介石嫡系部队借追击红军之名，进入甘青地界，侵占他的老窝。红军渡河后，蒋介石任命马步芳为西北“剿匪”第二防区司令，统一指挥他自己的新二军及马步青的骑五师，对西渡红军作战。马步芳清楚，蒋介石既要利用他阻止红军，又要借此削弱和廓清他盘踞的地盘。

马步芳

马步芳对于蒋介石排除异己的做法早有领教。蒋介石与冯玉祥大战后，蒋就给胡宗南以军事控制西北的任务，派胡宗南部入甘，企图以武力控制甘肃后，进入青海地区，驱马而代之。1932 年 1 月，胡宗南派副师长彭进之专程到青海西宁会见马步芳，试探虚实。马步芳也察觉到胡的用心，寝食难安。这时，适遇西藏地方亲英势力在英帝国主义的策动下，掀起了轰动一时的青藏战争。马步芳积极参与青藏战争，这样既可抬高自己的政治地位，阻止中央军入青，即使到了不能抵制中央军入侵的地步也可以因青海南部军情紧急，退守玉树，免得外调。彭进之在青期间，感到这个局面一时不好维持，不如放松一着，坐观成败。

青藏战争后第二年，冯玉祥、吉鸿昌、孙殿英等人于张家口一带组织的抗日救国同盟军在蒋之阴谋打击下失败解散，冯玉祥宣告下野。冯在下野通电中建议孙殿英为青海屯垦督办。蒋介石为了促使杂牌军互相消灭，便发表孙殿英为青海西区屯垦督办的电文，阴谋利用孙部武力以打击青海马家势力。

孙部西来，无疑要向青海马家军阀夺取地盘。任何军阀都把地盘看得比性命还重要，有了地盘就可以征兵、收税、派粮，要他的地盘自然是要他的命了。所以孙军西移命令发表后，立即遭到马步芳的反对。马步芳串联好马步青和宁夏的马鸿逵、马鸿宾，决心与孙殿英一战。这就是有名的“四马”拒孙。

蒋介石以为，即使不能消灭青马，亦可利用西北地方势力消灭孙殿英的武装力量，便指示其西北的代理人朱绍良与“四马”采取一致态度，坚决反对孙部西进。马步芳在军事上不失时机，亲往宁夏与孙殿英展开血战。这次拒孙战争，孙自是一败涂地。

1935 年 7 月，红军北上进入康北、川北。蒋介石严令马步芳出兵青南，截堵红军的电令连三接四，日益紧急。其中有电令指明：“急速调派所属部队，连夜赶赴青南边境堵击红军，所遗西宁一带防务，已令胡宗南部杨德亮接替。”红军尚未入境，而蒋之嫡系即行抵青。这时马步芳怕中央军入青的焦急心思，远远超过红军。那些日子里他的思想活动诡谲复杂，以往嬉笑洒脱、精明干练的常态，顿然变为暴躁凶狠，打人骂人。即使是高级部属，也不敢贸然接近，一般官佐更加缩头缩尾，生怕受到马步芳的迁怒。

在无可奈何中，将计就计，遂由青海省保安处通令全省，开始大规模地征拔壮丁。既以之公开反共，也以之暗阻中央军。在各县成立了壮丁司令部，各区成立了保安司令部，分别就地征拔 18 岁以上、45 岁以下的男丁，自备枪械、刀矛、鞍马入伍受训。又按照军队编制组成了青海全省国民兵团，每县至少有 2 个团，多的到 20 个团，共编制 107 团，计 434 个营、队，人数达 15 万。所有民团应需的服装、武器、帐篷、锅灶等都由民间征收。

8 月中旬，马步芳突然正常，转忧为喜。省政府接着又宣布第一〇〇师军法处长丁元杰为民和县县长。事后，马步芳召集全体官佐训话：“共军北上，迫近青南，中央令我军全部出动，西宁防务由中央军胡宗南所属杨德亮部接替。这样，我们的根本即将动摇，使我昼夜不安。丁处长连电中央，申述我军实力雄厚，已有训练有素的壮丁50万人，前后方可保无虑。经过多次电报，前几天终于奉到复电，令我军负责全省防务，杨德亮部暂缓入青，使我忧心忡忡的这一心事，为之冰释。现在委丁元杰为民和县长，理所当然。大家只要为团体出力，功不论巨细，无不受赏。”

马步芳的官员没有固定的薪金，全靠马氏的私人赠送和额外津贴。马步芳每年总要分别向军官送钱、送面、送炭、送牛、送衣料，其多寡要看卖力的大小和对马氏好处的多少，实在功大者好处很多者，放去做一任县长或税务局长，使其有一个随便搜刮的机会。所以在马氏手下，谁能争得这些肥缺，都被视为莫大的荣耀和恩宠，因此，许多人不愿做空头厅长，反而愿做小小的县长、局长。

想着与蒋介石中央军的往事，坐在太师椅上的马步芳烦躁地站起身来，走过去“砰”的一声关掉电唱机。他面带怒容，愤愤地在房中来回踱步。

这时，马步芳的表弟、新二军参谋长马德匆匆走了进来，报告说：“军长，胡宗南军的杨德亮部已过黄河。”

“来得好快!”马步芳两眼发直，两道闪闪烁烁的目光射将出来，说道：“红军只要我的命，老蒋既要我的命，还要抽我的血！我已决定青海所有能调动的部队去河西与红军决战，用我们自己的力量消灭红军，不给蒋介石渗透的口实。”

马德略显忧虑地说：“部队去得过多，青海防务怎么办?”

提起防务，马步芳显得胸有成竹地说：“宪兵和警察守城，再把回中的学生组成一个团，配发武器弹药，填充西宁城防!”

青海回中是以回教促进会名义创办的西宁高级中学，简称“回中”，相当于蒋介石的黄埔军校。其性质与一般中学不同，除一般课程相同外，另设政治、军事课目，专门进行反共教育和军政训练。马家创办这个学校的目的是为了有效地培养一支私人势力。马步芳亲自担任该校指导员，其子马继援任理事长。回中毕业的学生大多数被派到党、团、军、政部门，称为“回中派”。

马步芳面色阴沉，咬着手指，说：“让马元海来见我。”马德见马步芳主意已定，不便再说什么，答声“是”，便悄然退出。

马步芳，字子香，经名呼赛尼，生于1903年。他7岁便进了河州乩藏大寺当了满拉，开始诵习穆罕默德的经典，11岁又随其父马麒来到西宁，进入上五庄清真寺继续接受经堂教育并学习阿文。当时，在甘青一带回族上层人物的心目中，教权和军权都是立身立家立业的资本。所以马麒除了栽培马步青带兵从戎外，曾一心要培养马步芳成为一个通晓经典的大阿訇。可是马步芳却不甘教门的寂寞，17岁终于“慨然从戎”，做了马麒创建的宁海巡防军第一营帮办。

马家部队的由来，始于马步芳祖父马海晏带领的哨兵，最初只有100余人。马麒任精锐西军帮统时发展到1000人，充任甘边宁海镇守使，成立宁海军后，组织了马步兵13营，增至2000多人。这些都是从甘肃河州和青海循化、化隆县凑集的。镇压果洛、拉卜楞事件的前后又招募了一些营伍子弟和流氓充兵，至于征派强拉壮丁补充军队，搞得家破人亡、鸡犬不宁更不待说。对凶恶狡黠之徒，尽量吸收。高级军官中，如马忠义、马元祥、马成贤等，原系横行临夏、化隆一带的大盗，马步芳以其凶悍，予以收纳。他们在迭次战争中，残忍凶狠，杀人如麻。马步芳部1931年7月被蒋介石收编为新编第九师，又由新编第九师改编为正规军陆军第一〇〇师，再扩编为新编第二军，下辖第一〇〇师和青海南部边区警备司令部两个骑兵旅。马步芳升任军长并取代了其叔父马麟的青海省政府主席，成了“青海王”。青海一些宗教上层人士和蒙藏部落头人恭称他是“青海的青蛙转世，将来能做西北皇帝”。

马步芳一切活动的目的，是实行武力割据和封建世袭的“家天下”。但是，他上台时国内政治形势已发生了很大变化，不再是昔日马麒、马麟时代那种军阀混战的局面。以蒋介石为代表的大地主大资产阶级已经建立了统一的政权，以中国共产党为代表的国内革命力量也正在发展壮大。这种形势下要保存自己的生存和地位，马步芳不敢公开脱离对国内大地主、大资产阶级的依附，像马麒、马麟那样寻求青海“独立”。为了寻找新的出路，他开始重新调整自己与蒋介石的关系，以新的姿态保持与蒋介石在政治态度上的一致和吻合，但他也千方百计不让蒋介石势力直接染指青海和他的其他势力范围。

这时，响起皮靴的“咯吱、咯吱”声。马元海气喘吁吁地走了进来。

马步芳摆摆手，算是让其表兄坐下。马元海坐在沙发上，微微朝前倾着身子，一副唯命是从的样子，说道：“首批派往河西的部队与民团共16000人已经集结。”

“噢!”马步芳矜持地应了一声，张口说道，“你明天下午出发，三天内一定要赶到一条山，后续部队很快集结，开往河西。一定不能让红军在河西立下足来!”他仰靠在太师椅上，言谈明显地表露出一股凛然不可冒犯的威严，说：“上次宁夏拒孙，你是前线总指挥，干得很好！这次河西出战，也由你任前线总指挥。表兄呀！你不愧是咱们团体的栋梁之才，在这风云变幻、群雄并起的当口，正是你我兄弟千载难寻、大展宏图的好机会!”

马元海站立起来说：“军长放心，我一定为团体出力，消灭红军于河西，完不成任务，拿头来见你!”

马步芳听了，“噢噢”两声，心平气和地说：“坐下，你的勇气和胆略，的确不愧为团体一杰，扑灭河西红军完全可操胜券，可你一定得对中央军提防，务必不让其插手。如果我们不能把红军消灭，中央军一旦以此为借口进驻河西……”他猛然站起，提高嗓音，意味深长地说：“我们这块地盘就得拱手让人，团体难保啊!”

“团体”这一口号，带有强烈的封建地域观念和狭隘的地方主义色彩，对外可以抵制共产主义，抵制蒋介石集团的吞并企图，对内可以加强马氏政权上层之间的团结。这个口号一直是马家军队的鼓舞力量，维系着马氏政权成员的意志。

马步芳对马元海说：“明天出发前，我去乐家湾军营训示!”

第二天下午5点，马步芳乘着小车，风驰电掣赶到乐家湾军营。他戎装笔挺，登上土台，用眼睛扫了一下面前排列的队伍说：“目前红军进抵河西。大家是青海健儿，保卫家乡的战士。我们情同手足，荣辱一致，务必共同赴敌，为团体争光，为家乡争光!”他反复强调说：“团体能否兴旺发展，就靠我们齐心一德、同舟共济了!”部队官佐，不是同族同宗同教，就是亲信死党，休戚相关，自然纷纷表示唯命是从。

凉州“马”的喘息之计

马廷祥坐在太师椅上，军上衣耷拉在肥厚的胸前，枯燥的表情凝固在脸上，嘶哑着嗓子，向站在他面前、半躬着腰耷拉着眼皮的几个营长和连长吼叫：“咳！咳！再……再让红军攻下芦塘……这还了得，这还了得！现在什么时候了？”

“禀总指挥，快半夜1点了。”门旁守卫的马弁低声回答。

马廷祥瞪了他一眼，说：“你大点声！”

“是，”马弁答应一声，挺直脖子喊道，“快半夜1点了！”

马廷祥强打精神，提高声音说：“咳，你们几位今晚务必不能睡觉，要严密戒备！”几个营、连长听马廷祥说完，连连答应了几个“是”，退了出来。

马廷祥从北湾逃回大芦塘，动不动就惊恐不安。夜晚的降临，给心里早已黯然的马廷祥涂抹了一层更加浓郁的黑暗。他知道红军惯于夜战，强渡虎豹口是半夜，奇袭吴家川是半夜，攻打尾泉也是半夜。这些天，他睡觉常常被噩梦惊醒，脑门上渗出粒粒冷汗，总觉得一觉醒来，就会被红军抓去，当了俘虏，或者被子弹击中，横尸郊野。

马廷祥是藏族，信仰伊斯兰教，经名尕胡赛，他从小生活在马步青身边，后又在马步青手下任营、团、旅长等职，因骁勇而深得马步青的器重。他痛恨自己未能报答马步青之恩于关键时刻，反而丢掉马步青惨淡经营的河防线。在红军的猛烈打击下，接二连三的败绩落在他的头上。10月31日，红军分头进军，包围了锁汉堡的马禄旅残部，锁汉堡西南的韩起禄旅残部和一条山的马进昌团残部。红军一部占领五佛寺，并发动当地群众建立了什么“五佛抗日促进会”。其余据点也都被红军风卷残云，一一摧毁。如果大芦塘被拿下，红军就将直抵凉州城，捣毁骑五师的老窝。大芦塘城小兵少，难以固守，但又不得不守，马廷祥整日发愁，红军来了怎么办？

马廷祥不断地伸着懒腰、打着哈欠，但不敢躺下。现在时过午夜，外面平静无事，他暗暗松了一口气，终于决定解衣睡觉了。突然，密集的枪声震响，天地都好像在摇动。马廷祥的心狂跳起来，在他听来，他的心跳比机枪还要响，就连嘴角的肌肉也突突地跳个不住，他慌慌张张直奔城西南角。

月白风清。马廷祥从射孔俯视城下，看到红军以英勇矫健的步伐，抬着用树干扎成的云梯冲到城墙，冒着密集的弹雨登城。西南段已登上城头的30多名红军被击倒，可是更多的红军前仆后继，奋勇攀登。机枪子弹在黑沉沉的天幕上划出丝丝红线，溅落到周围。手榴弹尖锐地啸叫着掠过上空，落在附近城墙上，发出震耳欲聋的巨响和团团火光。“冲啊!”“杀啊!”红军呐喊着冲锋。城内狗吠人叫，混乱不堪，整个大芦塘城陷于绝望的挣扎气氛中。

天亮，红军停止攻城。大天白日丝毫都不能驱散马廷祥脸上的恐慌，恐慌不单是他脸部的，也是他全部心里主要而基本的东西。他再一次急电马步青求援。

马步青复电指示：“已由青海调动大批援军，在未到达前可派人向红军虚与讲和；如果红军转攻宁夏马鸿逵部，我们绝不出击。”马廷祥也觉得谈判是最好的缓兵之计，便当即派遣骑五师司令部上校兽医处长张毅生，前往一条山与红军接洽。

11月1日午，早在几天前已被石块封闭的大芦塘城门打开了一个小洞。张毅生由洞中钻出，面色苍白，有气无力，拄着一根棍子，战战兢兢地往一条山红军驻地走去。

这次谈判，是马步青的苟延残喘之计，所以马廷祥才派了张毅生这样无足轻重的人物。张毅生原是马廷祥任旅长时的参谋长，因打牌喝酒被降职调到师部兽医处。这次张自行呈准马步青到前方指挥所服务，马廷祥对他更加不满意，张此去成功固然好，死亦不足惜。

出乎马廷祥的意料，张毅生笑容满面地回来了。红军从团结抗日出发，同意谈判。张毅生还带回红军三十军政委李先念及军长程世才的联名信。信的主要内容是：1. 红军不侵占马步青的防地，只要战斗中将枪口抬高，以应付蒋介石追击红军的命令，红军决不认真还击；2. 应由马廷祥写一封签名信，作为和谈凭证；3. 希望命令一条山堡内的马进昌部，不要开枪射击红军。

谈判后，接连两天红军没有攻打大芦塘。马廷祥觉得红军很守信用，对红军的伪和已有端倪，遂不惜费尽心机，继续施展伎俩。11月3日，他又令张毅生赴一条山红军驻地，口头转达了如下意见：1. 为防止蒋介石问罪，不敢写签名信；2．已命令马进昌停止射击红军；3．马禄部在锁汉堡被困，希望撤围。

张毅生在红军处谈判时，马进昌团还是不断地放冷枪。红军代表请张当面给马进昌传达马廷祥的命令，张即到街道铺檐下喊话：

“我奉马指挥命令与红军和谈。马指挥命令你们停止向红军开枪!”

“马指挥有信没有?”

“没有信，让我口头传达!”

“没有信!”

马进昌眼珠一翻，从士兵手中要了一支步枪，轻轻地塞进了射击孔。“啪——”射击孔里飞出一粒子弹。张毅生捂住胸口，惨叫一声，踉踉跄跄倒在了小街旁。马进昌因疑心张平时不实在，就开枪打死了他。张的尸体还是由红军备棺材掩埋的。

大芦塘保住了，对于马廷祥来说，死的恐惧减少了，可另一个苦恼又重重地压住了他。马廷祥初到河防，被马步青任命为前线总指挥。马步芳则认为：“对此战事不能轻视，如果战事不利，部队定须增加，以马廷祥的资望及指挥能力，恐难应付将来局面。”并建议把总指挥名义留做日后用人之衔。马步青立即采纳马步芳的意见，派副官追马廷祥于途中，用“前线作战指挥官”的委任状换回了“前线作战总指挥”的委任状。对于此次变动，马廷祥耿耿于怀，只盼能一战奏捷，让马步芳和马步青见识见识他的能力。没想到，红军势如破竹，自己溃不成军。想到此，马廷祥心里更加不快，但他还想乘青海援军未到之前，纠集各部在一条山打一次像样的战斗，以遮掩多次惨败的局面。

11 月 3 日午后，马廷祥带领一个卫士排、一个骑兵连，出大芦塘东门向北，企图绕个大弯子避开红军阻击，和马禄、韩起禄接上头。他刚越过城北小河滩，驰上北塬，就有红军骑兵四五十人前来追击，慌忙跑上坂坡下马迎击，又发现坂坡顶上约有红军骑兵 200 余人前来截击，左侧约一公里处也有红军步兵 100 余人向他们的后路包抄。马廷祥眼看被包围，说声“走”，便立即上马奔回北塬。幸而城内听到激烈枪声，一个连出城接应，才使马廷祥留下一条命。

4日，红军派代表抵大芦塘。马廷祥本无谈判诚意，便诡称有病，拒绝会见，仅将信件及宣传品吊上城。红军信中的大意是：1. 红军极愿真诚合作，反蒋抗日；2. 锁汉堡已撤围，红军集合司号员吹奏军乐，对马禄表示欢送；3. 已给围困的马进昌团补给了粮食和饮水，抱歉存粮不多，未能充分供给，如由景泰转供，红军不加阻挠。因张毅生已死，马廷祥即于当晚又派了一名上尉书记官缒城而出，和红军代表一起赴一条山联络。

红军向马进昌补给粮秣时，马进昌竟于得到补给后转手射击红军，以致红军牺牲了好几个人，但红军始终予以容忍。

“红军合作的意愿是真诚的！”上尉书记官自一条山返回大芦塘说。

这时，马廷祥通过假和谈，已缓和了红军的攻势。青海援兵也源源不断而来。他面孔带着凶气狰狞地说：“我们不谈了！”

骑五师少将参谋长饮弹毙命

宛如长龙直卧的一条山被夜色涂抹了一层黑幔。西南的干河滩上，马元海所部搭起了营帐，燃起了篝火。篝火旁挤满了昼夜疾驰、疲惫困乏的马家兵。

马元海站在干河滩东北的土坡上，瞪大眼睛观察着一条山南的村庄，那里驻扎着红军。马元海身高体粗，胡子拉碴，着装半像土匪半像国民党军官：一顶狐皮帽，一领皮大衣，一件黄上装，一条骑马裤，一双粗大的黑色高筒皮靴。

马元海是“二马”的表兄，时任青海南部边区警备司令部骑兵第二旅旅长。他的势力范围在贵德，因而被称为“贵德王”。马元海年轻时就嗜杀成性，或以睚眦之怨杀人，或以无故杀人为乐。跟随马氏父子起家后，他曾炮制过几桩杀戮政绩，不知有多少无辜平民惨死在他的刀下。在广袤无际的青海高原上，马氏父子对许多蒙藏族部落和寺院进行了残酷屠杀，凭借血腥铸就了自己的江山。仅马步芳时代，马家军队屠杀蒙藏族部落和寺院就有几十起之多。果洛、玉树等地区的藏族群众，先后直接死于刀锋之下的达数万人。鲜血，染红了青海湖的碧波绿水；头颅，堆高了昆仑山的云霭雨雾。马步芳的每一次屠杀，几乎都有马元海逞凶效命。果洛被镇压七次，马元海带兵一次杀藏胞

1000多户，数千人。其中德昂部落100余户，劫后仅留男子5人，青年妇女50余人全部掠走。马元海本人一天之内割下男女牧民80个人的头颅。在镇压同德羊玉部落时，马元海部见人就杀。妇女被奸淫的比比皆是，许多人被蹂躏而死。

此刻，马元海转过身来，耸耸鼻子，似乎在闻四野蔓延开来的火药味。“红军有多大的能耐，一下就突破了骑五师的河防！”他这样想着，不由骂出声来：“凉州的饭桶！”马元海怒不可遏地在高丘上来回转着圈：“悍马？悍个驴！他是干什么吃的？”

“报告，骑五师参谋长候见。”土坡下站着一个传令兵。

“哼！”马元海鼻孔里出了口粗气。按理，马廷祥早该来一条山见面。虽说他们两人军衔相同，又各为不同主子卖命，但此次河西战事，已明确他马元海是总指挥，而马廷祥是副总指挥。他总指挥在前线辛苦，副总指挥却龟缩在大芦塘城内，迟迟不露面。马元海不耐烦地转过身来，走下山丘。

“尕胡赛，你怎么才来？”马元海叫着马廷祥的经名，走入帐篷。

“红军围得铁桶似的，出不来。今晨红军退走，我才出城。”

马元海居中席地而坐：“你打算怎么办？你的部队呢？”马元海像是故意揭马廷祥的伤疤。

的确，骑五师已溃不成军，旅不成旅，团不成团。马元海问起部队，马廷祥便无话可说。

马元海“呼啦”一声站起来，指着马廷祥不客气地说：“×毛擀不成个毡，骑五师全是草包！你们平日受河西老百姓供养，作威作福，及至作战便一败涂地，既不能据河一战，又不能牺牲顽抗，临阵溃逃，何以面对官长！”

“望青海弟兄鼎力相助！”

“青海！你就知道青海！既然如此，你们就回家抱娃娃去，再不要带兵逞威。行军打仗，须得军纪严整，赏罚分明。韩起禄临阵脱逃放弃河防，必须严惩，以振军心！”

“韩起禄之罪理应严办，但此时军情紧急，作战迫切，惩处一事还得稍缓。”马廷祥稍一犹豫，便接着说，“请老兄以大局为重，还是先商议如何对付红军。战事完毕，我自当负荆请罪！”

“对付红军，我自有谋划，你可以回芦塘了。”马元海带着一股凌人的傲气，不冷不热地回答了一句。

马廷祥实在无法忍受马元海得理不让人的神态，脚一顿，走出了帐篷。他没回大芦塘，而是带着卫士、一连骑兵，窝着一肚子火去了马进昌团。

马廷祥怒气冲冲地来到前沿，马进昌原以为是为打死张毅生而来，没料想马廷祥不仅没有此意，甚至连这件事提都未提。“都给我闪开！”马廷祥一把夺过一个士兵的步枪，将枪塞进射击孔。

“啪——”他向对面盐局的红军驻地瞄准，扣动了扳机。马廷祥射击技术，素称准确。他用两支步枪，由卫士装填子弹，自己轮换射击，大约半小时没有移动位置。

突然，马廷祥像是被抽了筋似的瘫在墙根下，握着枪的手直打转儿。手一松，步枪“咣当”一声掉落在地。他想叫唤，不过舌头已经僵硬，只能发出一阵嘶哑的响声。他的半边脸血肉模糊，剩下的一只眼，目光呆滞……

翌日。正当马元海火急火燎地驱赶部队冲锋时，几个士兵抬着一副担架来到河滩。马元海走到担架跟前，只见死去的马廷祥嘴抽筋似的扭着，身不由己地哆嗦了一下，感到了冷和死亡。

11 月4 日，马步青自凉州发布作战情报，其云：“红军节节西窜，我部奋勇杀敌，不幸少将参谋长马廷祥为国捐躯，各级军官和士兵伤亡亦在千人左右。值此生死关头，特令各旅、团、营长，懔于战事的艰巨，务必提高斗志，奋勇进击，以赴戎机。”马步芳、马步青即时呈报蒋介石，电文中称马廷祥“奋不顾身，身先士卒，不幸中弹阵亡”。

马元海督率的青海援军到达一条山，马禄、韩起禄的部队亦集聚在一条山以南和西南的堡寨。山谷、丘陵、原野，扬起滚滚尘土，骑兵遮天盖地。马元海攻占了一条山红军的几个据点，红军的防线缩小了。

守卫一条山的红三十军八十八师一个团、八十九师两个团，在熊厚发、邵烈坤两位师长指挥下英勇抗击，与敌争夺，先后在村北和村南打退敌人多次进攻。

红三十军政治部和宣传队在一条山南面秀水村的一个小围子里陷入重围，和一条山部队的电话联系也被切断了。政治部机关除了干部、宣传员和勤杂人员外，战斗部队不过一个政卫连，包括两个步枪排、一个手枪排，总共不到 100 人。政治部主任李天焕组织全体人员动手，在围墙上掏了一圈枪眼，交给两个步枪排守着，手枪排十七八支驳壳枪，作为机动力量，哪里紧急就到哪里支援，其他没有武器的同志负责烧水、做饭。敌人从西北角冲上来，李天焕立即带着手枪排赶到西北角；敌人从西南角攻上来，他又带着手枪排赶到西南角。手枪排从这个角落赶到那个角落，像抢险堵口似的。马家军从四面八方开始轮番进攻，红军指战员沉着迎敌，守着枪眼，“一枪打不倒一个敌人不开枪”。

黄昏，人也乏了，子弹也少了，但敌人仍像铁桶似的围在外面。暮色渐浓，正当危急的时候，一条山方面响起激烈的枪声。一支红军杀了过来，敌人四处奔逃。李天焕一看援兵来了，率领全体同志打了出来，伙夫拿着扁担，宣传员拿着石头，到处抓俘虏。指挥援军杀来的是红八十八师师长熊厚发，熊师长经过连日血战，一身灰军装上沾满了尘土和硝烟，满脸污垢，只有两只黑白分明的大眼睛还像过去一样精神。他紧紧地抓住李天焕主任的手，上下打量了一阵说：

“主任啊，这一天可把我急死了！”

“我知道你们一定会来的。这一天你们打得也够激烈的。”

“我们真是自顾不暇，刚才八十九师一个团从外面打进来，我们才反过手来，给敌人个措手不及！”

渡过黄河之后，红三十军代军长程世才率领八十八师的另两个团，抵五佛寺，击退守军，占领五佛寺。第二天，程世才接到总部电报，命令大量收集船只。他们经过了一天努力收罗了大船七只、小船十余只。不料上级又来电令，船只不要了，部队立即返回一条山。

青海援军

马家军前线总指挥部上校参谋长张时之——

红四方面军从靖远县境强渡天险黄河，攻占一条山等重要军事据点，青海气氛异常紧张。

马步芳连续召开紧急军事会议，搜求阻击之策。其时，我任第一师司令部参谋处参谋。10月某日上午10时许，我被召至西宁市兵部街新二军司令部。花园内办公室已有马彪、马元海、马忠义、马步銮等在座。马步芳见我进来，严肃郑重地说："你来得正好，我们正在开军事会议，你先看一下这份电报！"电报系驻防武威一带的骑五师师长马步青拍来的十万火急电，大意是：共产党军队已经渡过黄河，击溃韩起禄旅，攻占一条山等军事要点，来势凶猛，有继续向西窜犯迹象，希速派大军星夜增援，以期整个歼灭于一条山附近，勿使滋蔓，蔓则难图。马步芳对我说："电报你已经看过了，详细情形我不再重复。你是我们团体中一个很有作为的人，既能文又能武，会说善道，最近又从中央军官学校毕业回来。现在我们用着像你这般的人了。我们决定派精锐部队到前方增援，特派你跟随马元海到前方参加作战。这次共军西上，事关我们大家的生死存亡，要求你好好干。只要我们的团体存在，继续发扬壮大，你个人的前途肯定随之而光明。我们已决定今日下午六七点钟出发，目标一条山，任务是解救一条山地区被红军围困的马进昌团，消灭过了河的共军。赶快下去准备，不得迟误！"当时，我也意识到这些话都是唆使利用我的话，但军令面前不得不绝对服从。

我的家人知道我就要出征和红军作战，吓得喘不过气来，哭声连天，难舍难分。

这次派我到前线，在马元海直接指挥的部队以陆军一师中校参谋职衔（后升为上校参谋长）随军工作。1932年，我当陆军新九师司令部少校承启长时，认识了马元海。他身高近两米，红面黑须，浓眉大眼，望之威武雄壮。他与马步芳是姑表兄弟，任海南警备二旅旅长，手下无固定部队，只有一个残缺不全的旅部，编有参谋长、副官长、书记官、军法官等各一人，传令兵四五人，各干家事，有名无实，备员充数而已。马元海本人长袍短褂，身不着军装，口不能喊口令，亦不懂立正稍息等基本军事动作。据说善于作战，有指挥才能。1933年至1934年间在宁夏堵击孙殿英西上战役中，马元海就任前线指挥。

我们星夜强行军，经永登抵达松山滩军马场，离一条山约有二三十华里之遥，隐约听见枪炮声。松山滩一片荒凉，山陵起伏中有一绿洲，聚居着藏民四五十户。国民党军政部在此设有军牧场一处，早已逃避一空。我在出发前，还不知道马元海究竟率有多少兵马，到松山滩集合后，才看到有马步銮、马忠义两个骑兵团，马庆率领的西宁鲁沙尔民团的马兴泰、马贵、赵宝才、柳绳祖等团，及湟源民团李增荫团。另有先期和陆续到达的马全义团、马彪旅等部。这些部队和民团，大体上都是骑兵，共达 1 万余人。

翌日，继续向一条山进发，到达寺尔滩，距前线约十里许。马元海登上一处土丘，下达攻击命令。骑兵在前，步兵在后，马步銮团取右路，马忠义团取左路，中路以马彪旅为主力。各路自行布置。所有各县民团，各随原配备部队并进，策应部队。不久，枪声密集，各路先头部队已与红军前哨接触。一条山烟火弥漫，战斗激烈，及至日落，各路进攻部队毫无进展。马元海遂将主力部队和民团，撤退至一条山北部三四里的一道干河滩。红军发现我军主力所在，即于夜晚展开猛击，我军即行后撤。马元海派出副官贾屏藩率士兵数人，与一条山被围的马进昌团联络，中途被红军击伤臂部。不久，马步青部马禄旅也赶抵一条山，配合马元海部各路兵力复行进攻。战事激烈，双方处于胶着状态。第三日，骑五师少将参谋长马廷祥被红军击中头部毙命。

聚集于干河滩的我方部队，历时七八日之久。交通线悉被红军切断，弹药、粮草无法补给，特别是饮水更成严重问题，马嘶人竭，群情惶惶。其后，马元海发动猛攻，又被红军迎头击溃。正在危急之中，忽报红军向西挺进。马元海即于 16 日占据了一条山。我们进入街衢时，双方巷战遗迹，清晰在目，断垣残壁，弹痕历历。但见满墙大都写着“红军北上抗日”等标语，并书有“红军第四方面军先遣军政委陈昌浩，司令员徐向前”的落款。一座堡院里发现红军伤员十多人，还有已牺牲的战士尸体十多具。

红军放弃一条山向西挺进，我方人马亦随之尾追。第一夜我军拉成长队，无行军次序，无纪律阵容，如蚂蚁搬家一样，在漫无道路的沙石草丛中前进。火把篝火，满天通红，星月失色。在我们的左侧，也有一道火龙，人马滚滚，与我们同方向齐头并进，相距大约二三百米。初以为是我们自己的部队，互相探询，才知道那是共产党部队，于是乎大家的毛骨为之悚然。出乎意料的是，双方都没有开枪。行进间得到消息，在大拉牌一带堵击红军的骑五师马呈祥手枪团，一师三旅马全义团，陈嘉禾团，民和、乐都、互助等县民团，都被红军击溃，伤亡惨重。大军只顾向西尾追，有些单位没有接到西行命令，因此军医院医官罗禹民被红军生俘，后又得以放还。放还罗禹民者系红军一位姓吴的女干部（红九军敌工部副部长吴仲廉）。河西战役结束之后，红军被俘人员内有放还罗禹民的吴姓干部。罗禹民为了报答救命之恩，想尽一切办法将吴姓女战俘营救出来，延养于家，旋又设法送出虎口。

第三章

兵殇古浪

中共中央及中革军委电令河西部队组成西路军

祁连山绵延千里，向东延伸的支脉一直进入景泰境内，分为南北两支，北支有昌林山、大格达南山和黄草埫山，南支有寿鹿山和米家山。南北两支山地之间和山前地带有山间盆地和滩地。

红军过河部队大抵都驻扎在盆地和滩地。徐向前的总指挥部在三角城至一条山之间的赵家水。赵家水，背靠光秃秃的山丘，面对满是鹅卵石的干滩，住着几十户人家。村名带“水”，其实水像油一样贵重。赵家水有一股水，因而有了这个村子，有了这个村名；红九军军部驻福禄水，有股水约两三寸；红三十军军部驻双龙寺，寺后山根有个一人多高两三丈深的洞，洞中石岩滴水，有两三根筷子粗。这一带有水才有人家，才有村庄，村名很多就是水名。如赵家水、福禄水、芨芨水、白茨水、黄茨水、娃娃水、骆驼水、狼抱水、野狐水、眼井堡、三眼井、三塘驿、大芦塘、一碗泉、尾泉、中泉、脑泉等。这里老乡种田不叫种田，叫“闯田”。种子下地，碰上透雨，闯过了干旱关，收一季能对付两三年。闯不过去则颗粒无收，只能背井离乡，逃荒要饭。

徐向前、陈昌浩统率红三十军、九军、五军等三个军，英勇进击，控制了一条山、五佛寺等战役枢纽地段，全力抗击马家军的反扑，为宁夏战役创造了条件。下一步就是向宁南进击，乘胜取中卫和定远营，并策应红一方面军渡河。徐、陈已派人侦察中卫的情况及去定远营的路线，准备实现下一步的战役企图。

然而大局却在时刻发生变化。红三十军、九军、五军渡河后，河东部队因遏止南敌前进未能得手，无法西渡黄河执行宁夏战役计划。

宁夏战役计划不能如期进行，使徐、陈深为焦虑。第一，部队渡河时，每人只带了三四天的干粮。此地人户稀少、粮缺水苦，没有补充来源，绝非大军久驻之地。第二，地形开阔，堡寨稀疏，不便我军集结隐蔽，却利于敌骑兵的运动和突击。我军三面临敌、背靠黄河，如固守待机，势必被动挨打，有耗无补，进退失据。第三，如我们单独北进取定远营，通过腾格里大沙漠至少需四天以上的行程，部队缺粮、缺水、缺骆驼，很难完成任务。而且，苏联的军用物资何时到达那一带，还是未知数。我军孤军深入该地，取不到物资，就有被宁马封锁和消灭的危险。第四，据侦察，河东敌人有向宁夏增兵企图。如敌人北控宁夏门户石嘴子，南扼永宁、中卫，不仅会使眼前的战机丧失，也将使今后河东红军渡河行动受到严重障碍。因此，徐、陈向军委建议，及早进行宁夏战役，勿失良机；否则，请明确指示河西部队的行动方针，原地待机，总不是办法。

11 月2 日，徐向前、陈昌浩致电红军总部朱德、张国焘并中革军委毛泽东、周恩来：

甲、此方人户稀，粮缺水苦，大部队难久作战，一条山地区河谷间还不能放重兵。

乙、我们建议：

（一）若主力能够速渡河，需此方待接时，即向中卫、宁夏进；

（二）或单（独）游击定远营；

（三）或以大部向平番（永登）、凉州、民勤方向发展，开展甘北苏区；

（四）无论向何方行动，此方三个军再不能分散，应集中使用。

丙、行动方针请速示，因一条山、五佛寺在地理、生活、敌情各项估计，都不容许我们争取较久时间。若主力不能迅速渡河，此方因各种关系不便久停时，即我方决先向大靖、古浪、平番、凉州行。而后待必要时，再转来接主力过河。目前，大靖、土门、古浪、凉州甚空虚，易袭、不缺粮、人多，均汉人。若不出动，待敌迫近或布妥，在此方即陷于极大困难之境况中。

（引自《中国工农红军西路军·文献卷》上，甘肃人民出版社 2004 年 7 月第 1 版，第 365 页）

同日，朱、张在关桥堡会见林育英后，致电徐、陈、毛、周：

甲、远方货物已准备好了，我们即电中央、转电去问明远方货物何时到达指定地点。

乙、你们出宁夏须有三个条件：

（1）你们能单独解决马鸿逵、马步青。

（2）海原战役的胜利。

（3）从一条山到宁夏露营，一般地形、天候、敌情条件（必须查清）。

丙、我们估计五、九、三十军三个军必能解决“二马”，海原战役也有把握取得胜利。现在你们应加紧筹粮，制冬衣，问明情况等准备工作，在胜利开展后，即迅速准备完成新任务。

丁、宁夏地区土砦、水沟多，须在战术方面大大注意。

（引自《中国工农红军西路军·文献卷》上，甘肃人民出版社 2004 年 7 月第 1 版，第 367 页）

同日 12 时，毛、周致电徐、陈：“你们率四方面军主力暂以现地区为中心向三面扩大占领区域，以一部占领永登，一部出通〔皋〕兰，大的方向仍前不变。”

3 日，共产国际书记处及王明、陈云致电中共中央书记处：“……现已决定目前不采用从外蒙帮助的方法。同时，我们正在研究经过新疆帮助的办法。如果我们将约一千吨货物送到哈（密），你们曾否可能占领甘肃西部来接收？并请告诉接收办法及你们采用何种具体运输。”

苏联援助物资不能从外蒙运到宁夏，而改为经过新疆。

同日（3 日）22 时，毛、周致电朱、张、徐、陈：“所部主力西进占领永登、古浪之线，但一条山、五佛寺宜留一部扼守，并附电台，以利交通后方行动。”

这时，二马正集中数旅的步骑兵，向扼守一条山地区的红军疯狂进攻，战况极为惨烈。如仅留一部扼守一条山、五佛寺，势将被敌人消灭。

4日8时，徐、陈致电朱、张：“目前战役计划已决定，务请速战，迟则敌齐头并进，难决战。关麟征师、马鸿宾师既有令开石嘴子，如不速战则该两敌若先我出中卫、宁夏后，使宁夏战役更难速完成。我方情况实不允许久控制现地区，等待配合右岸行动。”

5日14时，朱、张电复徐、陈：“你们之河北纵队，目前最主要任务是消灭马步芳部，独立开展一个新局面。乘敌人尚未十分注意你们的时候站稳脚跟，首先占领大靖、古浪、永登地区，必要时应迅速占领凉州地区，行动要迅速、秘密、坚决和机断专行。”“敌人可能割断你们与河左面主力之联络。你们尽可能派一部带电台保持黄河五佛寺渡口在我手，但不可因此妨碍你们主力的行动，不得已时不必留兵力守渡口，如有必要，当由三十一、四军负责接通你们。”“你们应不受一切牵制，独立去完成你们的任务。”

根据中革军委毛、周和红军总部朱、张的指示精神，6日，徐、陈制定了《平（番）大（靖）古（浪）凉（州）战役计划》（平番即今永登县）。这一计划拟集中主力西进，首先消灭平番、大靖间的马步芳野外部队，进占大靖、平番、古浪、凉州地区作立脚点，伺机策应河东部队渡河作战。上述计划，徐、陈向中革军委和红军总部做了报告。

7日，林育英和朱德、张国焘致电徐、陈：“平、大、古、凉战役计划以迅速执行为好，兵力集结应稍提前。”

8日，毛泽东、周恩来电：“徐、陈向凉州进，作战时集中兵力打敌一个旅，各个击破之。”

徐、陈向军委报告《平大古凉战役计划》之后，7日，徐向前、陈昌浩、李卓然、李特等又向党中央、毛、周、朱、张请示，“为加强与统一河左岸四方面军部队的领导及保障党的路线的执行”，建议在党组织方面成立西北前委；在军事指挥方面，成立西北军委分会。

此时，中央及军委另有考虑。中共中央和中革军委根据局势的变化，终于决定放弃宁夏战役计划。又根据陕甘苏区军粮已告罄尽，筹粮、筹款、筹棉、扩红均极困难，数万红军缺衣少食，难以熬过严冬而实行战略转移。11 月 8 日，就在命令河西部队向凉州西进的同时，中央提出了一个新的战略计划设想，即《作战新计划》。这份《作战新计划》用电报发给前线的朱德、张国焘、彭德怀、贺龙、任弼时。

朱、张、彭、贺、任五同志：

甲、胡、毛、王、关各部北进，我宁夏计划暂时已无执行之可能。

乙、拟作如下之新计划：

（一）三个方面军主力十一月份在关桥堡至金积、灵武之间作战，求得在一二个战役下消灭敌之一部，争取休息与准备，以示我欲渡河，吸引胡师北进，并使关师进到石嘴子，王以哲进到豫旺。

（二）十二月上旬以后分两路出动。

（三）一、二两方面军组成南路军。第一步占领镇原、西峰、合水、正宁、宁县地域，第二步占领同官、耀州、淳化、中部、宜君、洛川、富县地域，第三步占领韩城、宜川、延长地域。以上三个步骤尽可能延长时间，估计可容许活动三个月左右，其任务不是消灭张学良、杨虎城，而是扩大苏区，扩大红军，解决给养。

（四）四方面军之两个军组成北路军，在灵武、盐池地区待机，待绥东抗战起后开始出动。第一步安边地区，设法夺取安边城；第二步横山、榆林地区，以佯攻两城姿势吸引二高及二十一师向北增援，以便恢复瓦市、延川一带，并吸引神府残敌向西；第三步神府地区，与南路军同时到达黄河沿岸。

（五）于适当时机开始在两延、在清绥、在神府分三区造船，准备渡河入晋。

（六）如此时我与蒋阎之妥协成功，则以协定行动。

（七）如此时妥协不成，则实行东征。

（八）入晋后，如能依照妥协条件参加抗日，则实行抗日。

（九）如不能抗日，则第一步占领同蒲路铁路作战，扩大红军；第二步如蒋阎尚无妥协希望，东进有甚大困难，而陕甘蒋军已东调，我可仍回陕甘，如东出有利，则出冀豫晋之交；并应计划第三步，出至鲁豫之交渡黄河；第四步到皖豫鲁；第五步到鄂豫皖；第六步到鄂豫陕，尔后再转西北。准备以一年至两年完成之。

（十）第二步至第六步之目的在扩大政治影响，扩大红军，争取统一战线在全国胜利，争取与南京订立协定，争取抗日。

（十一）徐、陈所部组成西路军，以在河西创立根据地，直接打通远方为任务，准备以一年完成之。

丙、上述新计划，暂时还不为最后决定，征求五兄意见，准备在两星期内决定之。此计划不能过早执行，故十一月内全军须以求战与引敌入宁夏为目的。

丁、请五兄开一秘密会，慎重考虑，见复。育英参加。

张、毛、周、博、林

（引自《中国工农红军西路军·文献卷》上，甘肃人民出版社2004年7月第1版，第386页）

《作战新计划》提出河东红军组成“南路军”、“北路军”，“徐、陈所部组成西路军，以在河西创立根据地，直接打通远方为任务，准备以一年完成之”。西路军西进，一年为期而不是立即打通新疆，主要是为了隐蔽陕甘红军的战略企图，迷惑和调动敌人，保证河东部队实现战略新计划。

显然，这是一个带根本性的战略变动，不仅放弃了宁夏战役计划，而且改变了首先造成西北抗日局面的整个方针、部署。据此，河东主力红军开始进行脱离陕甘宁根据地的准备。根据保密要求，朱德、张国焘未将《作战新计划》向徐、陈透露。徐向前在回忆录中说：“对于如此重大的变动，我们事前事后均一无所知，直到近几年才弄清楚。”张学良与中共有统战关系，红军如此重大的战略行动，当然与之通气。张学良建议红军就地坚持，“熬过一两个月”，等待西北局势的变化。

就在《作战新计划》发出的当天20时，张闻天、毛泽东致电朱、张、徐、陈、李等七同志：“提议河西部队组织前委与军分会，我们基本上同意。河西部队称西路军，领导机关称西路军军政委员会，管理军事、政治与党务，以昌浩为主席，向前为副。其余名单照你们来电批准。”

10日，毛泽东、周恩来又致电朱、张，告之中共中央和中革军委此项决定。当日朱、张回电中共中央总书记张闻天：毛、周灰卯（10日7时）来电，“四方面军河西部队称西路军，军政委员会以昌浩、向前为正副主席，我们完全同意，请你们复电”。

11日，中共中央及中革军委下达电令。

徐、陈、李并转各同志：

甲、你们所部组织西路军。

乙、依你们提议的名单组织西路军军政委员会，以昌浩为主席，向前为副，统一管理军事、政治与党务。

丙、四方面军总指挥部临时改为西路军总指挥部，其组织照旧不变。

（引自《中国工农红军西路军·文献卷》上，甘肃人民出版社2004年7月第1版，第394页）

毛泽东、周恩来于11、12两日，先后致电西路军和红军总部领导人，请他们考虑：西路军单独西进接通新疆有无把握？如遇困难要重返河东有可能否？能否解决衣服问题？陈昌浩拿不定主意，召开军政委员会讨论。徐向前认为，西进新疆解决了西路军的战略靠背问题；能拿到苏联援助的武器，回过头来再打马家军，易如反掌；对河东红军和友军，能起到有力的鼓舞和策应作用……大家赞成徐向前的意见，一致认为，黄河东岸已被敌人封锁，东返与西进比较，困难更大，于是下决心西进。

12日，西路军领导人复电中革军委、红军总部：“依据现在敌我力量估计，我们可以单独行动，完成任务。”并提议，第一步进占凉州地区；第二步进占甘州、肃州地区，准备接通新、蒙和远方。“对外与远方请中央具体迅速布置，一切免失时机。”

徐向前在回忆录中说：“‘兵贵神速’。我们同意西进，是要趁天候还不太冷，河西走廊敌人兵力空虚，一鼓作气插过去。而不是慢慢腾腾，走走停停，像后来那样，在河西走廊涮来涮去，孤军鏖战。如果预见到是那种情况，谁不主张东返啊！”

13日，中共中央书记处致电共产国际：已令西路军“依照国际新的指示向接近新疆之方向前进。首先占领凉州地区，然后向肃州前进”。并望共产国际准备接济物资。

14日，朱、张致电西路军并报毛、周：西路军当面“来追之敌并不多，守甘、凉、肃之兵亦不充足，最利你们各个击破敌人，夺得甘凉肃根据地和打通远方任务”。

毛、周于15日复电西路军领导人：“同意你们向凉州进”，“新疆接济正准备中”。

西路军分三个纵队浩浩荡荡向河西走廊挺进。红三十军为第一纵队，由右路进击；红九军为第二纵队，由左路进击；红五军和总部机关为第三纵队，在红三十军右侧跟进。徐、陈随三十军行动，副总指挥王树声随九军行动。

西路军疾进在空旷的西北原野上，北风呼号，惊沙扑面，呵气成冰，衣不胜寒，踏上了艰苦卓绝、血火交织的漫漫西征路。

河西走廊，这块饱经了磨难、历经了忧患的黄土地，从此镶嵌上西路军的《西征歌》：

炮火连天响大地，
我们红色的战士，
英勇的武装，
上前线，
决战在今朝！
为了联合外蒙、苏联，
驱逐日本鬼子，
前进！
坚决奋勇向前进！
向前进！

西路军与“二马”兵力对比 1∶6

西路军共 21800 人。其中，五军 3000 人，枪 1000 支，每枪平均子弹 5 发；九军 6500 人，枪 2500 支，每枪平均子弹 15 发；三十军 7000 人，枪 3200 支，每枪平均子弹 25 发。骑兵师 200 人马，枪 200 支，每枪平均子弹 25 发。

马步芳的高参、《青海日报》社社长陈秉渊在《马步芳阻击北上抗日红军的始末》一文中统计：马步芳、马步青两部和民团总人数为 115000 人，马 60000 匹。其中“二马”正规军约 25000 人，马 13000 匹；青海、河西民团约 85000 余人，马 47000 余匹。陈秉渊的数字中没有统计凉州民团、肃州民团、河州民团，如果这三州的民团超过 10000 人，那么“二马”在河西战场上投入的总兵力就超过 125000 人，是红军的 6 倍。

“四方面军最年轻有为的军级指挥员”

当晨曦冲破黑暗，将大漠抹上一片淡白时，西路军左纵队九军进抵干柴洼（现古浪县干城乡）。

干柴洼是一个低洼，疏疏落落低矮的房舍裸露在旷野上。土墙、土屋与周围的黄土地，构成了清一色荒凉的景象。军政委陈海松、军长孙玉清在村头兀立，指挥最后一队战士进入指定位置。

陋巷小道浸在刺骨的冷风里，颤抖着。部队顾不上夜行军的疲劳，开始抢修掩体，掏挖枪眼。战士们抓紧时间轮换休息。有些人抱着枪靠在土墙和房檐下打盹，他们的军衣都很破旧，而且在这初冬季节，也太单薄了；有些人围坐在枯枝腐叶燃起的篝火旁，烤着被昨夜的凄风冷霜冻僵的身子，准备晨炊。跳动的火舌舔着悬挂在木棍搭成的三角支架下的黑黢黢的大锅，映红了战士们布满倦容的黝黑面孔。缕缕淡蓝色的轻烟，在晨风中颤抖着冉冉上升，一直融入一碧如洗的高远天空。土豆煮熟的那种沁人心脾的香味，随着白色的水蒸气飘逸出来，弥漫在清新得让人发冷的空气里，使得人倍加感觉饥肠辘辘。

西渡黄河之后，部队几乎没有一天不在打仗。正当红三十军在一条山浴血

西路军主要序列暨兵力

西路军军政委员会

主　席　陈昌浩
副主席　徐向前
委　员
陈昌浩　徐向前　曾传六
李　特　李卓然
（以上五人为常委）
熊国炳　杨克明　王树声
李先念　陈海松　郑义斋

西路军总指挥部

总指挥　徐向前
总政委　陈昌浩
副总指挥　王树声

总司令部

参谋长　李　特
一局（作战）局长　郭天民
三局（通讯）局长　宋侃夫
四局（侦察）局长　杜义德
五局（保卫）局长　欧阳毅
政治保卫局局长　曾传六

总政治部

主　任　李卓然
组织部部长　张琴秋
宣传部部长　刘瑞龙
地方工作部部长　吴永康
敌军工作部部长　黄火青

总供给部

部　长　郑义斋
卫生部部长　苏井观
政　委　徐立清

第五军

军　长　董振堂
政　委　黄　超
参谋长　李屏仁
政治部主任　杨克明
五军属二师各二团
十三师　师长　李连祥　政委　谢　良
十五师　师长　郭锡山　政委　朱金畅

第九军

军　长　孙玉清
政　委　陈海松
参谋长　陈伯稚
政治部主任　曾日三
九军属二师各三团
二十五师　师长　王海清　政委　杨朝礼
二十七师　师长　刘理运　政委　易汉文

第三十军

军　长　程世才
政　委　李先念
参谋长　黄鹄显
政治部主任　李天焕
三十军属二师各三团
八十八师　师长　熊厚发　政委　郑维山
八十九师　师长　邵烈坤　政委　张文德

骑兵师

师长　董彦俊
政委　秦贤道

回民支队

司令员　马良俊

妇女独立团

团长　王泉媛
政委　吴富莲

“二马”参战各部暨兵力

- 新编第二军 军长：马步芳 共1.4万余人 马6000余匹
  - 第一〇〇师 师长:马步芳(兼)
    - 独立骑兵旅旅长:马　朴,属二团
      - 第一团团长:马步銮
      - 第二团团长:马忠义
    - 第二九八旅旅长:马步康,属二团
      - 五九五团团长:马华荣
      - 五九六团团长:刘呈德
    - 第二九九旅旅长:马继融,属二团
      - 五九七团团长:马得彪
      - 五九八团团长:马　瑜
    - 第三〇〇旅旅长:韩起功,属二团
      - 五九九团团长:谭呈祥
      - 六〇〇团团长:马全义
    - 师属其他部队
      - 手枪团团长:马玉龙
      - 炮兵团团长:马揆武
      - 工兵营
      - 辎重营
      - 西宁宪兵团
  - 青海南部边区警备司令部 司令:马步芳(兼)
    - 第一旅旅长：马彪,属二团
      - 第一团团长:马　騄
      - 第二团团长:马元祥
    - 第二旅旅长:马元海,属二团
      - 第一团团长：滚柯环觉（未参加战斗）
      - 第二团团长：李增荫
- 骑兵第五师 师长:马步青 共1万余人, 马6000匹
  - 第一旅旅长:马　禄,属二团
    - 第一团团长:魏　珍
    - 第二团团长:马福仓
  - 第二旅旅长:韩起禄,属二团
    - 第一团团长:敏得魁
    - 第二团团长:马长青
  - 步兵旅旅长:祁明山,属二团
    - 第一团团长:马如麟
    - 第二团团长:马进昌
  - 师属
    - 手枪团团长:马呈祥
    - 炮兵团团长:韩荣福
    - 工兵营
    - 通讯大队
- 青海民团 共7.9万余人 马4.7万余匹
  - 西宁，骑兵11个团;乐都，步骑6个团；民和，步骑5个团和12个支队；循化，步骑3个团；化隆，骑兵8个团；贵德，步骑2个团；湟源,骑兵4个团；大通，骑兵8个团；门源，骑兵4个团；互助，骑兵4个团和2个独立营
- 河西民团
  - 凉州,2个团；甘州，6个团；肃州，6个团或大队

奋战，红五军在三角城看守船只时，红九军在福禄水、大拉牌一线也与敌人展开激烈争夺。马步芳部的马全义团及民和、乐都、互助三县民团，与马步青部的马呈祥团共约6000人，经沙河井向大拉牌进攻。马全义先驱赶民团以人海战术向红军阵地冲击，慌乱中的民团狂奔乱窜，转眼间积尸成堆。战斗竟日，疲惫至极，马全义和马呈祥只管撤退，不顾尸从血泊中呻吟呼号的伤兵。第二天，还是红军派出医务人员进行了救护。当晚，马全义和马呈祥部正在附近村落做饭时，突然周围炮火齐发，遂又不顾一切地豕突狼奔，竟将由扇子面进援的预备队冲散，逃到沙河井才停下来。部队的辎重和民团的刀矛、皮褂，丢得一干二净。马全义系马步芳的内弟，马呈祥系“二马”的外甥。这两个少爷在沙河井抱头大哭，相互埋怨。不知谁放了一股风说：“红军到了镇虏堡！”于是两人又急向秦王川逃奔，直到听说没有什么情况，才又回到沙河井，整顿残部。

看着这些衣衫褴褛、食不果腹而斗志不减的红军战士，陈海松心潮起伏。陈海松实足年龄22岁，脸上虽说仍残存着稚气，但却明显地刻上了稳健的神情。

陈海松

1914年2月13日，陈海松出生于湖北省大悟县李陈洼村一个普通农家。父亲靠种地打鱼为生。海松两岁时，母亲不幸去世，无儿女的婶母收养了他。由于天资聪慧，勤奋好学，故家人省吃俭用供他念了八年书。1929年李陈洼成为鄂豫皖边区的游击根据地，1930年建立了苏维埃政权。16岁的陈海松担任了儿童团团长，并立志要为劳苦大众翻身从军打仗。家人看出他的心思，怕他走了，断了陈家烟火，便商定给他成亲，把他拴住。海松得知后，脑子一转计上心来。一连几天，他没有参加儿童团的活动，吃完饭就拿锄头下地干活。家人要和他一起去，他拦着说，地里的草不多，一个人用不了几天就能锄完，家里人可以干点其他活。家人为他的转变而高兴不已，殊不知中了海松的“计”。原来他家的地离大路不远，路上常有红军队伍通过。果不其然，没几天，一支红军队伍浩浩荡荡沿路开来，这支队伍正是徐向前的主力红军。陈海松心花怒放，丢下锄头，跟着红军走了。中午，家人不见海松回来吃饭，到地里寻找，只见一把锄头丢在那里，知道他一定是跟着红军走了。婶娘哭着说：“伢儿！你非要参加红军，也要和婶娘说一声呀，你啥时能回来呀？”

从鄂豫皖到川陕，陈海松曾任勤务员、通讯员、宣传队长、连政治指导员、营政治委员、团政治委员。1934 年 6 月底，红四方面军扩编，红十二师扩编为红九军，陈海松任二十五师政委，许世友任师长。他和许世友一起，指挥二十五师先后参加了营渠战役和宣达战役。在宣达战役中，陈海松被敌人的炮弹炸伤了右大腿。他坚持不下火线，照常指挥部队，直到打下宣达城。这时，他的右腿已经肿得很粗，把裤脚撑得紧绷绷的，医生剪开裤脚，才发现弹片还深深地嵌在右大腿上。陈海松就是带着这块弹片，忍着疼痛，在阵地上坚持指挥了两昼夜。陈政委和许师长互相配合，使二十五师这个由三个鄂豫皖的老团组成的师，一直是红四方面军的两个铁拳头之一，另一个铁拳头是红三十军八十八师。

四方面军反“六路围攻”，展开了最紧张、最剧烈、最有成效的万源保卫战。九军二十五师坚守万源县正面的大面山。年仅 19 岁的师政委陈海松在危急时刻挺身向前，大喊：“让敌人在阵地前血流成河！”他捋起袖子，提起大砍刀，和敢死队员一同出击，挥刀杀敌。9 月，四方面军在打完了黄猫垭歼灭战后，彻底粉碎了刘湘的“六路围攻”。陈海松因在战斗中立下了赫赫战功，成绩卓著，被提升为红九军政委。这一年，他刚刚 20 岁。红军总司令朱德多次说过：“陈海松是四方面军里最年轻有为的军级指挥员，可惜牺牲得太早了！”

一阵迸开的哄笑声，吸引了陈海松。一群战士端着饭碗围成圆圈，这是军部交通队的干部和战士正在玩摸瞎子。初冬的凌晨是寒冷的，可是这里却热气腾腾。陈海松被战士们的打闹说笑强烈地感染了。

乔国军排长从地上爬起来，摘掉蒙眼布条，看见政委站在圈子边上笑，便向大家喊道："政委来了，我们大家请政委唱个歌！"

陈海松像一块吸铁石，随时会把战士们吸引到他的身边。他在军官中间有"官威"，而在当兵的行列里又有"兵味"。他几乎完全是普通一兵的样子，这不光是说他年纪小，穿戴吃住都同战士一样，毫无特殊，而更重要的是他每到一地每到一个部队，便和干部战士打成一片。他还同战士做多种简单有趣的游戏，经常找战士们比试臂力，摔"抱腰高"（摔跤，湖北方言）。摔跤，他有经验，摔赢的时候多，有时也被摔倒。当他倒地后，战士们红着脸忙向政委道歉，他却在哈哈大笑中突然睁圆双眼："抱腰高场上讲什么情面？这是学制胜本事咧，来，再来搞！"他也常和大家一起玩"摸瞎子"游戏，输了就认罚，一点不含糊。战士们知道他曾当过宣传队长，歌唱得很好，因此他输了，大家总是让他唱歌。今天，战士们看见他来，又由不得先请他唱歌。

陈海松稍稍摆摆姿势，润润嗓子，便唱了起来：

八月桂花遍地开，
鲜红的旗帜竖呀竖起来，
张灯又结彩呀哈，
张灯又结彩呀哈，
光辉灿烂创造新世界。

一杆红旗飘在空中，
红军的队伍要呀要扩充。
亲爱的工友们呀啊，
亲爱的农友们呀啊，
拿起刀枪都来当红军。
……

陈海松唱的是发源于鄂豫皖革命根据地，一支人人喜爱的民歌《八月桂花遍地开》。随着这歌声，大家仿佛又回到了烽火弥漫的老根据地，闻到了馥郁醉人的桂花清香。此时，朝阳把最初的一抹霞光照射到陈海松的脸上。

紧接陈政委，几个小伙子边唱边舞，表演了川陕时期为万源保卫战创作的《大刀歌》：

万源保卫战，
作战要勇敢；
子弹消灭敌人算不得好汉，
冲上去，用刀砍！
……

红九军到干柴洼不久，尾随而来的敌骑兵便像恶犬一样紧紧地咬住了他们。红九军外围据点无法以少量兵力顶住敌人的集群冲锋，警戒部队退入主阵地。

马元海站在紧靠干柴洼东面的山头上，手拿旗帜，指挥所属部队和民团从东南北三面包围干柴洼。朱绍良派出战斗机三架助战，并投下一份情报说："干柴洼东北角系红军主力。"马元海遂纠合人马，主攻东北。顿时，烟尘冲天，山川变色，但红军主阵地屹立不动。

"总指挥，弟兄们伤亡太大，是不是下令停止进攻，稍事休整?"一个参谋趋近，小心翼翼地建议。

"不行!"马元海松弛而浮肿的眼皮下，两个干枯的瞳子，乜斜着立正站着的参谋，干脆地拒绝道。他很清楚，对面的红军，处境要比自己艰难得多，他必须一鼓作气，拿下干柴洼。至于伤亡，各县的民团、壮丁源源不绝，取之不尽，可以随时随地得到补充。他眯着双眼，干咳了两声，转过身用手指着一圈传令兵，大声吼道："火速通知各部，不惜一切代价，必须在天黑前拿下干柴洼!"

一时间，敌人步骑轮番冲锋，不讲章法，不顾死伤。遍野堆摞的死尸成为临时工事，人尸工事蜗行龟移，一尺尺、一丈丈，逐渐推进到离红军阵地只有几十米的地带。

红九军前沿阵地被突破。陈海松所在的一方大院，正面暴露在敌人的火力前。险情突至，陈海松将目光射向墙外，马家兵的面孔都看得清清楚楚了，端着步枪的，提着短枪的，挥舞着马刀的……

“政委，我带些人反击一下!”军部一科（作战科）科长刘培基说。刘培基随董振堂参加过宁都起义，原在五军，后调至九军二十七师任参谋长，二过草地时调任军部一科科长。他军事内行，对参谋业务相当精通，因奇策屡出，被军部的同事们誉为“活诸葛”。

听说要向敌人反击，又有许多干部和战士挺身而出。数十人肃立在陈海松四周。稚气的、成熟的、俊秀的、粗犷的、温顺的、暴躁的……红五星下的不同脸庞露出同一种面容：和敌人干。陈海松立在大家面前，棱角分明的脸庞上，有一种震慑的威严、沉着、稳定。

突然，刘培基向陈海松摇摇手，侧耳倾听着什么，接着蹑手蹑脚地走到了墙边。陈海松也听到了动静：一阵杂乱而又轻微的跑步声由远而近。“快!”这是墙外人的声音。随即，一个人跃上墙头，飞身跳向院中。

“狗崽子，看刀!”刘培基眼睛圆圆地睁着，把大砍刀兜头挥向那人。只见那人一缩头，避开刀锋，就地一个滚，翻身立起：“刘科长，真有你的！我差点没叫你把脑袋削掉!”原来是交通队的乔国军排长：“政委！军长听说你们这里紧张，特意派我们来!”这时，墙上接连跳下人来，全是交通队的战士。

“乔国军，你们来得正好。”陈海松又转向刘培基，“刘科长，你就带着交通队的战士们出击吧!”交通队队员都是挑选出来的优秀战士，每人身配一支德国造二十响短枪、一把大砍刀。平日和战时，他们负责传达首长的命令和领导机关的安全，而在战斗的关键时刻，他们又是一支战斗力极强的突击队，一只排难克险、所向无敌的铁拳。

刘培基跃出土墙缺口，军部参谋人员、勤杂人员、交通队战士们紧随其后。他们呐喊着，像猎豹一样，迎着弹雨，扑向敌群。马家兵在猛烈而突然的打击下，纷纷掉头，往回跑的撞击着后面往前冲的，搅成了一团，叠成了一堆。然而，敌人太多了，太密了。刘培基率领的几十个人，犹如冲进大海的一叶扁舟，很快便被敌人巨大的人流裹涌起来。枪弹击中了刘培基的头部，他身体晃了晃，扑倒在地。

陈海松目睹了这一场面。作为久经沙场的将领，他没有为眼前的险恶局势所左右，但是他却不能不为身负重伤的刘培基和交通队的战士们而担忧。陈海松对英勇无畏者特别关心和爱护。1935 年 2 月，红四方面军为策应红一方面军北上，移军西进。九军奉命向驻守在嘉陵江沿岸的敌人发起进攻。激战中，七十五团二营六连连长罗应怀身负重伤，躺在阵地上即将罹难。陈海松从望远镜中看到了这一情景，当即命令交通队火速救援，抢回“虎痴”。“虎痴”是《三国演义》中曹操麾下的猛将许褚的别号。罗应怀因雄烈过人、作战凶猛而被战士们冠以此称。交通队果真不负陈海松之望，既救出了罗应怀，又收复了阵地。

刘培基是军部的“活诸葛”，陈海松对于他安危的焦急是可想而知的。陈海松决定组织第二次反击，采取这种行之有效的战术，既保卫军部又救援刘培基等人。正当危急时刻，红二十五师一部犹如一股强大的洪流冲击敌阵，截断敌人退路，迫敌后撤。

“刘科长!”一科参谋李新国将刘培基背了回来，刘培基从昏迷中苏醒过来。他眼中的一切都是游移不定的，罩着一层彩色的光环，但他还是努力在一张张熟悉的面孔中，捕捉到了陈海松关切的目光。他极力凝聚着最后的一息生命之光，骤然睁大了双眼，双唇吃力地嚅动着，气息粗而急促。血从伤口涌流出来，永远地闭上了眼睛。

祁连山消失在暮色里，马元海下令部队撤退。马步芳来电督令进兵，马元海又欲以人海战术猛扑，可是红军已放弃干柴洼，进军横梁山。

横梁山有一处叫红土坡的地方，山色如火，雄峙于层峦叠嶂间。翌日黄昏，马元海追至横梁山，即命令各部夜攻。随从人员认为部队未曾夜战，当地地段又极复杂，欲向马元海建议，收回成命，但马元海已先行出发，各部只得发起进攻。

红军已经占领制高点，进行埋伏。待马家军进入伏击圈后，红军充分发挥山地战、隘路战、近战、夜战、奇袭的特长，勇敢出击。敌人第一线部队在红军的顽强迎击下，纷纷溃散，首尾不能相顾。先头部队和殿后部队，互相践踏，混乱不堪。山坡谷间到处一片喊叫声、奔跑声。马元海畏缩在乱石丛中，感慨地说：“胡大呀！事情怎么来的不知道，我们的人马这样倒退下来，将来怎么打下去?”时已深夜，寒气袭人，就在原地跺脚待旦。第二天，马元海命令部队和民团，循原路向横梁山反扑。各部或三十成群，或五十为队，骑马曳枪，仍是紊乱不堪，及至返回横梁山时，才知道红军已经西进了。马元海往返疲惫，又沿着羊肠小道，向西进的红军尾追。

“战　将”

墨晕似的暮色漫天漫地渗化开来，戈壁荒原铅一般地凝重迷蒙。

孙玉清紧贴着队列，默默无声地走着。他中等身材，宽宽两肩，仿佛要挑起整个生命的重荷及命运的担子，而他给人明显的印象就是他能负担得起。经过半夜的急行军，他脚步显得有些蹒跚。

连日的作战和行军，已使红九军疲惫至极，即便是在寒风飕飕、霜侵肌骨的夜间，行军中的战士也大都处在半睡的状态。有的战士不知不觉地倒在了行程中，如不为人发现，便睡在裸露的荒野上。因此，不断地有骑着马的交通队员，在队列旁来往奔驰，小声发出“不要睡觉”的警告。然而，很少有人能抵制已超过常人生理负荷的困顿的袭扰，许多人的眼皮耷拉着，脚步机械地迈动着……

孙玉清的警卫员紧趋一步，低声说：“军长，你骑马吧!”一夜的行军中，警卫员已恳求多次，但他始终没有上马。这次，他仍然没有做声，只是脚步迈得更快了。

作为军长，孙玉清对自己要求过于严格了。他从师长升任为红三十一军军长时，因连日作战疲劳过度而患病在身。管理科的同志看他身体虚弱，吃饭时就给他加了一个菜。有些不了解情况的干部和战士便说：“孙军长特殊!”政治部门的同志为维护首长的威信，要狠狠批评这些人。孙玉清知道后坚决不同意，并说：“不要批评，要允许人家讲话，对我特殊照顾是不对的!”自那以后，他对自己要求更加严格，甚至有点过分，诸如乘马，这是工作的需要，但他除了特殊情况外，只要是一般的行军，总是弃马步行，走在战士们的中间。

警卫员知道军长的这一习惯，但不忍心看着首长过度劳累。他清楚，一旦战斗打响，军长便会忘记自己的存在，枪响几天，几天就睡不了个囫囵觉，总是在战斗最激烈的地方奔波指挥，而前面残酷的战斗正等着他们。想到此，警卫员便又趋前几步，大声喊道："军长，请乘马!"他松开缰绳，在马臀上拍了一掌，那马微微一蹿，跃到了孙玉清身边。孙玉清一伸手，拽住了马缰绳。

"军长，骑马吧!"他身边的战士七嘴八舌地嚷了起来。

孙玉清笑了笑说："不行哪，我这眼皮上下尽打架，一上马，睡着了掉下来咋办？还是走着保险啊!"笑声中，一个战士颇有深意地说："军长，这可是你今晚第一次给我们逗乐哪!"的确，在一夜的行军中，他是第一次说话。

孙玉清一路沉默着，似乎想了很多，却又什么都没个头绪。西渡黄河后，几乎每天都在行军和战斗，以步对骑，以劳待逸，以无补给和无休整对不断补充和不断扩大。这是一场力量悬殊、削弱自己的消耗战，怎样才能摆脱这种被动局面呢？

孙玉清翘首夜空，银河从繁星中显现出来。他仿佛觉得今夜星星格外明亮、格外冷峻！它们在黑暗的包围中熠熠闪烁，曳出无数缕细痕，牵动着他的思绪，他的记忆。

1928 年，也是星斗闪烁的夜晚。一个身影沿着一株大树攀援而上，轻轻地跳进了一所庄院的高大围墙。他就是 19 岁的孙玉清。这座庄院是恶霸地主罗某的住宅，罗某养着一帮护院丁壮，暗杀了农民协会的好几个人。孙玉清一怒之下，便携带一枚尖刀，乘夜潜进了罗宅，蹑手蹑脚地径直来到罗某的卧室。

当罗某从床上被揪到地下时，他看清了来人只不过是粮行的小学徒，胆子便立刻壮了起来："'铁算盘'！你是来找钱花吧，你要多少？"

"啪!"罗某脸上重重挨了一巴掌，复又哆嗦着直喊"饶命"。孙玉清将尖刀抵住他的心口，一字一板地说："告诉你，我是代表革命来和你清算血债的!"

第二天凌晨，孙玉清拎着两个布包裹走进农民协会，一个包着罗某的头，一个包着无以计数的金银首饰。贫苦农民人心大快，农民协会威震全乡。当地的土豪劣绅对孙玉清恨之入骨，因抓不住他而三次放火烧了他家的住房。但是，孙玉清并没有胆怯，而是更加英勇地投入了土地革命斗争……

土地革命初始，农民运动烈火烧得最旺的湖南农运即流行着这样两句名言："有土皆豪，无绅不劣"，"矫枉必须过正"。当时的中央提出"平分土地"，"杀尽土豪劣绅"，"组织工农苏维埃"等口号。苏维埃一词由苏联输入，"打土豪，分田地"是苏维埃的两项基本政策。后来，斯大林取消了苏维埃政策，采用抗日民族统一战线，乃至国共合作共同抗日的策略。

孙玉清

孙玉清，1909 年 3 月生于湖北省黄安县高桥乡孙家湾村的一户贫苦农民家庭，母亲给本地大地主当女仆。为了摆脱穷苦，父母盼望儿子能成为寒门书生。全家人勤劳节俭，东贷西借，再加上族人解囊相助，使孙玉清读了五六年私塾。饥寒贫病使孙玉清父母早亡，18 岁的孙玉清自谋生路，去粮行当了学徒。他在学徒期间，苦学本领，练就了头顶着算盘打的绝招，在当地广为传诵。早在 1923 年冬，董必武就在黄安领导革命斗争。革命烈火感召了孙玉清，他参加了反霸斗争，参加了黄麻起义。农民自卫军开辟了陂安南县红色区，成立了县苏维埃政府，李先念任主席。

孙玉清当红军后，爱学习苦钻研的精神不变。部队打河南光山，当时他是迫击炮排的排长，由于他平时苦钻炮兵技术，三炮就把敌人的碉堡摧毁。他当营长时，学会了各种枪械的装配和修理，为这还闹出过误会。一次，他给陂安南县保卫局的干部讲授如何使用和修理枪支、迫击炮。保卫局有人怀疑他是坏人，把他捆绑起来送到县苏维埃政府。李先念主席见孙玉清被押来，说："这是孙营长，怎么把他抓了？他是好人！"

1932 年，孙玉清任三十二团团长，在向川陕转移途中的枣阳、新集战斗前夕，他一身便衣，深入敌后侦察。战斗打响后，他举起大刀，率领战士冲向敌阵，身负重伤，鲜血流淌，但他一把推开要抬他下火线的担架队员，大声嚷："我的位置在火线!"部队进入川陕，他率部参加了历时4个月的反四川军阀田颂尧三路围攻的战役，三十二团在侯家梁一战就消灭敌3个团，缴获步枪700支、机关枪2挺、迫击炮2门，俘敌500余名。接着又在中魁山击溃敌6个团的进攻，缴获甚多。在四川省巴中城召开的川陕省第二次工农兵代表大会上，授予三十二团"以一胜百"奖旗一面。孙玉清也荣膺"战将"美名。红四方面军总部在木门镇召开会议，总结反"围剿"经验，并将红四方面军扩编为4个军，分别为红四军、红九军、红三十军和红三十一军。孙玉清任三十一军第九十一师师长，他1934年任三十一军军长，毛儿盖会议后调任九军军长。

一阵清脆而急促的马蹄声打破了夜的沉寂，一匹战马汗淋淋地驰到孙玉清身边。"报告军长，前面就是古浪城了。"

"命令前卫团做好战斗准备，部队跑步前进!"孙玉清翻身上马，双腿一夹，冲了出去。

古浪城在古浪峡西口，汉时为苍松县址。"古浪"是藏语，意为"黄羊沟"。古浪峡是河西走廊东首，素有"马不并骑，车不同轨"之说。因古浪峡过于凶险，红军便沿着崎岖山路抵近古浪东山。古浪城三面临山，三山之间夹着三道川。从西面的西山川可眺望祁连，西北稍开阔，直通凉州。

古浪峡

就在马元海增援一条山的同时，青海湟中县民团十二大营共1400余人，由马步芳第一〇〇师二九八旅五九五团团长马华荣率领，星夜驰抵古浪布防。

孙玉清决定先向城内喊话，因为争取甘青“二马”联合抗日，是西路军的政治任务之一。马华荣在红军的宣传攻势发动伊始便电告马步青，马步青明确指示：“应坚决守城，拼全力阻击，决不能上当！”

红军的冲锋号响了。钢铁音符组成的旋律，铿锵地飘向山野，在黎明的晴空中长久地回响。

“进城！”孙玉清获悉守敌弃城而逃，便准备立即入城。“现在还危险！”警卫员上前阻挡。他知道，突然冒出的冷枪比战场上贴身肉搏更危险。“你干脆找块布把我裹起来锁到箱子里吧！那样最保险！”孙玉清跃上马，猛拍马臀，疾驰而去。

《青海日报》当年11月19日讯：一〇〇师五九五团团长马华荣及骑兵旅营长马秉魁，前往古浪一带，与匪作战。该团营长，身先士卒，深入阵地，致马团长左臂，重受匪弹四处，营长马秉魁，右肩受弹伤一处，于日前均由前方乘汽车返省休养。

古浪的生死搏斗

红九军首长渴望指挥自己的铁军给敌人以狠狠的打击，可是，古浪的情况很糟，不仅地势低，而且几乎无城可守。

1927年5月23日（农历四月二十三日），凉州地区发生8级大地震。轰烈如雷，簸荡如舟，如涛怒卷，土木合沓，尘土障空，村堡皆然。凉州城尽为瓦砾之场。倒塌民舍4.18万间，压死3.55万人，受伤4.32万余人，死大牲畜4.88万余头、羊17.62万余只，崩裂田地12.37万亩。大震之后，黑雾弥漫，哭声遍野，此千古未有之奇灾也。这次地震，震中在黄羊河与杂木河之间的沈家铺至冬青顶一带。古浪因距震中近而受灾重，古浪峡山崩，东西道路阻塞。古浪城内房屋全部塌毁，居民被压死3800余人，压死牲口2.8万余头。九年过去了，古浪仍是街市破败，城墙颓塌。

孙玉清、陈海松和参谋长陈伯稚、政治部主任曾日三以及师团干部，站在残垣断壁的古浪城上察看地形和部署防卫。负责拟定作战方案的孙玉清的面容和他的心情一样，显得有些沉重。他睁大眼睛对干部们说：“这是一次生死搏斗!”陈海松脸上惯带的那种微笑不见了，看来，他的心情也不轻松。军部决定：二十七师部署在东北方向，派出通往凉州方向的警戒；二十五师部署在西南方向，师部驻南门外村庄，七十三团和七十五团配置两翼，七十四团和军交通队第三支队控制南山制高点。

此刻，马元海率部由横梁山经黄羊川向西穷追。汹涌的骑兵，卷起浓重的黄尘，在龙沟堡遇到从古浪溃逃的几名伤兵。一个满脸血污的伤兵从马背上慌忙滚下，一瘸一拐地走到马元海面前，说：“红军已经占领古浪。”马元海愕然，骂了一声：“滚!”即刻命令部队取道龙沟堡西南，向古浪疾进。

马部行动慌忙，进入乱山丛中，面临悬崖绝壁。马元海在山头望见古浪县城，号令部队直冲。人马纷纷从土崖蜂拥而下，人牵马，马拉人，尘土蔽天，声震山野。片刻，万众人马踏开几十道路口，直奔古浪城西 15 里的金家堡一带。

翌日凌晨，三架涂有青天白日徽的轰炸机飞到金家堡上空，像老鹰抓小鸡似的向地面俯冲，投下两枚炸弹。大地在炫人眼目的火光和震耳欲聋的爆炸声中飞舞起来，麇集于此的马元海部当即被炸死 10 余人，马 30 多匹。朱绍良派来的飞机并没有投错炸弹，目的是以示警告，督令着速攻击古浪。就在马元海派人收拾尸体时，马步芳来电严令其展开攻势。马元海感到箭在弦上不得不发，只好硬着头皮发出围攻古浪的命令。

11 月 16 日，马部步骑配合，全线进攻。

11 月 17 日，朱绍良派出的轰炸机前来助战，向红军阵地猛烈轰炸。巍峨的大山也颤动起来。敌人围攻红军的一个据点，眼看快要攻陷。红军从阵地上摔下很多银元，哗啦哗啦撒满地面。马家兵见钱眼热，不顾一切，抢取银元。红军密集扫射，敌人不战自败。

11 月 18 日，战斗更为惨烈。尽管红九军全体指战员英勇血战，但古浪已危如累卵。

敌人首先主攻南山制高点。这边的敌人刚刚打退，那边的又像成群的牦牛爬了上来。有的敌人爬上碉堡用刺刀猛揭顶盖，碉堡内的红军战士凭着脚步声判断敌人的位置，用步枪对准射击，将碉堡上的敌人一一击毙。增援部队因被切断上不来，七十四团和交通队第三支队孤军奋战，寡不敌众，几乎全军覆没。

南山制高点失守以后，敌人不顾一切，突进城中。

军部二科科长王少清率领机关干部和交通大队一部反击敌人。他们以猛虎扑羊之势，冲入敌群，力图将敌人赶出城外。但因出击过远，无一生还。

敌人的骑兵挥舞着马刀在街巷横冲直撞，军部机关人员猝不及防，惨死在敌人的马刀之下。军供给部和卫生部的一些女同志，因为手无寸铁，被凶狠残暴的敌人堵在屋子里，统统用马刀砍死，鲜血满地，惨不忍睹。

风凛冽，云低垂。红九军阵地被分割开来，就好像屹立在骑兵组成的汹涌的大海中的一些小岛。大海渐渐淹没了周围的一切，这些小岛却岿然不动。

城中钟鼓楼。此刻，红九军参谋长陈伯稚深情地把手枪端在胸前，用手指轻轻地擦拭着上面的尘土。他从16岁起，就和枪结下了不解之缘，他的命运是和系着红绸子的枪联系在一起的。陈伯稚1914年出生在湖北省黄安县高桥区。父亲租种地主的田地，还打坯烧窑，劳苦一生，难得温饱。为了寻求憧憬已久的新世界，1929年陈伯稚全家踏着黄泥小径离开了故乡，搬到共产党创建的苏区。1930年，他毅然参加了红军，一年后加入共产党。家乡，他永远记得真切，那贫瘠山坳曾抖落他童年的梦，他曾在隆冬赤脚涉过小河去砍柴，他曾在酷暑钻进密林采野果……啊，挥之不去的乡情呀！但是，他的灵魂被一种崇高的理想提到一个巍峨神圣的境界，即便是不断地看到战友倒在血泊中，也不稍退半步。陈伯稚举起手枪，向汹涌而来的敌群射击。敌人登上民房侧射，陈伯稚中弹倒地。他受伤的头部血流不止，想站起来可又倒下了。

孙玉清真想仔细观察一下周围战士的神色，他们是紧张气馁还是顽强自信？带兵多年，他只要瞟一眼战士的眼神，就知道他们在想些什么。他旁边的一位战士正沉默地稳稳地扣动扳机，周围每一个人都是这么沉默。在死亡前，沉默也是一种力量的表现！一颗子弹打来，他负伤倒下。

陈海松左手负伤，右手举着驳壳枪大声喊道：“同志们！血战到底，坚决杀退敌人！”十几个家伙手提马刀猛扑陈海松。交通队乔国军排长一个箭步蹿到政委前面，怒对敌人大喝：“来来来，听老子给你们点名！”随着他手中冲锋枪的剧烈抖动，十几个马家兵横七竖八地倒下了。乔国军也被子弹击中，晃了晃身子，栽倒在地。

形势如此严峻，跟随红九军的西路军副总指挥王树声也亲抵前沿指挥战斗，甚至抓过机枪向敌人扫射。

危急时候，红二十七师在东北方击溃敌军的分割包围，杀开一条血路入城接应，对冲进城内的敌人形成了内外夹攻之势。敌人见势，退出城外。清冷的山坳，除了零落的几声冷炮外，又逐渐趋于平静。

古浪战役，红九军主力师二十五师以及二十七师受到重创。红四方面军进入川陕后，发展很快，四个师扩编为四个军。扩编时，兄弟部队红四军、三十军和三十一军都是各以一个老团带两个新团组成一个师，唯独红九军二十五师是以三个老团编成，二十七师以三个新团编成。二十五师中的七十三团，诞生于黄麻起义，是红四方面军中最早最有战斗力的两团之一。二十五师和八十八师一样特别有战斗力，也一直作为方面军的拳头使用。二十七师经过川陕时期和长征途中战火的锻炼，也已经有了很强的战斗力。

古浪战役，红九军伤亡超过三分之一，排以上干部伤亡尤重。参谋长陈伯稚、二十五师师长王海清、二十七师政委易汉文壮烈牺牲。

徐向前元帅在回忆录中说："这一仗叫人十分心痛，我主力部队九军元气大伤，再也没有恢复过来。西路军后来作战，主要靠三十军。五军人数少，名义上是个军，实际上不足一个师的兵力，再剩下的就是机关人员、妇女独立团等，战斗力毕竟是有限的。"

冬日的阳光早早就黯淡下去，暮色衔悲而来。军部召开紧急会议，决定连夜突围，伤员能带走的尽量带走，干部重伤员凡能担架抬走的，也尽量抬走。陈海松政委忧虑不能带走的重伤员的命运，在无计可施的情况下，他要政治部主任曾日三给敌人写一封信，希望能从人道主义出发，不要杀害红军伤病员。留下的重伤员集中在几个房子里，每人发了三块大洋。

红军退出古浪，马家军占据全城。古浪一片火海，橘红色的火舌直向天上窜。马元海到处逞凶，所留红军伤病员全被残杀。骑五师被击毙的参谋长马廷祥胞弟马元祥、花马营、尕主麻三人，因其兄马廷祥之死，大肆残害红军。马元祥自一条山开始，将所俘红军缚在桩上随手开枪残杀，声称为兄报仇，先后残害战俘不下百数十人。马步芳得悉此事，竟然说："马元祥是男子汉！"

《青海日报》11 月21 日称："我军前日在古浪向匪总攻，奋勇杀匪，血战数小时，即行克服该县。是役毙匪2000余人，获步枪800余支，机枪17挺，匪已北溃窜，我军追击中。”

古浪失利，给整个战局带来不利影响，徐、陈未曾料到。其时，西路军总指挥部驻在凉州城南寨子。徐、陈令红三十军阻击东来之敌，并派出一部接应红九军。永昌整训，总部认为古浪失利的主要原因是麻痹轻敌，死打硬拼，指挥不当，没有及早组织突围。陈昌浩召开营以上干部会，狠狠地斗争了陈海松、孙玉清、曾日三等主要负责人，撤了他们的职，又以过“左”的办法整顿红九军，打击了一批中层干部。九军经过一斗一整，指战员都灰溜溜的，感到抬不起头来。

今天，我们看古浪失利，主要原因是敌强我弱。1983年5月13日，李先念给青海省委党史资料征集委员会的复信中说：“西路军时，古浪战斗失利，主要责任也不在他（孙玉清）。”

王树声以副总指挥兼任红九军军长和政委，徐太先任政治部主任，李聚奎任参谋长。徐太先到任前是八十八师政治部主任。李聚奎是平江起义的老同志，到四方面军之前是一方面军的师长，到四方面军曾任三十一军参谋长，他是负伤住院期间随医院渡过黄河的。陈昌浩和李聚奎谈话，勉励大胆工作，不要因为是一方面军来的，怕这怕那。不久，总部恢复了陈海松的政委职务。李聚奎因主持过古浪失利的调查，担心难在陈海松手下工作，陈海松却很尊重他。

西路军曾在12月6日报告中央：“为着从组织上来保障加强九军，现调树声为九军之军长，太先为主任，聚奎为参谋长，海松为政委。”

当地群众谈红军由干柴洼到古浪

我带红军到干柴洼

李映海——

红军沿一条山、镇虏峡、红豁岘向古浪方向疾进。马家军从永登、坪城一带开过来堵截。大约农历九月二十五日（11月8日），马家军在红豁岘和红军交火时吃了败仗，就撤到磙子沟（今古浪县新堡乡境内），村里的人都吓跑了。马家队伍在村子里吃喝了些，休息了一阵，向松山滩那边走了。

当晚，村里人大部分还在山里躲避，只回来几个老汉，年轻人只有我。半夜时分，一队红军从四娘娘岘上过来，进了碳子沟。红军一进村，就走村串户宣传："老乡们，你们不要怕，我们是抗日的队伍，是为了抗日来的，我们都是一家人。我们不跟马家军打仗，中国人不打中国人，是马家军硬要跟我们打！"因为庄子上的年轻人就剩下我，红军让我当向导。当晚，红军连夜在村东的山上挖战壕。

第二天，太阳刚出山，红军就要离开，让我带路。红军边走边侦察搜索，还在沿路村庄贴标语，内容为"中国人不打中国人"、"停止内战，一致抗日"等。经过玉塘、石窝子、干沟口时天就黑了。晚上到半截沟开会，团长讲了话。由于干沟一带缺水，加上红军人又多，一天没喝水。团长讲话动员，鼓舞士气。红军战士精神很好，喊了一阵子口号，又连夜出发了。部队到尖山子休息了一会儿，又经过台子、泉沟，向大鱼沟、干柴洼方向前进。到大鱼沟以后，我同四班和八班的战士们走在最前面。部队行进到旱川塘，马家队伍在两面山上趴的"卡子"向红军开枪射击，红军没有还击，在路壕里快速爬着向前走，爬到山脚下，就从北山摸了上去。快摸到山顶上的时候，红军突然开枪向山顶的"卡子"射击。北山上的马家队伍在红军的喊杀声中吓跑了。红军占领了北面山头上的战壕，又是喊杀声，又是吹号子，加上打了一阵机关枪，马家队伍退走了。

第三天清晨，红军进驻干柴洼，在仲家院子里驻扎了指挥部。红军的战术很高，没怎么打枪，就把山头夺到手了。马家队伍退了以后，有几个班长前来汇报说，除过机关枪，其他的枪一共打了 27 发子弹。红军的胆子也很大，在旱川塘里跟马家队伍接仗后，马家的枪子儿在头顶上乱飞，红军一个劲地爬着前进，有的人手枪还装在枪套里。我当时很害怕，两个班长给我壮胆子，说不要怕，没关系。红军对老百姓很和气，我给带路，他们给我讲了一路的革命道理。到达干柴洼后，我脚疼得厉害，加上前面的路不熟，红军就让我回家，并给了我一包"哈德门"香烟，还给了一些大烟土做盘费和酬谢。

回家途中，在通往大鱼沟的梁上，我碰到三个红军。他们问我从哪里来，我说是帮红军带路到干柴洼，准备回家的。他们告诉我骑兵上来了，要小心，最好不要顺原路返回。我心想，管他七兵八兵的，不怕！就顺原路往大鱼沟走。边走边想，他们不让我下去，可能骑兵和红军不是一路的。我就转身从大坂沟那里翻山回家，走到大坂岘子上，发现有马家军设“卡子”，在盘查行人，过不去。我又转到草峡，刚一进草峡，就被黑马队抓住了。那些土匪看起来很凶，头上戴的牛吃水的毡帽，手里拿的长刀。他们说我给红军带了路，要杀我。我分辩说是走亲戚的，不知道什么红军黑军的。几个人就把刀放在我的脖子上说：“杀过！”一个头头模样的人说，百姓不要害过，叫我给他趟马去。我给趟了一阵马，马家军才把我放了。

我害怕被马家军抓住，东躲西藏，回到家已经是第五天了。

红军由干柴洼到古浪

何永生、何永平——

红军是民国二十五年九月二十六日（农历）到大鱼沟的，由何永生带路到干柴洼。二十七日红军和马家队在干柴洼打仗。二十八日晚，何永生带红军离开干柴洼，第二天太阳出来时到横梁山。二十九日又打仗。因前面路不熟，我要求回家。我返回到磨石沟口，被马家队抓住抬上伤员到二郎庙，晚上偷跑回家。

干柴洼老人座谈会——

马家军从松树山脚直扑下来，与红军展开激战，占领了娘娘庙岭，把马拴在庙院里，继续向村子俯冲。红军从北面迂回到敌人之后，又占领了山顶，向敌人发起冲锋。庙内敌人弃马逃跑。红军夺得战马四五十匹，骑马追击敌人。

干柴洼群众——

红军撤离干柴洼之后，由地方的人们自动出钱雇人和车，经三四天时间，将村里村外的红军尸体拉运到沙河里。每户又凑木料柴火，把尸体火化了，还烧了纸，进行了祷告。

孙彦禄——

红军离开干柴洼，当地群众收拾红军尸体。谁家的门口都放的火。在集中烧化尸体的时候，大家烧了纸，并祷告说：“往前走步步有喜，往后退步步有难，你们这次有难，下世再来报仇。”

横梁山群众——

红军战士的尸体是横梁山老百姓凑的木料柴火，架在小石沟里火化的，还请了阴阳道士按当地丧葬习俗念经、祭祀、超度亡灵。

孟滨——

民国二十五年十月初一（农历），红军从东山口打出来到我们院子里，当时又退回河东去了。城里的青海马华荣的民团就把我们的油坊和三座院子烧着了。

王开业——

红军来到古浪城后，有的人家就跑了，有的没跑。当时，我家、申占奎、吴加成和周家四户给红军烙大饼1000多斤，仅我家就烙了五六百斤。

曹殿奎——

民国二十五年十月初（农历）红军来的，第二天到我们庄子住了一晚上，第三天要到古浪城去，走时在我家杀了一口猪，付了白洋一元。

张祥云——

红军进驻古浪城，和马家军打仗七八次，约十月初五（农历）晚撤走了。红军住的时候，古浪商人给红军送了茶、糖。农人还送羊欢迎红军。红军领导人曾日三接见了前来欢迎的各方人士。

尕万义——

红军占了古浪城后，古浪商业界的一些人到红军住的地方（县政府）欢迎。当时，我是自兴泰的学徒，抬的烧酒送去，进行了欢迎。

段福才——

红军是民国二十五年九月三十日（农历）晚来的，初一日打的仗，五六天后撤走了。古浪的花布行给红军支援了一些棉布，红军给了钱。

杨福山——

十月初一（农历）红军来的，由杨荣山喊了庄子上的三四个人买了些果子，从田家庄把红军接到我们庄子。吃的面粉、烧的柴都是我家的，走时付了大烟。初四日，红军又从古浪城下来，在我家住，下午又进古浪城，走时写了收据，拿了我家一口大铁锅，杀了一头猪，拉了一匹黄母马。因时间太长收据已丢失。

蒋立功——

红军进驻古浪城后，占领了雷台（现汽车站）的碉堡、城北庙场子（现城关小学）的碉堡和城西北角的炮楼。马家军攻城时，西北角炮楼上的红军全部牺牲了。马家军攻入北街后又被红军打出了城外，反复拉锯。马家军营长马青山被红军打死在孙家园子里。红军医院设在当时的伪区公所（原陕西会馆，今城关镇），现古浪乡政府院住红军一位领导。红军撤后，这两处被马家军杀死100多人。

张元——

上城金得鸿家院子里杀死红军87人。

徐国文——

古浪城红军和马家军打仗后，红军尸体一部分埋到教场坡（现火车站交通口西），一部分埋到箭沟门上（现砖瓦厂）。现在人叫“万人坑”。

孟兆林——

红军来了我就跑了，红军走后我们就被派去埋死人。光我一人就埋了大约两三百人，大半是红军。

张元——

红军和马家军打仗时，马家军杀死了古浪城的老百姓40多人。

史生隆——

红军撤离古浪，张裁缝、史天觉、张吉被马家军杀了。

史生隆、蒋立功、张镇、尕万义、贺永瑞、张祥云——

民国二十五年九月三十日（农历）晚，红军占领东升山，第二天和城里的马家军打仗。马军败退，逃跑时把勤太永的油坊放火烧了。油坊火着了月余。红军初五日晚撤走。马家军进城，搜杀红军伤员，并放火把瑞兴隆、永兴福、自兴泰、镇公礼、全兴隆、福胜奎、仁和成、元胜景等字号和金玉等多家民房烧着，几乎把整个南街都烧光了。

红军救了我尕爷

1936年，刚刚立冬，一场寒流，天气骤然冷起来。夜里下了一场小雪，大靖河西岸的黄土高坡和远处的山岭上就已是茫茫苍苍的一片银色了。河水汩汩滔滔，蜿蜒流淌，两岸也结上了白花花的冰凌。河西岸的高坡上，一个山弯连着一个山弯，稀稀落落散布着一些村庄。丁家山坡就在河的西岸，百十来口人，大都住在依坡而挖的土窨沟里。坡前有个小四合院，算得上村里最好的房子，那就是闻名两岸的丁三爷——我太爷的家。

这天一早，村里传来消息说，要过“队伍”了。听说是南方来的“兵”，叫什么“红军”！还说这“红军”个个红头发、红胡子、红眼睛，打红旗子，拿红缨枪，好生厉害，连马家队伍都在干柴洼吃了败仗，很快就要打过来了。山沟里的人们，终年在庄稼地里翻土块，哪里知道这“红军”是干什么的！想一想马家队伍飞扬跋扈、无恶不作的情景，人人吓得魂不守身，直打哆嗦。女人和娃娃们更是哭天喊地，乱作一团。老人们到底经过些事情，吩咐年轻媳妇和姑娘们都将锅底灰抹在脸上，让大家穿好棉衣棉裤，赶上骡马牛驴，把家里值钱的能够带走的轻便东西都带上。人喊马叫，背的背，驮的驮，匆匆忙忙向深山里逃去。

有一个人无法带走，这就是我尕爷！

尕爷才 11 岁，得了一场大病，正在发高烧，人也一阵一阵地昏迷不醒。尕爷的脖颈上生了一个大疙瘩，脖子肿得跟头一样粗了，硬硬的，已经熟了脓。慌乱中，大家看他奄奄一息的样子，觉得没什么救了，只好给他盖一块“褐毯子”，惊恐而逃。

11 岁的尕爷在病中迷迷糊糊躺着，也不知是什么时候，只见屋子里拥进了许多带枪的人。他们说着些听不懂的话，穿着破破烂烂的灰布制服，显得很是单薄；也有人身上裹了些烂羊皮、破毛毡，搓手哈气的，冻得好惨。他们进屋后，也没有什么异样的举动，看见躺在炕上的小孩生命垂危的样子，很快叫来一名大个子军人。大个子军人看了看病人的气色，用手捏了捏病人的脖子，便马上从挎包里取出一把小刀，对准了尕爷的脖子。

尕爷下意识地闭上了眼睛。他以为这一刀下来，自己将永远不省人事了，不料结果却很意外。他只觉得脖子火辣辣地灼烫了一下之后，便很是舒坦，脖颈下胀痛的感觉顿时消散了。过了约莫一顿饭工夫，尕爷才感到脖子下面在轰轰作痛。大个子军人很娴熟地挤净并且清洗了脓血，缝好了伤口。另一位军人还小心翼翼地给病人喂了半碗汤药，临走时又在炕头放了两包药，叮咛每天喝两汤匙，并笑盈盈地说："小鬼，没啥子，过七八天伤口就会长好的。"朦胧中，尕爷发现，这些军人帽子上都有一颗闪亮的红五星，领子上都有两块鲜艳的红方方。

第二天，躲在山里的人们，听说"队伍"已经走远了，都熙熙攘攘回了家。太爷率家人回来，见家中秋毫无损，喜出望外；听了尕爷的一番叙说，更是感激涕零。红军救小孩的故事也很快传遍了大靖河两岸。尕爷叫丁爱基，1997 年去世，享年 73 岁。

红军和我家

民国二十五年十月初一（农历），红军从东升洼向古浪县城发起进攻，打了一天，马步芳的队伍和西宁民团被赶出古浪城。红军在古龙山、阳洼山、水关门及县城残破城墙边修筑工事，准备战斗。在后巷与我家相邻的刘琨家的大院里，也住了不少红军。那里住的可能是一个团的指挥部或者是一个军械机关。爷爷看见许多红军用骡马驮运着子弹、手榴弹，进进出出。

农历十月，古浪已是滴水成冰的日子，但大多数红军战士都穿着单衣、草鞋。有些体弱病伤的红军冻得实在无法忍耐，就跑到老百姓家里烤火取暖。有的拿出一点鸦片烟或者钱币，向老百姓换一条毛毡。他们在毛毡中间剪开一个圆孔，将头套出圆孔，把毛毡裹在身上，再用一截草绳腰间一扎，就成了御寒的衣裳。有的红军战士向老百姓要破鞋穿，因为老百姓穿过的鞋虽然破烂，但套在脚上用绳子绑紧了，毕竟比他们的草鞋防寒保温。红军的粮食供给也根本没有什么保障。除少数战士携带一点备用粮外，吃粮全由后勤司务人员用鸦片、银元兑换，现买现吃，战斗紧张激烈时，炊事员就把小麦、青稞炒熟了，发给战士们乘战斗间隙充饥。

十月初二上午，两个红军小战士来到我家。他俩满口四川话，说了些什么，奶奶一点也听不懂，但爷爷明白了他俩的意思，是叫奶奶为红军烙锅盔呢。正好那天家里有和好的发面，奶奶点火生着了炉灶，一个时辰就在大锅里烙出了两个大锅盔，交给了小红军。两个小红军把两个锅盔拿到隔壁刘家院子里去了。过了一会儿，两个小红军又来了。他俩说，奶奶烙的锅盔首长很喜欢吃，还要奶奶多烙些给他们。说着拿出一点儿鸦片烟，说是首长给的面钱和工钱。奶奶不要，但两个小红军说什么也不答应，爷爷只好收下了。奶奶从来没有见过这么好的军队，烙了两个锅盔，还要给工料钱。奶奶烙锅盔更加认真了，在发面里特意搋上清油，用驴粪蛋子煨慢火，把锅盔皮儿烙得黄黄的，里面又暄又白，吃起来香脆可口。在以后的两天里，奶奶给红军共烙了十二三个大锅盔，一共用了20多斤白面。一个小红军又拿来一点鸦片，交给了爷爷。

十月初四那天，马家队伍的骑兵，从北关打进了古浪城，一直打到北街一带。爷爷看见隔壁刘家院里，红军进进出出，扛子弹箱的，运手榴弹的，一派紧张的局面。后来红军被迫退到城外，到太阳快落山的时候，又回师反攻县城，包围了北街一带的马家队伍，对他们进行了分割包围，各个歼灭。红军又把马家队伍赶到城北暖泉一带去了。

十月初五，马家队伍从县城的南、西、北三个方向攻打古浪城里的红军。一时间古浪城里城外，枪声阵阵，杀声不断，天上还有两三架飞机投下了几颗炸弹。红军依托残破的城墙阻击马家队伍，打退了马家队伍的数十次冲杀。凶恶的马家队伍，用小炮和机关枪轰击、扫射古龙山和阳洼山上的红军，后来又派出马队，不断出击冲杀。最后，古龙山和阳洼山上的红军，在敌众我寡、弹尽粮绝的情况下，几乎全部壮烈牺牲。马家队伍占领两山后，又凭借骑兵的实力，从北关、水关门冲进城里，与红军展开了激烈的巷战。马家队伍进进退退，用马刀劈，用机枪扫，杀害了许多红军伤员和手无寸铁的女战士，仅在金家院子里就杀害了红军100多人。

这天下午4点钟左右，来了两个红军把爷爷叫走了。等到太阳快落山时，奶奶还不见爷爷回家，她就抱起我一岁多的姑姑，领着我四叔，锁上大门，到城外杨家磨我姑太爷家里去避战乱。娘儿仨路过北街刘琨家院北的一块公共空地，看见场地上堆了百十具红军的遗体。那年只有五岁的四叔，怀里揣着半升炒面，他看见一个小红军从尸体堆里探出头来，望着他们。四叔说："妈，你看，死人下面那个红军娃在看我们哩！"奶奶望了一眼，说："快走！不要说话。"娘儿仨从北街出了城门，向东走到我姑太爷家里。那天晚上，娘儿仨住在杨家大门外的一个小房里。半夜，奶奶听见一个四川口音的红军在门口叫喊："大爷，大婶，给我一刀，给我一把剪子吧，让我快点走吧……"那声音十分凄惨。奶奶毕竟是个女人家，深更半夜，说什么也不敢开门。第二天早晨起来，她看见那个红军爬过的地方血迹斑斑，人不知道上哪儿去了。

那天下午，爷爷被两个红军叫到刘家临街的院子里，已有二三十个老百姓聚集在这里。红军做了两大锅揪面片，给每人舀了两大瓷缸，叫大家吃饱了，帮助红军抬运伤员。晚饭后，红军开始从古浪城全面撤离。爷爷那年 30 多岁，正是身强力壮的时候。他和铁匠辛五抬着一名伤员，跟随红军队伍前进，出了北关，走上中路。往前走了一段，红军在中路上点起三堆大火之后，又向南折返，从孟家油坊的磨桥上过磨河，再过古浪河到了马家沿。过河时，驼背的孙耀章摔倒了，红军看他不能抬担架，就让他回家去了。

红军从马家沿顺着长流渠直下三坝。这天夜里前半夜天空还有一弯鹅毛月，残月西下后，红军人马就摸黑往前走。铁匠辛五是个矮子，我爷爷个子高，这副担架也就前面低后面高。抬在前面的辛五，一夜栽了十几个跟头，总算把担架抬到了二坝河。这时，一个红军战士走上前来，摸了摸担架上的伤员，对另一个红军说："团长牺牲了。"他们叫爷爷和辛五放下担架，用一条军毯把那个团长的遗体裹起来，在干河滩上，费了好大的劲挖出了一个浅浅的坑，把那团长草草掩埋了。伤员死了就空出了一副担架，红军看看疲惫不堪的辛五，也就让他回家去了。爷爷又和孔宗文抬一副担架，他们两个大个子抬了一个伤员继续跟随红军队伍往前走，一直走到泗水堡以北好远的地方。经过了将近一夜的行军赶路，爷爷的腿已经肿了起来，路也走不稳了。过一条沟坎时，爷爷脚一崴，一个趔趄摔倒了，脚腕扭伤了。一个年轻的红军大声吆喝："天快亮了，赶快站起来走！"另一个红军走过来，用马灯照着爷爷的脚腕看了看说："让他回去吧！"

天亮了，爷爷找了一截木棒，拄着它回头走到泗水堡，找到相识的箩儿匠张立刚的家里，用土办法医治了三天。第四天脚腕消肿之后，他才慢慢地走回了古浪县城。

第二年春天的一个上午，让奶奶烙过锅盔的一个小红军，穿着一件破棉袄，风尘仆仆地走进我家。他告诉爷爷，队伍在张掖就被打散了，他要到东面去找自己人。奶奶做好饭让他吃饱了，又给装了五六个馍馍和几个洋芋，小红军就匆匆上路了。如果那个小红军活到了革命胜利，现在该是 80 多岁的老人了。但愿他还活着，并祝他健康长寿。

马家军由干柴洼到古浪

马家军前线总指挥部上校参谋长张时之——

1936年11月间，在干柴洼作战。干柴洼一带打得相当激烈残酷。马步芳对红军的真实情况无充分了解，不明白红军意图、红军人数到底有多少，于是用无线电台与马元海直接联系谈话，详细询问前线一切情况。他以焦急忧虑的心情对马元海说："前线战争，既然如此艰巨，豁上性命也要打到底。无论如何，一定要将过了河的这股红军消灭在凉州一带。绝不能令其乱窜，特别不能令其窜扰青海边境。只要前方需要，要人有人，要枪给枪……"马元海也用"与红军不共戴天"等话语表示最大决心，让马步芳放心。

在干柴洼作战，兰州绥靖公署派来一架飞机助战。红军占据干柴洼山谷间村庄，我们从四面山头进攻包围。如有军情，飞机俯冲投下白布沙袋，袋中写有联系意见。整个河西战役，我负责陆空联络。马元海身穿黑色大领皮袄，狐皮长领狐皮帽，盘膝坐于东面山头最高处，身边插一杆红底黑字指挥大旗，随风招展。传令兵往来如梭。几个号兵立在身旁，随时吹起前进冲锋号，山鸣谷应。我同指挥部几个工作人员站在他周围观看在谷底里进行的血战。突然一枪，击中与我摩肩而立之人。他身背一支步枪，年二十一二岁，应声仰面朝天，登时气绝身亡。子弹从其右眼骨下穿出左后脑，出血只有杏核大。这一死者，并非正式士兵。他本无上阵作战之必要，但青海临夏一带，家族中如有人从军作战，其亲属则自备枪马，驰赴火线，帮助作战，虽死而无悔。这一死者，为临夏西乡莫尼沟人，因此丧身疆场，埋骨乱山冈。马元海对我说："你带领电台及所有随军工作人员，回到大鱼沟去，免得再出危险。如果你中弹丧命，我们的许多重要事情就要陷于停顿瘫痪状态……"

马元海不断严令各部和民团死力进犯。虽经过整日战斗，部队和民团死伤累累，但红军坚守干柴洼阵地，始终屹立不动。直至晚间，干柴洼仍攻不下，马元海不得不将部队撤至大鱼沟一带。这夜，马步芳在西宁用报话机督令进兵。马元海又欲以人海战术猛扑，可是红军已放弃干柴洼，进军横梁山。我们进入干柴洼，但见穷街陋巷，红军都挖有战壕，家家户户门墙板壁都是枪眼。

有些地方熊熊大火，正在燃烧。街道两旁遗有牺牲的红军尸体数具。从战地的实际观察中，看到红军防卫严整，令人叹服。

部队停止在李家堡一带，准备夜间攻击横梁山。他们虽然已作决定，我则不以为然。我认为，红军饱经战争，训练有素，机动灵活，完全按照战略战术行军作战，要百分之百肯定红军的作战能力，万万不可轻举妄动，否则后悔莫及。我们的军队是乌合之众，有马步芳统率的一〇〇师、马步青统率的骑五师，有青海各县临时强迫拼凑起来毫无战争经验的民团，武器不精良，甚至有的民团手无寸铁。名为骑兵而马术不习，组织涣散，号令不统一。白日作战，各自东西首尾尚不能相顾，进行夜战，实在危险至极。他们认为我乃书生之见，不予采纳。

日落西山，夜幕降临。部队无次序无层次，跨马持旗，乱哄哄向横梁山进发。我们也没有接到出发命令，只是看见部队出发，也就随着部队在黑暗中摸索前进，心中惴惴不安。

夜里 11 点钟左右。骑步各兵，纷纷攘攘，从横梁山方向倒退下来。人喊马嘶，乱成一团。前队冲后队，如山崩河溃，喝止不住，退到李家堡附近开阔地带。漫山遍野，沟沟岔岔，燃起无数篝火，以取暖烧水。火光烛天，浓烟蔽空，照得红土坡更比红色珊瑚鲜艳。各部队纵声高呼："喂，某团某营到这里来！""喂，鲁沙尔民团的人，我们在这儿哩！""喂，互助民团的人，你们快到这里来集合！"此伏彼起，喊个不休，山鸣谷应，军心为之惶惶。

天寒风似刀。我与马元海等人在横梁山前线最尖端，或坐或立于乱草石间，前边也无尖兵卫兵等布置。我问："部队这样慌乱溃退下来，究竟在前边遇到了什么情况?"马元海不胜伤痛地说："前头部队，正行进间，在山谷里听见两三响枪声，就惊慌向后退，前队冲后队，莫名其妙，大家一齐争先恐后往后乱跑。我虽用要以军法严办的话，喝令他们停止，还是没命地向后跑。胡大呀！以后的仗怎打下去呢？世界要完蛋哩！"我说："天气这样寒冷，前面不远就是敌人，又没有前卫尖兵等布置保护，环境相当险恶。你是指挥官，三军之命悬于你手，还是回到李家堡，等到天亮，重新整顿部队前进吧！要知打仗不慌不忙，先求稳当，次求变化……"

第二天，重新进入横梁山隘口，发现有两三匹战马被踏死在隘路间，阻塞前进道路，人马不得通过。等排除后，始得行进。夜半枪声，有人说是红军发射的，但也有人说是我们自己部队拥挤之中走火的。其实，在我们前面，已派有马忠义骑兵团与红军保持接触。

部队进抵古浪峡东口，前无侦察尖兵，大队人马停止于峡口。打尖之后，妄图一举踏平古浪的红军，几乎遭到一场全军覆没之祸。下午两三点，将欲起身进峡时，从峡中走出来三五个浑身血污、残腿断臂的伤兵。问之则曰："我们是二九八旅五九五团马华荣和西宁东南川十二大营的士兵。古浪城已被红军前天占领，马华荣团长臂部受伤，十二大营全被击散溃不成军。现在古浪峡南北两山间，全由红军用机枪秘密设伏，等待你们通过。若你们进去，万枪齐发，恐怕一个人也不得活……"既不知己，又昧于知彼，危险何如。于是我们改道从古浪峡以西龙沟堡山谷间，在根本没有道路的悬崖绝壁间穿行。一声号令，近万名人马踏开数十道山路，迂回进抵古浪县城以西约10华里的金家堡。

翌日，攻打古浪，有兰州绥靖公署派来飞机三架助战。进攻开始，陆空联络不灵，步骑进退失调。我们未接到任何行动命令，张皇失措，东张西望于起伏不定之山冈间。日落西山，古浪攻守战仍在血泊中拉锯式进行。海南警备二旅司令部人员与指挥官马元海相失散，而行军无线电台又与我们在混战中失去联系。我们一伙退缩于金家堡海南警备一旅马彪处。马彪对我们严厉训斥一顿："你们不要命了，失去了自己的指挥官，又丢失了无线电台，将以军法从事，要你们的头！"

红军弃城西进，我们穿城而过。东西大街，血流成河，人马在血泥中夺路而过。古浪会战，真所谓浴血而战，为河西战争中最残酷最激烈之一战。行军至大河驿靖边驿一带，始与马元海会合，而行军无线电台在两天后亦得以安全归队。古浪战斗后，我在城外路旁，曾见一个七八岁的男孩，惊恐我方散兵的迫害，在沙田里东奔西跑，不住地前后张望，惊恐之状，难以叙述。城内又有一个年轻的姑娘，随着白发苍苍的老太婆，向我方散兵哀哭求饶，指挥部报务员詹某阻止无效。这个小姑娘遭遇的命运，可想而知。

第四章

军过武威

“宁死一万人，不失一寸土”

马步芳不惜动用青海的全部人力物力，投入扩充和保卫势力范围的战场。“宁死一万人，不失一寸土”就是他的一句口头禅，他还冠冕堂皇地提出“军队民众化，民众军队化”的口号。

历次战争中，马步芳都大量征集民团，驱使在第一线效命。他在各县成立“壮丁司令部”，不分地域和民族，依家中男丁人口按二抽一、三抽二、四抽三……的方法，成立了庞大的“国民兵团”。这种“壮丁”实际上就是兵，平时集中在当地保安团队接受军事训练，并担任挖金、修路、植树、开荒等等劳役，日无休止。战事紧急时，整团整营地编入马家军各部。群众一经充兵，不能自由改业，残废衰老也不能返里，又转变为变相的长工，拨遣在官僚资本家的牧场或工厂中做工，永无尽期。这些兵受不起压迫和劳役而逃跑或死亡时，便由他的子弟顶替。本人家中无适龄的壮丁补充，则从亲戚乡里强迫抽拔。为逃避当兵，有人自将手指忍痛割断，有的父兄乘其不备狠心将眼珠捣坏，或将足筋割断，使其残废，不能入选。军官常利用官阶大小，通过卖兵换兵大发其财。最初一个兵的卖价约在银币 300 元至 400 元，换兵贿款约在 200 元至 300 元，其后卖兵兵价竟然高达 1200 元，换兵兵价 800 元以上。积时一久，许多人家只剩老幼和妇孺，以致田亩荒芜，民不聊生。这种强拉硬派的拔兵方法，风行青海，成为民间最大苛政。民间听到拔兵，连小孩都噤若寒蝉，不敢做声。

对于各地上层人物，则以“诱”为主。还在9月下旬，马步芳由西宁赴甘都检查为防御红军而集结受训的部队和民团。事毕，言说要游古什群峡，行前拿出日本战刀一柄，令卫士携带。既至古什群峡，却掉转马头向东，行至循化北查罕大寺，有曾任西军统领的撒拉族韩忠良等人，备餐接待。餐后，马步芳给韩忠良授军旗一面说：“红军逼近甘青，特派你为旅长，率领循化撒拉族民团，为地方出力!”随手把携带的战刀赠给韩忠良。韩忠良受宠若惊，一再表明：“这次我决心为团体出力，组成骑兵旅，自备枪马，听从指挥!”随行见此情景，才揭开了游古什群峡的哑谜。后来韩忠良在倪家营子一役中，被红军击毙。

现摘录此前马步芳在化隆扎巴对民团讲话“剿匪救国”片断：

“你们大家非常精神，非常整齐，实在觉得十分高兴。现在有几点重要的话，向你们谈谈。

“一、我们组织民团，是奉中央命令办理的，不仅化隆一县要组织民团，全省各县，没有一处不是组织的，所以要组织民团的原因和目的，就是在不拔兵的原则下，防御共匪，保卫桑梓，并不是为我个人的地位和权力来打算的。

“二、共匪残暴成性，每到一个地方，即用种种苛虐方法，屠杀民众，我们与其俟共匪到来，束手待毙，莫若同共匪拼命，求一条生路。

“三、目前共匪窜扰西北，意图最后的挣扎，不问他们战斗力如何，我们总要拿出整个的力量对付，尤其在指挥方面，更要统一，譬如循化民团与匪交战，化隆民团不应袖手旁观，须得大家在一块共同奋斗，才能得到胜利。”

此刻，马步芳已经获知马元海克复古浪，他的心情是昂扬振奋的。最使他得意的，还是避免了中央军的插手。还在古浪战役之前，朱绍良急调胡宗南军守卫兰州，并派该军杨德亮部增援河西。朱以杨系伊斯兰教徒，可减少马步芳的猜疑。马步芳虽不以为然，但难以拒绝。杨部开至永登后，欲伺机而动，浑水摸鱼。马步芳针对这种情况，电令马元海在全力攻占古浪的同时，在古浪东南公路线布置部队，割断杨部同前线的联络。这样，既避免了杨喧夺已功，又使中央军未能染指自己的势力范围。古浪攻陷的第二天，他便指令《青海日报》特发号外，又专电各方，并派出党政军干部多人，分赴各县宣传，极尽表功渲染之能事，而他自己则在西宁大肆庆祝。

省府礼堂正在演出明朝阮大铖《燕子笺》杂剧。阮大铖的《燕子笺》本是亡国之音，而今晚的演出就更下流了。马步芳沉湎于欢乐与狂妄的气氛之中，但是，这种轻松的气氛似乎是短暂的。

一阵急促的马蹄声叩打着夜的静谧。三个马弁伏在马背上，不断抽打着战马，在沉沉夜幕中驰入市区。钉着铁掌的马蹄，敲击着凹凸不平的道路，给噩梦不醒的城市增添了恐惧与凄凉的声响。这三个马弁带着马步青的告急电报，赶到省府礼堂送到了马步芳手中。

马步芳未理会副官的轻声招呼，望着台上突出肉感、色情洋溢的表演。丑氏姐妹丑辉瑛、丑辉瑷，一边一个偎着他。二丑曾是女师学生，马步芳为情争，先后为此二人杀死三人。副官踌躇稍许，看了电文上首的“加急”二字，稍稍提高了嗓门。马步芳胳膊伸向脑后，接过副官忙不迭地递过来的电报。

“子香吾弟：元海已克古浪，红军北窜，主力集结于大靖、土门一线，有西进之意。兄据凉州而守卫空虚，盼速遣部队赴援，迟则凉州危矣。十万火急。”

参加“围剿”西路军的马步芳部部分民团官佐合影

“又是求援!”马步芳狠狠地将电报撕成碎片。左右的军政要人为马步芳的呵斥所惊动，都转头注视着他。音乐戛然而止，台上的演出也停了下来。一时间，礼堂里鸦雀无声。马步芳站起来，朝台上挥挥手，说了声：“继续演!”便离开座位，朝门外走去。

当演出又继续进行时，马步芳已乘车急速向军部驶去。街道两旁昏暗的路灯下，三三两两身穿草绿色宪兵式军服、佩戴准尉肩章的回中学生正在站岗放哨。马步芳已将回中学生编为一个团，填补空虚的城防。

马步芳刚踏进军部办公室，便回头问副官：“马元海在什么地方?”

“还在古浪。”

“电令马元海，火速进军凉州。”

河西诸城中，凉州扼东西交通之咽喉，诚所谓“通一线于广漠，控五郡之咽喉”。

马步芳清楚，凉州若失，则甘、肃二州难保，西宁亦失左右之助而面临险局。仅此，凉州便不得不救。所以他在咒骂其兄马步青无能和草包的同时，又询问副官：

“刘呈德团怎么迟迟未到凉州?”

“刘呈德团已从玉门关外出发，乘汽车三天三夜可到达!”副官上前一步说。

马步芳点了点头，似乎是对副官的对答如流很满意：“马上发电报给刘呈德，命令他今夜不必宿营，夤夜驰援凉州。同时发电报给马元海，命令他继续追击，红军走则尾追，停则攻打!”

“刘呈德团的第一营在同仁县驻防，是否也调往凉州?”副官问。

“立即调往凉州!”稍许，马步芳特别向副官指出，“各县民团全部向河西集结!”

待副官走后，马步芳慢条斯理地在沙发上坐了下来，脑袋后仰，紧贴在靠背上，微微闭上了双眼。古浪克复获得的兴奋已荡然无存。

起火？有人和红军联络

丝绸之路有很长一段在甘肃境内。武威，为丝绸之路上的重镇。从磨嘴子汉墓群所发掘出的许多竹木简、漆器和丝织品中，可以看到“银武威”昔日殷富的景象；从城南黄羊河侧的天梯山石窟，可以寻访北凉王沮渠蒙逊时代丝路遗迹；从南营喇嘛湾弘化公主墓，可以想象唐代各民族之间如何化干戈为玉帛的情景；城东北隅古钟楼上的凉州钟，震响着唐代历史的回音……

唐代诗人张籍《凉州词》就描写了贩丝商人行走在丝绸之路上的景象：

边城暮雨雁飞低，
芦笋初生渐欲齐。
无数铃声遥过碛，
应驮白练到安西。

武威，新城城墙四角各矗着一座炮楼，在淡青色的天穹下像巨大的怪物。枪眼亮着鬼眼睛一样的灯光。怀抱步枪，倚在城上墙角打呼噜的马家兵，从酣梦中惊醒过来，像察觉到某种危险的狗，突然弓起身子，竖着耳朵，睁大眼睛，向传来声音的方向搜索起来。骑五师师部的朱红大门，鹤立鸡群似的矗立在周围高高低低的营房中间。门前的飞檐下，一对红绸灯笼闪着朦胧的红光，两侧石狮子龇牙咧嘴地雄踞在石墩上，瞪着圆眼。两个石狮前面，各架着一挺又黑又矮的机枪，立着几个黑人影。

马步青端坐在太师椅上，面前站着刘呈德。刘呈德是由关外刚刚赶到凉州的，他是马步芳第一〇〇师二九八旅五九六团团长，率本团二营、三营驻嘉峪关外的玉门、敦煌两县。马步芳军事集团中团级以上的军官，均有同族同教同地域的血肉关系，唯刘呈德是汉族，但他也与马步芳有深厚的历史关系。马步芳任宁海军骑兵第一营管带时，刘呈德便是第一营的一个连长。刘呈德因对马氏忠贞不贰、出力卖命而得到马步芳的赏识和重用，逐渐升迁。

马步青指指旁边的椅子，刘呈德小心翼翼地坐下。“红军即将抵凉州，由你坚守旧城，我驻守新城。你必须日夜严加防守，绝不能有丝毫疏忽！”

刘呈德被一种渴望稳住地位并且再升迁的欲望折磨着，希望立功，甚至不惜肝脑涂地。他“呼”地一下站起立正说：“决不辜负师长重望！”稍许又说：“只是兵力感到不足。”

“唔——凉州骑五师所属部队归你统辖！”说完这句话，连马步青自己也感到不是办法。因为骑五师所属部队只剩下一些散兵，而且士兵们已领教了红军的厉害，这种厉害又被大大地加以渲染，使部队本来就不甚强的战斗意志进一步受到摧毁。马步青沉吟片刻，又对刘呈德说：“这样吧，城防期间，我给你凉州的军政大权，你可以根据所需在城内居民中征拔壮丁，填充城防！”

“请师长从炮团中调一连给我！”

“这——”马步青实在舍不得让炮兵团离开自己。

“师座！”站在一旁的军法处长袁耀廷跨前一步，紧贴着马步青的耳根说，“旧城在，则新城在；旧城亡，则新城亡！”

“好吧！”马步青痛快地答应了。

刘呈德和炮兵连长携带山西造中型山炮两门，从新城赶回旧城。

“红军给师长送来一封信！”袁耀廷趋前告诉马步青，把信递上。

马步青展开信看了看末尾的署名是徐向前、董振堂。来信大意是：红军假道出关，打通国际路线，没有攻取凉州之意图；马师长曾与董军长同在冯玉祥属下孙连仲部共事，望以抗日为大义不向红军攻击，红军也决不主动出击。马步青面露喜色说：“话虽如此，还得小心从事哪！”他又对袁耀廷说：“袁处长，你率领保安队，速赴老城，增强防卫，并通告刘呈德红军来信情况！”

深夜。乌云低垂，月亮和星星被遮蔽得严严实实，大地一片死样的黑暗，唯有凉州新城和旧城的所有垛口中，都燃着一只油布灯笼。无数昏暗的灯苗，像鬼火似的眨闪着。

“红军！红军来了！”有人惊恐地喊出了声。刹那间，城墙上拉枪栓的，刀枪碰撞的，大声小声喝骂的，乱成了一团。马家兵和壮丁们个个心惊肉跳，惶恐不安。有几个壮丁经不起惊吓，竟将小便溺在了裤子里。

马步青听到响动，从太师椅上跳起来，跑到城墙门楼上，惊魂未定地向远处打量着：东边大路尽头，冒出了一个火点，接着两个、三个、四个……火点连成了一条红色的线，向前延伸着，越来越长，越来越近……

他拿起电话，叫通了西宁：“子香，子香，红军主力已到凉州！”马步青明知此时同马步芳通话已无任何意义，但他还是打了电话。

“阿哥安全第一！”马步芳此时实在也拿不出什么主意，只是一再叮嘱马步青不要先行攻击红军，“凉州能守则守，不能守则弃之，阿哥万勿因守城而吃亏！”

“胡大啊——”马步青悲哀地长叹一声。他健壮的上颌骨和下颌骨如同有不解之冤，在不住地震颤、打架，煞白的脸上每个粉刺都似乎藏着恐惧。他感到自己就像一只疏忽大意的老鼠，突然遇到了猫，被追得走投无路，只好颤抖着四条腿蜷伏起来，随时准备忍受尖牙和利爪的撕咬、蹂躏。

“报告！”匆匆忙忙跑来一个参谋，“报告师、师长，城中……城中起火！”来人气喘吁吁地说完了这句话。

“起火？”这不是要和红军联络吗？马步青几乎跳了起来，“多派人去，迅速将火扑灭！把嫌疑分子给我抓来！”

一阵吵吵闹闹的嘈杂声由远而近，一个穿着讲究的中年人被反绑着双手推了进来。“为什么抓我，为什么抓我？”那商人挣扎着，嘴里叫喊不止。

“啪！”马步青跨上一步，手一扬，结结实实地在商人脸上掴了一掌：“为什么抓你？你为什么放火？是与红军联络吗？”

“我，我……”那商人惊恐地瞪起了双眼，继而慌乱地开始辩解，“我可是个安分的商人呀！房子不是故意点的，是家里人不小心失了火……”

“混蛋！”马步青不耐烦地打断了他的解释，“怎么早不失火，晚不失火，偏偏在红军来的时候失火？分明是想勾引红军攻城！”

“师长，师长，我冤枉哪！”商人扑通一声跪了下来，“我给师长效过力，我为师长转卖过烟土，我……”他说着说着，如捣蒜似的磕起头来。

马步青看着商人那张熟悉的面孔，想起此人曾经为自己推销过掺了假的烟土，何况城外红军也无甚动静，也许真的是失火。马步青那斜着的眼光之中，除了原来的骄横之外，这时又多了一种阴鸷和狡狯。副官心领神会，他知道，凡是赚钱的事马师长都干，如行商、走私、开妓院，连养花、养鸟也经营，还专门设立了花儿副官、鸟儿副官。一盆花、一只鸟就要好几块银元。现在，师长要乘机在这倒霉的商人身上捞一把了。副官走到商人身边，俯下身去，轻轻地说：“战争期间，意外肇事者要处以重罚的！”

“我愿罚，我愿罚！”商人忙不迭地答应。他很清楚，如果真是把他和红军扯上，那可是掉脑袋、灭九族的事情，“我愿倾家荡产认罚！”

马步青脸上露出了一丝奸笑，这是几天来他第一次感到瞬间的快意。

当时，武威城内确有人积极准备和红军联络。共产党员李德铭（新中国成立后曾任兰州市政协秘书长）倡导青年学生组织了党领导的第一个群众外围组织——“钦文读书会”，由进步学生杨依峰（新中国成立后曾任广西国际医院政委）任总务干事。西路军逼近武威时，李德铭组织进步学生，暗中酝酿迎接和慰问红军，但因马步青已下令紧闭城门，致使迎接和慰问未能成功。李德铭和杨依峰商定，如果红军攻城，便以火烧会馆巷山西同乡会馆，作为红军内应。但红军路过武威，没有攻城继续西进了。城门开启之后，李德铭要杨依峰出城与红军联系，交给杨依峰一本十分精致的油印小册子——《红色游击战术》作为凭证，并要杨向红军报告武威情况。后因四十里堡战斗打响，马家兵四处抓人，未取得联系。但杨依峰在乡下收集了大量的红军油印出版物：代号为“潼关”的军政治部的《电讯报》《为抗日救国告全体同胞书》，以及其他宣传品、小册子和口号等。杨把这些宣传品带到学校，在读书会成员和进步学生中传阅。

红军在距旧城城南约三四华里的地方绕城而过，火龙蜿蜒，不见尽头。虚惊的一夜终于过去了。红军还在行进，长龙似的队伍，旌旗相连，不见两头，过了整整三天三夜。

马步芳在接到马步青“红军已经离去”的电话后，以手加额说：“胡大，万能的胡大！若非胡大相助，凉州失守，西宁也必守不住，那时我们脚步一乱，前途就很危险。”

第二天，《青海日报》特发新闻，其言：“马步青率所部及刘呈德团坚守凉州，躬自严防，以城防早有严密准备，与红军在旧城激战五小时，红军未得逞，反受重创。”

武威城下之盟

马步青代表薛克武——

1936 年春，我充当金塔县禁烟局局长，其具体工作是征收大烟往外运出时的税款。约有 10 个月，因税收不旺，对本人毫无利益，就于 11 月间辞职离开到武威，准备往兰州去。

……红军先锋部队到大靖，消息传遍武威全城，这时我住在城内商号志诚西。马步青派人来叫我去新城。我当时怀着恐惧心情，但不敢不去，去后叫我住在副官处。第二天红军大军到达武威附近，至晚间把武威城池全部包围，新城方面包围较远，双方都没开枪。次日清晨仍然在森严紧张状态中，上午9点钟左右，红军派来代表到城外。因城门早已填塞，先到城根的是红军俘获的马步青部一个营长。马某用绳子先吊上来红军第四方面军总指挥部信一件、轻机关枪一挺。马步青看了后，就把我叫去。马步青说，红军方面派来黄代表与我们协商，派你出城去商谈，信中说，双方合作，一致抗日，双方不要冲突。你给黄代表说，双方合作，一致抗日，我很赞成。双方不要冲突，一定做到，但是不能签订合同，因中央军杨德亮团驻在旧城，一部队伍驻在城西，如果发觉，要受处分等语。

我同送信来的那个被红军俘获的营长把马步青送给红军的纸烟（炮台铁皮装）10听、布鞋50双带上，我同马营长被用绳子吊下城去。我与黄代表在城根一间民房见面，把马步青说的话，如实告诉给黄代表。黄说，合同以后签订也可以的，首先做到双方不要冲突。在这小房内吃了些山药蛋，与黄代表分别，俘获的那个营长随同黄代表回去。

这是我在马步青处亲自做的第一件事情。次日那个马营长又送来红军总指挥部信一件。马步青看过后说，信中说红军完全撤除包围，最好首先做到双方不要冲突。

这是我所知道的事。

红军代表魏传统——

我们组织了红军先遣工作团，黄火青任团长，我任秘书长。红军为了打通国际路线，争取苏联和国际上的援助，经一条山向河西挺进。我们先遣工作团进至古浪的土门墩，俘虏了马步青的一个工兵营300多人，其中有回民180多人。汉民士兵都愿意参加红军，就都参加了红军。我们遵照中央对少数民族的政策，按回民的风俗习惯，给予生活上的照顾。

红三十军包围武威城后，为了争取马步青停止内战、一致抗日，我拿着总部和徐向前总指挥给马步青的信件，带领两个士兵和马步青的工兵营长，在

10 月初的一个夜晚，去武威旧城下与马步青的参谋长进行谈判，也可以说是城下之盟吧。马部参谋长是用绳子从城墙上吊下来的。我向马部参谋长讲明了我党的抗日民族统一战线的政策，以及归还所有的被俘的回民士兵、武器等，希望马步青能够以大局为重，停止内战、一致对外抗日的意见。马部参谋长说，红军过境武威，我们欢迎，你们要粮要经费可以提供，希望不要久驻。我表示回去向总部汇报。当晚，马军从城墙上吊下来一口袋馒头，我叫通讯员带走。说完，我送给了马部参谋长一本关于抗日民族统一战线的书。

第二天，我们即将全部的回民士兵 180 多人和武器交给了马步青。

兵分五路，竭力“进剿”

11 月 30 日，“二马”的各路麾下披着冬季的寒冷，带着征战的疲劳，陆续走进了骑五师师部会议大厅。

红军深入河西腹地，克永昌，占山丹。“二马”在前方已投入大量人马，感到必须调整部署，统一指挥。马步青以兄长自居，一时气势如牛，极想总揽指挥权，可是嫡系部队七零八落，自己既不敢担任，部属中又无人选；马步芳认为自己是蒋介石任命的第二防区兼第五纵队司令官，马步青虽为胞兄应受节制，于是提出马元海为步骑全军总指挥。可是，马步芳深知马元海桀骜不驯，处事专横，又虑将来尾大不掉，难以驾驭，遂采取了原则上信任，实际上权力予以限制的分兵方案。“二马”往返电商，取得一致，决定由马步青就近召集两部的旅长和团长，在新城举行紧急会议。

马步青坐在长桌上首他那张老旧而舒适的太师椅上，感到紧紧地裹在身上的军服格外别扭，弄得浑身不自在。他不时抬起手拉拉毛呢军服紧得有些憋气的硬领口，转动一下脖子。他害怕国民党中央军染指河西，因而也讨厌这身军服，常常发狠地想把它脱下来，撕得粉碎，踹上几脚，再踢到茅坑去。但在有些场合他又喜欢穿上这身军服，让军服上的将军徽章向人们证实一下自己的权势。这时，他觉得这套军服，比祖父和父亲穿过的清朝马褂官服要威风得多。

“诸位!”马步青一改前些天心力交瘁的样子，拖长声音一字一板地说，“目前红军已深入河西腹地，大家不下决心，团体是危险的。希望各抒己见，共赴患难!”

“以敝人愚见，红军不足畏!”马元海夸夸其谈起来，“红军长期转徙，大量减员，粮草弹药皆无充足补给，已成强弩之末，气数殆尽。我青海部队和骑五师火速西向，可歼共军!”接着，马元海站起来，如虎的目光向四周瞅了一下，毫无隐讳地说：“我军一度形势危殆，纯系韩起禄作战不力。河防部队一触即垮，损兵折将，因而带来后患无穷，不堪收拾，应将韩起禄以军法严惩!”青海的军官人人愤恨韩起禄平时耀武扬威，视守河防形同儿戏，纷纷叫嚷将韩以军法严惩。

韩起禄脸上的横肉跳动了一下，嘴唇上的胡须像老鼠尾巴一样地颤动：“真他妈的小题大做!”他心里这样发狠地骂着，但脸上却挂着庄重肃穆的神色。

马步青正襟危坐，眼睛闪着诡谲的目光。“为团体效力!”他也唱起了那不离口的老调子，“是我等神圣职责，不可一日松懈。今之最要者，乃同心同德、共济时艰，抱定有我无敌之决心，激励士气，共挽危局，切勿相互埋怨，相互倾轧。”说到这里，他向坐在一旁的马元海瞪了一眼，接着说：“凡我团体之士，务须一心一德，矢勤矢勇，担负起削平大难，挽救团体之重责!”马步青直视韩起禄说：“让韩起禄率部立功赎罪，如再临阵畏缩，小心扒了你的皮!”

“是!”韩起禄急忙立起答应。

马步青拉了拉领口，继续说道：“中央三番五次电令我军阻击共军，我等自当共赴戎机，以靖国难。不过，大家也不宜操之过急，给他人以可乘之机!”“他人”是指国民党中央军，这是在座者都心领神会的。

马步青最后说：“这次向西追击红军，仍由马元海负责全部指挥责任。骑五师所属部队，要完全听从他的命令，听从他的命令和听从我的命令一样。养兵千日，用兵一时，如有违犯，军法不贷。”

会议最后，马步青宣布了“二马”已经确定的进军方案。

军委会令派马军长步芳为西北剿匪第二防区司令兼第五纵队司令官，辖属骑兵第五师及新二军属部负责剿办河西赤匪，马军长奉令后规定战斗序列如次：

（一）设前防总指挥下属剿匪骑兵第一、第二、第三各路指挥及步兵第一路指挥；

（二）任马元海为总指挥；

（三）任马彪为骑兵第一路指挥，指挥部队为军属马忠义团，警备马元祥团，新二军陈嘉禾团，临夏乩藏民团，门源民团之一、二、三各团；

（四）任马朴为骑兵第二路指挥，指挥部队为一〇〇师骑兵旅及西宁鲁沙尔、上五庄民团、湟源县民团；

（五）任马禄为剿匪骑兵第三路指挥，指挥部队为骑五师马禄旅、韩起禄旅；

（六）任韩起功为剿匪步兵第一路指挥，指挥部队为一〇〇师三〇〇旅、一〇〇师手枪团、西宁市民团、甘州民团；

（七）马总指挥元海直接指挥部队为警备第一旅及军属马步銮团、一〇〇师刘呈德团、循化八工民团、西宁南川十三营民团；

（八）骑五师马呈祥等旅团、一〇〇师马步康、马全义等旅团及民和、互助、乐都、贵德、同仁等县民团为预备队，分驻青海及河西永登凉州肃州等地待命出发。

以上由马元海自带一路加之骑兵第一、第二、第三及步兵第一路共五路大军。

此后，马元海名为步骑全军总指挥，实际只能统率属部，但攻坚犯难的任务，又落在他的身上。

马步芳为了维持封建统治，虽是家族亲属中充任高级军官的，也不予以长期固定的军权，总要随时调迁，使其居于仆从地位。他们有时带领着骑兵，有时带领着步兵；一个时期担任正规军军职，又在一个时期改调为地方军或民团的军职。除对马步芳忠心耿耿的个别分子得以盘踞一方外，对其余军官驻扎的地区也是随时更易，不允许长期把持一方，并随时变更其隶属系统，不能长期维持其垂直关系，所统率的士兵也不断加以调整或编遣，使其不能拥有基本部队。马步芳也运用升降手段，使其地位高低冷热不定，无所凭借，还利用派系和个人嫌隙，使其矛盾对立，互不信任。他常常以甲制乙，以乙制丙，以此旅制彼旅，以此团制彼团，使其提心吊胆，不相与谋。各级军官的任免，马步芳自行掌握，调动营长时，团长不能预谋，连排长的更替，团营长事前也不知悉。连长揭发营长，原呈仍批营长查复，同时暗中又令另一营长了解内幕。士兵控诉营连长，同样由原营连长处理具报。对各级军官的考绩往往取决于个人好恶，使其靠我随我，仰我鼻息，终身唯命是从。马元海虽属至亲，平时并不予以实权，一旦发生战事，才予起用，拨调若干部队归其指挥。战事结束，又予以文职或闲散名义，纵容横行乡里，鱼肉人民。

五路人马，向西拥动。无数马蹄踏着戈壁荒滩，卷起滚滚沙尘，弥漫浮动在干燥的空气里。满脸灰尘的士兵，一个个像是刚从墓坑里爬出来的，晦气重重。士兵的步枪与马刀，闪烁着耀眼的光点，裹在黄褐色的烟尘中……

红军在永昌、山丹一线时，蒋介石曾派参议杨思忠飞到武威，据说是“奉令”调查战事经过地区汉人老百姓被马家军屠杀，包括红军俘虏被残害的情况。马步青表示自己部队没有残害百姓，如果有，都是青海部队干的。杨思忠虽然进行了调查，但却没有下文。

红军占领永昌、山丹一线数日，国民党中央未见“二马”战报。蒋介石便派驻甘绥靖公署主任朱绍良到武威与马步青会晤，面嘱限期消灭河西红军，限期攻下永昌、山丹县城，并令胡宗南军的杨德亮部与空军第十五队驻凉州，为“二马”助战。朱绍良到来，马步青自然亲自带人到机场夹道欢迎，并举行盛大宴会招待。当时马步青正患牙痛，对于朱的要求无具体意见，更不敢做一定期限的保证，只是唯唯诺诺。所谓“看军事进展情况”，为马步青应付朱绍良的口头语。朱与马晤谈不得要领，觉得无法回复蒋介石。马步青看出情况，对朱做了厚重的献赠：大洋马一对、走马一对、鹿茸两架、麝香两包（每包10个）、狐皮筒子四件、豹皮褥子四对、黄金四封（每封50两）、鸦片烟1000两，对朱的随员也分别都有赠礼。朱绍良等心满意足，两天之后搭机回兰。

第五章
永昌建政

这里能建立根据地吗？

河西走廊，东起乌鞘岭，西接星星峡，南依祁连山，北枕龙首、合黎、马鬃等山，是一个东西长达1000公里，南北宽仅几公里、几十公里至100公里的狭长地带，是世界上最长的天然走廊。

祁连山绵延1000多公里，腾飞在河西走廊南边的苍穹之下，白雪皑皑，高入云际。明人陈棐在《祁连山》一诗中写道：

马上望祁连，连峰高插天。
西走接嘉峪，凝素无青烟。
对峰拱合黎，遥海瞰居延。
四时积雪明，六月飞霜寒。
所喜炎阳会，雪消灌甫田。
可以代雨泽，可以资流泉。

白灼灼的寒阳伫立在祁连山巅，宛如一尊威武的战神，抖落血染的战袍，将光华溅在雪峰上，渗入峰间的小溪。水流泛起数不清的涟漪，呜咽着向山下流淌，从古流到今，从辽远的过去流向那茫茫的未来。

徐向前威严地站在永昌城头，目光透彻，穿过大漠千山，炯炯地望着眼前的世界。他挥挥手，将挥起如海如涛的冲锋号声，挥起“弟兄们”刀出鞘时壮烈的呐喊。可是此刻，他的心是沉重的。

11 月上旬，徐、陈及时调整部署，令部队分左右纵队迅速西插。左纵队红九军袭占古浪，吸引了马家军；右纵队红三十军和红五军乘虚向西疾进，过武威，克永昌，占山丹。按徐、陈已定计划，西路军在进占永昌、甘州一带后，根据情况，略作休整，然后继续西进，接近新疆，打通远方。如今红九军在古浪受损，短暂休整更显迫切。徐向前考虑，目前情况下在此地做短时停留、休整是可以的，接着就要乘马家军主力和蒋军嫡系尚在东南方面，西面敌人兵力空虚之机，立即进兵。

在此期间，蒋军毛炳文部于 16 日开始西渡黄河，拟向大靖挺进。红军总部将此情况电告了西路军领导人，并指示“你们兵力应相当集结，以迅速打通远方为要着”。17 日，西路军领导人向中共中央及红军总部报告了部队行动情况，并提出：“我们决以打通远方与争取在甘、凉、肃地区建立根据地之任务，主力须速西进，迅取甘州”，“再以五军出肃州”，“如打通远方为主要任务，我在现地区创造根据地不能不居次位，如遇特别情况时，是否我们将去打通远方，请速详示。”

18 日，中共中央和中革军委洛、毛、周复电：“我们已告远方但恐准备不及，运输也来不及。如使东面地区为毛炳文过早占去，红军回旋地狭小不利，我们意见在现地区留住一时期，加紧军事训练，恢复体力，检查政治工作，教育每个指战员会做群众工作与人民发生良好关系，严整政治纪律，建立会计供给制度，使尔后和远方同志见面时焕然一新”，“以一部控制古浪险要，远拒毛炳文”。

周恩来离开陕北保安，赶到甘北的洪德城，会见了在此地的林育英、朱德、张国焘，传达了中央和军委关于西路军停止西进，就地建立根据地的意见。

19 日，林、朱、张、周联名致电徐、陈：

甲、恩来同志昨到洪德城，对你方行动有如下意见：

（一）你们任务应在永昌、甘州、凉州、民勤地区创立巩固的根据地。以一部向古浪、土门方向活动，在有利条件下消灭由古浪来敌，大部向凉州、永昌前进之敌；同时以一部夺取甘州、肃州至安西一带地区；并可以一部在民勤活动，迷惑敌人，使敌疑我西路军由民勤经定远营配合陕甘主力企图。

（二）具体部署在甘州占领后，可以五军在甘、肃两州安西线活动，九、三十两军可在永昌以南地区活动，大大的扩红、筹资，准备灭敌。

（三）远方对于经哈密接济你方已原则上同意，物资、经济均可接济，正设法解决交通运输，拟技术手续。大约以明年开春后可望大批接济，现正急谋小部接济，大的于我占领安西后即可实现。

……

（七）你方须在甘州以东建立根据地，决不可将主力置于甘州以西，更不能有到新疆去的表示。唯远方路途，也须调查清楚。

（八）克服一切通新疆方面的交通和气候上困难的准备是必须的，更须控制安西通哈密的交通。

乙、毛炳文部大约已到大小兰塘，于学忠抽两个师对你方，该敌似已加紧封锁黄河，兰州、靖远、中卫，敌大部对你方，企图封锁你们，不能再东出。

……

（引自《中国工农红军西路军·文献卷》上，甘肃人民出版社 2004 年 7 月第 1 版，第 431 页）

洛、毛、周 18 日电，林、朱、张、周 19 日电，都明确提到古浪，第一份说："以一部控制古浪险要，远拒毛炳文。"第二份说："以一部向古浪、土门方向活动，在有利条件下消灭由古浪来敌……"以上两份电报发出之时，红九军经血战后已被迫退出古浪。

20 日，洛甫、泽东又致电徐、陈："主力在永昌、肃州之线，坚决保持东边回旋地区，以小部进占安西敦煌。"

洛、毛、周 18 日电告朱、张并复徐、陈，林、朱、张、周 19 日电复徐、陈，洛甫、泽东 20 日电示徐、陈，口径完全一致，均要求西路军在永凉地区创造根据地，保持向东回旋余地。任何作战决策中，都始终贯穿着动机冲突。

决策的动机是多种多样的，由于条件的限制，多种愿望和意图往往不能同时实现，常常必须从两种乃至几种不同的动机中选择一种，明确目的，并且研究和确定达到目的的方法和手段。然而党中央对于西路军的要求从一开始就有两个，一是配合河东的战略行动，一是打通国际路线，这就使西路军的行动方向飘忽不定、变化多端，最终成为导致失败的根本因素。

白纸上的电报指示，使身经百战的总指挥紧锁双眉，陷入深长的忧虑之中。对于中央要西路军停止西进的意图，徐向前百思不得其解。兵贵神速！孙子曰："兵之情去速，乘人之不及，由不虞之道，攻其所不戒也。"西进就要趁敌人兵力空虚一鼓作气，可是在一条山蹲了那么久，现在又要在永凉一线搞根据地。

这里能建立根据地吗？创建根据地，离不开两个基本点：一是消灭敌人，站稳脚跟；二是发动群众，建党建政。西路军面对优势敌人的不断围攻，要建立根据地，显然力不胜任；而且一屁股蹲下来，也就失去了战场主动权。敌强我弱，外线作战历来强调灵活机动，这是保证作战主动性的有效手段。红一方

陈昌浩、徐向前住过的原永昌县城南大街天主教堂

面军长征时，中革军委于1935年2月16日发出特别命令：红军必须经常转移地区，有时向东，有时向西，有时走大路，有时走小路，有时走老路，有时走新路，而唯一的目的是为了在有利条件下求得作战的胜利。这个特别命令几乎成了长征后期的口号，使红一方面军赢得了作战主动权，从而获得了长征的最后胜利。可惜的是，在西路军问题上，中央忽略了外线作战、战役的速决原则。

这里的地形也难以建立根据地。河西走廊是一条“弄堂”，永凉一线地处走廊蜂腰部。南临终年积雪的祁连山，祁连以南又是大坂山、大通山、宗务隆山等大山；北依合黎山、龙首山和浩瀚无垠的巴丹吉林和腾格里沙漠。走廊平川几乎没有回旋余地，甚至没有护卫，仅有的屏障就是星星点点的土围子和战士仅有的枪上刺刀和少得可怜的子弹、手榴弹。

可是，陈昌浩对建立永凉根据地满有把握，劲头十足。几天前，凉州以南寨子的小土屋。一盆炭火旺旺地烧着，火光照红了破烂的门窗，寒风飕飕往屋里灌。徐向前的脚尖烤得暖和，脚后跟却冻得生痛。徐、陈围着炭火盆，边烤火边争论，谁也说不服谁。陈昌浩认为形势大好，马家军被基本击溃，能在永凉建立根据地。当陈昌浩滔滔不绝地谈论时，徐向前几乎难以保持平静。他火冒三丈地说：“什么叫‘基本击溃’？基本击溃敌人有个标志，就是我们转入进攻，敌人转入防御。现在恰恰相反，敌人在进攻，我们在防御；敌人是优势，我们是劣势；敌人有后方，有补给，我们没有。你这个结论，根本站不住脚。”

“你这是右倾！右倾！”陈昌浩一拍桌子叫起来。

“我是右倾？你才是昏了头呢！”徐总指挥站起来，也拍了桌子。

陈昌浩把徐向前的正当忧虑视做“右倾机会主义”，准备召开军政委员会向徐“开展斗争”。因曾传六他们反对，只好作罢。

曾传六，湖北黄安人。1925年参加革命，1927年加入中国共产党，同年参加黄麻起义。

徐、陈争来争去，陈昌浩拿“上方宝剑”压人，他是军政委员会主席、政治委员，有最后决定权。徐向前拿他没有办法，就说：“你说能建立根据地就建立吧！给部队作动员，我可以照你的口径去讲，但保留自己的意见！”

徐、陈共事多年，从来没有红过脸，可是这次破了例。徐向前一锅接一锅地吸着旱烟，瘦削、严肃的面孔四周白烟缭绕。

曾传六

徐、陈都是在艰苦的环境中成长起来的，他们都习惯于蔑视各种困难。这次两人发生分歧，陈昌浩犯了一个可以理解但难以原谅的错误。战场实际纷纭复杂，千变万化，许多重大问题要靠身临其境的前线指挥员随机应变，果断处置。对于一支独立作战的军队来说，指挥员能否根据作战任务和战场情况，机断专行，灵活制敌，往往能对战局产生决定性的影响。“将在外，君命有所不受”指的就是军事指挥上的机断专行。陈昌浩是西路军军政委员会主席、政治委员，对西路军的行动能最后“拍板”。但此时，他身上有着某种执拗、冰冷的违背他自己本身的东西在折磨他，这几乎是无法解脱的。陈昌浩曾是张国焘的追随者，一度支持过张国焘的分裂主义，犯了错误，包袱沉重，不易解脱。他曾向徐向前流露，南下的事，共产国际肯定对四方面军另有看法，为了四方面军的前途，今后应唯共产国际和中共中央的意见是从。陈昌浩勇于改错，无可厚非，但在西路军期间，他从一个极端跳到另一个极端，自始至终以紧跟中央，回到正确路线上自居，简直到了翘首望天、一切唯上的盲从地步。至于敌我力量对比如何，战场实际情况如何，哪些行不通的指示应向上级反映，哪些事关全局命运战局胜负的问题需要机断处置，他则置之脑后，不敢从实际出发独立判断情况下定决心，结果是作茧自缚步步被动，使西路军失去战机，直至不堪收拾。

李先念等对蹲在永凉地区不进不退也很有意见，他对陈昌浩说：“在这里东不东，西不西，等着挨打，怎么行？要东去，我打先锋；要西去，我也打先锋！”

陈昌浩说：“你懂什么？多嘴！”

徐总指挥站立城头极目远望。澄澈的天空，天空下那发光的石头，没有苍苔点染，没有潮气浸润。一只饿鹰在空中盘旋，俯视着冷凄肃杀的空旷荒野，扑扇几下棕褐色的阔翅，向远处遁去。节令已是初冬，天气越来越冷，空气好像冻结了，凝固了。失群的孤雁哀声不绝，急切而凄凉。这声音撩拨着徐向前的心绪。

“落日楼头，断鸿声里，江南游子。把吴钩看了，栏杆拍遍，无人会，登临意。”徐总指挥无法抛开时刻萦绕在心头的问题，他所关心的是西路军的全局及许多必须解决的有声有色的细节，即军事家们所称的“运筹问题”。

在永昌，西路军电台收到马步青给马步芳的一个电报。电文大意是：如红军不停留地走，可以不打；若停下来不走，就打！

红四方面军电台的破译工作相当不错。西渡黄河不久，徐、陈两次找三局（通讯）局长宋侃夫和王子纲谈话，让他们重新恢复二局的工作（总部二局未过黄河）。讲到西进敌情不明，语气严肃，希望他们尽快把马家队伍的情况搞清楚。这样，三局又把收音机架起来，电台日夜值班搞敌情。他们利用西北军孙蔚如在陕南送的一本密码底本，突击把马家军的密码基本上搞了出来，为总指挥部及时提供了情报。他们收到蒋介石电告马家军的一份密电：红军的无线电破译工作很厉害，你们要特别注意。这以后马家军的密码就经常变化，但是敌变我也变。

西路军在永凉一线摆开，终日与优势敌人拼搏，试图站稳脚跟。徐向前、陈昌浩发表告指战员书，号召全军战胜一切困难，建立永凉根据地。

中共中央令西路军在永凉地区建立根据地的主要意图，是为了造成河东红军将与西路军在河西会合的假象，调动蒋介石的兵力扼控黄河，以便河东主力红军组成的南路军、北路军东南出

原西路军总部驻地——永昌县城张家油坊一角

和东北出。西路军领导人对于党的战略新计划，只知其一，不知其二。即知道放弃宁夏战役计划，由西路军独立打通新疆，而不知三个方面军将进行大规模战略转移。

西路军在永凉一线与马家军血战，不仅掩盖了河东红军的战略意图，而且吸引了曾在会宁地区“围剿”红军的蒋介石嫡系毛炳文部和胡宗南部杨德亮独立旅进入河西，同时还吸引了关麟征第二十五师进入宁夏北部门户石嘴子，曾万钟第三军（王均死后由曾接任军长）进入黄河右岸中卫、金积一带堵截红军北进宁夏。这样，河东紧靠红军主力的只有胡宗南第一军，而第一军又被迫分成三路，形成九十七师、四十三师向盐池、定边，第一师、第七十八师分头向东的态势，这就给了我河东红军主力歼胡宗南一部的难得之机。山城堡战役歼胡宗南第七十八师二三二旅全部及二三四旅两个团，缴获了大批武器弹药。山城堡战役胜利的意义是巨大的。山城堡战役，是红军三大主力会师后的第一仗。它壮大了红军的声威，对促进逼蒋抗日方针的实现起到了积极的作用。随着山城堡枪声的远去，陕北终于暂时平寂下来，随后，随着西安事变的爆发，陕北的内战枪声永远地沉寂下来。徐向前、陈昌浩率领西路军鏖战永凉，是山城堡战役的背景，是山城堡胜利的条件。应当说，山城堡之战的胜利，除了参战部队的贡献之外，也凝结了西路军将士的鲜血和生命。

苏　维　埃

西十里铺村苏维埃政府主席周玉德——

红军进城后的第三天下午，我正在家里锥鞋，进来一个红军。红军见我感到意外便首先开腔说：“咱们人，你认识我吗？”我仔细端详了一阵，记不起来是谁，我说：“恍惚了。”他说他叫黄继勇，还说：“我认识你，你是杨虎城卫兵团骑兵营三连四班的上士班长周玉德，是不是？要不信对一对你在部队时的密答。”他顺便举起左手摸了摸鼻子，我用右手抖了抖耳朵，关系接通了。

那是 1927 年，我在山丹马场放马，兰州派一个名叫李长青的军人来马场接军马，场长余子庆挑选我去北京送马。军马送到北京后，我就在杨虎城师部的卫兵团当了兵。当时，特务团侦察营里有个四五十人组成的生灵队，黄继勇是队长。表面上是要猴子，实际上以此为掩护专门搞侦察活动。他们有时在师部也要猴子，让大伙看热闹。虽然见过面，但没有打过交道，更没有想到他对我这么熟悉。

两人谈叙旧情，我将回到家中的情景叙述了一阵后，问他：“你们原先在北京又怎么到了四川?”他说：“两个班到四川随红军西征，准备去新疆，打通国际路线。新疆有我们的一个朋友，取得军事援助后，联合起来，打倒日本帝国主义，挽救民族危亡。老战友相遇，望你振作军人的志气，协助红军动员一些穷人，尤其是给地主老财家扛长工的、做杂活的、了解熟悉情况的人，帮助我们去找粮食、‘搞窖子’，除部队需用外还可救济穷人。”

太阳快落山了，他打断话头，请我到红军驻地叙谈。我随同他到了谢家西庄，约有200来名红军正在吃饭。我随他进入南道座屋内，吃了红军端来的大肉疙瘩饭。饭后，黄继勇与我又攀谈起来，一直谈到深夜，留我同睡在道座里间的炕上。他的随从人员都称呼他部长，他分管的工作很多，一直很忙。如宣传发动群众，调查了解这里的政治、经济状况，人民受剥削压迫的情况，布置检查粮食的筹集和征运，组织群众开会建立各级苏维埃政权。

我跟随他奔波在县城、东西乡农村，搞建政工作。这期间我回过两次家。第一次回去，老父亲讲：自从我走了以后，红军在我家门上贴了一张红帖子，到这里的红军都不随便进我家的门。我才想到我为红军办事，这是红军对我家的保护措施。

随黄部长到谢家西庄的当天晚上，黄部长给我教工作方法，布置任务，让我找些曾给地主老财家做活的长工、穷人开个会。我遵照黄部长的意思，先个别联系了当地的群众尚万选、尚万忠、阎兴福、赵三、尚万玉等七人。黄部长向这些人讲了话，大意有：我们是中国共产党领导的抗日红军，是人民的军队，是救国救民的军队；打土豪，分田地；推翻三座大山；人人有饭吃，人人有衣穿；建立穷人当家做主的政权……

我们与红军一同开始访问串联，分头做群众工作。经过六天时间的工作，先后串联发动了100余名穷苦群众，集结到谢家西庄的院子里召开第一次群众大会。会议由黄部长出面讲话，进一步解释红军的性质、任务、纪律。内容大体和小会的相似，又增加了给没吃没穿的老百姓分粮分物的内容。会上提出建立村政权，选举村政权成员和怎样选举的安排。黄部长提名，经群众酝酿讨论，以举手表决的方式推选出了七名成员，组成西十里铺村苏维埃政权委员会。

委员的名单和具体分工情况：

主席：周玉德。委员：王爱国，分管军事，兼青年队长；阎兴福，分管粮秣；尚万玉，分管财经；尚万忠，教师，分管文书；赵三，外号榔头，分管民运供给；尚万学，分管检查，又称公道委员。

参加会议的20多名青年，组织了一个青年队。

西十里铺村政权组建后不多几天，原驻守谢家西庄的红军转移到水磨关，村政权的委员和青年队员均随部队一并迁往水磨关的曹家楼，与已经建立起来的水磨关村政权受红军的统一指挥，合署工作。

村政权搬到曹家楼的第三天，黄部长吩咐我找一个识字的青年学生做通讯员工作。我通过村政权委员、私塾教师尚万忠找来了他16岁的学生陈生太，配备了一头青草驴，专为红军往返传递投送信件。

这时，黄部长也配给我一匹马，让我跟随他一道在城乡布置检查建政工作。武威西四十里铺战斗后，马家军调整战术，在集结优势兵力向防守在八坝一线的红三十军猛攻的同时，企图切断永昌、山丹红军之间的联系。永昌境内红军驻地也展开了一堡一寨的激烈争夺战。在节骨眼上，黄部长的工作十分忙碌。他与祁科长、保卫人员，有时多则六七人，少则二三人，奔忙辗转于红军前沿阵地、城乡之间，了解部队的粮食供应情况，布置指导乡村政权组建工作。

这些日子，我陪黄部长、祁科长一行人去八坝，在街道的王家店里召开了一次会议，组建了八坝的村政权和推选了政权委员。又到二坝的蒋家双庄，召集了已经组建起来的村政权成员开会，了解开展工作的情况。又连续到已经建立起村政权的水泉子壕北地主的庄内，召开会议，听取汇报，布置工作。还先后走过已经建立起村政权的新城子一带的梅家寺等地方，了解建政工作情况，部署“搞窖子”，征运粮食物资，号召青年参军，动员社会多方力量支援红军。直到红军作出西进决定之前，我与黄部长等人才回到水磨关。

红军撤离永昌西进的前一天，黄部长做我和父亲的工作，要让我也参加红军，跟他一起走。但因老父年事已高，家中无人照管，黄部长未能勉强。临走的那天下午，在去水磨关的路上，他对我说："今天我们就要走了，以后还会回来的。"他鼓励我要坚持斗争，坚持革命。到水磨关后，我将骑过的那匹马交还给了黄部长。当天晚上，黄部长随同县城突围撤离出来的红军部队向西进发了。红军走后，我们西十里铺的几个委员还在曹家楼。大伙先看到县城北五当山的庙宇起了火，火光冲天，又看到西十里铺一带有几处庄内也出现了火光，水磨关河上的公路木桥也被点燃，割断了敌军紧跟红军的通道，减少了敌人队伍坚守的据点。

随着火光四起，大伙情绪也十分紧张。经过商量，决定离开水磨关各自回家。我沿着北河湾绕道回到家中，天已大明。从县城出来的邻居说，县城里参加红军的人员被马家军抓获的已经杀了三四个，现在还正在搜查抓人。我遂将老父亲和妹妹临时转移安置到张家老庄躲避，带领妻子孩子们逃到黄家泉岳父家中，昼出夜归，一直躲避到第二年的正月十六日仍不敢回家。

我虽躲避，免遭皮肉之苦，但地方上的恶霸豪绅并没有放过对我家人的挖苦和家产的洗劫。云川镇镇长谢青云、副镇长宗敬斋，五龙区区长马百川等人，将我家中粮食、家具抄劫一空。父亲生活无着，这才逼迫我回到家中。父子俩找谢青云讨要粮食，不仅不被理睬，反被谢轰出家门，便去找狄万川想个办法。我到狄的家中，才知道他也在红军走后遭到敌人的搜捕，打伤致残，释放不久，躺在炕上，还不能起身。他听了我的叙述，愤愤不平地说，必须想方设法跟他们斗争。说起谢青云抄家时抄去红军曾给我配备的一支冲锋枪，被他私藏一事，要我诉禀政府。晚上回到家中，我向父亲叙述时，不料被谢派去盯梢的人听去。谢青云连夜赶到县城设好了圈套。第二天我们父子进城时，被哄骗挟持到他家的油坊。县衙门派去的衙役早已做好抓我的准备，用铁绳锁脖子拉到监狱关押了 58 天时间，其间又遭到审讯拷打。直到后来甘肃省来了一个白科长到监狱检查在押人犯案情时，查看了谢青云、宗敬斋、马百川等人的诬陷状，才责令监所限两天之内释放。这一伙狗党怕我不服上告，唆使差役们逼迫我父亲请保释人，具结作保，保证不再上诉，这场冤狱官司方才罢休。

西南隅乡苏维埃政府主席李生荣——

民国二十五年十月五日（农历），红军先头部队进占了永昌县城，立足未稳，就派出男女干部战士分赴各街道和城外附近农村搞宣传，稳定群众情绪，消除老百姓对红军的恐惧心理，调查了解社会政治、经济等方面的情况，着手建立政权。

红西路军总部抵达永昌县城后，指挥部设在南街驴市街的天主教堂内。这条街的各街门都有一两挺机枪警卫。

第四天下午，分布在各街道做群众工作的红军干部，召集了县城内外工、商、农、学各界人士和几名地主豪绅代表近百人，在红军总部所在地的天主教堂召开了会议。

会议开始时，由在座的红西路军总指挥徐向前、军政委员会主席陈昌浩、红五军军长董振堂和总政治部的一位主任等，一一向与会者做了自我介绍并先后讲了话。其中那位右鬓有一紫斑的政治部主任讲话内容多、时间长，他讲道："中国共产党领导的工农红军是抗日的红军，是救国救民的军队。红军渡过黄河，进军河西走廊，为了打通国际路线，接通苏联，取得军事援助，联合起来打日本。"他最后又讲到红西路军要在永昌一带开辟抗日后方，创建根据地，建立人民当家做主的苏维埃政权和推举临时政府主席的问题。

经红军干部提议，成立了苏维埃临时政府，再经众人酝酿协商，一致推举了城南狄家庄的狄万川担任临时主席，负责政府工作。

这次会议后的当天和次日，县城以各隅为单位，召开群众会议，相继成立了四个乡苏维埃政府委员会，同时，民主选举出了各隅乡政府的委员、主席。

我所在的西南隅政府，起初推选了姚继海（姚三麻子，保长）任主席。李生荣、黄应孔、杨栋、陈世诚为委员。姚当了主席，抽大烟陋习未改，对工作不负责任，随即撤换，我继任主席职务。

在县城四隅建立乡苏维埃政府的同时，还组织了青年队、儿童团、妇女会等群众团体。

在妇女团团长王泉媛等女红军干部的组织发动下，动员了二三十名青壮年妇女，开过几次会议，但因后来军事形势的变化，再没有集中起来活动。战事紧张，天气严寒，红军衣着单薄。城内家庭妇女都参与了为红军缝补翻修冬衣，把毛毡裁成条，缝毡鞋、缝皮帽，炒面烙饼，为红军备办行军干粮等工作。

12 月 5 日，在县城召开了苏维埃永昌区政府成立大会，民主选举了政府成员。木匠张仲科被选为政府主席，狄万川被选为副主席，还选出了政府委员十多人。

县城建立政权期间，为了配合建政工作，在红军的召集下，在马家油坊召开了一次群众会议，审判了已拘捕起来的国民党永昌县政府的科长张天佑、李斋庭，区长杜富堂，地痞徐寿山和一个挑拨军民关系、煽动红军开小差的锥鞋匠。

各级政府成立后，中心任务是围绕支援红军而开展工作。

一次，黄部长打发在西南隅工作的那位姓冯的安徽籍干部，把我叫到东街商人尚全兴的“景盛喜”字号内，向我详细询问了西南隅范围内的“天育昌”、“协泰昌”、“兴顺元”和“元泰永”等七八家大中商号的经营和转移资产等情况，经过动员自动缴纳和强行征用，为红军筹集了部分粮食物资。在红军需要蔬菜时，我们动员群众，向红军提供了一部分洋芋、萝卜等，还将筹集起来的小麦、豆禾，在城内油坊的炒锅上炒熟，再运到北海子水磨上磨成炒面，供给了作战和行军的部队。

各隅政府也承担了养护伤员的工作。在西南隅王海龙家的 13 间屋内，仅重伤员就达 100 多名。西南隅乡政府向群众做工作，凑集了煤、柴火为红军伤员取暖。为了使伤员能吃到粮食，我还和另外几名红军人员，到旧政府衙门人耿巨德家中搞出他藏的四五石小麦和一石多面粉，解决了伤员的急用和政府公用。西南隅住的伤员，由于群众的关照，除个别伤势恶化死亡外，其余大部分在红军撤离时随队转移。

农历十一月十五，红军撤离县城西进。马家军进了城，各级政权的成员被抓的抓、杀的杀，搞得家破人亡，妻离子散。我自己当了红军的主席，在地方反动势力反攻倒算时，赔偿过他们的债，又在威逼胁迫下当了县城内的保长达十多年，直至 1949 年永昌解放。

苏维埃永昌区政府粮秣委员刘万祥——

红军到永昌时，我是经营小杂货铺的小商。

农历十月初五，红军先头骑兵部队占领永昌城，次日大部队进城。总部机关很快派出干部战士深入到街道、家庭，宣讲红军纪律、宗旨、任务，张贴布告，刷写标语，安定民心，发动群众，号召各阶层人民联合起来，为抗日作贡献，有人出人，有钱出钱，支援红军。

经过宣传发动、调查了解，召集了群众大会，分别成立了乡苏维埃政府。我所居住的西北隅范围内的群众被召集在马家油坊院，由红军姜科长等两三名干部负责主持召开了会议，成立了西北隅苏维埃乡政府。经姜科长提名和众人举手表决，民主选举了政府委员、主席。会后，给每人发了一枚用红绸做成的、用毛笔黑墨书写着职务姓名的代表证件，各自佩戴在胸前，作为标志，便于在军民之间出入、工作。

我们四人被推选为代表，参加了红军主持下在县衙门召开的苏维埃永昌区政府成立大会。参加这次会议的代表除县城四隅的代表外，还有农村政权的代表，县城内外的群众也参加了大会。会议正式选举了以手工业工人、农民为主体的政府成员。木匠张仲科当选为主席；农民狄万川被选为副主席；无职业的青年王思福选为委员，兼任青年大队长；修鞋匠张德文为委员，负责财政经济；农民冯怀义为委员，分管民政；旧政府粮草班差役曹有德、杜有才为委员，均分管民运；旧政府粮草班差役许教琪为委员，具体分管政府内务；小商刘万祥为委员，具体分管粮秣。这次当选的政府成员和职务分工，书写在一张红纸上，张贴在钟鼓楼南洞的西侧墙壁上，做了公告。

苏维埃永昌区政府办事机构设置在旧政府内。当选的政府成员各负其责，在红军人员的具体指导下进行工作。我是粮秣委员，具体负责红军所需粮食工作。红军用粮问题是当务之急，每个委员的工作虽有分工，但在实际工作中就谁也离不开粮食工作。

起初，县城粮仓还存有一批粮食，因部分散发救济了穷人，粮仓粮食少了。红军人员多、用量大，购买也无法满足需要。乡下的地主老财把囤积的粮食转移埋藏了，红军不得不用强行征用的措施，保证红军的吃粮和群众的救济用粮。我先后多次带县城和沿途农村群众去乡下驮运粮食。第一次是带着群众和组织起来的七八十头毛驴到新城子南湾大地主王大老（即王中文、王朝文）家驮运粮食。第二次是带群众和毛驴队去南泉河滩的田家庄（即地主田有珍、田有泽家），打开了粮仓和夹屋两个，还搞出了一批布匹、皮毛、毛毡、衣物、大烟、白银等，除部分就地分发群众外，其余均运往县城交给总供给部。

第三次是在水磨关梅家寺区，在村苏维埃政权成员和青年队的配合下到王中伦家搞开了粮仓、油坊，发动了县城和水磨关一带的群众将粮油运往县城。这些日子里所组织的人力、畜力、运输队，每天车水马龙，把征集到的粮食物资源源不断运往县城，保证了部队用粮。

红军总部作出撤离县城继续西进的决定，黄部长、姜科长把我们县政府的正副主席、委员召集在一块儿，做了动员安排。黄部长讲，红军部队准备西进，你们愿意随部队走的欢迎，留下来的也要坚持斗争、坚持工作，反复叮咛保守军队秘密。当天夜里，红军全部撤出了县城。

红军撤离时，我没有出城，回到家中天还未亮。城外的敌军陆续拥进城来，军警密布，城门戒严，挨门逐户搜查红军人员、枪械及物品，搜捕各级政权的成员和为红军办过事的群众。我经邻居杨永和通风，准备外逃，但已无法脱身，只得隐蔽在家中的一间套间内。10 时左右，马家军执法队驱赶着人群到西街马府门前，将已捕获的政府委员冯怀义、青年队员李万残杀在一棵杨树下。不一会儿又从人群中拉出了群众徐教杀害。据人说，凶狠的敌人错将徐教当做政府的委员许教琪杀害。

这次搜捕屠杀后，我到乡下躲避了一年之久才免于不幸。几次抓我没有找到，家被抄了，兄弟们都受到了株连迫害。

青年队　儿童团

青年大队副队长韩德禄——

姚继海（姚三麻子，保长）来找我，很含糊地说，有个事要我干。他一直把我领到旧政府衙门二堂上，见到城南狄家庄的狄万川、北街上的青年王思福，还有事后才知道是红军的黄部长等几名红军干部。黄部长给我讲了红军的宗旨、任务，还讲了许多我似懂非懂的革命道理，最后把话题转到要我们发动青年、组织青年队的问题上，并提出让王思福担任大队长，我担任副大队长。我未加犹豫就应承了。过了几天，又叫来县城内的赵玉天，也让他担任了副大队长。

以四隅乡苏维埃政权为单位，把发动起来的青年分编为四个中队。每个中队约60人，全大队共有200余人。

大队长：王思福（苏维埃永昌区政府委员），教导员：胡立清（红军总政治部宣传部干部，原系营教导员，四川籍），副队长：韩德禄、赵玉天、宗正学（继任赵玉天）。

县城的中队长均派红军干部兼任，副队长由地方青年担任。各乡村基层政权也有青年队。每个中队都建立了检查组，每组16人，每人配发一枚书写“纠察队”的红色臂章。主要任务是：维护社会秩序；检查青年队自身的纪律。

青年队的骨干成员配发了枪械、弹药、刀矛。青年队不时集中起来，进行红军军纪、政策教育，搞一些简单的军事训练以及安排布置外出执行任务等。

青年队主要承担的任务是：

一、协助红军侦察敌情。红军人员多操南方口音，易于暴露身份。青年队常常选拔一些精干的青年，深入到敌占领区域，侦察敌军调动、驻防、装备、火力布置等方面的情报。

二、配合红军宣传。红军总政治部宣传部门印刷的传单、标语，分发给青年队，带到乡间散发、张贴。

三、当向导，抬担架。

四、征集粮食，筹集给养。

我带领一部分队员，在红军武装人员的配合下，具体从事了20多天的“搞窖子”工作。先后去过水磨关、南泉、新城子南湾、红山窑“广泰西”等处，搞开了王中伦、田有珍、王海龙、王中文等地主老财的商号和粮仓、夹屋，征集了大批的粮食、布匹、皮毛、毛毡、食盐、大烟、白洋等。除保证供应部队外，还将部分粮食物资散发给群众。

我们一行在南泉田家庄，将田有珍、田有泽的夹屋打开，一女红军发现一只盛满火药的瓷坛，遂将副队长赵玉天叫去察看。她擦着一根火柴，引燃了坛内火药，灼伤了赵玉天的脸部，当即送往县城治疗。赵玉天受伤回城养病，宗正学继任了副大队长职务。打开南湾大地主王中文囤积数千石陈粮的粮仓，县城内外群众和一百二十三十条毛驴组成的运输队，人背畜驮，日夜运送了27天半时间，粮食未及运完，红军就撤离了。

红军注意做儿童、妇女的工作。组织了15岁以下的二三十名少年儿童参加儿童团，一个姓田的小青年出任团长。学军训、学军乐、学唱红军歌曲。我记得是由红军军乐队派人组织教练。

妇女工作是由红军的妇女团长王泉媛等干部具体负责抓，发动了二三十名妇女，建立了妇女会。

红军从12月27日夜开始分三批突围。我们青年队的部分人员和红军妇女团的大部由红军教导员魏成发做动员并带队，于28日深夜最后突围。

部队突围时，我与赵六娃和另一青年与部队失去联系，从此离开了部队，却有家不能归。传来消息说，苏维埃政权成员、青年队员和为红军办过事的群众均为搜捕重点，县城已经杀了好几个人。我只身在外躲避了四个多月，但最终还是没有逃脱反动势力的监督和仇视。1937年5月，刚回到家就被抓了壮丁，在马步青骑五军当兵直到1949年9月。

参加红军的永昌青年，也因红军作战失利，有的牺牲，有的失散回来。失散回来的大部分青年同样受到地方反动派的摧残和迫害，有的被杀害，有的被拷打致残，有的被抓了壮丁，有的被抄了家。

部队突围前，发生了这样一件事。红军到永昌不久，拘捕了国民党永昌县政府的科长张天佑（群众称张老夫子）、警察局警长王澍民、区长杜富堂和县城西街上的徐寿山等，红军撤离时被押解到南泉刘家北庄，在准备再次突围前被红军秘密处死，埋在粪堆中。青年大队二中队的放哨人员踩出，便向黄部长做了汇报。黄经调查，证实了死者确系曾关押的张天佑等人。此事属九军某营所为，黄认为这样处理欠妥，但因形势紧急未及追究。

青年队员、司务长狄兴泰——

我起初是青年队队员，西安事变发生前夕，又从青年队调到苏维埃政府机关搞司务长工作。

我家住在城南狄家庄，家中曾有土地300余亩，车辆耕畜俱全，房产可观，是个中等好户。1929年3月，马仲英在永昌大屠杀，我家的牲畜、粮食等被掠走。春种时既无种子又缺口粮，就借了地主老财周之甲（当时商会会长）的小麦五石，算计当年秋天可以偿还。不料连续两年庄稼歉收，利息成倍增长，债台高筑，不得不典出部分土地偿还债务。这样还不能满足周家企图全部霸占我家房产和土地的欲望，从此两家发生债务纠葛。县官府与周之甲串通一气，我们诉讼无门。我与父亲狄万川就拉了周家的一头骡子为脚力准备去兰州告状，打这场官司。周发觉后派人把我拦截回家，父亲挨了县官府200大板后又被投入监牢，关押了三个多月。从此家境破落、穷困潦倒。

这场官司之后，父亲对受剥削受压迫的老百姓有了同情心。他常用自己的一点文化，替城乡诉讼群众书写禀状，群众有了难解的惆怅也乐于找他。由于红军干部的提议和群众的推举，父亲狄万川当上了苏维埃永昌县临时政府主席。

我参加青年队以后，与政治部的宣传队一起，在县城内各街道的墙壁上刷写宣传红军、宣传共产党、宣传各族人民联合起来共同抗日的口号标语，也张贴过类似内容的传单。我清楚地记得在旧政府门内的大照壁上，红军宣传人员刷写了刚劲有力的“联俄联共，抗日救国”八个大字。第二天黄部长看后，又让我们把“俄”字刮掉，改写为“苏”字。

苏维埃临时政府成立后，加快了城乡基层政权组建工作的步伐。在做地方工作的红军指战员的积极努力下，县城四隅于11月23日同时建立了四个乡苏维埃政府，农村的基层政权也相继建立起来。各基层政权在选举领导机构组成人员的同时，也推选了出席苏维埃永昌区政府成立大会的代表。

12月5日，在永昌县城召开了苏维埃永昌区政府成立大会。除各基层政权代表外，县城内的市民、城郊农村的群众也参加了大会。尽管寒冬腊月，到处一片冰天雪地，但会议却异常热烈欢快。

会场搭设在旧政府衙门大堂口。台前上方挂着“中华苏维埃永昌区政府成立大会”的红布白字横幅，台前放一张桌子，台后摆一条凳子。西路军总指挥徐向前、总政委陈昌浩、政治部主任李卓然以及供给部的部长，负责民运和地方建政工作的许多军队干部在座。台下，各基层政权推选的代表，胸前佩戴着用红绸做成的代表证列队在前，青年队员排列在代表后面。近千名群众和红军部队把整个会场挤得满满的。

黄部长主持议程，宣布会议开始。红军军乐队演奏了军乐，增添了人民当家做主的庄严气氛。

总指挥徐向前、政治部主任李卓然等领导同志做了长时间激动人心的讲话。军政委员会主席、总政委陈昌浩同志宣布了中华苏维埃永昌区政府的成立。张仲科代表政府和人民群众也讲了话。

会议根据红军干部提出的候选名单，由代表和群众举手表决选出了以手工业工人、农民为主体的 13 名委员组成的政府委员会（其中军队委员四人）。木匠张仲科当选为政府主席，狄万川调选为副主席，王思福、张德文、冯怀义、刘万祥、许教琪等任委员。

当天晚上部队文工团还为群众演出文艺节目。

政府的中心工作是发动群众，集中全部精力支援红军。青年大队是政府的一支骨干力量。

12 月下旬，敌机每天空袭侦察、轰炸、投撒传单。县城南街神武庙、县苏维埃政府、红军总部驻地的天主教堂等处，先后数次遭到敌机的轰炸和炮击。政府配合红军人员向市民进行防空隐蔽教育，采取白天不冒炊烟、夜间不露灯光、市民不得随便在街头走动等防空措施。城防吃紧时，政府还发动市民拿出家具、木料，增修城墙工事，配合守城战斗。政府还号召、动员群众及工商各界，捐献铜、铁、硫黄、盐硝、木炭等，为修理枪械，研配火药，锻打长矛、大刀，制造子弹、手雷提供了大量的原料。

红军撤离后，各级政府的成员遭到敌人的搜捕、迫害和屠杀。青年队员、曾为红军办过事的群众也未能幸免。政府主席张仲科、委员王思福等人，被恶霸地主王成业父子抓获后绑架到马家军祁明山旅，遭受酷刑后又转移到武威骑五师师部杀害。政府委员冯怀义，青年队员李万、徐教在敌人闯进城后的当天也被砍杀在县城西街。李二虎等一部分青年队员被抓获后，同参加红军失散回来的青年一起被以“通共”、“参加红军”论罪，遭受了各种刑罚，又被充当壮丁送到马家军当了兵。我父亲狄万川、委员张德文，被捕后押在监牢，砸碎了踝骨，后经多方营救，保释就医，终身残废。张德文出狱后，郁愤成疾，不久死去。

青年队员高吉录——

红军刚到永昌，我们城南附近农村十六七岁的小青年们，出于好奇心，结伙到县城看热闹。看到城内城外驻守的红军，有的搞城防布置，构筑碉堡，城墙上修垛口，街道街壁上掏窟窿，还在街道上挖掘交通壕；有的在县城内外、街头巷尾、群众家庭出出进进调查情况，传人开会，宣传演讲；有的在刷写标语，张贴布告，散发传单。我们熟悉的狄万川当上了永昌县政府的主席，他也整天帮助红军找人、办事，脚不停顿地奔波。

有一天，王浩义、李德禄、鲁娘娘保和我，四人进入县城，在街道碰上狄万川。他把我们喊在一边说："娃娃们，红军是我们穷人自已的队伍，是专为穷人办事情的。红军要组织青年队，你们发动联络些青年人参加。参加青年队，一者可以为红军办事，二者可有个吃饭的路数。"我们亲眼见到红军对穷人热情和气，为穷人办事，听说让我们参加青年队，既能帮红军做事，还能找到吃饭的路子，真是喜出望外。我们当天就联络了中庄子的李兴元、涝池庄的任有年、城南黄家学的哈某某和一个姓王的等，共十个穷苦青年找到狄万川。他领我们到县政府旧衙门参加了青年队。我们这十个人被编为一个班，班长由王浩义担任。

我们班第一次任务是，配合供给部的红军为政治部的军马购买运送饲草饲料。从此，和供给部的红军人员吃住在一起。红军对我们的生活关怀周到，我们浑身也有使不完的劲儿。谁的家中有草料，底细我们最清楚。我们带领红军到县城周围有粮草的人家去购买，绝大部分时间都满载而归。买的草料，人背、驴驮、车拉运进城来。那时，与其说是买，还不如说是交换。红军的管理人员每天出去时，携带一部分整块的四川大烟，还携带一把匕首和步枪刺刀，用于别戳大烟用。根据对方提供草料、豆禾的多寡，从整块大烟上别下一块偿付给群众。红军始终坚持公平买卖。

当时，一般穷苦人家草料少，我们的眼睛盯住了一些大、中、小地主及富户人家。县城附近的地主周二鬼（即周之甲）、梁开、刘兴业（尕老）、孙汉州、刘镇长（云川镇镇长）等几十户地主家购买的较多。

我们从供给部回到青年队以后，城外军事形势发生了变化。马家队伍一批批拥到县城附近，包围攻打红军。东十里铺、教场山、东水泉一线，敌人摆下阵势与红军激烈争夺阵地，飞机大炮不时轰炸炮击县城。

我们又领受了一项新的任务。一天，黄部长把我们集合到东街一座车马店里布置任务，说："你们可以装扮一下，以玩耍、拾粪或者讨饭为掩护，潜入马家军所在地，侦察敌人调动、驻守、兵力、装备、炮兵阵地火力等方面的情况。”我们这一班人按照黄部长的吩咐，分别以拾粪、玩耍、讨饭为由分散活动。我们先后去过东十里铺的沈家庄、杨家天桥庄、东水泉、北海子的杜家庄子马家军驻地，侦察马家军驻守情况、兵力装备、教场山敌人炮兵阵地上小钢炮的情况。数日内早出晚归，将侦察的情况向黄部长和其他红军干部一一作出报告。

东十里铺、武家油坊等处是红军英勇阻击进攻之敌，和敌人反复争夺的阵地。战斗持续了近20天时间，红军伤亡较严重。战斗最激烈的时候，区政府主席张仲科、副主席狄万川、青年大队长王思福调派青年队员，组织城内群众，组成担架队，多次赶赴战场救护抬运伤员，把重伤员抬往县城文庙的红军医院进行抢救、包扎。东关武家油坊争夺战中负伤的红军伤员，被抬到东街潘家皮坊附近居民家庭养护。

许多青年队员的家属也为支援红军做过不少事。我父亲为红军连续宰羊剥皮一个月，哥哥高吉荣接受红军安排，用地主梁开的一头骡子、一头毛驴和征收来的一批糜子碾米一个月。一天，我还在县城东街碰到他和另外几个受红军委派进城的青年，到红军兵工厂背过兵工厂锻打的长矛，交给了驻守在城南王廷俊庄内的红军。

红军撤离时，经过动员，我们这个班十人在供给部参加红军。夜里，我们出西城门，经过中庄子直达南泉，在陈家南庄住了一天，又在夜间开始行军，到新城子南湾地主王大老的庄内驻守了三天。翌日早晨，来了一股马家军骑兵，企图包围攻打红军。庄内的红军登上庄墙，利用垛口监视敌人。我们几个人被安排到一个角墩上坚守。凶恶的马家军发起几次进攻，想攀梯登上墙，都被红军反击下去。敌人攻不开庄子，又爬到附近一棵杨树上向庄墙顶部射击，也被红军一个个打了下去。

部队经山丹到达张掖西的一个地方，遇到敌人，发生战斗。我与李兴元、任有年、哈某某在战斗中掉队失散，离开我们同班的王浩义等六人，走了回头路。

父母兄弟见我回来，都为我的安全捏着一把汗。晚上，为我炒麦子磨点炒面，准备连夜让我外逃躲避。不料恶霸地主周二鬼（周之甲）携带儿子周三和刘尕老、甲长王廷俊一伙将我抓获拷打，陷害说我把他的一匹马拉给了红军。其实，红军刚来时，周二鬼的五子周兴昌骑着一匹马准备躲藏，到东十里铺时遇飞机投弹轰炸，惊跑的马被红军拉走。我被毒打了一顿后，又被五花大绑赶到他家中悬吊在廊梁上继续拷打。半夜，这伙强盗勒紧了绳子准备回去休息，指派给他们做活的长工官兴贵看守。快到拂晓，官拿来一把菜刀砍断绳子，帮我逃了出来。周二鬼一伙发现我逃走了，又追了来。我哥急忙帮我越墙逃出，黑夜中摸到胡家坟的地沟里隐蔽。数九严寒，冻了一夜的手脚如揪心似的疼痛难忍。双手夹在两腋，用体温暖和也无济于事。我哥背一捆柴草找到了我，叙述了这些家伙又在家里搜查。他点火让我烤，从火光中发现两手皮肤开始脱落，随即撕下衣襟包裹了一下，去到七坝叔父家躲避，治疗冻伤。几个月的治疗，冻伤虽有所好转，右手手指全部脱落残废。我后来回到家中，冻伤未愈，拖着脓血的双手又被指派充当壮丁受训，不久被编入马步青的部队。1939年春，我从马家军中逃回。地方保政反动势力视我为眼中钉，随时想置我于死地。我乘这伙恶霸正在打我的主意时，只身外逃到天祝茶树沟谋生。

张培荣——

县城四隅发动起来的数十名十五六岁的儿童，参加了儿童团。仅我们居住的东南隅街道上参加儿童团的小青年及儿童们就有萧湘祖、陈登云、萧绍祖、杜元娃、王保保、王加庭、刘锁娃、官生娃等十多名。

儿童团是在红军的儿童团组织及其政治部的青年部门具体领导下进行活动的。活动的主要内容是队列操练训练，学唱红军歌曲，教学秧歌动作，教学军乐队的军乐，如击打军鼓、学吹军号、管乐，也参加过县城内的街头政治宣传。

红军剧团在街头、东会馆戏台上为群众演出文艺节目，向市民演讲。宣传部队在街道墙壁上用红土、白泥、黑灰刷写“工农抗日红军是救国救民的军队”、“停止内战一致抗日”、“活捉卖国贼蒋介石”、“中国人不打中国人，联合起来打日本”等大字标语。

那时，天气严寒，滴水成冰。刷写墙头标语时，刷子被冻得硬邦邦。用胡麻草、油草扎成火把，一面烤手，一面烤化冻硬的刷子再继续写字。西安事变发生后，红军的政治宣传工作再一次进入高潮。红军驻守的各地方，军民集合搞联欢庆祝活动。各部队还抽调政工人员组织群众集会，组织文艺工作队，组织秧歌队。有快板说唱，有活捉蒋介石消灭日本鬼子的活报剧等。这个活报剧是由红军战士扮饰张学良、杨虎城二位爱国将领活捉蒋介石。剧中有不抵抗日军入侵的蒋介石头戴高帽和抓获的日本侵略者投降的情节等，很吸引观众，惹得群众哄堂大笑。

儿童团吃饭也跟红军在一起。每餐前，站成队列，排在红军队列前面，必须要唱歌。我们至今熟记的饭前歌词是：

这些饮食是人民供给，
我们应该为民努力，
帝国主义国民之敌，
救国救民吾辈天职。

皮活、毡鞋、磨面

皮匠杨德成——

我家原在永昌县城东街靠近东城墙的榆树街门。

1936年农历十月初五。中午，从东城门进来几个陌生的外地人，侦察打听县城内国民党的军队、民团、政府人员以及官吏们的逃跑情况后很快离去。当时，人们未加注意。下午，人们传说很久的红军队伍忽然来了。数百名城内外的群众自发集结于东门外武家油坊、财神楼，跪的站的，迎接、围观红军进城。红军骑兵见到道路两旁的人们，立即下马，扶起群众。人们对红军的第一个深刻印象就是待人热情和蔼、军容整齐、军纪严明，其次是衣着单薄破烂。

红军进城以后，当晚大部分宿营在车马店、油坊、庙宇等公共场所。第二天陆续到来的部队人多势众，县城内外各家各户住得满满的。住在群众家里的红军指战员总是让老百姓睡在炕上，他们挤住地铺。老百姓第一次看到了红军是一支好军队。

红军雇请了县城七八家皮坊的皮匠为红军做皮活。我的父亲杨瑞和我等十余人被雇请，集中到我家拾掇摊子做活。盛器不够，我们在红军的带领下到乔家油坊抬来了七八个盛油用的大木桶，连同我家原有的四只木桶用来泡羊皮。

皮张缺乏，红军向县城内外各店铺和地方群众购买，后来也有从乡村地主家征集的。绝大部分是赶来地主老财的羊群宰杀后，羊皮剥下送给我们加工，羊肉供给部队食用。

我们这一处的主要任务是承担泡、熟、铲几道工序。生皮加工为半成品后，再移交到设在仓门十字处张维高院内的供给部的缝纫工厂，由红军工人承担缝纫。我们这些工匠日日夜夜熟皮，连续干了一个多月时间。仅我家一处，共加工半成品羊皮2000余张。当还有二三百张羊皮的时候，红军开始撤离县城西进。红军走后，马步青部祁明山旅进城。有人告发，说我父窝藏了红军的羊皮，遂将父亲抓到“复成功”店铺，悬梁吊打，羊皮也被抄走。因以前与商会会长王瑜（字子敬）有点私交，多年来我父给王家店铺做皮活，经王斡旋向敌人说情，方才获释。

羊倌毛长林——

1936年，我们兄弟俩从毛卜喇来到红庙墩谋生。哥哥毛培荣凭娴熟的皮

红三十军指挥部在永昌四十里铺的驻地——魁星阁

匠手艺走家串户做皮活。我先在南泉地主陈世堂家放羊，后来又去水磨关的地主王中伦家放羊扛活，糊口养家。

红军的宣传吸引了我，从此摔掉了地主的放羊鞭，在水磨关上参加了正在组建的村政权及青年队的工作。

隆冬的河西走廊，天寒地冻，然而绝大部分红军指战员穿着单衣。红军总供给部为了尽快使部队每人能穿上一件御寒的皮衣或背心，准备雇请一批皮匠，协助红军缝纫工厂完成这一艰巨任务。水磨关村政权领受任务后，成员们到各村各庄雇请工匠 20 多人，其中我哥毛培荣也受雇请，全部集中到水磨关王家东新庄红军缝纫工厂做工，夜以继日熟皮、裁剪、缝纫。人手还不能满足需要，我也受抽调。我哥还从家中叫去了嫂子当帮手，还有其他几名家在附近的工匠也从家中喊来家属帮忙。为了尽快完成任务，又动员了水磨关一带许多家庭妇女帮助缝羊皮帽。这批工匠人员每天可做成长短皮衣、背心五六十件，皮帽 40 多顶。月余时间缝皮衣、背心 2000 多件，皮帽 1000 余顶。尽管活苦累一些，但总算解决了一部分红军的御寒冬装。每当一批皮衣做成后，领发的红军人员都说些感谢的话，我们每个人内心有着说不尽的喜悦和高兴。

我们这些工匠每天和红军人员吃在一起，受到红军的关怀和照顾。每过几天，供给部的负责干部带领工匠和帮手们，去到地主王中伦的粮仓里背粮食，作为为红军出力的报酬。

缝制皮衣需要羊皮，来源有两条途径：一是向群众购买；二是发动群众进山赶来地主老财的羊，这是羊皮的主要来源。仅我所了解，在水磨关范围内，群众配合红军人员赶来地主放牧在山中的羊约两三千只。不仅筹集了大批羊皮，还为永昌境内的部队提供了肉食。红军了解到我曾给地主放过羊，要我带领去赶羊。我痛快地接受了任务，先后两次进山赶羊。第一次由两名红军武装保卫人员掩护，和其他两名群众一起到地主陈世堂在五沟山中放牧的羊群里挑选了膘肥个大的羯羊 200 只，在水磨关宰杀了。第二次又到地主王中伦在南山的羊圈里赶来 250 只，150 只送往县城，100 只留在水磨关。我参军失散回来，遭到审讯拷打，地主王中伦逼我招供带红军赶了他的羊。

我们做皮活时，还见到红军供给部兵工厂雇请了地方铸、锻、铁工 20 多人，集中在王家西新庄、陈家铺院等处，协助红军工人锻打三棱长矛和马刀，铸造马尾手榴弹壳。当时金属材料缺乏，村政权配合红军人员到群众家中搜集废铜烂铁。群众也主动向红军捐助了不少生铁、熟铁、制钱等金属及一部分火药原料。

红军撤离西进时，经供给部的一位干部动员，水磨关、红庙墩的六七名青年一同参加红军，也随队伍西征了。部队经山丹霍城，到达民乐永固的时候与马家军遭遇，后续部队被冲散。我和一个红军战士与部队失去联系，回到家中。

因我们兄弟曾为红军做事，我又带领红军赶了地主的羊，引起了地方反动势力的仇视。我刚回到家中，保甲长便将我们兄弟俩及红庙墩的王发信等17人捆绑，送到县城监狱关押。我哥沾染有吸食大烟恶习，半路上烟瘾发作，被保长推入冰河中算是了事。我们其余人被关押了18天，遭到审讯拷打。1937年春节刚过，我又被抓了壮丁送到祁明山旅当兵，与被俘到该旅的红军人员共同修甘新公路。抗战爆发后，祁旅调到陕西，因水土不服士兵死亡严重。我听到当年的红军改编为八路军，驻在陕北，顿生再参加念头。于是串联了两个同乡逃跑到三原县，不幸又被国民党的一股骑兵截获。不久再次逃跑，几经周折直到1939年，穿过了敌人的封锁线，到达陕甘宁边区的富县参加了八路军，实现了参加红军的夙愿。

店员张学仁——

西路军到永昌时，我和王有福在王瑜的“复成功”商号里当店员。商号经营日用杂货，王瑜本人是当时商会的会长。

有位刘科长住在国民党县党部里，常来“复成功”店铺。我们经常早晚送洗脸水、送开水，还干些零星杂务活，逐渐熟悉了。

刘科长熟悉了“复成功”的情况，知道店铺里有收来的秋羊毛。他说：“奉首长之命，你们的羊毛拿出来，给首长们赶制毡靴！”我们给王瑜转告之后，王瑜找来了四五个毡匠，把收下的800斤秋羊毛拿出来，就在店铺院内设摊赶制。不到一个月时间，制成600双毡靴，交给了刘科长。那年冬天十分寒冷，地皮冻得都裂开了口。刘科长接收这部分毡靴时，说了不少的感激话。

部队离开永昌的前三天，刘科长对我说：“你们有啥事，赶快告诉我，不然我们走了就不好办了！”当时我们再没有什么事，只是红军刚来永昌时，把“复成功”商号的一部分账簿收到县党部刘科长的住处放着，我们当即提出要这些账簿。刘科长说：“你们的账，你们认得，到我住的那里找去!”我和王有福到县党部的一间屋子里如数找回了账簿。

毡匠王开德——

红军到南泉田家庄驻守。红军一位姓朱的团长，把我找去为红军做毡鞋。这时，只有我们兄弟三个匠人。在田家庄做了几天，这个团要到县城，我们也随部队进城，住在钟家大院。这个团的活干完后，团长把我们移交给了红军总供给部继续干活。这时供给部的部分人员要出城，我们又跟着出了城，住在西十里铺的谢家西庄，又支起摊子继续干。这时又增加了张朝山、杨二毡匠和一个姓冉的天水匠人，我们称他冉秦州。

我们这帮匠人不仅赶制毡鞋，还养护在东十里铺战斗中大腿负伤的一名红军排长。他抬入县城后，我用一块帐篷布给他盖。我们出城时，把他抬到城外，继续养护。

在谢家西庄干了几天，部队转移到水磨关，我们继续跟上转移。我们把摊子铺在水磨关的王家西新庄内的铺院。这时，我哥王开仁、弟王开贵家中有事走了，只剩杨二、张朝山、冉秦州和我四人继续干。红军行军，毡鞋用量大，因此我们的任务越来越重，没日没夜地干。初期每天可做20双到23双左右。为了减少红军双脚冻伤，黄部长动员我们再鼓点劲，加把油，到后期我们每天可达到30双左右。自十月初到十一月中旬，我们为红军赶制的毡鞋至少有千双。在水磨关住了七八天，南沿沟滩发生了战斗，战斗后继续西进，到新城子的徐家庄住了一夜又连续行军出了永昌县城。

我们四人参军跟着红军西进了，经大马营，直抵民乐永固。我因连续做活劳累过度，体力不支，尤其水土不服，腹泻不止，加上几天的行军，就把身体搞垮了，病倒在途中。我在一个群众家休息了几天，沿途乞讨，腊月中旬回到家中。杨二也失散回来，听说张朝山后来也失散回来，但至今未见过面，冉秦州不知下落。

为红军磨面的王德义——

狄万川来到我家，让我负责东水泉、北海子42盘水磨的人员安排、原粮调运、面粉送交等具体事务。我因为熟悉水磨行道的路子，没有任何推辞，便接受了任务。我又随同狄万川用一天多一点的时间跑遍了所有的水磨，动员了一部分群众，逐磨落实了人员。有的是原先就为磨主管磨的，有的是重新选配的。

红军供给部门为了防备敌人袭击抢粮，保障磨面群众的生命安全，在各个水磨上派出了一至二人的红军武装人员，既帮忙磨面，又轮流担负警戒保卫。

初期，原粮大都从县城粮仓调来，也有一少部分是从群众家购买的。过了不久，县城内粮仓的粮食剩余不多，从群众手中购买的数量也逐渐减少。为了缓和部队吃粮困难，红军开始用征办性措施，强行没收地主老财和资本家囤积、埋藏的粮食，筹集部队给养。一批批粮食源源不断地从县城或农村运到水磨。水磨夜以继日转动不停。

我以水磨调粮的角色，也曾参加过几次在县城和农村“搞窖子”的活动。首次是在县城东街的谢家油坊，红军征收出的少量原粮当场在油坊炒锅内炒熟后，由我负责调到水磨上磨成炒面。搞出的十几桶约8000斤左右的清油，由供给部出面配给各部队食用。第二次是到东十里铺的地主、国民党的区长高增家中，搞出了50余石约合2万余斤小麦、豆禾，人背畜驮转运三天，全部送交到水磨上加工。第三次是到水磨关的地主王中伦家中。王中伦在城乡有几处庄园，仅水磨关一处囤积粮食200多石。我们这次征收了90多石，约合3万余斤，也运送到水磨上加工。

天气严寒，尤其到夜间，冻冰堵塞，水磨常常停顿。磨面人员夜间要多次破冰导淤，保持水磨转动，日复一日不停地为红军磨面。一个月时间，至少为红军提供面粉100万斤左右，基本保证县城内外红军人员的面粉问题。

红三十军战斗过的永昌柴家庄

磨面期间，供给部的领导干部和搞地方工作的黄部长不仅经常了解水磨的运转情况，而且也时时关心磨面人员的家庭和生活方面的问题，有时还向家中送去粮食。我为红军忙碌磨面，家中老母还每天为红军缝鞋袜。红军干部了解到我的家庭生活很困难，打发部队的一名红军人员用毛驴送去了八斗粮食。我知道后十分感激红军对我们穷人的关怀，也更激发了为红军多做一点工作的积极性。

负责磨面，送交面粉，逐渐熟悉了黄部长。他对我的工作也很感满意，有时还表扬几句。我年轻好强，只想用卖力工作来报偿。有一天当我到盐店巷任家院的供给部交完面粉后，碰到了黄部长。黄部长边鼓励我，边风趣地开玩笑说："小伙子哟，你要好好干哟。干好了，将来我的这个部长就让给你来干哟!"我说："黄部长，你也真会开玩笑，你这千军万马的部长，我把吃了奶的力气拿出来也当不了。我没有你那么大的本事，也不敢当。你硬叫我当，当上了我也干不了呀!"惹得在场的人哄堂大笑。

我一直在水磨上坚守到农历十一月初十左右。敌人重兵开始围攻县城，首先激烈争夺城东十里铺。东门外武家油坊、东水泉高地和北教场山、北海子一线，战斗十分激烈。后来北海子、东水泉一线红军失守，水磨关遂被敌占领，未及运走的一批面粉和原粮亦被敌军抢去。为防备红军再组织力量争夺水磨，心狠手辣的敌军将东水泉、北海子的所有水磨拆卸破坏。守城红军吃不到面粉，只能煮吃囫囵麦豆。

红军撤离时，我们五名青年受红军动员，志愿参加了红军。苗生娃，他父亲也给红军磨面，他在青年队；马宝宝，家中只有母子二人，他参军牺牲后，其母后来改嫁了；李宝宝，家中只有哥嫂；还有张永海和我共五人。

夜间，我们跟随红军出城行军到水磨关以上的三条沟后，遭到敌军的伏击，折回到水磨关。十四日又发生了南沿沟战斗，战斗中，苗生娃、马宝宝、李宝宝三人牺牲了。我与张永海离开部队，几天后回到家中。

红军走后，敌人拥进县城，抢劫掠夺，惨无人道地搜捕杀害红军人员和苏维埃政权成员，以及曾为红军办事的群众。红军给我送的八斗粮食也被抢走，我几经躲避才免遭不幸。

红军在永昌散发粮食，救济贫困，给群众留下了深刻的印象。群众为寄托对红军的思念和盼望红军归来，还编了顺口溜：

分给的粮食吃完了，
红军怎么不来了……

第六章

鏖战永凉

战幕在永凉一线伸展

河西走廊，在它伤痕累累的怀抱里，深镌下西路军的历史足迹。随着西路军西进永昌、凉州一线，建立永凉根据地，战火的帷幕也在永凉一线伸展。凉州西四十里铺到山丹，三百里的走廊平川变成了厮杀的战场。

西路军指战员处在孤军外线作战地位，为完成中央和军委赋予的战斗任务，冒白刃，餐风雪，慷慨悲歌，视死如归，表现了红军的伟大气概和高度组织纪律性。

初升的太阳仿佛给经过夜行军，已经冻馁不堪的红军战士注入了新的活力。他们穿着褴褛单薄的军衣，挺起瘦骨嶙峋的胸脯，咬着牙加快了行军步伐。时而有一两匹战马，扬鬃腾蹄，从行进的队伍后面跑过来，向前疾驰而去。队伍里很少有人说话，只有兵器轻微的撞击声，吧嗒吧嗒的脚步声，嘚嘚沓沓的马蹄声，好似在奏着低沉的进行曲。

这是由永昌东返接应红九军的红三十军八十八师。走到凉州西四十里铺，队伍分成两路。师长熊厚发带二六八团向东南急行接应九军，政委郑维山带二六三团和二六五团进抵四十里铺，策应二六八团。他们刚到四十里铺，就截获敌人两辆运送物资的卡车，得到食物，解了燃眉之急。

四十里铺是东西长、南北窄的长方形大围子，大围子里还套着三个小围子。郑维山部署擅长防守的二六三团固守围子，将二六五团置于外围占据有利地形，准备反击。

郑维山，湖北省麻城市乘马岗区（今河南新县）人。命运将穷困中的他投进了红军队伍，投进了革命怀抱，黄麻起义后加入童子团，任分队长，任赤卫队指导员，1930 年入党，6 月带领 70 余名赤卫队员编入红军。他 15 岁离开亲人，奔赴沙场，听惯了震耳欲聋的枪炮声，看惯了疯狂喷火的射击孔。

许多红军都是过一次雪山一次草地，即便是红四方面军的指战员，大多也是过两次雪山三次草地，而郑维山却过了三次雪山三次草地。1935 年 6 月，红三十军政委李先念到达汶川，对八十八师师长熊厚发和政委郑维山说："中央红军已在泸定桥突破天险，渡过大渡河，正向我们这里前进。我来是带你们师两个团和红九军二十五师、二十七师一部，西渡岷江，经过懋功，迎接党中央和中央红军。"就这样，师长熊厚发率二六三团与红三十一军一起，在理番地区与国民党军鏖战；政委郑维山则率二六五团、二六八团由汶川继续西进，迎接中央红军。从汶川到懋功，行程 160 多公里，中间崇山峻岭，其中有一座叫红桥山的大雪山。开始爬山时，万里无云，骄阳似火，人人挥汗如雨；爬到半山腰时，突然狂风大作，山谷涌出乌云；顷刻之间，瓢泼大雨夹着冰雹，劈头盖脸砸下来，大家用斗笠盖住头；将近登上山顶，大雨又变成了纷纷扬扬的鹅毛大雪，铺天盖地飘落下来。李先念对郑维山说，要鼓舞一下士气。郑维山让二六八团团长熊德臣组织几名宣传员，站在雪地里，告诉大家："翻过雪山就见到中央红军了！"部队继续向山顶前进，前面传来了欢呼声："出太阳了，出太阳

郑维山

了!”下山时，郑维山率领指战员们迎着刺眼的雪光，“滑雪”而下。许多人得了雪盲，一时间什么也看不见了。

红四方面军三十军八十八师二六五团、二六八团和中央红军先头部队红一军团二师四团在夹金山、红桥山两山交会的谷口会师了。红八十八师和中央红军先头部队在懋功城举行联欢会。郑维山奉李先念指示出席联欢会，并代表红四方面军致欢迎词。

西路军组建时，郑维山21岁，正是风华正茂、血气方刚的年龄。

郑维山部署好部队，连续几天没有好好休息的他走进土屋，打了一个盹。他把脑袋往桌子上一趴，睡着了，肩头向左偏离，重心不稳，摔倒在地。令人惊讶的是，他居然没有醒，反而舒展双臂，越睡越酣。好梦不长，一位参谋从外面进来，立刻把他喊醒了:“政委，远处出现马队!”

郑维山登上高处，只见远处平滩上空笼罩着一片灰蒙蒙的尘土，尘土后面出现了马家骑兵。敌人的散兵线快一阵慢一阵地往这边移动，紧紧地形成了包围圈。

炮弹的震响撕碎了四周的冷寂。炮击的烟雾还未消散，马家兵就手执大刀，狂喊大叫冲上来了，像潮水一样，一个浪头被打退后，另一个浪头又卷了上来。冲到跟前的，或往里甩手榴弹，或扒住围墙往里爬。每一座房屋、每一处墙垣、每一寸土地都是争夺的目标。

许多红军倒下了，但是，空着的枪眼位上立即有人占据，沉默片刻的枪口又吐出火焰。有些性情急躁的战士看看身边倒下的战友，干脆跳上屋顶，狂呼怒吼，将愤怒的子弹射向敌群。二六五团一个连，守在一座院墙内，围墙和工事全被大炮摧毁，房子起火。派出的增援分队大部伤亡，难以接近。该连在弹尽援绝的情况下，全部壮烈牺牲。敌人冲进大围子，二六三团防守的三个小围子被攻破两个，处境危急。

郑维山组织二六五团由铺内两侧迂回，反包围攻入之敌，又遭到敌人掩护部队纵深火力杀伤，连以上干部牺牲十几人。透过硝烟和尘土，郑维山望见敌人挥舞着明晃晃的马刀，端着长枪，号叫着蜂拥而上。

“狗娘养的!”他传令不轻易使用的手枪队，“上!”并严厉地说:“冲不上去，一个不要回来；冲上去，一个不要留!”

红八十八师手枪队100余人，每人一把大刀，一支驳壳枪，呼啦扑了上去，冲入铺内，刀枪并用，协同二六三团和二六五团与敌短兵相接。

“共产党员跟我上!”二六五团政委黄英祥透过子弹的啸叫，大喊一声。这声音，铮铮撞击着指战员的心。随着这一声便有许多人迎着弹雨冲上去。冲在最前面的是团长邹丰明、政委黄英祥。

一股巨浪般的力量冲向敌群，大刀砍，刺刀捅，枪托击……一场恶战，敌人死伤一片，突入围子的1000多敌人全部被歼，其中被大刀砍死的就有700多。

渺渺兮黄天黄地，展示了红军将士豪风一般威风凛凛的人生。

为四十里铺一仗，郑维山与军政治部主任李天焕发生了争论，吵得很凶。李先念得知后，及时作了处理。郑维山回忆说：“军政治部主任李天焕说我下令杀俘虏，违反了党的政策，我再三解释，他都听不进去。我冲动起来，把事情搞得很僵。李先念政委知道后，首先进行了调查，然后找我们俩谈话。他既批评李天焕调查研究不够，草率下结论，又指出我急躁冲动的缺点。他说：你郑维山虽然没有直接下令杀俘虏，但你告诉手枪队‘上去一个不留’，这句话是不对的。一个指挥员任何时候必须冷静，不仅要有坚决执行上级指示命令，严格遵守纪律的决心，而且要把这种决心以准确的语言传达给部队，否则，就会出乱子，就可能事与愿违。几句话不仅说得我口服心服，而且促进了我与李天焕同志的团结。”

11月23日，徐向前、陈昌浩将四十里铺作战情况电报中革军委及毛、周、朱、张：“敌昨以五个团四面猛犯我四十里铺阵地，血战两日，均未逞。”

当日（11月23日），洛甫、泽东致电徐、陈：“你们作战方法应改变一下，集中最大兵力，包围敌之较弱一部而消灭之。另以一部兵力钳制敌之余部。如此方能从敌取得补充，方能予敌以重创，根本消灭其战斗力，方能使敌知所警戒。应该力避如过去一样的消耗战，提倡集中兵力包围消灭其一部的消灭战，如此方能解决问题。”“着重在凉州、永昌之间，各个消灭马部，西面仅以五军占领之。”

11月24日，徐向前起草一份电文，向中央反映情况，请示考虑西路军行动。

甲、马敌现伤亡已约五千以上，但能抽大批民团壮丁迅速补充，人马子弹均有。凉州即能抽壮丁三万。因此仍能继续与我拼战。

乙、马敌战术以骑兵四出活动，以成团密集队形猛攻堡寨，前仆后继。黄昏后畏我夜战出击，即退守堡寨。反复攻某点不得手时，即又集兵猛攻另一点。敌大部以乘马为主，进退均速。我方胜利难缴获，败即无生还。

丙、这带地形开阔，区域狭小，无树木房屋，尽有堡垒，不便迂回抄击。

丁、每守一堡寨须一营以上兵力，枪弹少，难阻敌攻。激战终日，部队即可耗尽子弹、炸药，矛刀刺刀极少，又难补充，弹尽致陷损失更多。我今天查九军现有一千八百支步枪，每枪弹两排不足，现全人数四千六百余；五军人四千不足，枪弹更少；三十军人数近六千，步枪二千余，每枪弹有二、三排。人弹有耗无补，无日不战，敌骑到处骚扰，扩红、弄粮、筹资、交通均受限制。我们拟壮大骑兵，但马不易筹。我们现只有五百人马之骑兵。

戊、九军任掩护阻敌，此次激战古浪，敌几面破城而入，人人血战，终将敌击退。三十军连续作战。五军更弱。始终不能以优势兵力击敌。现九军在永昌，因受大损失待休整。三十军主力在四十里铺，子弹、炸弹耗尽，都用大刀拼杀。指直在永昌，大部任城墙守备。敌马彪部三个团两天来仍在城郊活动。

己、骑师、二六九团、三十九团已到甘（州）东二十里铺。守城敌一旅约两团，民团两三千，敌有备，不便硬攻。五军主力明日集山丹。到肃州敌一营。

庚、我们现无能集优势兵力，弹药太少，难在甘东地区灭敌。如何速示。

辛、三十军在四十里铺激战三日，伤亡五百余，昨晚以二六五团夜袭骚敌，获马百余，敌今三个团犯三十军，全日主力被敌杀进两层，终用刀杀退，敌死尸未运者三百余，其一团团长打死未抬走，现仍拟将九、三十军在永昌附近寻机击敌。

（引自《中国工农红军西路军·文献卷》上，甘肃人民出版社2004年7月第1版，第448页）

25日，毛泽东复电徐、陈：“毛炳文东撤利于你们发展。在你们打破马敌之后，主力应准备东进一步，策应河东。”

敌人向四十里铺大量增兵，八十八师师长熊厚发率二六八团接应九军后返回来了，八十九师也将山丹交五军接防，返了回来。三十军全部集中，在政委李先念、代军长程世才指挥下，在四十里铺至八坝与敌激战。

红军撤至八坝，敌人猛烈进攻。敌先用山炮猛轰红军阵地，将围寨、房屋摧毁，而后以密集队形的步兵猛烈冲锋。激战两天，红军阵地被敌杀进两层，弹药消耗殆尽，全凭大刀拼杀。最后利用夜间出击，将敌杀退。

八坝之战后是水磨关激战。水磨关，位于永昌县城西20里。说是关，其实只是一个比较大一点的屯堡，坐落在河边。老百姓利用河水推磨，因而得名。敌人向水磨关迂回，企图切断永昌、山丹的联系，八十八师与敌激战一昼夜，后在八十九师配合下将敌击退。

红三十军一战四十里铺，再战八坝，三战水磨关。当敌军蜂拥包围永昌后，红三十军进抵永昌，与红九军并肩鏖战，守卫永昌。

红三十军代军长程世才和政委李先念同到永昌城墙上巡视，白塔山下不时传来零落的枪声。他们站在西城门上举目四望，四野萧条，南山、北山近在眼前，向南不远是高耸入云的祁连山，向北跨过龙首山的余脉就是茫茫无垠的塞外沙漠。他们仿佛是第一次感到这个地区是如此狭小，绝非长久立足之地。而敌人死死缠住红军，抓住红军兵力分散的弱点，各个攻击。

徐向前在回忆录中说：“两万多部队停下来建立根据地，要占据地盘，要吃要住，能不分散吗？这样，就在从山丹到凉州的三百多里地段里，拉成了‘一字长蛇阵’。中央要求我们‘集中兵力’、‘齐打齐进’，原则上没有错，但实际上是同建立根据地的任务和当地的地形条件相矛盾的。我们提了不同意见，没有下文，便只能分兵固垒，就地坚持。要想集中兵力击敌，摆脱被动挨打的局面，真比登天还难。”

“打起仗来不怕死，到底为了什么?”

马家兵，为旧制度而驰骋疆场的马家兵，从凄苦中走来，又向冥冥中走去。四十里铺，首先受到重创的是马步青骑五师步兵旅的马如麟团。马元海对骑五师作战不力抱有成见，对四十里铺地形未作了解，即令马如麟团正面主攻。马如麟团拥至堡墙下时，既无爬城器械，又无掩护工事，完全暴露在火力之下，进攻不能，退又不敢，从拂晓至傍晚，损失殆尽，营连长大部被红军击毙。

马步青获悉四十里铺惨败情况，即将马如麟残部调回武威整补。他端坐在师部大厅，脸上隆起的每一块肌肉都是愤怒。当面前笔直站着的马如麟深表对不起师长时，他几乎是咆哮地说：

“谁让你听他的？我多年培训的好骨干，你这一下子给牺牲完了！”

“我们出发时，师长再三命令要听从马元海的，不服从不行！”马如麟紧绷着脸回答说。

马步青挥了挥手，哑口无言。

马步青曾对青海部队在一条山不及时出力进攻心存不满，特别对他的“悍马”马廷祥之死，认为纯系青海部队不予协作所致，尤难释然。红军离开武威，因为还在他的防区，所以派遣所部配合青海部队追击，及至红军撤离永凉西进，马步青即把祁明山旅撤回，仅令马禄旅、韩起禄旅支持局面。张掖、酒泉系马步芳地盘，他谅马元海不敢不出力。后来马步芳曾向马步青商借子弹，给马步青打电报说：“前线部队需要及时接济子弹，请兄就近拨发，照数记账，战事结束，如数归还。现在应重视打仗，不应重视械弹。”马步青视弹如命，又对其弟不满，颗粒未借。

马步康旅刘呈德团在四十里铺一带投入战斗，两个营的部队先后受到两次损失。马元海即以刘呈德作战不力电告马步芳。不日刘接到马步芳的电报：“你身为团长，率领一团人马，养兵千日，用兵一时，今日临阵，畏缩不进，实难容忍，姑念平素尚能遵守纪律，暂免处分，以观后效。”马元海派传令兵告诉刘呈德：“刘团长，总指挥命令你今天要奋力当先，只准前进，不准退后，倘再溃败，先把团长的头提到总指挥部来！”

刘呈德深深警惕到，马步芳军事集团中所有团长级以上军官都与马步芳有同宗、同族、同教的血肉关系，而自己却不具备这些条件，显然是很危险的。自黄河岸到一条山及凉州一带的历次战斗中，失利的各旅、团、营长都没有受到严厉的谴责，唯对自己毫不放松。摆在他面前的只有死路一条：前进是死，后退也是死；前进或能侥幸，得以不死，后退必死无疑。其后，刘呈德终因出力效命而获得马元海的赞赏。

马元海限时命令刘呈德团围攻永昌东十里铺。刘呈德展开进攻，正当得手时，永昌城内红军突击反攻，即将刘团取得的战果摧毁。刘呈德命令机动队投入战斗，以猛烈火力反复争夺，始阻住红军的反攻。公路上又一支红军奋勇冲来，向刘团主攻的三营侧击，刘团预伏在公路北边的一营立即出动截击，双方激战，各有伤亡。马元海以强大的兵力控制于周围，迫使红军撤退，放弃东十里铺。刘团在围攻中，死伤140余人，其中有因重伤死亡的团副一名，第三营三连连长亦被击毙。红军未及抬回遗弃于阵地的尸体20余具。

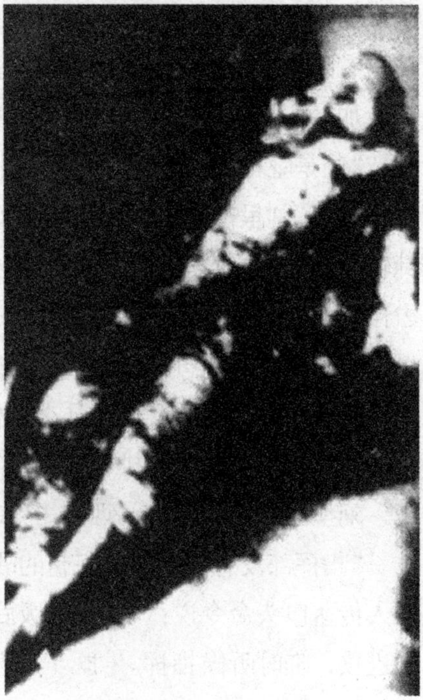

永昌二十里铺战斗中牺牲的红九军二十七师师长刘理运

在永昌东二十里铺，红九军与马家军对峙作战，仅超过一天以上的战斗就有四次之多。12月14日，双方经过一天一夜短兵相接的殊死搏斗，各有较大伤亡。红九军二十七师师长刘理运壮烈牺牲。刘理运，湖北省黄安县人，出生于贫苦农民家庭，青年时期做过泥瓦工。他1930年10月入党，同年参加红军；红四方面军转移川陕，1934年10月任红九军二十六师师长；红四方面军开始长征，1935年5月任二十七师师长。

翌日清晨，马元海率领总指挥部人员，前来阵地视察。他对刘呈德说：“昨日的这一仗打得很好，你在布置方面，既有主攻兵力，又有后伏兵力，既能从正面攻击，又能从侧面插进去，这样灵活策应，始终处于主动地位。今后仍要继续运用，才能取得更大的胜利。”马元海还拍摄了阵亡红军的照片，即向各部队说：“刘呈德团打仗还是坚强！”

阵亡红军穿的衣服鞋袜破烂单薄，也不齐全。马家兵看后，惊奇地说：“共产党的军队，身上连半新不旧的衣服鞋袜都穿不上，可是打起仗来不怕死，到底为了什么？”

马元海命令马步銮团派一个骑兵营进攻永昌东关油坊据点。马步銮以该油坊只有四面土墙，别无依靠，如永昌城内红军出动猛攻，骑兵人马无处躲藏为由，加以拒绝。马元海遂命令刘呈德前往。刘团第一营营长韩得明情绪抵触，说：“同是吃粮当兵的，难道我们比别人多吃着斤半面？别人不能去，我们就能去吗？”刘呈德为争取印象更加好转，抱定唯命是从，回答说：“今天不是计较个人利害的时候，你既不愿出力，可以在后备队指挥，我自己带领第一营去作战。”第一营是刘早年任营长时亲自训练起来的，战斗力可靠。营长无话可说，只得一同执行任务。刘呈德采取零星分散队伍，分头闯进，占据了油坊院。是夜，红军猛烈反击，几次搭梯攻进油坊墙头。刘呈德舍命死守，伤营副一人、连排长三人，死排长一人。红军天亮撤退。

刘呈德在其《我在河西堵击红军的经历和见闻》一文中说：

“指挥部没有一套比较完整的战斗计划。每当战斗开始，总指挥马元海只派人传达口头命令说：‘明日早饭后，你团以三成兵力扼守原据点，以七成兵力进攻，临时听候指挥。’既至部队出动，在进行攻击前，马元海又把各团、营长传到指挥部。他乘马引导，团、营长徒步随行，到达红军据点附近，约略视察，选定目标，然后当面指定某团以几成兵力配合某团，从某面夺取某点，某团以几成兵力，由某面配合某团攻取某点，随即命令开始行动。至于战斗失利，如何应付危局，如何收拾兵力，事先没有任何布置，听其各自行动。有时也命令暂时撤退，以便另选目标，再行攻击。这就是他在指挥作战中一贯运用的手法，混乱不堪，再也谈不到什么精密计划。

马元海另外的一套办法是：还在战斗开始前，即派出总指挥部的传令队50余骑，分头侦察，然后亲自乘骑，带领参谋人员进行侦察，做出决定，即分别下达口头命令。某团某营夺取某点，某团某营支援，某团某营作为预备队。这些团营的兵力，大体上也是以三七成或四六成的比例配备，从来是不把整旅整团整营的兵力都摆上去。这种做法的用意是，使基本部队的有生力量，在任何时候都有一定的积蓄，即使失败受损，也能即刻原团原旅迅速补充起来。”

12 月下旬的一个早晨，马元海部 6 时出动，7 时迫近永昌城壕。城头红军发现，立即扔出手榴弹，并以机枪扫射。红军在城头暗处，居高临下，乘势射击。马部白天测定的城上垛口各个枪眼，均已转移了位置，无法制止，加之天已大明，马部暴露无遗，行动受到威胁。马部在反复进攻中均被红军击退，死连长 1 人、排长 4 人、士兵 230 余人。

马元海伎俩已尽，改攻为围。马家部队把永昌城包围得铁桶似的。

朱绍良派出飞机助战，丢下沙包，内有红水笔写的字条：“勇敢攻城，城头共军稀少。”马元海未敢深信，依然按兵不动。

凉州传来消息说：“一架飞机在永昌城头低飞侦察中被红军击伤。”马家兵听了十分惊慌。

此时，胡宗南军杨德亮部已进至凉州，因“二马”多方拦阻，始终未得插手战役。

《剿匪概述》中记载分割包围红军情况

12 月 1 日，伪三十军及伪九军并总直属队盘踞永昌，伪八十八师、八十九师盘踞丰乐堡、八坝等地，负隅顽抗，牵制我军。伪五军随即窜入山丹，但经永昌西四十里铺时，被我马彪旅长由侧面截击，狼狈逃窜。此时，匪并未发觉，我有伏兵俟。匪兵前，我马志武团一跃而出，向匪冲锋，匪不支四散，匪伤亡四百余人。获步枪四十余支，重机枪三挺。同时，伪五军参谋长负重伤，残部仍向山丹窜去。伪三十军军长程世才率伪骑兵师并一团经水泉子、峡口扰山丹，与盘踞永昌之匪遥相呼应。马指挥子涵率韩旅、祁旅攻永昌附近丰乐堡、八坝各地之匪。此时，永昌城中及东二十里铺、红庙墩一带共有匪一万一千余人，盘踞永昌并在四乡搜索火药、制钱等物积极制造炸弹，企图长期盘踞永昌、山丹作为新根据地，然后反攻凉州，掩护朱、毛、彭多股匪渡河，再作广大之企图。同时我马指挥子涵亦率韩、祁两旅及刘呈德团在徐家堡一带激战，连陷匪阵地极为胜利，匪胆大寒，已呈瓦解之势。

她用殷红的血播种

西路军面对荒原落日，雷霆般地迎击强悍的敌人。在他们的身后，浑黄辽远的大地上，是一串刚劲的脚印，是一首苍茫的诗。

霜铺大地，这银白色的冷峻，在阳光撕裂远方云翳的前夕，显示出一种铁硬的意志来。

西路军政治部所属前进剧团，在红九军武装班引导下，从永昌出发去东寨慰问红九军军部。前进剧团于 1933 年 1 月在川陕革命根据地通江县成立，是红军时期为数不多的几个文艺团体之一。著名戏剧家李伯钊担任过剧团的领导，廖承志、朱光等参与过剧团的工作。要在以往，队伍中一定传来清脆的吟唱，这是团员们行军时哼的歌。歌声自然悠扬，撼人心弦。那憋足了气的嗓音回荡山野，荒草与野花也微微抖动。可是今天，队列里没有往日又唱又笑的欢乐气氛，由于红九军失利，大家心情沉重。

剧团教导员廖赤见像往常一样，走在队伍的前面。廖赤见，安徽金寨县汤家汇小街人。1929 年入学就读，后参加童子团，任大队长；1930 年春，15 岁的她任赤南县苏维埃政府新剧团负责人，同年秋，任红一军政治部宣传队队长；1931 年冬，任红四方面军政治部妇女宣传队队长；1932 年加入中国共产主义青年团，第二年 5 月转入中国共产党；曾任少共川陕省委青妇部副部长、少共川陕省委常委；1935 年初，任川陕省苏维埃工农剧团第一团指导员。此时，她刚满 21 岁，可是参加革命已经七个年头了。她曾扛着乐器，背着背包，迈动一双裹着绑带的脚，越过千山万水，从鄂豫皖走到川陕；她曾唱着歌渡过嘉陵江，唱着歌爬雪山过草地，跋涉在长征路上；今天，她又把一串重重的脚印，嵌进铺满白霜的丝绸之路上。望着浑黄、苍凉、雄奇、崇高的西部大天幕，她感到那逝去的岁月犹如一片烟云从头上掠过。

廖赤见短暂的童年是昏暗的。寒冷、饥饿、疾病好像斜长的影子一样，寸步不离地跟随着她。母亲还年轻，脸上已经起了皱纹，好像疲惫的老马一样，小孩子抱在手中，还有一群牵着她的衣襟。这是旧中国最平常的劳动妇女的身影。父亲一辈子给人家干活，力量都用尽了，可总是穷。困顿的童年更能使人成熟，使人坚定。曾任川陕省委妇女部长的刘毅这样回忆廖赤见："1933 年 3 月 8 日，我们步行到了川陕省委所在地通江县城，参加了劳动妇女的光荣节日——'三八'纪念大会。当时的接待员是看着只有十三四岁的廖赤见同志。别看她年纪小，可这个安徽人已是走过几个省，演了无数场新剧的老革命了。她懂的革命道理多，也很会讲话，对我的启发很大。我原是个家庭妇女，见了男人就得低着头，不敢在人前说话，被选为宣传委员，就得向群众宣传。我暗想，人家那么小的年纪样样行，为啥自已就不行？我决心学，学文化，学讲话。"

廖赤见从晨曦中走来，哪里是她的起点？她向晚霞走去，哪里是她的终点？

八月桂花飘满林，
打双草鞋送亲人。
穷人只有一条路，
穿起草鞋当红军。

队伍中终于有人放声高唱，悠长而高亢的尾音融进了四野沉睡的荒原。廖赤见感到，剧团的战士简直就是一堆堆熊熊燃烧的火，谁和他们在一起，谁就会热血沸腾。

东寨到了。曙光从地平线上渗出来，浸润着大半个深蓝色的天空。参差错落的农舍顶上升起的缕缕炊烟，在微微的晨风中瑟瑟颤抖着融入了鱼腹色的天穹。在严寒中战栗了一夜的东寨小村，裹在了一片虚妄的恬静、安详之中。

突然，平滩尽头尘土飞扬。惊天动地的奔驰声愈来愈近，一群一群的马家骑兵越来越清楚。

队伍一阵骚乱。"不要慌!"廖赤见和剧团其他几位领导迅速招呼大家，就近撤入大路南边的郭家下磨庄。庄内的老乡早已外出躲避。这座庄院的围墙又高又厚，四面还有角楼，宽阔的院内有三座三层木结构的屯楼，远远望去，真像错落有致的大碉堡。

红九军曾在东寨驻扎，与敌激战。由于情况突然，红九军已从这里转移。

敌人马队拖着一阵惊心动魄的蹄响，潮涌而来。剧团领导决定将敌人兵力吸引住，掩护刚撤离的红九军军部安全转移。武装班和有战斗力的人在院内和角楼上迎击敌人，体弱的和小孩集中到三楼，其他人在二楼设第二道防线。由于武器弹药少，大家将砖头瓦片搬到楼上，作为备用的武器。

廖赤见圆睁秀眼，凝视着密密麻麻的成扇形面铺开的敌骑，挥舞着马刀奔驰而来。300 米，200 米，100 米……

她转过身来，一字一句地命令："打！狠狠地打！"

她选定一个跑在前面骑黑马的家伙，举起手枪。就在她枪响的一刹那，敌人从马上摔了下来。她垂下枪，眼睛搜查那个已经离得很近的敌人。那个骑兵用一只脚在地上跳，另一只脚被挂在鞍镫上，眼睛怕得挤起来，好像随时等待挨另一下。他带着瑟缩的恐怖神情赶快脱出另一只脚趴在了地下。

突然，响起了战鼓，响起了军号，震耳欲聋，动人心魄。这是二、三线的战友为了迷惑敌人，振奋自己，奏起了军乐。雄壮的军乐穿过战火硝烟，穿过枪林弹雨，在苍茫的天地间回荡。

总部得悉剧团被围，派来骑兵接应。红军骑兵的马不少是刚缴获的，敌骑打起呼哨，这些马立即向敌群跑去。红军战士不少人摔下马来，惨遭射杀。

剧团政委易维精看着眼前令人痛心的场面，含着眼泪向冲到庄院围墙下接应的红军喊道："同志们，谢谢你们，大门被敌人火力封锁，围墙这么高，跳下去非死即伤。你们赶快退回去吧！再晚，你们也出不去了！"

红军指挥员挥泪率领余下的骑兵冲了出去。

敌人从四面逼近庄院，发起进攻。中央军的两架飞机也来了，一次次俯冲、扫射、轰炸。

廖赤见被炸弹击中的额头上，殷红的血像山泉一样喷涌，然而她那年轻而高傲的面容在悲怆的狂啸中，依然迎向飞掠的弹雨。她愿用殷红的血来播种，只要能收获自由的野果；她愿喧嚣的纷飞战火将她的血肉击碎，只要苍茫大地能在她的森森白骨上刻下"解放"二字。

剧团政委易维精、团长周汝功、教导员廖赤见、队长汪贤臣、导演任弼璜（任弼时的哥哥）以及红九军武装班等几十位同志相继牺牲。他们无声无息无怨无恨地离别了战友，只留下青春迸射的火焰和激情，和荒原一样博大，和祁连一样巍峨。

夜幕降临。敌人偷摸到庄院下，点燃了大门。院内弹药耗尽，敌人蜂拥而入，手执马刀，见人就砍。幸存者拾起棍棒和砖头瓦块，做最后的拼搏。

一个当官模样的见满地乐器，分辨出拼杀中的妇女和小孩，立即大喊："上当了，上当了。这不是军部，是唱戏的剧团!"

马家兵燃起堆堆篝火，照得满院通亮，然后楼上楼下四处搜捕。幸存的30余人一一被搜了出来。马元海将男演员押往凉州，女演员当做了自己的玩弄品。其后又把大部分女演员分送给马步芳和马步青。

马家军《剿匪概述》12月2日记叙："马指挥率队又向永昌城进攻，至永昌城东三十里铺附近，该地区匪盘踞在十余处大小堡内，适匪以女子欢迎队演剧欢迎匪军之际。我军乘其不备，摸至猛攻，以密集队连克数堡，毙匪二百余人，俘虏五十余人，并俘获女匪十二名，获枪五十余支。我军亦有伤亡。"

大漠在原始浑朴的月光中露出它那淡漠于历史和人世的平和模样，超然物外的沉默羁留在每一片土地上。萧瑟寒风里，丝绸古道上，横陈了多少血肉模糊的红军战士的尸体！天地阴森，大地上似有无数幽灵姗姗徘徊，迟迟不愿离去，托腥风，低吟着热恋大地与战友的悲歌。

长城脚下抛忠骨

山丹，汉代置删丹县。山丹三面环山，南横祁连山，北抵龙首山，东耸焉支山。焉支山也是河西名山，绵亘于祁连山和龙首山之间。山丹古称删丹，因为晨晖透过焉支山高耸的林木，其形似删，其辉似丹，丹碧相间而得名。焉支山又称胭脂山。汉代名将霍去病大破匈奴于焉支山，匈奴人作歌唱曰："亡我祁连山，使我六畜不蕃息；失我胭脂山，使我妇女无颜色。"

此刻，董振堂在山丹城东门上逡巡徘徊，面对着雄伟的万里长城。

西汉时，为了保证河西安全和丝绸之路畅通，在河西修筑了长城。公元前121年到公元前101年，陆续分段修筑。从现在的永登，经整个河西走廊北面，延伸到玉门，又延伸到新疆的罗布泊。万里长城，曾以博大的胸怀和巨大的臂膀护卫着丝绸古道上的武威、张掖、酒泉、敦煌。山丹，属张掖。

万里长城在河西走廊是清一色的黄土色：黄土墙、黄土台耸立在黄土地上。长城虽然经过千百年的沧桑巨变，风雨剥蚀，但依然展现着它那固有的巍峨雄姿，逶迤连绵，就像镶嵌在河西走廊上的大血管，流动着炽热的血浆，向遥远的天涯伸去，融进青烟袅袅的雾霭中，留下一个残破的剪影。斜阳照在残垣断壁上，洒上了斑斑驳驳的金光。眼前，又是一阵寒风，竟有两片碎骨伴着黄土飞起。啊，这也许正是长城的守卫者，戍边的军士！如今，他们已化做了泥土，与黄沙同在。万里长城，这一行凝固了的历史，引发出董振堂对远古的遐想，同时向他的心底倾注着沉重的凄凉。

董振堂眉头紧锁，时或临风伫立，时或两面走动。看着像铁箍似的紧紧包围着山丹的敌人，他真想即刻搬来两门大炮，对准敌群猛轰。早在 1919 年底，董振堂在边防军第一师炮兵团当军官候补生时，就开始深入钻研炮兵理论和技术，入保定军官学校又被分到学炮科。他从保定军校第九期毕业，被分配到冯玉祥部当见习官。保定军校分到西北军的见习官有两条路：一是留在上层当教官或参谋，一是到连队当下级军官。前者生活舒适，待遇也高；后者工作辛

西路军战斗过的山丹县城城墙旧址

苦，薪饷也低。许多人都以走前一条路为幸运，唯董振堂与众不同，要求到学兵团炮兵连当排长。炮兵野外演习，他三发连中。冯玉祥极为赏识，想提升他为上尉参谋。冯玉祥任用军官学校毕业生的惯例是由排长升任参谋，但他表示仍当排长不任参谋。冯玉祥觉得董振堂不识抬举，并且打破了他用人的惯例，心中甚是不快，其后一想，感到提升应按学生志愿，便把董振堂升为炮兵连连长。之后，董振堂先后擢升为炮机教导队大队长和陆炮营营长。董振堂军事生涯的早期和大炮结下了不解之缘。可是红军眼下不仅没有炮，连子弹都极缺乏，杀伤敌人主要靠近距离拼大刀，拼手榴弹。

红五军于11月23日、25日分两批进入山丹县城。山丹由红三十军八十九师和骑兵师于11月21日攻占，交五军防守。长征中，五军损失严重，减员很多，西渡黄河时只有四个团，每团不足千人。此时，五军三十七团改为十三师，三十七团团长李连祥任师长，政委谢良任师政委，辖三十七和三十九两团；四十三团改为十五师，郭锡山任师长，朱金畅任政委，辖四十三和四十五两团。

山丹西十里铺。三十七团政委谢良在指挥所紧张地指挥部队作战，突然感到左脚发凉。他没有意识到自己受伤，仍在指挥部队反击敌人。警卫员发现他脚上有血，说："政委，你负伤了。"他用手一摸，发现了血，感到疼痛，才知道被敌人的子弹打伤了脚。他意识到在战斗的紧张关头，指挥员一走就会影响干部战士的战斗情绪。他对警卫员说："我知道了，你不要声张，帮我包扎一下伤口就行了。"他坚持到把敌人打退以后，部队撤回山丹。他到卫生部治疗，住在一个老乡家里。第二天，邻房有伤员呼叫，一打听才知道是军参谋长李屏仁。李参谋长经过永昌时，在敌人夜袭中左脚负伤，胯骨也被打碎了，伤势很重。谢良想去看李参谋长，但走不动，只好写条子向李参谋长表示慰问。

红五军在山丹城周围的大佛寺、野猫山、暗门滩、红沟、西二十里铺、西十里铺等地与敌激战，多有伤亡。敌人压力越来越大，城外部队全部收缩进城。董振堂部署四十三团、四十五团和随营学校的学员守城，三十七团和三十九团作为突击力量，在城里待命。

围攻山丹红五军的是马步芳部马彪旅、马朴旅及大批民团。前几天，发现敌马彪骑兵旅从永昌一带西进，徐、陈两首长决定由王树声带红九军去山丹东水泉子地区设伏歼灭该敌，结果设伏被敌发现，歼灭计划没有实现。

守城战斗开始，部队依托垛口，打退了敌人一次又一次的进攻，战斗一直进行了三天。

夜，寂静，只有寒风在这空旷的小城拉着呼哨……老远的地方，狗在叫，顽强地毫不疲倦地叫着。犬吠声停了，就听见枪声砰砰在响，于是狗又叫起来。

董振堂检查突击准备情况，来到三十七团。“咣当！”一把刚刚磨过的鬼头刀闪着寒光被抛掷在地上。十三师师长兼三十七团团长李连祥挽着袖子站起，急不可耐地说：“军长，让我们上阵吧！蹲在城里听枪声，这种‘清福’我可享受不了！”李连祥跟随董振堂参加过宁都起义，现在又是杀敌上疆场的时候了，他的热血早已沸腾。看着李连祥脸上荡漾着毫无畏惧的刚毅，董振堂忍不住上前握着他的手说：“仗有的是，即使我们不打，敌人也缠住不放。现在你们的任务是抓紧时间休息，抓紧时间准备！”

翌日下午。嘹亮的冲锋号响彻云霄，震荡着山丹。城墙上负责掩护冲锋的机枪“哒哒哒，哒哒哒”猛烈射击。敌人的威势一时间被压下去了。

李连祥举着驳壳枪，身后狂飙似的跟着一群红军战士。红三十七、红三十九团像决堤的洪水，从东门喷涌而出，冲入敌阵。围城的敌人猝不及防，四散逃奔。红军战士寸步不让，直追到长城脚下，占领一道沙梁。

三十九团政委周畅昌站在沙梁上举起望远镜观察敌情，突然与身边的警卫员被敌人打倒了。参谋长饶子健急忙扑上去，只见敌人的一颗子弹穿透了他俩的大腿。饶子健让卫生员快速地将伤口包扎好，将两人背下阵地。

突击部队立足未稳，敌人骑兵已经开始全线逆袭，滚滚而来。迅即，沙尘飞扬，伴随阵阵人喊马嘶混杂的声浪。

突击部队无险凭抵，敌骑冲上沙梁，左杀右砍。李连祥射出手枪中的最后一粒子弹，将枪抛开，“咔嚓”一下从背上拔出鬼头刀，跳到冲过来的马家兵正面，动作比鹰隼还要迅猛，比狮子还要无畏。他挥刀猛砍，穿着黑色服装的马家兵倒栽下马。马家骑兵呐喊着围住了他。马刀闪着寒光，向他头上猛击。

李连祥，这位在宁都起义的枪声中走进红军行列的勇士，脸上平静而淡漠。他汩汩流淌的血液洒在长城脚下，渗进黄土之中。

长城脚下，数百名红军指战员横卧大野，仰面青天。

站在东城门楼指挥战斗的董振堂见此情景，两道眉毛不住地耸动，泪水几乎奔涌而出。他当即命令四十五团派两个营出击，截阻敌人，掩护三十七、三十九团残部撤进城中。

悲壮的瞬间过去了，四野趋于寂静。万里长城，贮藏着苍茫历史的万里长城，从此也贮藏下了红军不屈不挠创造的无数激越和奋争的永恒。

山丹的苏维埃政权

山丹县委党史资料征集小组调查汇总材料——

民国二十五年农历十月初八（1936 年 11 月 21 日），红军占领山丹城。红军进城后住在城区居民家，向群众宣传红军的宗旨，演讲“有力者出力，有人者出人，联合一起抵抗日本！”并协助地方先后建立了各街市政府和县苏维埃政府。

红军进城后四五天，帮助各街建立了市政府（街政府）。又过了七八天，红五军政委黄超、妇女抗日先锋团指导员寇吉英和其他两个红军，在旧衙门召集各街市政府成员开会，商讨成立县苏维埃政府事宜。与会人员一致拥护成立中华苏维埃山丹县政府。经推荐和红军领导人确定，政府由八名委员组成（群众称为“八大委员”）。县苏维埃政府主席由在群众中有一定威望的地方“头星”何文魁担任，副主席由靠裱糊度日的许裱匠担任。政府下设六个部，民政部、财政部、供给部、土地部、文化教育部、市政部。

县苏维埃政府成立后，积极地开展了工作。

协助红军惩治土豪劣绅。旧衙门的快班衙役李山，勾结土匪，勒索群众，实属地方一霸，民愤极大。红军来山丹后，将其押往县政府审讯后处决，并没收了他的全部不义之财。

动员工商界出物，群众出力，支援红军。皮匠王作仁、张全仁等 10 多人，夜以继日地在北街孙兴福家中干活 30 多天，为红军制作皮背心 240 多件、短皮袄 140 多件、皮手套 240 多双。做活期间红军管吃，还给老皮匠张全仁送了一件蓝缎子长袍让他做老衣。北街农民毛炳珍拿出粮食 20 石。南街的县农会会长钟守浚支援毛毡20条、粮食10多石、皮袄4件。还有许多群众也将毛毡、皮袄、粮食拿出来支援红军。政府还动员了一些老奶奶、年轻妇女为红军做毡鞋、补袜子、补衣服。

做向导，散传单。农历十月十四日，红军去大佛寺与马军作战，龙文祥、龙成祥、王希周、何多福等把红军带到预定地点。龙廷奎、赵生录、龙录善还协助红军晚上到敌阵地散发传单，瓦解敌军斗志。

动员群众参加红军。在县苏维埃政府、各街市政府成员的带动下，有130多名群众参军，跟随红军西征。

民国二十五年农历十一月十二日（1936年12月25日）夜，红军西进离开山丹。马家军和保安团卷土重来，“八大委员”全部被捕入狱。委员、民政部长吴天富被逮捕后，押往凉州监关黑牢，坐了一年，花尽家产。委员、财政部长郭长保逃避在外，其独子被马家军抓兵押往青海。为寻子郭长保变卖家产去青海，儿子没有找到，郭却病死在返回途中。委员彭述田被敌人逮捕后，受尽酷刑，死在乱枪之中。义勇军大队长彭述乐被马家军捉住，拷打火烧，审讯其手枪和红军情况。彭供出全部义勇军名单及在毛掌案家地窖藏有分得土豪王

西路军战斗过的山丹暗门滩

麻子之财物。马家军捉拿义勇军战士二三十人做了敌兵之补充。各街市政府委员和群众被捉去200多人。

群众和红军建立了血肉相连的关系。靳宗贤、姚银录等秘密串联60多人，冒着生命危险黑夜到暗门滩挖了三个大土坑，掩埋了红军遗骨。

东街市政府主席吴培录、土地委员吴国贤——

红军进驻山丹城后，住在各家各户。驻东街一个团，团长姓刘，副团长是个女同志。红军进城四五天，在旧街门召开了东街群众大会。会上，红五军领导人黄超向群众讲了“红军为天下穷人干革命”和抗日救国的道理，并提出了建立苏维埃政权。经过群众酝酿协商，选举产生了东街市政府，由五人组成。宋家珍（农民）任政府主席，吴培录（小贩）为内务委员，吴国贤（小贩）为土地委员，李开泰（小贩）为财政委员，尚克勒（农民）为文化委员。

红军交给市政府的主要任务是发动群众，为红军筹集粮草。工作方法是待人和气，买卖公道，爱护老百姓。

市政府成立不久，红军贴出的一张布告被人扯了，经查因市政府主席宋家珍工作不认真所致。为此，红军负责人黄超召集市政府成员开会，对市政府领导成员进行了调换，吴培录选为市政府主席，宋家珍为委员。市政府经过调整后，大家的工作热情比以前高了，劲头也足了。

为了打开局面，市政府成员处处带头，影响和带动了群众。市政府主席吴培录，主动拿出小麦6石、老羊皮袄2件、山羊皮褂1件、毛毡13条、煤80多石，支援了红军。当时凡有粮食、衣物的群众，也都把多余的粮食和衣物拿出来支援了红军。王作仁、陈世义、牛兆奇等人的妻子还积极地给红军做毡鞋，补衣服。

红军对群众支援的东西，都付报酬，有的打了条据，并对他们讲：“等以后革命成功了，凭条据付款。”红军关心贫苦群众的疾苦，赵桂桂家中断炊了，红军送去粮食和烧柴，其女儿没有衣服穿，红军送去一件上衣。红军严明的纪律和优良的作风，深深地教育和感动了群众。第二年春种时，小麦种子奇缺，群众只好种大麦，但无任何怨言。

红军撤离山丹，马家军和保安团就进了城。马家军进城后，到处抓县政府的“八大委员”、各街市政府成员和革命群众，有200多人被抓去。凡被抓的人，都押往东关土豪彭清国的院内，遭受严刑拷打。东街市政府主席吴培录被抓去后，群众义捐白洋100块、大烟50两，买通了马家军官，才算保住了性命。

邢发育、邹世元、童力德、吴治国——

住在北街的有红军的一个团和一个供给部。供给部大部分是女兵。红军走访群众，了解掌握情况。几天后，红军召集北街小贩李二绍，伪保长吴世录，农民邢发育、李兴芳和邹世元等人，在李兴芳家中开会。会上，红军干部讲了红军的来意，提出了建立北街市政府的问题，让大家讨论。确定北街市政府由李二绍、吴世录、邢发育、李兴芳等五人组成。李二绍任市政府主席，其他委员也进行了分工。会上，红军的负责人还向市政府成员交代了工作任务和工作方法。

市政府的主要任务是为红军筹集粮草，动员群众有物出物，有力出力。市政府成员协助红军走家串户做群众的思想工作。好多群众把自己的粮食、衣物拿出来支援了红军。如毛炳珍支援粮食20石，邢发育支援毛毡十几条、皮袄3件。对群众支援的粮食衣物，红军有的付了银元等物，有的留了收据。

红军离山丹前夕，动员我们参加红军。市政府主席李二绍参加了红军，并随军西征。红军到临泽战局失利，李又回到山丹。

姚银录、李有林——

东关、西关（现南关）住的是红军的步兵和骑兵。骑兵住在大地主王元峰的院子里。红军深入群众，了解情况，在西关王世杰的家中召集部分群众开会。会上，红军干部讲了红军的来意，提出了建立市政府的问题。经大家推荐，油博士王贵文、鞋匠侯成福、伪保文书周应贵、屠家李贵生、游民马四等五人为东西关市政府委员，并由王贵文任主席。

市政府积极协助红军走街串巷，宣传红军的好处，解除群众的顾虑，动员群众有物出物，有力出力。当时，侯成福动员他的父母和妻子，组织了七八个人，为红军做毡鞋（把毛毡剪开缝成的鞋）。经过30多个昼夜，赶制出毡靴800多双。还有的群众把家中的粮食、衣物拿出来送给红军。

红军走后，马匪军和保安团卷土重来，到处抓人，县上的“八大委员”和市政府的一些委员惨遭迫害。

抗日义勇军的参加者彭礼堂、李克明、周千、雷云天，见证人钟宝、姚银录——

红军到来前，敌人就造谣说："红军来了要共产共妻，烧杀掠夺……"但并不是那么回事。红军向广大群众宣传联合苏联打退日本侵略的意义，而且红军军纪严、作风好、待人和气，从而消除了群众的顾虑。当时敌人正在县城集训抓来的壮丁，红军到来后，向壮丁们讲明，愿意留的就留下，不愿意留的可以回家。这样就有部分壮丁和群众自愿成立了抗日义勇军。义勇军编了一个大队，三个分队，一个青年队。一个分队 50 人左右，青年队有 100 多人，全大队共有 200 多人。大队长彭述乐。

抗日义勇军成立后，红五军派管理排长任天贵负责义勇军的训练、出操、上课，协助苏维埃政府发动群众打土豪，给红军推磨、烙大饼、收集粮草，给作战阵地送给养、抬伤兵、站岗放哨、维护城区秩序等。义勇军协助红军挖过东关土豪王麻子的浮财，马俊、毛永吉的粮窖，挖出粮食 10 多石。

义勇军的好多人参加了红军，随军西征。

参加红军的童力德、孙贤文、周千、武月英（女）、王多寿等——

红五军撤离山丹前夕，红军负责人黄超在县苏维埃政府召集"八大委员"开会。黄超动员大家："愿意参加红军的做好思想准备跟我们走!"同时，政府的财政部长郭长保布置大家炒麦子、烙饼子，为红军离山丹做准备。会后，红军和政府成员分头到各街市政府、义勇军驻地开会。

经过动员，参加红军的有 130 多人，当时就编为一个新兵营（团），由红五军管理排长任天贵任团长，彭伦泰任教导员。参加红军的，当时都发了安家费。

红五军从山丹起程前往临泽。行军途中，由于基础差，部分群众思想动摇，跑回家中。

第七章

西安事变

蒋介石给徐向前的信与给马步芳的电报

西路军西渡黄河是 10 月24 日，10 月22 日蒋介石从南京来到西安。蒋此行是为重新调整西北“剿共”军事，并劝说张学良、杨虎城服从“剿共”计划。虽然当时日本侵略者正从华北向绥远进犯，完全暴露了其吞并整个中国的野心，全国人民抗日救国的呼声日益高涨，但蒋仍急欲成就其所谓“八年剿匪之功”，处理完“两广事变”便回戈西北，从广州回南京几天后即来到西安。

蒋介石到西安的第一天，即对陕西省政府主席邵力子说，有一封写给徐向前的信，想交邵润色一下。但蒋未把信稿交邵力子，也未说明写信的原因和内容，直到蒋去洛阳，也没有把信交邵力子。徐向前是黄埔军校第一期学员，其时校长蒋介石经常性地定期定人数召见学员，学员等候分别见面，做一般性交谈，诸如：叫什么，哪里人，文化程度，等等。蒋曾召见过徐向前。此时的徐向前是红军四方面军总指挥、西路军总指挥，蒋给徐写信想说什么？邵力子猜想也许是蒋对中共倡议停止内战一致对外的答复。

蒋介石去洛阳，说是避寿，实是部署“剿共”。南京去祝寿的人不多，阎锡山、徐永昌、傅作义等去了。张学良也借口祝寿，跟着去了。他向蒋提出停止内战、联共抗日的主张，蒋不接受，反而怒气益增。蒋在总理纪念周讲话时说，凡是在“共匪”未肃清以前高谈与日本作战的人都是国家的叛徒。他还公开骂张不尽责“剿匪”，使张十分难堪。

蒋介石曾飞往太原，与阎锡山等会谈一次，仍回洛阳。张学良、杨虎城飞兰州一次，同于学忠等商议后，返回西安。11 月下旬，张亲笔写信给蒋，因绥远前线形势日益严重，请求亲带所部援绥。蒋复信不允。12 月 3 日，张乘飞机去洛阳见蒋，说部下因请求援绥抗日受阻，群情愤激，他已无法控制，请蒋亲自去解释政策。这时蒋调集军队计划已定，次日，即 12 月 4 日，蒋偕张学良自洛阳赴西安。

蒋这次见了邵力子说，写给徐向前的信要过一个时期再发。西安事变猝起，这封信便永远成了一个不解之谜。

蒋在西安的行营设在临潼华清池。从这时起，西安空气日益紧张。蒋连日接见军政要人，召开军事会议，讲其“抗日必先剿匪”的主张，说“剿匪已到最后阶段，预计将于一个月内可竟全功”。蒋在召集东北军和西北军将领谈话时，两部将领都表示不愿参加围攻红军而愿去前线抗日。

蒋为向东北军解释“剿匪”政策，去王曲镇张学良主办的军官训练团讲话，仍然坚持“先安内、后攘外”的主张，但语气上多抚慰而少责骂，结果反而助长了张学良和军官们的愤慨。

12 月 9 日，西安学生万余人游行示威，要求停止内战，抵抗日寇。游行学生到绥靖公署、省政府请愿。邵力子接见学生代表，答应转达。这时有特务向群众开枪，击伤一人，激起学生更大的愤慨，直向临潼蒋的行营前进。蒋得报，用电话严令“西北总部”制止。张乘汽车追至十里铺，把学生劝回。这件事自然增加了张、蒋之间的矛盾。

就在学生游行示威，要求停止内战，抗击日寇的 12 月 9 日，蒋介石在西安电示马步芳：“现过河之匪既已消灭过半，应乘此声威，督师所部务于两星期内将其扑灭”。

蒋在 10 日召集军事会议，决定 12 日发布第六次“围剿”红军的命令。如张、杨两部不愿参加，即令张部调福建，杨部调安徽。不过这个命令未来得及颁布，12 月 12 日西安事变爆发。

西路军与西安事变

1936年12月7日，军委主席团给西路军来电，转达中华苏维埃政府关于中央革命军事委员会扩大组织的命令："以毛泽东、朱德、周恩来、张国焘、彭德怀、任弼时、贺龙、项英、林彪、王稼祥、徐向前、陈昌浩、刘伯承、关向应、叶剑英、陈毅、萧克、董振堂、徐海东、聂荣臻、郭洪涛、张云逸、王维舟等23位同志为委员，以毛泽东、朱德、周恩来、张国焘、彭德怀、任弼时、贺龙七位同志组成主席团，以毛泽东为中央军委主席，周恩来、张国焘为副主席。朱德为中国工农红军总司令，张国焘为总政委。"

西路军在永凉一带艰苦鏖战之时，爆发了举世震惊的西安事变。徐向前、陈昌浩既震惊又兴奋。总指挥部，一片欢腾；永昌城内，锣鼓喧天。

陈昌浩紧急召开军政委员会会议，研究形势。徐、陈及军政委员会全体一致向党中央提出下列建议：

一、党必须用全力来推动这一事件的发展，使之成为组织国防政府和抗日联军，实现全民武装抗日的动力。应迫使蒋介石下令停止内战。否则速予公审枪决，勿留后患。

二、分化与调动蒋介石嫡系部队，使其不能与我迅速作战。

三、迅速团结川、滇、桂、晋的力量，使西北和西南打成一片，并进行其他各地力量的争取。

四、增援绥远、宁夏，以迟滞日寇行动。

五、先速稳定西北抗日根据地，肃清甘、青、宁后方敌对势力，与新疆、蒙古打通，取得国际的物资援助。争取将马鸿逵、马鸿宾调开，由河东红军以一部主力速占宁夏，与甘北打通，并与新疆取得联络。

六、成立中国临时中央抗日委员会，速召开全国抗日救国大会，成立国防政府，成立临时抗日联军革命军事委员会及总司令部，统一抗日武装力量的指挥。

七、发动群众，广泛组织各种群众的抗日组织，并趁机扩红与巩固苏维埃及党的活动。

八、促进张学良、杨虎城为民族利益坚决斗争到底。

（引自徐向前《历史的回顾》中《血战河西走廊》一章，解放军出版社1988年10月第1版）

西路军军政委员会殷切期望利用西安事变的有利形势，尽快造成西北和全国的抗日局面；西路军将根据中央的统一部署，发挥它应有的战略作用。

西安事变发生后，应张学良邀请，中共中央、毛泽东派周恩来去西安与张、杨共商抗日救国大计，处理捉蒋后的善后事宜。按照张学良的部署和愿望，周恩来就西路军的行动方向曾多次向中央作出建议。西路军与西安事变息息相关。

12月14日，毛泽东电告彭德怀、任弼时：野战军“靠近张、杨，可应付各种事变，远离则不能”，“暂时出宁夏不可能，且会变为单独的行动；张、杨同时则进入隘路”。根据当时的政治、军事形势，河东红军主力靠近西安，靠近张、杨。对于河西的西路军，军委主席团12月15日电示徐、陈：

关于情况和我们方针已详，另电，西路军目前应在现地区加紧休整，进行政治动员，一面争取凉州之补充旅和“二马”到抗日方面来，一面准备接通兰州，并准备一部适时占领安西地区。总之，西路军是负责奠定抗日后方和接通远方之重大使命。

（引自《中国工农红军西路军·文献卷》上，甘肃人民出版社2004年7月第1版，第480页）

12月18日，军委主席团复指出：

甲、你们任务应基本的放在打通远方上面，限明年一月夺取甘、肃二州。

乙、试与诸马谈判下列问题：永昌以西之马军准其安全东退，永昌以东之马军不向永昌以西进攻。红军也不向永昌以东进攻。

丙、除开远方，暂时没有任何力量可以直接援助你们。

（引自《中国工农红军西路军·文献卷》上，甘肃人民出版社2004年7月第1版，第486页）

20日，徐、陈复电军委：“现正遵示准备按期完成任务”。22日，徐、陈又报告军委：“西路军为按期完成任务决定逐渐西移。已令三十军四个团位永昌附近，两个团位水磨关一带，侦察连与九军均在水磨关西南三十里之新城堡一带。再争取相当长时间休整，拟于明年一月中，以九、三十军抢占临泽、高台，五军全部约明年二月中旬直到安西。”

这时，何应钦指挥的“讨伐军”已开向潼关，直逼西安。张学良、杨虎城破釜沉舟，决心集中主力，以兰州地区为战略后方进行西安大会战。张学良考虑到东北军向西安地区集中，胡宗南、毛炳文等蒋之嫡系就会乘机袭取兰州、天水、宝鸡等地，直接威胁西安侧后方的安全，故要求红军主力出动打胡、毛，固甘肃，并望西路军以一部东返出靖远，配合河东各军击敌。

周恩来18日已电告毛泽东并中央，国民党军队的动向和西安方面的军事部署，并告知“张、杨均主红军主力打胡固甘肃”。

20日，就西路军行动方向，周恩来电告毛泽东、朱德、张国焘：“……张希望河西四方面军能以一部出靖远，威胁胡敌，并协同河东各军侧击胡敌。我意：徐、陈目前应立即出一部绕过凉州，逼近兰州，与于（学忠）军打通。张答应于军援助子弹，同时以一部骑兵向靖远游击。”

22日，周恩来、林育英、王稼祥电告毛泽东：“可否暂留西路军在原地，待春暖后西进？东进能否到达凉州以东？如能到古浪、永登，尚可设法要于策应。”

23日，毛泽东将敌情判断及红军行动部署电告周恩来，并告知：“准备调四方面军向兰州、平凉，由兰州补充其被服弹药。”

中共中央根据张学良的要求，已事先放弃陕甘红军东北出和东南出的战略转移计划，现改为南下关中，援助友军抵抗亲日派的军事进攻；一面拟令西路军东返。军委主席团22日致电西路军领导人，征询他们对部队东返的意见。

西路军军政委员会当即开会，讨论是否东进。会上，绝大多数委员认为，东进和西进比较，前者困难更大，取胜把握较小，因为马家军的主力集中在东面，或与红军同在永凉线上，东进势必与强敌决战，难免付出大的代价。能否突破二马的重兵防堵，还是个问号。陈昌浩认为应当无条件地执行中央的指示，向河东进击。徐向前认为乘虚西进，把握较大，损失较小。他认为，既然军委征求意见，就应如实反映情况、反映看法，如果上面最后决定东进，当然无条件地执行。

12月23日，徐向前、陈昌浩、李特、李卓然、曾传六致电毛泽东、朱德、张国焘：

我们建议：西路军仍首先坚决按期执行打通远方的任务，不过为牵制“二马”，可以设法在兰、丹线上多活动一时。永昌城重要，唯现存粮极少，只要粮食有法，可尽力控制。如果必须东开，则必可东移。

1. 兰州友军至少以六个团及其骑兵进到古浪，与我方先夹击消灭“两马”于凉州一带。

2. 促新疆以抗日名义至少出六个团，并带货物，一直进到甘州，以维持后方及远方交通。如何？速示。

（引自《中国工农红军西路军·文献卷》上，甘肃人民出版社2004年7月第1版，第496页）

24日，周恩来电告毛：“四方面军主力即请向兰州进，但请留一部于永昌，以便打通安西。”

同日，军委主席团电示徐、陈：

（一）时局在发展中，有改组南京政府之可能；抗日联军已经组成，红军为第三集团军。西安有款一千八百万，能支持十个月，东北军、西北军主力均集中西安，准备消灭西进之敌，只要打得二、三个胜仗，局面即可开展。我主力红军并准备出河南，但胡、毛、曾、关准备向固原、平凉进攻，我们以东北军五个师及红军一部固守与钳制其一个月。

（二）在整个战略方针上看来，西路军以东进为有利，只要二十天至三十天内到达静宁、隆德地区，便可与于学忠、王以哲之八个师配合作战，至少可以钳制胡、毛、曾、关，而利我主力在东边放手打仗。张学良极盼望你们来，答应在兰州补充子弹、被服。

（三）你们接电后两天内，准备一切意见电告，正式决定的命令明天或后天电达。

（引自《中国工农红军西路军·文献卷》上，甘肃人民出版社2004年7月第1版，第503页）

此时，红三十军军部已由永昌城移驻城西二十多里山沟中村庄，当天夜晚，电台收到陈昌浩转发的中共中央电报，电报直接转发给李先念政委。电文较长，黄鹄显参谋长等在电台旁边，每译出一段就给李政委送去。中共中央的电文详尽地阐述了西安事变以后的政治形势，然后指示西路军东返。陈昌浩征求李先念的意见，是否同意东返。天亮了，屋子里送出李政委的复电文稿，上面写着："同意中央指示东返。"

当日，西路军军政委员会复电军委主席团明确表示："目前时局的开展，西路军利于东进，我们当坚决执行此任务。"

徐、陈刚开始秘密调动兵力，12月25日西安事变和平解决。

当天，即25日晚24时，周恩来电告毛泽东、朱德、张国焘："四方面军主力既不便东下，仍以留原地并打通安西为妥。"

27日，军委主席团电告徐、陈：

西安事变和平解决，前途甚佳。西路军仍执行西进任务，占领甘、肃二州，一部占领安西。开始西进的时机及如何作战，由你们依情况决定。

（引自《中国工农红军西路军·文献卷》上，甘肃人民出版社2004年7月第1版，第512页）

西安事变是当时的大局，是一切行动的出发点和归宿。西路军配合西安事变，顾全大局，无可争议。西路军的行动，是中共中央整个战略部署的重要组成部分。

当时，中共中央并不愿放弃打通苏联的计划，想叫西路军东返，只不过是河东形势吃紧关口的一项应急考虑，形势缓和下来，自然又令西路军继续完成打通国际路线的任务。

红三十军代军长程世才回忆当时情形："像突然吹来春风似的，同志们心花怒放了——西安事变发生了，蒋介石被扣了。全军上下，莫不欢欣鼓舞，街头巷尾都在谈论。过了几天，西路军总部指示：准备东进。广大指战员更加兴奋，大家都希望到陕北与一、二方面军老大哥会合。步兵带好了东西，聚集在街上和广场上纵情歌唱，骑兵和运输队也都将鞍驮扎结停当，把牲口牵到外边等候出发命令。但是，晚上9点钟，总部忽然又来了相反的通知：撤销东进命令，部队回原防地休息。"

12月底，西路军根据军委主席团电示，再次西进。

西路军撤离永昌、山丹地区，建立永凉根据地的任务才告结束。西路军鏖战永凉，肩负的是策应河东红军和友军的战略行动的千钧重担。西路军坚守永凉时近两月，冒白刃，餐风雪，疲兵屡战，元气大伤，兵力降至1.5万人。

“二马”与西安事变

西安事变爆发，军政部部长何应钦当即以“文”电告知马步芳：“西宁新二军马军长口密：（一）今晨九时西安东北军叛变，委座被围，行踪未明；（二）该部迅速集结待命，严加警戒防止奸宄，并设法与附近友军取得联络为要。何应钦文酉镇印。”当晚国民政府中央广播电台也发出了中央社紧急电讯。

马步芳对自己的处境十分清楚。张学良、杨虎城手握兵符，号令西北。东北军的第五十一军于学忠部驻防兰州，又兼任甘肃省政府主席，大权在握，咄咄逼人。西北绥靖公署主任朱绍良为了遏制于学忠势力的发展，曾经怂恿马步芳仍旧把持河西及临夏一带地区的地方行政权，以致于学忠对这些地区下达的政令往往成为一纸空文。这样就加深了张学良对马步芳的疑忌。西安事变发生后，马步芳恃为泰山的朱绍良在西安被扣，又传来了于学忠部在兰州与中央军发生武装冲突的消息，一时风雨满楼，险象环生。马步芳深恐于学忠对他乘机报复，日夜惴惴不安。特别令马步芳进退维谷的是，马部与红军西路军正在生死搏杀，如果于学忠等部此时挥戈西进，与西路军联成一气，自己势必腹背受敌。

西安事变当晚10时许，马步芳在新编第二军司令部紧急召见《青海日报》主编陈秉渊，严肃地指出：西安事变消息不得在《青海日报》上披露，以免军心民心动摇。陈辞出后急赴报社，将业已排就的中央社电讯全文撤掉，改发其他消息。为了尽可能弥补版面出现的空白，还补排了一个特大的木刻“！”。《青海民国日报》也得到国民党青海省党部特派员马绍武的电话通知，封锁了这一重大新闻。青海群众被蒙在鼓里，市面安静，一如往昔。

当天午夜，国民党甘肃省党部执行委员张民权夫妇，由兰州化装逃至西宁，传来消息：兰州东北军已开始军事行动，解除了朱绍良所属部队的武装，扣押了蒋系高级官员，并枪杀了曾任青海南部边区警备司令部办事处处长、时任西北绥靖公署参议杨继高和绥署军需处处长王式辉等人。兰州局面，一片混乱。张民权还说，东北军已与河西红军接头，前途堪虞。

马步芳以事态骤趋严重，唯恐河西军事发生突变，无以自全。立即密电前方总指挥马元海，告以西安事变消息，除转告马彪、马朴知悉外，严守秘密，慎勿外传。并令严守防地，加强对所属官兵的监督。

马步芳还急电岷县鲁嵩令师长、凉州杨德亮旅长及胡宗南等，要求“随时联络，以防不虞”。

马步芳对于河西战事可能发生的变局，远远超过了对蒋介石生死安危的考虑。可是各方“声讨”张、杨的通电，犹如雪片飞来，马步芳在几经徘徊之后，见形势日益明朗才于15日通电响应。遂由姚钧草拟“删”电，即将拍发时，又接受了马绍武、陈显荣的建议，为表白自己对蒋的竭诚拥护，竟将15日签发的电文日期，提前两天，改为13日发出的“元亥”电。电文中向南京行政院、军事委员会表明：“顷据广播电台电讯，惊悉西安发生事变，张杨劫持委座等语，消息传来，全青震惊。除严令所部一面加紧剿灭河西赤匪，一面防止兰州叛军之扩大，保境安民，敬候佳音外，敬恳详示确情，以便遵循。青海虽处四面敌匪之艰苦环境，芳等只知为党国尽忠，为委座效力，之外，他无所顾。合并呈明，敬请钧鉴。”

在此之前，马步芳和李天民、马绍武、郭学礼、李晓钟、马步青、李乃棻、谭克敏、魏敷泽、杨希尧、魏敷滋、姚钧等12人于14日以“寒”电致南京中央党部、国民政府行政院、军事委员会，表示“誓以血忱、在中央统一指挥之下，誓死杀贼，以定人心而奠国基”。15日，马步芳和上述诸人又以代主席、骑兵第五师师长、省党部特派员、省政府委员身份向张学良发出“删”电：“……倘因意见分歧，致坏和平统一之局，实为亲者所痛仇者所快。况全国舆论对公此举均为痛惜，万一残杀之祸见于今日，予敌人以进攻之机会，则国家前途宁堪设想。为今之计，应即幡然悔悟，护送委座入京主持大局。”

上述各电发出后，先后得到国民政府主席林森、行政院代院长孔祥熙、军政部何应钦等人的复电。

张学良复电说明：“蒋夫人及子文、铭三、雨农三兄来陕，迭与商谈，已有解决办法，日内即可揭开。目前前方军事已令停止待命，政局前途，大见转机。嗣此集全国力量以御外侮，未始非复兴之机也。”马步芳却迫不及待地又于15日和前述诸人发出请缨讨伐张、杨的通电。

直至此时，马步芳才令《青海日报》刊发有关电讯，公布西安事变消息。

马步芳自知不是蒋介石的嫡系，又不甘心依附张学良和杨虎城，遂全力控制河西军事，以随机应变，力求维持自己割据一方的独霸局面。他一面电令马元海加紧对西路军“围剿”，一面电令属甘肃省政府主席于学忠委派的河西所有专员、县长、局长及部长、科长，以及凡与东北军有明显关系者，一律以“清共”名义捕杀。

于学忠所派酒泉保安副司令徐启文等四人，被杀害于酒泉城东北角城墙上，弃尸城壕。临泽县长樊万龄、张掖县公安局长范时中等遭捕杀。临夏区行政督察专员、于学忠部王玉科被迫秘密离去。马步芳还欲逮捕张学良派驻西宁的“西北剿匪总司令部”驻青代表魏敷濂，因其是幕僚魏敷泽的四胞弟，令其夤夜离青返陕。西宁新闻检查所代主任刘天鸣，原系张学良所派，亦因风云突变被迫匆忙离青。

12月25日，蒋介石被释放。何应钦当日即以“有”电告知马步芳。马步芳于26日以“宥”电复何应钦，以“全省悬旗三日”来表示对国民政府“欢跃欲狂”之情。28日又以“俭”电致蒋介石表示：“惟杀贼致果，或可以竭忠诚。”

1937年1月17日，西路军曾致函马元海，以西安事变既已和平解决，河西军事亦应罢手言和，停止内战，一致对外。但马步芳以为“此股匪消灭与否关系大局者至大且巨，是以严词拒绝，不为软化，诚恐有影响剿匪整个计划，仍行继续进攻，以期聚歼”。2月1日，西路军再次致函马元海：本党已与中国国民党三中全会去电谓“西安问题和平解决，全国庆幸，苏维埃政府改名为中华民国特区政府，红军改名为国民革命军，直接受南京中央政府与军事委员会之指挥，派代表与贵军商洽一切”。而马步芳则认为西路军已山穷水尽，此属缓兵之计，再次拒绝接受与红军合作共同抗日的主张，继续严令马元海所部围剿西路军。

西安事变，马步青也很受震惊。他认为如果蒋介石生命有了问题，自己的处境即感狼狈；如果响应张、杨主张，河西走廊眼看要受红军威胁。马步青踌躇难决，电示青海马步芳商量办法。马步芳复电主张营救蒋介石，反对张、杨八项主张。马步青随即复电张、杨表明态度。

何应钦在南京以中央名义致电马步青，命令将武威所属各县的行政机关和税收机关等完全归由驻军控制，并嘱星夜派员接管。马接电后当即派军佐人员和亲信家族等，分别到各县接替，勒令原任的专员、县长、局长回兰。武威专员李学谟与武威县长杨玉清，虽系于学忠所派，但由于与马步青的关系较好，因此未受虐待，由马派汽车送回兰州。

“二马”乘此机会，派遣了不少专员、县长、局长等作为亲信。蒋介石被释回到南京。新任甘肃省主席贺耀祖到兰，贺对“二马”所派人员，不论专员、县长或局长，只是以省府名义予以追认，分别加委而已。

第八章

喋血临高

再三电令建立临高根据地

西路军夜行晓止，向西挺进。月光如银，无处不照。月光之下，大漠沙如雪，寒夜之中，戈壁硬如铁。北风，也是凶恶的敌人，它裹着奇寒硬往红军将士身上钻。红军相当一部分人穿的破单衣，只好弄块毡，中间剪个洞，从头上套下，用绳子在腰间一扎，就算冬衣。很多人没有鞋穿，只得用破布、破毡把脚包起来。大家的手脚都冻紫了，冻肿了，冻裂了，有些人的手脚已经溃烂。红军指战员，衣衫褴褛，饥肠辘辘，冒着西北高原凛冽风雪，长夜行军，艰苦至极。“半夜军行戈相拨，风头如刀面如割。”这些来自鄂豫皖、川陕和宁都起义的英雄儿女，赤胆忠心，顽强不屈，目标只有一个，正如歌中所唱：

我们是铁的红军，
钢的力量，
工农的儿女，
民族的希望。
不打通国际路线，
不是红四方面军。

部队得不到补给，常常没有粮食吃，指战员就勒紧裤带前进。在夜寒风啸中行军，身上冷，肚子饿，腿就像灌上了铅。更困难的是，西路军整日被马家军追赶着、截击着、包围着。艰难困苦走了一夜，本想找个村庄休息，可是敌人的骑兵不用两个小时，就走完红军一夜的路程。红军不但不能休息，还要赶快设鹿砦，修地堡，阻击敌人。因为只有消耗，没有补充，子弹越来越少，一粒子弹真是宝贵胜似一两黄金。敌人的骑兵在红军队伍前后奔跑，步兵成群结队游行似的耍威风。红军指战员把子弹推进枪膛，食指紧扣扳机，直到敌人靠得不能再近时才开枪。当敌人略微远一点的时候，大家又把食指松开，将子弹退出来装到子弹袋里，坚持到天黑突出重围，再继续行走。红军天黑突出重围，天亮又被包围，于是再坚持到天黑，再突围。就这样，在敌人的包围圈中行军，突围，行军。饿了，紧一紧裤带；瞌睡了，边走边打盹。

红五军在军长董振堂、政委黄超、参谋长李屏仁、政治部主任杨克明率领下离开山丹县城，以急行军的速度向抚彝（今临泽县蓼泉镇）、高台一线挺进。12 月 30 日午时抵临泽县城。五军前卫部队早一步到达临泽，为攻打高台准备了粮食、草料、攻城云梯等，准备了送伤员的骡马、骆驼和大车等运输工具，并派出侦察员侦察沿途敌人设防和高台城内敌情。部队在临泽休息时进行了战斗动员和物资补充。当日晚饭之后，五军在临泽留下一部防守，其余部队、机关向高台挺进。1937 年元旦拂晓，部队到达高台城下。四十五团一营奉命担任攻城战斗的预备队，警戒地点在东关大路一座牌坊式古门楼下。明亮的月光下，可以看清高台城堡不小，墙垛子上架有滚木，有无数的射击孔，东西门楼完整，壁墙上有射击孔。一营指战员迎着塞外寒风，警惕地监视着四周的动静，等待攻城部队发起攻击的枪声和上级的增援命令，传来的却是天亮入城的指示。红军抵达高台城下，守军毫无察觉，守军保安队及民团千余人投降，红军一弹未发占领全城。

红五军军部驻地——高台县城天主教堂

顺利攻占临泽、高台两座县

城的第二天（1 月2 日），徐向前、陈昌浩致电军委："连日西路军全部已行军通过沙漠滩地，且战且行，虽极艰苦，各军圆满达其任务，均无伤亡。五军一日占抚彝城，昨晚打开高台城，敌只打一枪，县长及民团千余人被俘。人、粮均极丰。三十军今早到六坝，明由甘浚（峻）堡附近往沙河堡进。我们及九军今早用火攻击拒敌堡，人逃亡甚多，今或明向甘浚堡、高台进。"

1 月4 日，徐向前、陈昌浩、李特致电军委及总政，进一步报告西路军情况及敌情：

（一）我们及九军昨过卯河水桥，夜到甘浚，然敌骑一旅今早跟到我们附近拦头。三十军今早到龙首堡，敌骑一旅接近，拟在现地反击敌，□□□□□□□□□不易联络，掉队甚多，均被敌杀害。敌骑及民团骑兵约六千，□□□□□□□□□。五军两团在抚彝，两团骑团在高台，已扩红六百，可集粮两万石，此地较富。

（二）估计马彪、韩起禄两骑旅附属马朴，元海各骑团及马禄骑旅，向抚、高几路进。韩起功步旅在甘，马步康旅一步团在肃。马步康一团、祁明山步旅、马继融步旅，正由红水向我尾追。敌颇有决心阻我进。来敌并不敢猛攻，只利集团骑兵拦头尾追截杀，沿途沙滩多且大，白天绝不易行动。行军周日，敌骑一早赶到，且战且行，全无休息。

（三）高台以下人粮极富，以上则甚荒凉，据点少且远。正值天寒。如主力控制高、抚，进则齐进，道路、粮、房、敌骑均不许可；打则齐打，亦只有坐待消耗，灭敌不易，驱敌不易。此方六千骑兵，绝非番骑或陕骑兵可比。

（四）西路军抱最大决心□□空前困难，不怕牺牲。从战役政治打敌上，求得最大进步，当自照前电完成任务。但如何以外力帮助我，或以外交、武力扼阻"二马"，或令三十一军、四军过河配合，则我损失必少，任务更易完成；或则我们即在高台战敌，远方资物用外力送下，亦属必要。望采纳下见。情报消息多供给，任务多指示，问题多有答复。只是说占领甘、肃二州并取安西是不够的。电台日夜与我通报，免失时机。如何，盼复。

（引自《中国工农红军西路军·文献卷》上，甘肃人民出版社 2004 年 7

月第1版，第521页）

西路军以红五军开路，红三十军殿后，前攻后卫，边打边进。1937年元旦，红五军一举拿下高台。1月上旬，红九军一部围攻甘州未下，进驻临泽东南的沙河堡；总供给部、总部直属队和红五军一部驻临泽；总指挥部及红三十军驻倪家营子。

这时，河东形势又发生了突变，内战乌云再次笼罩陕甘上空。蒋介石飞回南京后，囚禁了张学良，而且食言于“下令东路军退出潼关以东，中央军决离开西北”。顾祝同率37个师“讨伐”，其中15个师已进入潼关。东北军和西北军群情激奋，要同中央军拼命，要求放回张学良，要求蒋介石履行“诺言”。西安方面和中央军两军对峙，双方都摆成阵势，做出要打的姿态。红军坚决表示与东北军、西北军采取一致行动。1月2日，军委通电：“各兵团各驻原地集结待命，准备配合友军作战。”

1月5日，军委主席团致电徐、陈、李及军政委员会：

甲、西路军即在高台、临泽地区集结，暂时勿再西进。

乙、全军集结于二、三点，一天左右行程能集中作战，大力训练补充，伺机消灭敌人。

丙、全靠你们自己团结奋斗，取得胜利，不要靠任何外面的援助。

（引自《中国工农红军西路军·文献卷》上，甘肃人民出版社2004年7月第1版，第523页）

由于军委没有告知西安事变后河东方面出现的曲折，西路军领导人不知道全局情况，对于军委又一次改变部署，要“西路军即在高台、临泽地区集结，暂时勿再西进”迷惑不解。

6日，西路军军政委员会致电军委主席团：

（一）西路军实力：五军仍四个团，每团约八百人，骑团约百余，内有新兵约一千；九军只三个团，每团约八百余，骑团百五十余；三十军六个团，每团约六百余；骑师约三百余骑。弹药极少，刀枪甚缺，此次由永昌行军，共减员八百余。

（二）此地村落尽是堡垒，分兵即不能灭敌，集结则粮易被敌困，攻则伤亡甚大，所以补充训练事实上不易做到。

（三）近来各方情况此间甚不明，究竟整个战略企图如何，西路军基本任务怎样，据历次来电变更很大，致西路军遭受一些不可避免的损失，并影响到今后行动。

（四）来电所谓不依靠任何外力，是否包含远方与统一战线，究竟前电所称远方货物到达时间是否属实，抗日联军方面目前对“二马”有无可能争取。

（五）西路军以现有力量，可以在此争取必要时间，准备以全力接近远方。

（六）负完成任务使命，但停此太久消耗实力，全靠自力不能解决“二马”，奠定抗日后方。如必须先机或同时完成奠定抗日后方的任务，既不能希望任何外力援助，则建议四、三十一军归还建制，如何速示。

（引自《中国工农红军西路军·文献卷》上，甘肃人民出版社 2004 年 7 月第 1 版，第 525 页）

7 日，军委主席团复电徐、陈：

军委并没有变更你们的基本任务，也没有要你们久停不进，仅要你们暂勿西进，暂在原地休整，这是根据你们四日来电所述的情况而指定的。“二马”根本反对西安事变，希望同“二马”成立统一战线是不可靠的。远方物资只送至安西，送至肃州是不可能的。四军、三十一军已集中长安附近，也不可能策应你们。因此，目前你们只能依靠自己团结奋斗，不要依靠任何外力，详容另告。

（引自《中国工农红军西路军·文献卷》上，甘肃人民出版社 2004 年 7 月第 1 版，第 526 页）

8 日，军委主席团又来电指示，进一步要求西路军在临、高地区创造根据地：

甲、你们应从信赖本身力量，动员全军在临、高地带消灭敌人，来完成创造根据地的任务。因为消灭敌人创造根据地，正是接通远方，建立抗日后方的实际行动。

乙、依现时敌情、地理、经济、粮食、气候条件，西路军须全部集结临、高地带，执行上述任务，并求休补，现勿分兵去安西。

丙、你们当前之情况，西路军且多系骑兵，特别是在冬季作战，便于你们抓几支点，集结强有力的突击队，窥敌弱点，出敌不意而各个击破之。从政治的路线和纪律，进行居民特别回民的工作。整理统一供给事项，是创造根据地及整补红军必要条件。

（引自《中国工农红军西路军·文献卷》上，甘肃人民出版社 2004 年 7 月第 1 版，第 527 页）

当日（8 日），徐、陈电告军委主席团西路军面临的困难，并“再次请求将四军、三十一军向凉州开进，以便彻底夹击此敌，不然，单靠西路军恐难完成任务”。

当日（8 日），军委主席团复电徐、陈，“创造肃、甘、安根据地”：

西路军仅“二马”大部尾追，已离其策源地甚远，粮、弹、人、马，接济均必困难，趁此时机已占高台、临泽有粮地区，集中全力反攻追敌，消灭其一部，即可创肃、甘、安根据地，远方亦自然打通，寒候亦度过，接济亦必到手。否则不乘此良机消灭敌人，前途困难更增。望你们早下决心，集中全力，击退尾追之敌，决定创造肃、甘、安根据地。

（引自《中国工农红军西路军·文献卷》上，甘肃人民出版社 2004 年 7 月第 1 版，第 530 页）

当日（8 日），张国焘第一次单独出面打电报给徐、陈，强调：

甲、你们在甘北这一时期英勇卓绝的奋斗，和用自我批评精神，检查过去工作中的错误来源，求得进步，都是值得敬佩的。

乙、蒋回南京后，亲日派主张再向西安进兵。目前整个战略中心是巩固张、杨部队和红军的联合，在西安附近击退亲日派的进攻，稳定抗日派，争取中间的动摇派别，求得停止内战、一致抗日的实现。这种方针是正确的，并已得到中外舆论的同情。

丙、目前西路军是处在独立作战的地位，要达到甘北根据地和接通新疆的任务，必须击退“二马”的进攻，在临泽、高台、甘州地区站住脚跟。如此，远方接济才能得到手和更有意义，对于西北整个局面的配合才更有力。

丁、军委对西路军的指示是一贯正确的，对西路军是充分注意到的，不能经常供给情况，因为二部电台声音过小的原（缘）故。如果还有过去认为中央路线不正确，而残留着对领导的怀疑，是不应有的。应当在部队中，特别在干部中，提高党中央和军委的威信。

戊、相信和细密准备，独立击退“二马”，是西路军必须负担的。提高士气，坚强信心，争取群众，提高战术，来克服任何困难。

（引自《中国工农红军西路军·文献卷》上，甘肃人民出版社 2004 年 7 月第 1 版，第 532 页）

西路军前后约半年时间，中央和总部共发电报数百份，但张国焘个人发的电报只有两份，这是其中的第一份。张国焘把西路军领导人军事上的不同意见，上纲为路线分歧及西路军领导人在坚持错误。

9 日，军委主席团又一次致电徐、陈，认为河东抽不出部队西援，令西路军“集中主力，坚决歼敌，才是出路”：

（一）四军、三十一军路途三四千里，沿途阻塞，何能来援助你们。请勿作此想。

（二）你们集中主力，坚决歼敌，才是出路。马敌只是善打游击战，如能诱敌伏击，能缴械一部，有可能停止其进攻。而自己部队应缩紧编制，每人能拿一样武器，刀矛也好，能人自为战，即可灭敌。

（三）政治团结一致，自信能解决当前困难，才能完成任务。

（引自《中国工农红军西路军·文献卷》上，甘肃人民出版社 2004 年 7 月第 1 版，第 534 页）

当日（9 日），徐、陈复电军委：

（一）九、三十军今夜可全部集中主力在沙河堡，决在此灭敌。马朴主力，一团在高台西，一团在威敌堡、沙河堡一线；马彪部似在沙河堡以西；马元海率步、骑各约三千，仍尾我三十军。昨敌以二团犯西洞堡三十军阵地，未得手。

（二）后卫从甘浚堡突围出，已全到此，主要干部无一损失，只事务人员及彩病员损失一部，约二百左右。八台机件已全到，二局之收音机两部全失，十台收发报机被毁，三局所存电池、汽油及机件大部损失。今后器材难久持，即小规模之二局工作亦难恢复，务望军委供给我方材料。

（引自《中国工农红军西路军·文献卷》上，甘肃人民出版社2004年7月第1版，第535页）

西路军虽然久战疲惫，但总指挥部将红三十军、红九军集中于沙河堡，决心在此寻机歼敌。

徐向前元帅在回忆录中说："多事之秋，变幻莫测。军委这时又令西路军停止西进，在甘州、肃州地区建立根据地。我们不了解上面的意图所在，左思右想，想不出一个所以然来。继续西进吧，没有中央的命令；留在现地吧，四面受敌，处境确实艰险。怎么办？我们电请中央派四军、三十一军来援，东西合力，夹击二马，争取灭敌主力一部，为建立甘、肃二州根据地创造条件。但是，军委认为，河东抽不出部队西援我们，令西路军团结一致，紧缩编制，人自为战，坚决歼敌，独立完成任务。张国焘也出面打电报强调'军委对西路军的指示是一贯正确的，对西路军是充分注意到的'，'如果还有过去认为中央路线不正确，而残留着对领导的怀疑，是不应有的。应当在部队中，特别在干部中，提高党中央和军委的威信'。事情到了这般地步，我们还有什么话可说呢？只有坚决服从命令，令部队就地坚持。"

甘峻堡突围

徐向前、陈昌浩、李特在1月4日电报中提到"我们及九军昨过卯（黑）河水桥，夜到甘浚（峻），然敌骑一旅今早跟到我们附近拦头"。以上（9日）电报又提到"后卫从甘浚堡突围出……"。

有老红军也回忆了甘峻堡突围。

电台八台台长耿锡强——

永昌出去第一站呐，叫甘峻堡。甘峻堡是一个大土围子，土堡。在甘峻堡住了不到一个礼拜吧。敌人主力集中围困甘峻堡，围了个水泄不通，他妈的围得个死死的。本来突围准备向南走，往南走那个地方敌人有个口儿，可是城门呢又向东，开始准备把那个墙挖开，后来试了一下，那个土城挖不开啊，把土城开个门儿呐，那不是一天两天的事，挖不开还是走南门。南门一出去通过敌人封锁线。侦察科的连队在前面，下面总指挥，总指挥后面是作战、机要，机要后面就是电台。总指挥、总政委出去了，敌人呢惊动了。敌人机枪一响，总部的骑兵连打惊了，骑兵连呐向后冲，一冲呐妈的，把队伍就冲乱了，冲得个乱七八糟，十台的机器全部丢光。我骑着个白骡，我们那个电台呐，看见台长骑个白骡子，跟着我就走了。部队乱了，四面八方都是人。我实际上从敌人的阵地下面过来的，他喊口令，丢手榴弹，我也不理。

电台学员胡正先——

我们和徐向前、陈昌浩等首长在一个围子里，天还没有亮，4点多钟起来突围。徐、陈走在队伍前，刚出围子不远，就碰上敌人的埋伏。徐、陈带警卫人员冲了过去，许多人又被堵了回来。天黑看不清，人和牲口乱跑，不少人和牲口掉进深沟里，我也跟着掉了进去，脖子上挂的两节竹筒里的干电池摔了出去。深沟全是沙土，人没有受伤。后勤驮辎重的几匹骡子也摔了下去，驮的箱子摔坏了，只听有人叫“装金条的箱子摔碎了”。我想着我的干电池。战士丢了武器不行，干电池就是我的武器，不能丢！赶快摸，摸着电池，悬着的心算是落了下来。我装上干电池，爬出深沟死命向前跑。跑出没有多远，又碰上敌人的埋伏，把大家冲散了。敌人逼近就躲，走了就跑。没有退路，不能犹豫，只有前进，只有突围，我在夜黑的掩护下带着干电池冲出了敌人的埋伏圈。天快亮，我们看到一个围子，就叫开门钻了进去。围子里，有这个单位的，有那个单位的，有30多人，长短枪加起来只有10多支，又缺子弹，难以抵抗敌人。大家用土坯把门垒上，一直垒到门顶，把门堵死。敌人骑兵来了，叫门，砸门，我们不予理睬，就像里面没有人一样。我们在围子里不生火，告诉老百姓也不要生火。天黑敌人撤了，我们抖抖身上的土，向临泽方向追赶部队。

副总指挥王树声的警卫员董元国——

总部直属队的几部电台到达甘峻堡，红九军奉命前去掩护。一天晚上，我们要离开甘峻堡，王副总指挥叫各团、各连把爱叫唤的马用绳子绑住马嘴，走路有响声的东西全部丢弃。但开进途中，我们还是被敌人发现，敌人打起了照明弹，并开始向我军进攻。部队难以突围，只好又返回甘峻堡。敌人扑向甘峻堡，把我们团团围住。包围圈越来越小，王副总指挥抓起一支自动枪参加战斗，他沉着、机智地带领手枪队冲出了包围圈。但几部电台丢了，总部的许多人被敌人俘虏。我们到了抚彝的沙河堡，同九军军部会合。

临高一带的苏维埃政权

临泽县苏维埃政府主席李国璧——

马家的官来马家的兵，
制造内战打红军，
可是我们不愿意，
不知（那个）马家是何心？
不分回族和汉族，
也不分那官长和士兵，
只要联合打日本，
咱们就是一家人。

红军唱的这支歌，至今我还记忆犹新。

1936 年，我 19 岁，在张掖初中念书。农历十一月的一天，我跟随运粮的车队回家，行至张掖城北门外不远处，便看见红军浩浩荡荡地向西行进。红军看见我们运粮的车队，便扬鞭策马迎面而来，问道：“老乡，你们是干什么的？”我们说是运粮的。闲谈片刻，相互熟识，他们就提出让我参加红军。我以前听到过一些关于红军的传说，在张掖城里也亲眼见到马家军从山丹抓来的红军被俘战士。他们面对凶狠残暴的马家军，非常勇敢，正气凛然，给我留下了印象。我欣然应允，表示愿意参加红军。

我给红军带路，红军让我骑马随军行走。到张掖的一个崖子边坐下休息时，才知道和我谈话的红军一个叫黄部长、一个叫吴部长，同时在场的还有两位女红军，一个叫彭玉茹（妇女团参谋长）、一个叫华全双（妇女团政治处主任）。他们从行军壶里倒水让我喝，又从行军袋里取出牛肉干给我吃，待我非常热情。

我随军到沙井子驻地，看到运粮的车很多，车上拉的都是大米。红军把粮车挡下，为部队筹备军粮；过路邮政也被扣留，搞点情报。

黄部长他们和我熟悉以后，就以我的名义给张掖中学的校长杨茂春写了一封信，说了红西路军的情况和全国的形势。信中说，日本占领了我国的东北、华北，现在又要占领西北，中国快要完了，男儿不学则已，学而能为国用，方为学者本旨。望校长在教育界搞点革命活动，宣传群众，联俄联共，一致参加抗日。

红军在沙井子宿营一夜，次日凌晨出发西进，晨到沙河，早饭时分到达临泽县城。行军的队伍像一条巨龙，前看不到头，后看不到尾，从小河滩一直延伸到临泽县城，四五十里路绵延不绝。

红军赶到临泽县城，国民党军政人员、民团兵丁都已弃城潜逃。红五军、红九军部分和总直部队拥满了临泽的街头巷尾，东关西关、城里城外、各家各户都住满了红军。蓼泉完校住的是总部和政治部。城里面住的兵工厂有十几个人，生产马尾手榴弹。红军还有个回民司令部，设在龙王庙、贺家店、张家店。

红军驻扎以后，邀请地方绅士和各界代表开会，宣传政策，安定民心，号召外逃的旧政府人员复职，正常工作。

红军动员力量，就在当天晚上找来了许多架云梯，为去高台破城备用。红五军将士带着这些云梯星夜起程奔赴高台。

驻在临泽的红军第二天在会馆庙召开了军民大会。

第三天建立了苏维埃政府。人家看我是个青年学生，有文化，就把我任命为中华苏维埃临泽县政府主席。我想自己年纪太轻不能胜任，还是物色个社会上有影响的绅士为好，就把鲁秉礼任命为副主席。鲁50多岁，大地主，

红九军占领临泽县沙河堡。图为西路军观察和抗击敌人的古望楼

是清朝武举，国民党县政府兵站站长。他离职后，与人为善，调和民事官司。

开大会的时候，黄部长为我起草了讲稿，我讲了话。县苏维埃政府下设内政部、财政部、土地部、文教部。

苏维埃政府成立以后，即印制了第一号布告，内容有：红军公买公用，不拿人民一针一线；救苦安贫，打倒土豪劣绅；联俄联共，团结一致抗日。这一布告在城乡各地广为张贴，公告于众。

经过宣传，广大群众明确了红军是为劳苦大众的，就纷纷给红军送军鞋，帮助红军缝补军衣，饲养军马，加工粮食。

为了解决部队的供给问题，红军和苏维埃政府征收了临泽街上几家大商号的衣物布匹，还征收了四坝杨含新、赵家湾子阎子龙、唐家湾赵子益等几家大财主家的几百石粮食，还有面筋、干粉皮，一部分用于救济贫苦群众。

红军除在临泽城关驻守的部分以外，其余部分驻在县城东面的赵家湾子和县城以北的两个村子。高台失利后，这两处的红军撤到城里，马家军又驻在这两个村子。马家军围绕县城占据东、西、北三面，从三面进攻。红军占领着东关、西关、西关楼。红军在西关楼上架着机枪进行阻击防守，这是第一道防线；西关楼东面的城隍庙、冯家庄子、赵家庄子，东北方的马家庄子、牛家庄子这一带为第二道防线；县城即是第三道防线。

战斗期间，我和黄部长在政治部一起工作。没有给我配备武器，主要是发动群众支援前线，往城墙上运送石头、砖瓦、木料做防守备用。激烈的战斗持续了三天。有一天晚上，红军兵分三路撤出临泽城，第一路从黄渠桥撤出，第二路从仓库向南撤出，第三路从蓼泉小学向南撤出。因为是寒冬季节，黄渠水结冰，无论从哪里都能过去。撤的时候，前面有搜索队，后面有掩护队。三路军队撤退到沙窝里又会在一起，转战倪家营子。红军二次进驻倪家营子后，根据群众的呼吁，召开了军民公审大会，枪毙了残害红军伤病员的民团副团长李成英三人，平息了民愤。

红军走后，我被韩起功逮捕入狱，一年后在马步芳一师当兵，后任军需主任，兰州解放前夕回到家中。新中国成立后参加工作，搞水利，1959 年被处理回家，1979 年落实政策按退职处理。

宋耀辉、刘兴家、赵维新——

红西路军在临泽的时候，从北路来的红军在平川中心小学校驻扎了一个连，其中还有30多个女兵。

中心小学校有100多亩学田，出租耕种，收租放债，存有300多担粮食。红军驻在这所学校里有粮食吃，供给不发生困难。

红军驻扎以后，通过个别物色建立了农民革命新政权——八大委员。主席是杨其明，委员有谷福德、刘德龙、朱学贵、朱老大、高宗元、陈复兴、朱老四的女人。这个机构建立以后，为红军筹备了军需粮草，提供了地方情报。

红军和八大委员打开了平川小学的粮仓，取出粮食，救济了穷苦老百姓。红军走后，国民党县政府追查散失的学田粮，三番五次敲诈勒索，分了粮食的老百姓都做了退赔。杨其明因当苏维埃的主席，主持分粮，几经敲诈，一份家财都已赔光。

平川小学大门口的照壁上，红军写下了宣传标语："联俄抗日"，"中国人不打中国人，联合起来打日本"。

红军驻扎平川以后，平川城西的雷屯庄相距一里，进驻了马家队，但两军未曾作战。

红军在平川只住了七八天，一天晚上悄悄撤离，第二日天亮完全走清了。临走以前，安顿百姓在平川城的西南角菩萨楼上点起了通红明亮的大火，可能是为撤军做掩护的。

何若才、何若春、贾世祷、李兴武、李兴胜——

红西路军进驻临泽县境的时候，红三十军部分队伍驻在沙河堡附近北部的何家庄、花园村一带。几个小村进驻那么多的部队。兰家屯庄驻指挥部，何家屯庄是供给部，有五六十台缝纫机为红军加工军装。花园村张左俭的堂屋内设红军的总部，徐向前曾在这里住过。与此同时，马家军进驻了沙河街以南东寨、西寨、西龙王庙、八岔庙等地。红军驻扎以后，在沙河往北的便道上摆满了干树枝，用以阻拦敌人骑兵的进击，但未发生过战斗。

在此期间，红军在何家庄、花园村范围内组建了苏维埃政权。主席顾青善，是个木匠，50多岁。沙河一带的老人都知道顾木匠，因其脖项下有个"嗉袋"（甲状腺肿），人们都叫顾家的大嗉袋。他热心为红军办事，红军走后，被马军韩起功杀死在沙河镇南面的老爷庙墙根下。1949年解放军一到沙河就打听顾木匠，顾木匠在红军队伍是有较深印象的。

苏维埃政府成员、积极分子和进步人士为革命起了积极的作用。何生安组织车辆从鸭暖往沙河调运军粮；李兴国给红军带路挖窖找给养；在沙河镇上经商的贾永隆、刘进芳、任长水、丁居成、萧老五等人为红军筹集了布匹、衣物和白洋，达2000元白洋的价值。红军收后，打了收条说："等革命胜利了加倍偿还！"苏维埃政府的委员蒋怀云、李兴普受红军委托主持给农民分配库存在何若存庄子里的一堂屋粮食。何生详在红军进驻沙河后的第四天就积极参加了红军，挖战壕，掏枪眼，做工事，栽木桩，筑扎木城。委员张永录劝说民团大队长王学文收养女红军军官吴仲廉的孩子，抚养长大成人，交还原母。何家庙内的十间厢房住满了红军伤病员，何家庄方圆几里的群众都给伤员送汤送饭，使其早日伤愈康复。

红军驻地，除恶压邪，惩富济贫，农民暂时有了生机。红军的文工队在花园庙台子上多次演出，慰劳军队，活跃群众文化生活，开展革命宣传，军民联欢，济济一堂。

红军驻至腊月，各营房正值准备春节事宜，绑彩门，扎绣球，排节目，找肉食，缝衣服，突然接到高台失利和临泽突围的消息，迫于形势紧张，于是红军便撤出沙河转战倪家营子。

倪家营子村苏维埃政府主席宋德和——

1936年，腊八节过后的两天。黄昏的时候，从村东、北、西三面，红军进村来了。

跑到山林里的男女老幼，陆续回到村里。乡亲们返回村后，开了欢迎会，又举行了军民联欢会。红军首长还请村上的群众看了戏。

红军进驻的地方，东到东河湾，西到西河湾，南到石岗子滩，北至大沙河渠沿。方圆几十里驻满了。徐向前总指挥率领的红军战士，各个庄口、路边，都站上了岗哨。缪德荣的屯庄把守最严密，后来我才知道那间东厢房住的是徐向前总指挥。

马家队伍经常寻衅骚扰，枪声不时从远处传来，狗咬得很厉害。一天夜里，我和薛保子、蒋发志等好几个人都来缪家屯庄开会。黄占彪部长、汪部长、张部长、曾科长、张科长，还有不知道职务的程世才同志也来参加会了。

就在这天夜里，成立了村苏维埃政府，大家推举我当了主席。徐向前总指挥也来参加了会，他面容消瘦，口才利落，在会上讲了红军战斗的情况。

主席、委员、交通队长，胸前都佩戴起像现在代表证一样的红条，上面写着“主席”、“委员”的字样。村上的宣传队、拥军队、向导队，都开始活动了。我和几个委员整天忙着到各村各户张罗着买粮，借东西，供应柴草。红军买了东西，照价付钱。农民们看见红军战士日夜战斗，粮草断绝，都过意不去，哪能再要钱呢！

170多名红军战士挂了彩，生了病，由我们村苏维埃政府派人护理。村民们把最好的吃头、盖头送给红军伤病员吃用。我家积存的四石多麦子第一个送到了部队，大家跟着又送去了好多粮食。

倪家营子西面，一眼望不到边际的石岗子滩上，集结了大批的马匪军，滩北一大片土地上挖下了战壕。

我们老百姓全力支援红军作战，男人们组织了担架队、运输队，妇女们组织起来为战士烧水、做饭。真是鱼水般的情谊呀！

炮火不断地响着，远处、近地、村庄、场院，炮弹落处烟雾腾空而起。房屋棚圈着火了，牛马驴骡脱缰向外奔跑，鸡犬飞鸣，这一切都与厮杀声交织在一起。

石岗子滩阵地上，我军每次出战的人数虽然不多，但散得很开，打得很灵活，瞅准敌人的弱点，给他个歼灭性的痛击。从腊月二十到正月上旬的几次战斗中，打死的敌人不知有多少，仅缴得的枪支、弹药，在宋怀生的家里，就放了三间房子大的一堆。

战斗越来越艰苦。村东面宋保仁的屯庄、西面王家墩庄的战斗最激烈。墩内的炮台打塌了，剩下的六个红军战士，紧握着三挺机关枪和敌人拼了三天三夜，直到最后一个战士倒下去。

张玉孔家住的红军和庄内的农民一起坚守着屯庄，马家兵攻打了一天还是拿不下来。敌人企图靠云梯爬上庄墙，都被红军战士用石头一个一个砸下去了。

在李家屯，敌人手持刀枪，一爬上屯庄墙，就被红军战士像削萝卜一样砍下了头。敌人没办法了，提来油，搬来柴草，围住烧房子。庄里的红军与敌人展开了肉搏战，一些红军战士和万恶的匪徒同归于尽。

在苦战的日子里，那些留着短发的女战士都女扮男装，个个争着上战场，作战很勇敢。留在营地的女战士，不是看护伤病员，就是轮换着站岗放哨。战斗一结束，她们又和男战士一起，立刻到村上做宣传，写标语，教唱抗战歌曲。

大地主李梓、李清，在红军没来前把村上的老百姓欺压得走投无路。他们杀害长工，奸污妇女，搜刮民财，无恶不作。这回他们暗地里埋藏、转移了大批财产、粮食，还到处造谣，煽动民心，破坏老百姓和红军的亲密关系。那个一贯欺压农民的恶霸王治国，还搜集军情，跑到马匪那里去送消息。在村苏维埃政府的领导下，村里开了群众斗争大会。根据群众的强烈要求，当场处决了李梓、李清、王治国和民团团副李成基等几个罪大恶极的家伙，大大平定了民愤。

平分土地的事，除了委员，还有村上的贫苦农民吴登第、王生海、宋廷杰、缪长荣等参加。经过六七天的紧张工作，写出了平分土地册和通知单。在通知单上，每人分多少，谁分哪块地，都写得很详细。这次分配了缪克国等三户地主的土地。人们心里都乐了，大家说："红军来了，土地回了家，这回可要好好务种一番哩！"

情况越变越恶化，马匪军的围攻日益加剧。弹尽粮缺、严寒逼人，又加伤病员增多，红军不得不冲杀突围。正月十七日红军全部离开倪家营子。

红军走后，以民团头子罗兴章（镇反中被人民政府判处枪决）为首，到处搜捕、杀害流落下的红军战士和村苏维埃政府的干部。我和委员王生寿被韩起功捕捉去，严刑拷打，蹲了八个月的班房子，直到寒秋被村上乡亲们保释出来。

高台县委党史资料征集办公室座谈会议记录——

民国二十五年农历十一月十九日（1937年1月1日），鸡叫头遍，红军进了高台城。高台城原驻马家军的一个通讯排，在红军进城前就跑掉了。城里只有新招下的800民团兵，打了几枪，扔了几个手榴弹，就乱了营。我在第二天见过杨克明，文庙里开大会他讲了话，主要是：红军是穷人的队伍，团结起来抗日救国等。成立了苏维埃政府，主席是许青年。又成立了贫民救济委员会，主席是王天佑，副主席郇辅周和王占鳌。（聂世民口述）

红军在高台期间，大街小巷墙上都写标语，开了两次大会，放过四五次救济粮。王天佑是贫民救济委员会的主席，因贪污敲诈，被群众告下，叫红军镇压了。苏维埃政府主席是许青年，在群众大会上讲过话，副主席白希斋。成立了东西两个政府，东政府主席是张正福，西政府主席是陈锡福。红军司令部在天主堂。民团一部分回家，一部分组成抗日救国义勇军甘肃省第五路军。司令是白希斋，下设参谋部、供给部、第一团、通讯排。义勇军共有 300 多人。（郑炳伦口述）

我当时是裁缝，几个裁缝分了几个组。我的组八个人，每天裁剪衣裤一百五六十套左右，共做了十天。红军给了我工钱。还有刘聋子刘宝珊的组，还有零星几家也裁，裁下的衣服由苏维埃政府动员妇女连夜缝制，每天可出冬装三五套。不但红军全部换了装，连义勇军一部分人也发了冬装。所用布除了刘昆（商会会长）的，还有“德胜勇”、“瑞兴昌”、“义兴和”、“德顺兴”等字号的。除了布，还募捐了一批粮食。还发动群众做军鞋，如毡窝窝、皮窝窝等，铁匠还打马刀。红军进城到处宣传发动写标语，给群众扫地、挑水、看病，还发救济粮。红军很受群众的欢迎。（冯建基口述）

红军占领高台后，义勇军帮助红军站岗、放哨、盘查坏人。苏维埃政府主席许青年还讲话，动员群众支援打敌人，动员青年参军。当时，我记得参加红军的就有 100 多青壮年，好多还没批准。有的群众给红军献马、捐刀，有的拿来了马鞍子。董振堂还亲自教铁匠打马刀。几个炉子连夜干，打了不少。苏维埃政府还办了公共食堂。红军办了个合作社卖东西。（胡宗经口述）

敌人先打的是西关财神楼上面改的碉堡。红军一个排，打了三四天，敌人死了很多。后来敌人用火攻，红军一个排牺牲在楼上。敌人攻高台城，群众有的抬来了方桌，有的捐柜子，有的送箱子，装上沙当掩体，送椽子捣云梯头，搬沙担石，支援红军。（安国太口述）

严峻的历史从高台城头走过

黑河是河西走廊中部最大的一条河流，它出祁连，经张掖、临泽，绕高台城北向西流去。黑河水，高台城，留下多少往古的梦思——当年唐僧师徒取经回来，拉着白马涉水过河，突然河水暴涨，黑浪森然，行李和经卷被冲走。师徒拼死拼活与恶水搏斗，保住经卷，爬上南岸。他们顾不得人困马乏，选择大路旁一处地势较高的土台，晾干经卷。酒泉公李暠闻听唐僧在土台上晾过经卷，遂命修建“台子寺”，以示对佛的虔诚和崇拜。每年农历四月初八，善男信女来此顶礼膜拜者，络绎不绝。高台就因台子寺而得名。

高台位于甘州西北部，南北界于祁连山与合黎山之间，西与肃州毗邻。高台城墙高3丈，周长5.3里，有东、西、南三个城门，北面无门。自汉武帝开疆创设乐涫县，高台已有近2000年的历史。汉高台县址在今县城西南方向20公里的骆驼城。我国历史上两晋南北朝时期的北凉曾建都骆驼城。

1937年元旦，红五军解放高台，生擒伪县长马鹤年、国民党县党部书记王兆德，对被俘的保安队和民团进行政策教育和抗日宣传之后，将愿意加入红军的予以改编。

西路军到达武威一带时，曾在战术上扩大番号。这样到达高台的红五军部队就有十三师（三十九团）、十五师（四十五团）、骑兵团（两个连）、侦察连及军直机关等。这样做的意义，纯属向外宣传，威慑敌人。

红军指战员帮助群众组织抗日人民政府、抗日义勇军，发动群众建立贫农团。贫农团没收了城内恶霸地主芦荣的“和盛当”。仅从铺内没收的铜元和麻钱就有四五十车之多，衣服、布匹、绸缎不计其数。贫农团把仓库的粮食和没收的财物全部分给了缺吃少穿的穷苦人民。古城显露出崭新的姿态。高台人民拿出所能拿出的粮食卖给红军，拿出所能拿出的布匹为红军做冬衣。

共产党领导真正确，
工农拥护真正多，
红军打仗真不错，
粉碎国民党乌龟壳，
我们真快乐，
我们真快乐，
我们真快乐；

敬爱的勇敢的红军哥，
我们胜利有把握，
向前杀敌莫错过，

红旗插遍全中国，

我们真快乐，

我们真快乐，

我们真快乐！

这是红军宣传员在教群众唱歌。歌声迎来了古城灰蒙蒙却充满骚动的早晨。丝绸古道上的华夏子孙，开始尝到了翻身解放的幸福滋味，他们为贫穷所折磨的哀愁和浓重的晨雾一起消逝在黎明的太阳之中。但是，他们的幸福是何等的短暂，他们的欢乐是何等的微少！硝烟弥漫，如黑云冉冉而来。

马元海用部分兵力牵制驻在倪家营子、沙河堡、临泽一带的红三十军、红九军以及红五军一部，指挥马彪、马朴、马禄等旅以及大批民团并力进攻高台。

红五军依托城外工事进行抗击，激战数日，在敌优势兵力压迫下全部退入城内坚守。密集的炮火向高台城内倾泻。四处升起熊熊烈火，卷起漫天烟尘。

红五军连日厮杀，兵力锐减，弹药更是消耗殆尽，所剩无几。董振堂命令骑兵团团长吕仁礼：“你负责在城北挖洞，危急时突围用！”吕仁礼答声“是”，便率领一个连跑向城北。他们在城墙上挖洞，可并排通过两匹马或三个人，在洞外留下薄薄一层，捅个小窟窿观察动静，突围时一脚可以踏开。

傍晚，就在董振堂准备下令突围时，军政委黄超派人化装从临泽送来一封信。其大意是：高台是打通国际路线的重要军事据点，必须死守。军政委是全军的党代表，有最后决定权。

情况紧急，需要总部了解情况，最后定夺。但是，五军的电台在政委黄超处，董振堂无法及时与总部联络。总部电台收到敌人电报并破译后，才知高台吃紧。徐、陈派出骑兵师前往接应。

骑兵师说是一个师，实际只有四五百人。骑兵师向高台开进途中，遭到敌人拦阻。敌以数倍之众发起进攻，骑兵、步兵、民团黑压压一片猛扑过来。战斗异常激烈，十分残酷。战马倒下了，战士们就以马为掩体向敌人射击；子弹打完了，就挥起大刀、长矛和敌人肉搏；刀折了，矛弯了，就以枪托、石头为武器向敌人砸去。骑兵师将士弹尽援绝，血洒疆场。师长董彦俊、政委秦贤道受伤后，誓死不当俘虏，向自己射出最后一粒子弹，壮烈牺牲。董彦俊，河南人，任二十六路军连长时，于 1931 年 11 月加入中国共产党，12 月参加宁都起义。秦贤道，湖北黄安人，鄂豫皖时的团政治处主任。

董振堂无论是下达命令还是执行命令，从不含糊。在西北军任职期间，有一次他带领部队路过深县，正值桃子熟时，路边的蜜桃引诱得战士们直咽口水。董振堂严令不许摘取，为此下了一道手令："留头不吃桃，吃桃不留头。"这是他第一次下达这样严厉的命令，正是因为这道命令，树上没有少一个桃子。在中央苏区时，1932 年春红三军团攻打赣州失利。军委交给五军团的任务是：掩护三军团撤出阵地，防止敌人从城里冲出，阻击城外增援的敌人。这是红五军团组建后的第一仗，董振堂表示：坚决完成任务，人在阵地在。他命令部队开上去，顶住前来增援的敌主力陈诚的十一师。长征路上，皎平渡掩护全军强渡金沙江，战斗到第五天，敌人两个纵队麇集山下，准备攻击红军占领的山头。这时，军委传来命令：红五军团必须坚守九天九夜，保证主力胜利渡江。面对严峻的形势，在团以上干部会议上，董振堂严肃地说："北面就是金沙江，南面就是敌人，我们背水作战，任务完成得好坏，直接关系到全军的安危。本军团无论如何要完成任务，要掩护一、三军团和党中央安全渡江。"敌人开始向前沿阵地打炮了，董振堂指挥战士们躲到山背后休息，待敌人炮火一停，他即命令指战员跑上山头进入工事，阻击冲锋的敌人。这样一次又一次，直到第九天傍晚，接到军委让红五军团撤退的命令，董振堂才指挥全军团人员连夜渡过金沙江。

董振堂召开营以上干部会，宣读了黄超来信。董军长表情严肃，态度坚定，要求大家："誓与高台共存亡！"

1 月 20 日晨，敌人在隆隆炮火的掩护下，架起云梯，头顶铁锅，大叫大嚷蜂拥爬城。红五军机关干部、女战士、炊事员、马夫全都上了城墙。没有子弹，就上刺刀，拔大刀，抡木棍，甩石块；没有手榴弹，就将滚开的水朝爬城的敌人头上泼。轻伤员用手抓，用牙咬，重伤员抱住敌人滚下城头。改编的保安队和民团有人反水，将城门打开。敌人大队人马拥入城内。

军政治部主任杨克明带着少先连的几十名小战士坚守在军部所在的天主教堂。小战士石破天惊地高呼："红军战士血战到底！"全部壮烈牺牲。杨克明身边的机枪射手牺牲了，他抱住打红了的机关枪向敌群猛扫。子弹打完，他也把自己最后一滴鲜血洒在古城的土地上。

董军长带着二三十人登上东门，指挥大家沿着城墙往东北方向冲，因敌阻击不得不退回来，又向东南角冲去。一颗子弹飞来，军长身子一晃，从城墙上摔到城外墙脚。警卫员和还活着的几个人沿着城墙壁滑了下去。

军长炯炯双目闪射着火一般的光芒。他望见红旗上方，那轮银白色的太阳通红了起来，逶迤的山峦通红了起来……陷在恬静的睡眠之中，全然不顾那站在他身旁满面哀戚的战友和部下。警卫员扶起军长的头，把衣服解开一看，子弹从左胸穿过，鲜血直流。“军长，军长!”警卫员摇着他猛呼。

军长苏醒过来，睁开眼睛，用微弱的声音说：“我不行了，别顾我了，不走就冲不出去了!”大家的眼睛都涨满了泪水……

军长躺在黑暗中，一片沉滞的黑暗！他的战友和部下，生者与死者的影子一起掠到他面前又一个个地消逝，微笑的面容，怅惋的眼光，甚至是泪光盈盈。黑暗中有一条银色的幽径铺开了，路的两旁缀满了鲜花，石竹花的羞赧，马蹄莲的纯洁，紫丁香的忧郁，红玫瑰的依恋，还有那成片的山丹花，绚丽得使人几乎睁不开眼。他的年轻的战友和部下就在这幽径上阔步前进，迎着红旗。董军长沿着幽径，向那迷蒙的遥远天宇走去，身后飘起淡墨色烟云，斜飞着雪花……

董振堂与警卫员的遗体

严峻的历史从高台城头走过。红五军军长董振堂、政治部主任杨克明、师长叶崇本、政委朱金畅、参谋长刘培基以及3000名红军指战员在这里流尽最后一滴血。少数突入南山的部队，也遭民团残害。古城的天空寂寞而深远，灰蓝色的天空深处有几缕血红的彩云飘荡，仿佛在深情而悲哀地回忆着那逝去的风雪。

敌人进城，大肆烧杀、掳掠、奸淫，持续七天之久。新任伪县长王振纲亲自带领爪牙，挨门逐户搜捕红军伤病员200多人，不能走动的一律就地杀害，其余的押送张掖韩起功处。敌人还将董振堂、杨克明、叶崇本的头割下来，摆在条凳上照相，又将叶崇本的头挂在高台城上示众，将董振堂、杨克明的头送交青海马步芳验明。

《青海日报》1月21日讯："马炳臣旅长，昨由高台电省告捷，兹摘录于下：青海军长，高台城克复后，解决匪军3000余人，生擒俘虏者数百人。伪五军军长董振堂，伪政委杨克敏（明）二逆，未擒即被杀，正在搜觅；伪二十四师师长击毙后，已枭首示众；余各伪要人，生擒击杀者亦甚众，现在检验中。获战利品机枪步枪在3000以上，刻正安抚百姓，恢复秩序中。职马彪叩□（二十日）。"

徐向前元帅在回忆录中说："董振堂是宁都暴动的主要领导人之一。他指挥的五军团，在中央红军反五次'围剿'中，在长征途中，在与四方面军会合后的转战中，英勇奋斗，作出了重要贡献。后与四方面军三十三军合编，成为五军。红四方面军南下期间，他一面积极完成作战任务，一面站在朱老总一边，对张国焘的分裂主义进行抵制和斗争。他和杨克明、叶崇本、刘培基、董彦俊、秦贤道等许多指战员的牺牲，是党和人民的重大损失。西路军上下，极为震惊和悲痛。"

高台失利后，总指挥部任命孙玉清为红五军军长、黄超为政委、谢良为政治部主任、毕占云为参谋长。

为时已晚的杯水车薪

高台激烈的枪炮声，嵌进洪荒空旷的戈壁原野，相隔五六十里的临泽可以隐隐约约听到。

红五军留驻临泽城外的三十七、四十三团是由军政委黄超负责的。黄超祖籍贵州，1925 年加入中国共产党。青少年时读书，积极追求进步，参加学生爱国运动；1925 年在上海参加五卅运动，参加工人运动；大革命失败后，被组织派赴苏联入东方大学学习政治与国际军事；1930 年回国，从事白区地下斗争，同年秋被派入鄂豫皖苏区，曾任张国焘的秘书。

此刻，黄超政委对饶子健说：

“饶团长，怎么样？带一个营去支援一下高台！”

饶子健原是三十九团参谋长，山丹战斗时原三十七团团长李连祥牺牲后接任团长。他觉得时间拖延至今，高台一定十分吃紧，只去一营兵力增援，实属杯水车薪，无济于事。

黄超见他有些犹豫，操着知识分子的腔调说：“亡羊补牢，未为晚也！”

饶子健想要求增加增援部队，但想到黄超主观粗暴，提也不顶用，只好忍气吞声回到团里，挑选二营执行任务。

此时，高台将士已默默僵卧在冰雪之中了。

四更时分。饶子健带领二营向高台方向挺进，沿公路向西北走了二三十公里。稀疏的枪声已经几乎听不到了。沉闷的寂静，压迫着每个人的心。饶子健边走边考虑，在情况没有弄清楚之前，不能盲目开进。高台如被敌人占领，这支不足 300 人的小部队无疑是鸡蛋碰石头了。他跟二营张营长商量了一下，将部队带到附近一个土围子里，待侦察清楚敌情后再行动。

天已麻麻亮。西面过来一个背褡裢骑毛驴的中年庄稼汉，见了他们忙停下毛驴，用诧异的目光直愣愣地端详着队伍。

饶子健上前问道：“老乡，高台那里还打不打仗了？”

老乡愣了一会儿，从他们的服装上认出是红军，忙摇头说：“哎呀，你们千万别往前走了，高台已经被马回军占领了，你们的人死得好惨呢！”

饶子健又问了几句，老乡说：“你们一个大干部的头被割下来了……”

这消息对增援部队来说，犹如五雷轰顶！饶子健和张营长合计，派小分队前去侦察，部队先进围子。侦察员回来报告，高台昨天被敌人占领，我 3000 将士几乎全部阵亡！

凛冽的寒风吹着，枯黄的茅草瑟缩抖动。所有指战员的心也像茅草一样震颤，发出悲愤的呐喊。

警戒分队报告：土围子四周的村寨，敌人已经占领并做了严密的布防。由于敌人还没搞清红军究竟有多少部队在这里，没敢轻举妄动，贸然进犯，只是让小股部队与红军接火，试探虚实。在西北方向一个距红军较近的土围子里传来了敌人的喊话声：“赶快缴枪投降！”

红军也立即让几个嗓门洪亮的战士喊话：“白军士兵们，你们都是穷苦人出身，你们的父母在家给地主当牛马，你们却在这里给地主阶级卖命，你们流血，当官的发财，你们想一想，打仗到底为的谁？”

他们和敌人对峙了一天，敌人兵力不断向周围聚集。饶子健和几个营干部研究了一下，必须在晚上突围出去！

入夜，狂风顿起，飞沙漫天，也算是老天帮助。他们一边安排三个战士继续向敌人喊话，以迷惑敌人，一边组织部队突围。

“白军士兵们，中国人不打中国人……”三个战士开始喊话了。

“共军弟兄们，快投降吧……”敌人随即也跟着喊话。

部队开始行动。肃静极了，真可谓“马勒口，人衔枚”。风照样刮，沙照样扑打，红军的队伍走过之处，没发出一点异样的声响。

他们突围不久，只听枪炮齐鸣，但见火光冲天。那座土围子遭到灭顶之灾！

高台城血战中西路军将士牺牲的悲壮场景之一

“留下喊话的三个战士回来没有?”饶子健担心地问张营长。张营长说已经回来了，在队伍后头。

敌人向空围子轰打了一夜。由于是四面炮火齐轰，所以难以分辨围子到底有多少火力。凛冽晨曦中，敌人发现红军已经突围，立即折头向东，直扑临泽。

守卫临泽城

马家军攻克高台，立即折头向东，气势汹汹地将临泽县城（今临泽县蓼泉乡）包围。其一部兵力围攻城外的红五军一部，主力则向城垣攻击。临泽县当时叫抚彝县，县城虽然不大，但城墙完整，四四方方，开有东门和西门，城内住着百多户人家。

临泽城内驻着西路军驮经费的辎重部队，唯一能造手榴弹和子弹的小兵工厂、卫生部和总医院，以及总供给部各单位，除警卫连外，其他都是缺乏实战经验的干部、勤杂人员和几百名女同志，还有200多伤员。

临泽城内的最高首长是西路军总供给部部长郑义斋。此刻，郑部长迎风站在临泽城头。城外一抹令人悲伤的浑黄，敌人的骑兵、步兵不规则地晃动。郑部长揉揉因缺少睡眠而干涩的眼窝，对四局的科长秦基伟说：“我们处境虽然困难，但要时刻想着全军。我们是全军的生命线，部队不能没有我们，要不惜流尽最后一滴血，坚决战胜敌人!”

郑部长委托秦基伟负责守城，如同往常一样，他交代完任务后问了一句：“明白了吗?”

秦基伟答：“明白了!”

郑部长问“明白了?”秦基伟答“明白了!”曾是一件逸闻趣事。1933年秋，在开创川陕苏区的斗争中，秦基伟升任红四方面军总部警卫团团长。一天，吃过早饭，几名战士扯了一根线到他住的屋子里，秦基伟问：“这是什么玩意儿?”战士说：“团长，你放在耳朵边就知道了。”秦基伟疑惑地把那玩意儿放到耳朵边，着实吓了一跳，里面出声音了：“秦团长吗?”秦基伟开始认为是战士在捉弄他，把那玩意儿一丢，脸一沉，准备训人。扯线的战士忙说：“团长，这是电话。郑部长在里面，要与你说话哩!”电话?没见过，也没听说过。不过，郑部长是个大首长，要在里面对自己说话，那可不是闹着玩的。秦基伟把那玩意儿又放到耳朵边，果真，里面传来了总供给部部长郑义斋的声音。声音是听清楚了，话则没听明白。秦基伟连听带猜，知道郑部长是让他到某个地方执行任务。郑部长交代完任务后问了一句："明白了吗?"秦基伟胸脯一挺，答道："明白了。"放下那玩意儿，秦基伟根本不知道要执行什么任务。他只好命令警卫人员备马，策马到30里开外的郑部长那里重新受领任务。郑部长正在主持会议，见秦基伟等人大汗淋漓地闯进来，头上还冒着热气，不觉吃了一惊，问："你咋回来了，不是让你去涪阳坝吗?"秦基伟响亮地回答："我得听首长当面交代。"郑部长说："我在电话里跟你说得清清楚楚的啊?"秦基伟回答："我对那玩意儿信不过。"这一下，把郑部长眼泪都笑出来了："那不是玩意儿，是电话。现在条件好了，团长都安一部电话。以后，下通知、报情况，大家都用电话，你要习惯。""电话事件"闹出了笑话，秦基伟这样想：光知道甩帽子挥大刀玩命不行，要适应新的职责，掌握新的技术。

秦基伟，1914年11月出生于湖北省黄安县七里区秦罗庄。秦罗庄全村人家都姓秦，是一个世代租种罗姓地主庄田的穷苦山村，故名秦罗庄。秦基伟小时，父母双亡，成了孤儿，10岁又失去了与他相依为命的哥哥。当乡亲们还在唤着秦基伟的小名"秦伢子"时，他就当上了红军。1932年8月，秦基伟在麻城陡坡山战斗中被打断右臂，负了重伤。红四方面军这时又被迫开始西征转移，秦基伟是重伤员，不便行动，组织上决定让他就地养伤。他说："我死也不离开红军!"于是就悄悄地跟在队伍后头，整整走了一个月。家乡和他一起参加红军的100多人，都相继倒在了异乡的土地上，最后只有他活着。

郑部长和秦科长把所有的人不分干部和战士，不分男女，统一按战斗需要编成班、排、连。警卫连两个排分别坚守容易被敌人突破的城门楼，一个排作为机动队由秦科长直接掌握。

夜幕勾勒出祁连山峰黑黢黢的轮廓，滞涩而厚重的大气之下，风夹着雪粒卷起一位红军女战士轻轻唱着的《节约子弹歌》：

我们的子弹是性命换来的，
有了子弹才能去杀敌！

射击和军纪，
大家要记清，
浪费一颗子弹，
就帮助了敌人。
没有见敌人，
不到一百米，
莫要瞄准，
都不能射击。
努力学射击，
一枪打一敌，
最后胜利是我们！

秦基伟带着机动排，沿着城墙巡逻。敌人在开阔地搭起帐篷，烧起篝火，唱着小调，扯着嗓子骂红军女战士。秦基伟目眦欲裂，不自觉地把手伸向腰间的驳壳枪。

“科长，让我扫这些王八蛋一顿吧，他娘的！”走在秦基伟后面的机枪射手，从肩上取下机枪，端在手里。

“让警卫连掩护，我们去和敌人拼一下，别看我们是女同志！”一位女战士瞪着两只大眼睛说。

“女同志守城，我们去！”干部们也愤怒地说。

面对敌人，喋血复仇的怒火在每一双瞳孔里燃烧。可是，秦基伟知道，城里兵力有限，武器也少，仅有挺轻机枪，子弹也不多，必须保存力量应付敌人的攻击。他极力控制着自己的感情，把驳壳枪慢慢插向腰间，向大家说：“我们当前的任务不是出击，而是坚守，在坚守中杀伤敌人，争取时间！”

拂晓，敌人四面实施凶狠的火力轰击。一团团浊黄的爆烟，在城墙和城内升起。炮火把城墙轰开了几个口子，成群的敌人便抬着梯子，搭上豁口，挥舞马刀，“冲呀”、“杀呀”地喊叫着爬上城来。

红军集中所有的步枪、手枪一起射击。手榴弹、石头、砖块，冰雹似的砸下去，溅起一片鬼哭狼嚎。

郑义斋在弥漫的硝烟中，组织战士们用枪、矛、砖、石，阻击敌人。敌人暂时被打垮了，他又下城督促修械工人赶快制造手榴弹。人手不够，他就亲自拉风箱。

驻在城外村庄的红五军三十七团和四十三团，打退敌人向他们的进攻之后，又向攻城的敌人出击。敌人攻城部队经不住里外夹击，互相践踏着，拥挤着，溃退了。

夜晚又一次降临。敌人的山炮不时打来几发炮弹，"啾啾"地拖着颤动的啸音，在城墙上爆起几团刺眼的火光。秦基伟不论走到哪里，都看到同志们紧张地忙碌着。大家把打坏的城墙重新修补起来，把成堆的砖块、石头抬上城墙……

妇女独立团的战士赶着抢修被敌人的炮弹炸开的一个缺口。天太冷，根本无法用水和泥，有人急中生智，想出用水冻土筑墙的办法。她们一边垒砖块石头，一边往上泼水。天亮时，城墙修好了。炮弹落在这段城墙上，冰碴四溅，破坏力减轻了。

许多人在掩埋烈士。牺牲者中不少是年轻女战士，正值豆蔻年华。弹雨横飞中，她们那像朝霞旭日般蓬勃的生命，一瞬间就化做血肉模糊的尸体。生命在这里显得如此脆弱、短暂！然而，她们洒下热血的地方，大地终会解冻，生长出鲜花，花丛中有鸟儿为她们歌唱……

时间和炮火的闪光一样迅疾，已经是第三天了。马家兵攻打临泽，死伤累累。仅刘呈德团伤营、连、排长 20 余人，士兵被击毙 100 余人，受伤者不下 300 人，其他各部官兵死伤也不在这个数字之下。

旅长马禄对刘呈德说："临泽城虽小，好似铁皮包扎一般，我们死亡不少，真不容易攻取了！"

马元海面对城根死尸枕藉的官兵，脸上毫无表情，连每一条皱纹仿佛都凝固了。他挺挺身子说："这样一座小小城池，怎么攻取不下呢？哪怕花费十天半月的工夫，一定要攻破！"

马家兵在炮火烟雾中三番五次猛攻。

红军所有人员，连负伤的同志都拥上城墙。透过浓烟烈火，衬着霞光熹微，城头闪现出一个个厮杀的身影：一位女战士头上缠着绷带，把一块大石头用力举过头顶，狠狠地向一个把头伸进城墙的敌人砸去；有人握着马尾手榴弹后面的长绳，抡节鞭一样，向爬在梯子上的敌人打去；有人手握长矛，把爬上城墙的敌人戳翻下去……

秦基伟和警卫连连长带着机动排，哪里危急奔向哪里，刚把城西北角的进攻打退，敌人又在城东北方向一个缺口架上了四五架梯子。警卫连连长和几名战士冲上去，推着敌人伸到城墙上的梯子头，喊一声："掀!"四五架梯子一齐被掀到半空中又扑向城墙，"咔嚓"断成数截。爬在梯子上的敌人，从半空中掉了下去。敌人被打退后，秦基伟才发现自己负了伤。

西路军的壮伟举动和铿锵脚步，在丝绸古道上的敲打，跃过时间铸就的障碍，在喷薄，在飞升。然而，正像太阳有黑子，白璧有瑕点，红军震撼荒原的执著中，夹杂有支离破碎的杂音。

1 月 22 日下午，驻临泽城外村庄的红五军十五师师长郭锡山借口看阵地叛逃。

"不好了，郭锡山跑了！"他的警卫员跑回来说。

"你干吗不打死他?"在战争年代，警卫员负有随时处决叛徒的责任。

原来郭锡山和警卫员走到前沿战壕，郭说："把你的盒子枪给我，打个远目标。"警卫员把枪给他，他顶上子弹对准警卫员，指着敌人的阵地说："你跟不跟我去?"警卫员不去，他就一个人跑了。警卫员让哨兵开枪，打了几枪没有打中。

郭锡山被马禄旅哨兵查获，送交旅部。郭交代了身份，表明是来投诚。马禄积极欢迎，把他护送到凉州。马步青叫顾问李兰轩（郭的同乡，河南人）对郭优待。郭主动出面，印刷传单，招降红军。马步青对此至为满意，任命郭为参议，月薪 100 大洋。西路军失败后，被俘的红军高级干部到凉州后，马步青指定郭做工作。马步青又任命郭为甘新公路督办公署运输处副处长，月薪 300 大洋。马还把自己的大姨子许配给郭为妻，恩准其将父亲和弟弟接到凉州。最后因为郭的弟弟抢劫了马的丈母娘的财物被马所杀。

祁连的夜以低而庄严的夜空，凄然的月色星辉，抚慰着艰难的红军。红军利用夜暗突围，向倪家营子靠拢，遭敌截击。两边奔驰着马家骑兵，一面冲杀，一面高喊："弟兄们，冲啊！抓住女共党一人给一个老婆。"

秦基伟从受惊的骡子上摔下来，忘记伤口疼痛，立刻爬起来带领部队与敌人拼杀。队伍边打边走，妇女团和机关干部伤亡惨重，不少人被俘。

“啪啪啪……啪啪啪……”密集的枪声远去了。黑夜里飞过一串流火，留下不消失的回声，留下天宇的空旷和那浓重的令人悲伤的岑寂。

红军女战士叙述临泽城的守卫和突围

妇女独立团团长王泉媛——

从山丹撤出后，马匪在后紧紧追击，战斗频繁。1000多女同志集中到一块儿影响太大，于是把妇女团分散到各军。我带了何福祥这个营，还是跟着总部行动。

1937年1月，我们被敌人包围在临泽城内。全体女战士站在守城第一线，有武器的用武器，没武器的就用石头、瓦片向敌人狠狠投去，打得敌人血肉横飞、连滚带爬，一天就打退敌人的多次进攻。战斗十分残酷激烈，城外堆满了敌人的尸体，城墙上也洒满了同志们的鲜血。晚上，战士们又忙着加固城墙。连续战斗了三天三夜，敌人的部队还在不断增加，攻势也越来越强。他们凭借着猛烈的炮火，把城墙一次又一次轰开。数不清的敌人蜂拥而上，并无耻地狂叫着：“弟兄们，冲啊！打进城去一人赏一个共产婆。”敌人利用梯子和吊绳爬上了城头，战士们奋不顾身地和敌人展开激烈的肉搏战。几个身强力壮的女战士把一截露出头的梯子掀了下去，梯子上的敌人号叫着死去。敌人一次次地进攻，一次次地失败。一个小女战士自豪地说：“有我们在，匪徒休想爬上来！”

但是，形势对我们越来越不利，再守下去，将有全军覆没的危险。我们按总部指示寻机突围，奋力拼杀冲出了临泽。在这次战斗中，妇女团有400多人牺牲。

妇女独立团二营营长何福祥——

从山丹西进到张掖、临泽、倪家营子。我们主要是配合战斗，守城墙，抢救伤员。由于战斗频繁，弹药补充不上，我们就到老百姓家去收废铜烂铁，自己制造土手榴弹和子弹。记得这一带前进后退往返不定，由于是孤军深入，敌我力量悬殊，我们处于节节失利的局面。

妇女工兵营营长杨文局——

临泽突围，四面八方枪声乱响，天空都是红颜色，还听到马家兵的号叫声：“把枪往天上打，抓活的，抓到婆娘一人一个！”这时，我被一颗子弹打伤，幸亏伤不很重，赶快跑进一个冰滩。冰很滑，马摔倒了，许多东西都摔坏了。我们老远看见三个马家兵在追捕一个女红军战士，便冲了上去。那位女战士用剪刀戳死一个敌人，剪刀扎在敌人的腹部。女战士自己也因多处受伤，壮烈牺牲。临泽突围，很多人牺牲了，很多人被俘了。

妇女工兵营班长李文英——

那年冬天冷得出奇，树枝冻干后都掉了下来，树上搭窝过冬的老鸦也冻死了，有的地方地冻裂成手掌宽的口子。手握在冰冷的枪管上，会把皮撕下来。

东北城墙被敌人的大炮炸开一个缺口，如不立即修补，临泽城将有被敌攻破的危险。我们冒着炮火冲到城墙下，发现上城的梯子已被炸毁，便借着夜色的掩护，搭成人梯爬上城墙。我们往下一看，城外的敌人已抬着梯子到了城墙下，正要往上爬。我们机枪、步枪、手榴弹一齐开火，打退了敌人的进攻。

打退敌人后，我们立即用绳子把砖头石块吊上城头。由于天太冷，根本无法用水和泥，大家急得团团转。有位同志急中生智，想出了用水冻土筑墙的办法，拿水一试，果然能行，于是我们一边垒好砖头石块，一边往上泼水。突然，一颗炮弹落在前面，当场炸死好几位同志。我们冒着密集的炮火，没有人怕死。天亮时，城墙修好了。

敌人围攻临泽，我军伤亡较大，多次组织突围都未成功，情况日益艰险。女子独立团的同志都把齐耳的短发剪光，准备同敌人血战到底。高台失陷后，临泽城西门也被敌人攻开了。我们从东门杀开一条血路冲出了重围。在过一座木桥时，我的一只脚夹在板缝里，鞋拔不出来就光着脚跑。天亮时，我的两边都是马匪的骑兵，他们一面追赶，一面高喊：“弟兄们，冲啊！抓住女共党一人给一个老婆。”我们从临泽突围出来的同志，大部分在马匪的追杀中牺牲了，一部分让敌人抓走了，剩下的少数人撤到了倪家营子。

第九章

东进？西进？

东进受阻，折而西返

徐向前、陈昌浩下令总供给部以及五军一部放弃临泽，向红三十军、红九军靠拢，动机不只是要防止敌人继续各个击破，他们计划经过一个消耗敌人有生力量的阶段，突破马敌重兵围堵，执行东进任务。

此前，军委主席团于1月16日致电西路军领导人，通报了西安局势和绥远抗战胜利等情况，电示西路军准备东进："目前关键在西安。西安局面如果转向有利发展，将使'二马'难于积极对付西路军。""同意西路军在现地休息一个时期，集中全力乘机向东打敌，尔后以一部西进。在这种条件下，应大大向东扩张甘北根据地。"

（一）这一时期，我们采取积极措施巩固西安，团结张、杨两部，将红军主力开到三原一带。十五军团出商县，影响张、杨部队，积极备战；同时主张停止内战、一致抗日，压迫蒋实现在西安允许之条件，反对亲日分子策动之对西安的进兵，已得到相当效果。因红军进入西安地区，张、杨内部甚团结，士气甚旺，中外舆论均主张和平，各方情况现有向着变内战为抗战的倾向，但尚须极大的努力。

（二）目前关键在西安。西安局面如果转向有利发展，将使"二马"难于积极对付西路军。

（三）绥东李守信等伪军遭受打击，百灵庙被傅作义占领后，日本即欲帮助“二马”，事实上已不可能。

（四）同意西路军在现地休息一个时期，集中全力乘机向东打敌，尔后以一部西进。在这种条件下，应大大向东扩张甘北根据地。

（五）西路军在这一时期艰苦奋斗中，虽然表示了惊人的英勇，但也形成自信心降低。应在全军中向高级干部以至战士进行坚持不懈的宣传鼓动，提高胜利信心，克服丧失信心的有害情绪。

（六）提高政治工作和红军纪律。原来在西路军中在这方面存在着严重缺点，现在又处困难环境中，更易形成与居民关系不良的情况。坚决将全军政治工作提高一步，严肃纪律，争取回汉群众，不乱没收一家，不乱杀一人，同时优待“二马”被俘官兵，是具有决定意义的。

（七）在军事上努力提高一步，特别学习打骑兵和冬季战斗。

（八）远方货物是只能在约定时间送到安西的。最近两个多月没有电报来，也许西安形势的发展，能够给你们有利的配合，我们正在争取对西路军配合帮助；但你们必须从提高信心，努力军事政治的转变，求得自己的力量战胜“二马”，才能保证创立甘北根据地，及在可能时派一部占领安西的胜利。

（九）电台材料应尽量节省使用，减少收发电，严定通报时间，使四十天材料作八十天用。

（引自《中国工农红军西路军·文献卷》上，甘肃人民出版社 2004 年 7 月第 1 版，第 537 页）

这份电报在作出有关指示的同时，批评西路军“形成自信心降低”。西路军这支从鄂豫皖、川陕、宁都暴动中走来的红军，在向河西走廊挺进中，缺枪弹、缺刀矛、缺吃缺穿，几乎所有物资都严重缺乏的部队，唯一不缺的就是自信心，坚强的灭敌决心，坚定的必胜信念。

中央指示西路军东进，自然与全局有关。一方面，国民党军兵临城下，西安局势又趋紧张。中央估计，如内战再起，西安难以固守，友军和红军必须准备广阔而机动的战略退路，方保无虞。第一步，退向陕甘宁边；第二步，退向河西地带。这时调西路军东进，占领永凉一带，正是策应河东部队实行战略退却的重要一环。另一方面，为了避免内战再起，中共与蒋介石的谈判，亦在加紧进行中。关于红军的防地问题，中共要求陕甘主力红军仍驻陕甘（原要求汉中、甘北、宁夏等地均不成），另一部驻陕南，西路军驻凉州以西。而蒋介石的方案是：国民党军进驻渭水流域；陕甘红军及东北军、西北军处渭水以北；西路军处凉州以西。中共中央考虑如与蒋妥协，照此案达成协议，则陕甘红军和友军南临渭水，北靠沙漠，东西两侧皆有黄河阻隔，如内战再起，就有被蒋介石封锁于渭水以北，处于进退失据的境地。中共中央认为，接受上述方案，则必须以陕南留一部红军驻防为条件，以便与陕北红军相呼应。如陕南红军驻地无法解决，那么就调西路军主力东返渡黄河，争取占领甘肃南部的文、武、成、康地区，以便将来可与陕甘苏区成掎角之势，互为策应。如蒋答允我驻陕南一部红军的要求，亦可解决"策应"问题，西路军则不妨仍在河西占一块防地。

西路军军政委员会虽然不了解中央调西路军东进的全盘计划，但谁都明白，要么西进，要么东进，蹲在现地被动挨打，绝无出路。1 月 20 日下午，西路军军政委员会决定，执行军委指示，全军集结，立即东进。次日（21 日）凌晨，徐、陈电告军委主席团：

> （一）以乘绥东进击敌，相机配合凉、古，接通兰州，增加抗日联军之目的，决今晚全军集结出动，走南大路，以十天行程达到古浪、土门地区，尔后向平番或靖远集中。
>
> （二）士气甚旺，沿途相机抗击。
>
> （三）前面情况时告。

（引自《中国工农红军西路军·文献卷》上，甘肃人民出版社 2004 年 7 月第 1 版，第 539 页）

1 月 21 日，张闻天、毛泽东致电周恩来、博古并告彭德怀、任弼时："西路军东进，徐、陈电士气尚旺，十天可达古浪。如该军不再挫折，尔后当位于文、武、成、康地区。如此，我主力在陕南、甘南便可破坏南京把联军围困于渭水以北之计划。"

西路军回师东进，为此，总部命令红九军留下两个步兵团和妇女团一部包围佯攻甘州，牵制敌人，掩护主力行动。陈昌浩在梅家寺主持了一个会议，恢复陈海松的指挥权。这次开会，陈海松没说太多的话。他带领七十五团、八十一团和妇女独立团一部去甘州南关，执行牵制任务。

陈海松部连夜急行军，次晨未亮到达作战地域，甘州南关守军一个连还在睡觉。陈海松指挥部队勇猛突袭，未发一枪，全歼守军。他到三个团部走了一趟，对团、营、连干部急急地说："选地形，筑工事，守住两边关卡，掩护总部和全军通过！"

陈海松对机要参谋李良兴说："李参谋，交给你一个大任务！如果我牺牲了，你晓得全部战斗部署，就代理我指挥到底。如果我负伤了，你就补上一枪，不能叫敌人抓活的哇！"李良兴听后，眼泪在眼眶里旋着打转。

1 月 21 日，一片漆黑的寥廓，一片封合的岑寂。西路军主力在夜幕的掩护下，用刺刀杀出一条血路，全军出动，向东进发。经过连续两个夜晚的行军，前卫红九军在王树声率领下进入沙河堡东约 60 公里的黑河西岸的龙首堡。

凌晨，龙首堡内的敌人正在酣睡。堡内敌人一个团，另有民团一部，从凉州方面赶来，下午刚到。红九军七十三团团长孙汉言率部摸进堡内。枪声响起，哀嚎声、喝叫声、打斗声传出。几匹战马由堡内冲出，九军隐蔽在堡外 100 余人的骑兵团猛扑上去。这一仗，毙伤俘敌 400 余人，缴获战马 60 余匹。

当晚，徐、陈和总部、红三十军抵龙首堡西 20 里的西洞堡。西洞堡是一个大村子，几家人住一个土围子，土围子之间有一定距离，若干土围子组成村落。村周围方圆几十里平滩，东北面直到黑河，正北有一座小白塔。

裹着硝烟的寒风把夜幕拽走了。李先念和程世才登上村北数丈高的白塔，从望远镜中看到进攻的敌人分为两路，少数占据着沙土包，大部暴露在开阔地上。红军居高临下，击倒很多敌人。经过战火洗礼的军人的大脑明晰而又果断，李、程一锤定音：集中力量歼其一路，兵力可占优势。此刻不反击，敌后续部队赶到，有利时机就会失去。

程世才抓起电话："我们请示出击……"话筒里不断传来徐总指挥一两个字的回音。最后，徐总指挥坚决果断地说："我批准你们的作战计划，命令部队出击！"

悲壮的利剑锵啷啷出鞘，直指右翼，敌人想逃跑也不能了。马家兵每人一把大刀、一支短枪或一杆长枪，他们利用良好的装备和健壮的体力拼命挣扎。

红军战士体力弱，扭住敌人后，两三个人才能捉住一个。战斗结束，800多个敌人做了异乡怨鬼，800多支马枪、400多支短枪、许多战马和俘虏成了红军的战利品。

红军在西洞堡歼灭的是青海宪兵团。宪兵团刚从西宁派来，士兵1300人都是从西宁市居民中征拔的，各级官长由手枪团派充。手枪团团长马玉龙接到马元海的进攻命令，以宪兵团在前，督促猛攻。枪声一响，未经训练的宪兵团惊慌战栗，乱作一团，逃生者仅100余人，在其后面的手枪团亦望风溃散，不堪收拾。马元海召集连长以上军官，当场申斥马玉龙说："平时你在西宁风头不小，今天作战，不如儿戏！"马玉龙面红耳赤，莫敢仰视。

红三十军的反击战夺得了胜利，然而并没有造成形势的改观，西路军欲东进而不能，东面敌人加紧重兵据堡堵截。

1月23日，徐、陈电告军委：因敌正防我东进，快行不易，部队需稍休整；东进行前，争取在现地或路上乘机击敌，以利东进。"现在全军发扬士气，团结杀敌，克服任何困难，总结血的教训，虽受部分挫折，但所有指战员均极团结，照军委给予任务斗争到底。"

1月24日，张闻天、毛泽东、朱德、张国焘电告在西安的周恩来、博古：

西路军进入高台、临泽地区，西面是穷十八站，至少暂时不能西进。"二马"因未受严重打击，十分猖獗，数日前袭击指挥部，幸损失不大。领导机关缺乏自信力，不把中心放在战胜敌人、创造根据地上，而放在依赖外力援助上，要求我们把"二马"弄好，并要求四军、三十一军西去援助。军委已屡电指出其弱点，但一方面我们应尽一切可能援助之。"二马"方面西安尚有办法可想否？可否要于学忠对马步芳来一威胁？谓不停止进攻，红军主力即将攻击青海，如停止进攻，则西路军可以甘州为界，甘州以东不相侵犯。如何？盼复。

（引自《中国工农红军西路军·文献卷》上，甘肃人民出版社2004年7月第1版，第550页）

同日，徐、陈在西洞堡致电军委：

（一）敌企图拦头堵我东进，迫我西进，马彪、韩起禄今到甘州，青（马步青）令其开洪水，元海率马禄旅及步兵各一团在西洞堡、龙首堡一带，起功率团约在拒敌堡，马朴旅有东调尾我，息甘州一团，丹（山丹）、永（永昌）无兵，高台有民团。

（二）东进按原定计划，本以急行军先敌抢到永昌为口号，但因抚彝部队撤退，五军部队急须整理，未能脱离敌人反被敌人拦头。现西路军全集中西洞堡，进行整理动员行动。

（三）敌集团骑兵行速，我则笨重至极，即用急行军、夜行军亦难摆脱敌人。敌住下则守堡塞，不易攻击。这一带地道路少，粮有限制，调动敌亦难。西路军欲完成东进任务，必须克服地形上的诸多困难，延长时间以达到黄河。

（四）西安局面发展如何？胡、毛、关南移，朱绍良为三集团军总司令，是否或马上爆发战争可能，如攻兰州，于学忠态度如何，马鸿逵、马鸿宾态度与兵力位置各方情况，新疆态度如何，请常告。

（五）我方基本上坚决执行东进计划，但因情况变化可能折转西进，或取民勤抢占定远营，或绕道大通再到西宁或平番。

（六）五军过黄河时三千一百人枪……现余人千七百，内非战人员约八百，枪五百，弹每枪二三粒。西路军已集中，随彩病员一千，妇一千，小孩残废三百，如安下即被杀害，安下又赶来，随行笨重。西路军全人数一万四千余，内战斗部队不及五分之二。全部电池只能用一个月。

（引自《中国工农红军西路军·文献卷》上，甘肃人民出版社 2004 年 7 月第 1 版，第 552 页）

同日 24 时，军委主席团致电徐、陈：

一、你们行动方针以便利击敌保存实力为目的，行动方向由你们自决。

二、如你们决定东进，我们是赞成的，当派三十二军、二十八军适时到靖远河边策应你们过河。

三、为便利作战计划，彩病、小孩、妇女，望设法就地安置。

（引自《中国工农红军西路军·文献卷》上，甘肃人民出版社 2004 年 7 月第 1 版，第 554 页）

1 月 25 日，军委主席团电示西路军，通报了中共与国民党谈判情况：“蒋已允红军主力驻陕北，一部驻陕南，西路军驻凉州以西，事实上停止‘剿共’，但此种允诺，尚待充分保证。蒋仍有分化张杨、继续剿共战争可能，特别是西路军所处现状，估计‘二马’仍不会停止对你们的追堵。”“我们虽以各方用力设法援助西路军，但唯一的仍须依靠你们，用自力在战胜‘二马’条件下完成你们的东进任务。”“在骑兵追堵下，欲图急行避战达到东进，危险较大，应集结全军，切忌分散，用坚决的战斗来完成东进。”

1 月 27 日，西路军军政委员会致军委（万万火急）电：

甲、敌已备于东，马上东进不易，宜在甘州以西周转一时，求各个击敌。……万一东北地区受阻，可否即在现地区争取时间。东进外（援）必不可靠，可否再从远方，从新疆方面应援。

乙、实情望今夜速实告，以便可东则东，可西则西，接济无望即不能到安西。

（引自《中国工农红军西路军·文献卷》上，甘肃人民出版社 2004 年 7 月第 1 版，第 560 页）

第二天，毛泽东电告周恩来、博古：“西路军东进至山丹（应为临泽）之沙河堡，敌集中防堵，又不能东进，在该地回旋一时期，相机消灭敌人。近日打一胜仗，缴枪二百余支。”

西洞堡之战以后，敌人放弃紧跟红军突袭的做法，改为东面据堡防守、集兵堵截。西路军若继续东进，必将面临敌堡难克，与以骑兵为主的敌人进行野外决战的不利局面。徐、陈当即改变部署，计划先调动东面敌人，然后执行东进计划。西路军 1 月 28 日折而西返，进驻倪家营子。

西路军回师倪家营子，红九军为前卫，总直属队随后跟进，红三十军在后卫掩护，并牵制敌人。前卫和总直属队出发后的第二天拂晓，红三十军首长忽然接到一份电报：

程军长：

李政委：

总直已抵甘浚堡一带，请速率部西进。

总指挥　徐向前

政治委员　陈昌浩

×月×日

李先念政委、程世才代军长、李天焕主任看到电报后，都感到很奇怪。行动之前，任务、时间以及行进序列都已分配好了，现在既无变动打电报做什么？一般联系吗？似无必要。然而，这是用密码拍来的，也不容轻易置疑。

电报从程代军长手里传到李政委手里，从李政委手里又传到了李主任手里……

“通常总部来电，直呼名姓，从来不加职衔，这次为什么例外了呢？”程世才迟疑地说。

“这里也不对头！我们打电报不都是以代字表明日期吗？这儿却是直写的。”李先念把电报接过去，指着下款说。

“电文的语气，也与以往的不一样！”李天焕两眼注视着电报摇了摇头说。

“必须查明情况！”李政委结论似的说。

他们马上派出一队骑兵前去侦察，结果发现敌人在半途设下埋伏。

半夜，接连有好几个总直属队被打散的人员跑到红三十军驻地。根据来人报告：前卫军和总直属队头天出发到龙首堡宿营，敌人赶来围攻了一天，突围出来又中敌埋伏，队形被打乱了三次，伤亡很大，损失电台一部。

李先念、程世才等肯定电报是敌人的阴谋。因此，当夜按兵不动，第二天出发，第三天到达倪家营子与红九军和总直属队会合。到总部一了解，那份电报果然是假的。

“一片土地一片血，一个战士一团火”

1 月28 日晚，西路军总部率总直属队、红五军和红九军进驻倪家营子。翌日拂晓，后卫红三十军进驻。

红军返回倪家营子，飕飕寒风，满目凄凉。满面焦黑的红军指战员目光凝住了。四处不时冲起火光，翻卷着浓烟。许多房舍被烧成灰烬，许多家庭被抢掠一空。村中间狼藉地躺着大堆红军战士的死尸，一边被火光照着，一边被月光照着，模糊地显出轮廓来。有的被大刀砍成两段，有的被石头砸碎了脑袋和脚踝骨，有的被剥得赤条条的冻死。女战士被剥光衣服，割去乳房，阴道里塞上了木楔……远处丢着一个撕成两片的婴儿，五脏散乱于地。红军撤出时，一位女战士把不满两个月的婴儿托嘱老乡寄养，可是敌人不仅残杀了全部伤病员，连婴儿也不放过。他们死了，死得山悲水哀，鬼哭神泣，死得这一段历史渗透了血迹斑斑的惨痛色彩！东边抹上一道鲜红，早霞如涂如染，垂下巨大的血衣。天要亮了，夜幕却沉沉地压在每一个红军指战员的心上。他们不由得想到根据地，想到那里觉醒的人民，如果有根据地作战，伤员是不会落到这样后果的。

参与这灭绝人性大屠杀的有一个叫李成英的大地主。他充当民团副团长，趁红军撤离时摸回来大肆屠杀。也是他恶贯满盈，红军返回倪家营子，他和他的三个帮凶没有来得及逃跑，藏在庄边干涸的河沟里，被搜捕出来。龙王庙前召开公审大会。部队和群众拥来，像一股炽热的气浪，像冒火星的弹药库。尖厉的复仇的声浪被尖厉的北风裹着，在会场里、在阴霾的苍穹里震荡！恶魔偿还了烈士的鲜血。

2 月 1 日，徐向前、陈昌浩、李卓然致电军委：

（一）为调动敌人寻机灭敌，全路军于二十八日晚移沙河堡东二十里之倪家营，贸易好，粮可吃半月，群众条件亦好。

（二）敌马禄旅因损失大，已在山丹、永昌补充后再来。祁旅守凉州，元海、起功兵四个团在我西南。马彪、马朴两骑旅在我东北附近，各加步骑民团。今昨两日炮战，掩护进犯，均被击退，敌伤亡六百，我亦四百。堡塞密连，我火力太弱，灭之不易。

（三）我们决集力击敌，并争取时间休整。敌力求与我速战，弱点多。现正在以全军从战术、政治、群众灭敌，用后方游击战来战胜敌人。但我人、物补充困难，故感灭敌困难。

（四）各方情况如何报告。

（引自《中国工农红军西路军·文献卷》上，甘肃人民出版社 2004 年 7 月第 1 版，第 563 页）

倪家营子位于临泽县东南，因其南高北低，人们习惯把南半部叫上营子，北半部叫下营子。上下营子共有 43 个屯庄，星罗棋布，坐落在祁连山下。屯庄厚实的围墙高达三四米，简直就是一个个坚固的堡垒，较大的屯庄还筑有望楼和碉堡。屯庄多以主要人家的姓氏命名，如汪家屯、雷家屯、李家屯等。

徐、陈将部队收缩在下营子地区的 20 多个屯庄里，以红九军扼守东北方向，红三十军扼守西南方向，两军前沿阵地相接，纵深梯次配置，构成椭圆形防御圈环，凭垒固守。红五军和总直属队置于下营子中部，居中策应。总指挥部驻在缪家屯。

祁连山白雪皑皑，银光点点。“河西遍观祁连雪，临泽景致独无穷”。古人诗云：

微云出岫挂窗虚，
未到深秋暑尽除。
十载长征谁画阁？
几人高卧自编书？
平分暑色明山径，

1937 年 1 月 28 日晚，西路军重返倪家营子后，总部所在地的缪家屯

远聚寒光映草庐。
独喜年来烽燧息，
凭栏晚对意何如？

西路军剩下的一万余人，全部集结临泽县倪家营子，不过不是来欣赏“祁连积雪”。烽燧未息，无意凭栏。

西路军收缩于倪家营子，马元海快速集兵，蜂拥而至，将红军团团围住。为了创造东进条件，西路军实行决战防御，顽强拒守，以寡击众，在倪家营子地区展开了一场血战。

红三十军政委李先念正在指挥战斗，两名警卫员站在他的左右。他把半截身子露在矮墙外面观察敌情，指挥战斗。警卫员盛先传怕他有危险，就抬起右手按他的肩。就在此刻，敌人的一颗子弹击中了盛的右胳膊，他只觉得有人把胳膊向后拉了一下。军部作战参谋简佐国看见他手上流血，就说“你负伤了”，他才感觉到疼。

红军干部伤亡极大，为了保证部队不失去强有力的指挥，总部决定团、营干部轮流指挥作战，即由一人在前线，其余的留在后面，以减少伤亡。一些团、营干部看到前方浴血苦战，积极要求上前线。徐向前总指挥对他们说：“现在部队伤亡太大，干部伤亡太大，总部决定团、营干部只留一人指挥部队作战，其余人在总部休息，准备再战，以完成中央交给我们打通国际通道的任务！”

红八十八师二六八团一营驻守倪家营子西北方向一个叫邵家屯庄的村子。屯庄位于倪家营子的突出部，是红军布防的前哨之一。此时，营干部只剩营长赵正洪一人，全营不到200人，几乎损失一半。一营西渡黄河时有360多人，每个连有110多人，营部有30多人。一营驻进村子，马上修工事，挖枪眼，堵围墙，忙了一夜没合眼。天大亮，敌人追上来把他们围住，开始打枪。入夜，他们听到村外敌营中稀里哗啦地响，天亮才发现敌人把老百姓的箱箱柜柜都搬了出来，装上沙土筑成了工事。

敌人工事离他们只有几百米远，山炮也只有二三百米远。敌人欺他们没有炮，子弹也很少，干脆把炮架到了他们跟前。敌人的山炮向他们直放平射，装炮弹、开炮，都看得清清楚楚。敌人四门炮一起打，把围墙打倒了一片。炮轰停止后，骑兵下了马，几百个敌人猛冲过来，又喊又叫一拥而来。在敌人距他们三四十米远的时候，他们就跳出去同敌人拼杀。他们与敌人短兵相接，用大刀、长矛，你砍我、我砍你，你刺我、我刺你，与敌人厮杀在一块儿，抱着打，揪着打。营长赵正洪卡住一个敌人的脖子，敌人也卡住他的脖子，滚在一起。排长周长玉赶到，看见敌人穿的皮靴，就一脚踩住皮靴，伸手一刀，扎在敌人腿上。敌人一声叫喊，松了手。赵营长趁势起来，拾起大刀，砍死敌人。他们和敌人冲来冲去，杀来杀去，一天杀了八九个回合。西路军由倪家营子再次突围时，一营只剩下 28 人，牺牲 88 人，重伤 60 多人。突围出去后，只有 26 人没有受伤，大部分是炊事员。

红八十八师二六三团三营驻守倪家营子前沿突出的汪家屯。汪家屯因只有一户人家，屯高三丈多，老远看像一个碉堡，又称墩。墩用泥土砌起来，墙壁很厚，墙脚有一丈多宽，共有三层。最上一层没有顶，有半人多高带城垛的土墙，站在顶上可以控制四面；第二层每面有个小窗，算是枪眼。墩四周围着一堵矮墙，矮墙外是一道浅浅的壕沟。壕沟的外面，有两道枣树鹿砦，再外面就是一片开阔地。向北 200 米，有三四间老乡的土屋。

缪家屯墙上红军射击孔

倪家营子下营村红军战斗遗址

营教导员周纯麟率领九连，在汪家墩成功地阻击了敌人猛烈进攻。好久没有动静，周纯麟焦急地注视着敌人的阵地，北面土屋的土墙后面，除了有砖石撞击的声音外没有其他情况。可是不久，土墙打开两个洞，从洞里一下子伸出两个黑洞洞的炮口来。这时周纯麟才意识到，昨晚没有推倒土屋和围墙是一个失策。敌人开炮了，轰的一声，打中墩顶。接着几炮，顶上的半堵墙被削平。敌人开始冲锋，打退一批，又上来一批，红军用枣树设置的鹿砦障碍被拉开两丈多宽的缺口。敌人发起又一次攻击。冲上来的敌人都没有带枪，每个人一手拿着大刀，一手握着手榴弹。一场激烈的白刃战、肉搏战开始了，从早到晚，几乎一天。

天要黑了，李先念满面硝烟，和程世才、熊厚发、郑维山来到前沿支撑点汪家墩。望着满地血迹斑斑的红军战士遗体，李先念沉重地说："周纯麟，集合部队吧！"从墩子里走出来的，连周纯麟只有九人，其中四名伤员。想到昨天带来的100多个生龙活虎的战士，周纯麟鼻子一酸，泪水从扑满硝烟的脸上滚落。李先念握住他的手，低声而有力地说："不要难过，你们打得好，打得好！敌人重兵围，没有围垮你们；用炮打，没有打垮你们；用火烧，没有烧垮你们。你带的这个九连真像铁钉一样，钉在自己的阵地上！"

周纯麟带着九连的八名战士离开汪家墩，营长带着八连来守。几天后周纯麟又带着七连来换，继续守卫汪家墩。就这样，他和营长在汪家墩，苦守了半个多月。

马家军黑压压，覆盖了倪家营子四周的地面，接二连三地以团、营为单位集团冲锋。枪炮声一阵紧似一阵，汇成了不间断的隆隆轰鸣，连空气都在颤动。

妇女团守卫的前沿，一挺机枪打完了最后一排子弹。“没有火力，没有火力！”一位女战士瘦削的脸上，眼珠瞪得骇人，操着地道的四川话紧张地说。热血在她周身冲腾起来，她和她的战友拿起棍棒，举起石头……

马家军重兵来犯，战局摄人心魄。敌人每次进攻，均先以大炮猛烈轰击，而后组织大量步骑兵发起冲锋。什么花马营、黑马营、白马营、红马营……都拿上来了。红军连一门迫击炮都没有，全靠近战对付敌人。每当敌人冲到红军阵地前沿时，部队突然冲出围子，进行反击，肉搏格斗，杀退敌人。围垣被炮火击毁，指战员就利用断壁残墙，拼死坚守，直至将冲进的敌人杀出。子弹极端缺乏，步枪几乎失去作用。红军战士把枪架在一边，手里握着大刀、长矛、木棍。每当敌人蜂拥至前，战士们便嗷嗷叫着一跃而出攻入敌军，挥动一切可作为武器的物件与敌厮杀。在这里，没有战斗员和勤杂人员之分，没有男同志和女同志之分，不仅轻伤员，重伤员也是至死不下火线，其中自行拉响手榴弹以自己垂危的生命与敌人同归于尽者不胜枚举。许多

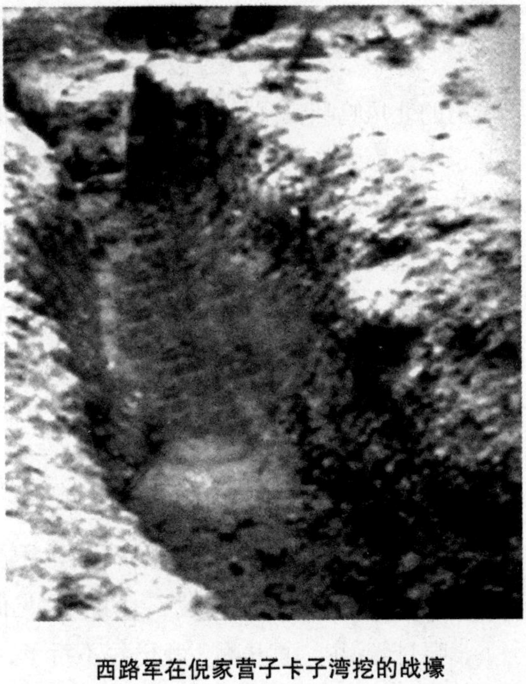

西路军在倪家营子卡子湾挖的战壕

人当手中武器被毁之后，即赤手空拳与敌格斗，掐住敌人脖子，拔掉敌人胡子，咬掉敌人耳朵……整个战场，真是“一片土地一片血，一个战士一团火”！丹心拳拳，雄魂烈烈，这些铁血儿女，给历史留下一代人的雄壮，一代人的骄傲。

团团浊黄的爆烟在升腾，声声恐怖的啸音在回响。敌人改变战术，向红军两翼迂回，猛击一侧，曾两度冲进红军阵地。第一次，红军猛烈反击，将犯敌打出村外。第二次，敌人沿着雨水冲刷的沟渠、塄坎，直插红军腹地，总部附近的屯庄也受到攻击。

徐总指挥登上房顶亲自指挥战斗。那是一面飘扬的战旗！那是一座巍峨的山峰！李先念在《沉痛悼念徐向前元帅》一文中说：“他常以于谦的《石灰吟》自励励人：‘千锤万击出深山，烈火焚烧若等闲。粉身碎骨全不怕，要留清白在人间。’”

红军指战员跃出断壁残垣，挥着热泪高呼：“冲啊！杀啊！报仇啊……”敌人死者、伤者一个个扑倒在地。新的一群补充上来，又投入白刃战，然后又被击溃。人流如潮，一进一退，往复不已。经过反复冲杀，天快黑时终将敌人赶出村。

凄厉的北风呜咽，刮起阵阵残雪。战场暂时沉寂，硝烟渐渐散尽。程世才代军长、李天焕主任踏着清冷的月光去看望伤员。伤员大多受的是刀伤和手榴弹伤，头部和上肢居多。血从缠满布条的头上、脸上渗出来，从残断的四肢上浸滴着，从血肉模糊的胸背上流淌着。他们有的卧在麦秸草上，有的几个人坐在一起背靠背，或互相把自己的脚伸在对方的屁股底下取暖。连日苦战，伤员不断增加，房屋却一天天减少。健康的人都难以在坍塌的房框子里、壕沟里熬过一个个寒冷的夜晚，伤员怎能支持呢？仅有的几间房舍因为没有煤，没有柴，也不比外面暖和多少。

程军长、李主任坐在一位负伤的连队卫生员身旁，他日间战斗中抢救伤员，胸部和腹部被打了好几个洞，血都快流干了。一盏嫣红的小油灯顽强地闪烁着，照着他那黄表纸似的脸色。卫生员看见他们，眼睛忽然明亮起来，挣扎了一下，喘息着说：“首长啊，我已经不行了，为革命，死算不了什么，可是你们快……想法……弄点布条给同志们绑绑伤口！”哪里去弄布条呢？红军没有根据地，得不到任何补充。

程世才和李天焕踏上归途，默默地一语不发，任寒风刺割着麻木的脸。眼前，不光伤员无医药，部队也无粮吃了，无水喝了。战士们下到四五丈深的井里，用铁勺一下一下地淘井底沙坑的泥汤，半天搞不上一桶水。大家盼望下雪，有一天真的飘落了一点雪花，可大风吹来了，混合着泥沙全刮跑了。

“夜老虎”夜袭雷家屯

夜色很浓，伸手不见五指。红八十八师二六五团正紧张地准备着一次夜袭。二十几名战士穿着黑色衣裳和软底鞋，浑身束扎得干净利落，手里提着马枪或花口冲锋枪。团长邹丰明低声问道：

“准备好了吗？”

“好了！”战士们低声回答。

“跳一跳，我看看！”邹团长让战士们尽量在地上跳。

二十几人，除冯树义的大刀扎得不够紧和腰里的手榴弹有轻微的撞击以外，没有其他声响。邹团长帮助冯树义拴扎停当，又检查了战士们的武器、绳索、引火物等。一边检查一边嘱咐：“你们都是老战士，我们打了那么多次夜战，应该懂得两条：一是胆大，二是心细。偷营劫寨，胆大很重要，但心细更重要，如果有一点疏忽，就能招致全盘失败。”

这时，政委黄英祥正在屋里最后盘问一名俘虏：

“你说的可都是实话？”

“如果有一点差错，明天你砍我的脑袋。”

黄英祥来到院中，低声向战士们说：“几方面的情报都证实，马匪有 20 大车军火放在雷家屯庄，有一个排守卫。上级给我们的任务是，给他连人带军火全部搞掉！”

红三十军八十八师二六五团的光荣称号是“夜老虎”，这个称号由总部授予。1933—1934 年，红四方面军苦战八个月，粉碎了四川军阀刘湘策动的六路围攻。表彰会上，二六五团获得了一面绣着“夜老虎”三个大字的奖旗。他们专门进行过夜战训练。夜行军，能用人梯和绳索翻越悬崖峭壁；夜射击，百米能打灭点燃的香头；夜间联络有“竹筒讯号”，用一节一头切开的竹筒，中间插根粗香，燃着香头，进行联络。战士们还用竹子做成联络哨，声音尖细刺耳，即便在杀声四起、枪炮齐鸣的时候，也能听得出。“夜老虎”夜间出动，常常是收获大伤亡小。他们在登龙坪、老观场、陆米岩等战斗中的多次夜袭，都是钻到敌人的肚子里，再配合正面部队打出来。登龙坪战斗活捉敌人的旅长，陆米岩一仗消灭敌人两个营，因此，“夜老虎”威名远震。

此刻，二十几人的“夜老虎”队消失在黑暗中，爬过警戒线，绕过哨兵，像一把锋利匕首，直插雷家屯庄。

雷家屯庄是一座大宅子，四四方方的围子两丈多高，四角有四个望楼，枪眼里还微微有灯火闪烁。屯庄孤立田野，周围树木丛杂，距离其他的围子最近的也有百多米。

“夜老虎”沿着一排干枯的芨芨草爬过去，接近围子，见大门紧闭，并无哨兵。大家喜出望外，在大门和围子形成的拐角，搭起人梯，叠罗汉似的垒上去。腰盘绳索的冯树义爬在最上面，他扒住女墙，翻身上去，把绳索放下来。战士们抓着绳索，轻捷地攀登而上。

围子里有前后两院，院子中、马厩里、敞棚下堆着一箱箱的弹药。战士们分成小组，同时行动。有的到四角的望楼去摸哨，有的去收拾正在睡觉的一排敌人，有的去锯大门，做好撤出战斗的准备。“夜老虎”训练有素，做得干净利落，望楼里的哨兵正抱着枪打瞌睡，还没有睁开眼已被掐住脖子；房里的一排马家兵，也在睡梦中被一排冲锋枪和手榴弹结果了性命；同一时间，弹药堆、马厩、敞棚起火。

任务完成，大门锯开，每人顺手捡了点武器弹药。竹哨一响，大家从门里撤了出来。

团长邹丰明和政委黄英祥，从“夜老虎”一出发，就跑到最前沿的一个屯庄里，站在房顶上，向雷家屯庄方向瞭望。大家在黑暗中沉默着。11 时半，雷家屯庄方向响起了第一颗手榴弹，过了不大一会儿，便看到了冲天的火光，响起了弹药的爆炸声。

“任务完成了！”邹丰明激动地说。

“确实是些‘老虎’！”黄英祥兴奋地称赞自己的战士。

震天动地的爆炸声，映红了半边天的火光，让周围屯庄的马家兵摸不着头脑，慌乱地叫喊着，射击着，不断地相互问着口令。

邹丰明在黑暗中皱了皱眉头，不由得焦急起来。这次爆炸，动静太大，“夜老虎”要想偷偷地摸过敌人的阵地回来，恐怕是不行了。“我去接应他们！”邹丰明当机立断，跳下房子。

夜仍然漆黑，风刮得更紧，树枝和白草都在沙沙作响。敌人已经警觉，睡觉的敌人也都进入阵地。夜袭的战士们每人背了两三支枪，还尽量多地背了一些子弹，动作不可能敏捷和肃静。“夜老虎”刚返回接近敌军第一线时，即被敌人发觉。“截住，截住！有共产！”马家兵叫喊着打枪。

“夜老虎”一边射击，一边吹起了竹哨，嘹亮清彻的哨音，穿过弹雨，飞到红军阵地。邹丰明正带着一个加强连等待，听到哨音，喊道：“同志们，冲！”第一线的敌人腹背挨打，向两边溃退，让出一条路来。在清脆的哨音中，“夜老虎”队飞入一片小树林，清查人数，一个不少，这才取道戈壁滩，向下营子飞奔。

尖厉的爆炸声划破了夜的死寂，火光映红了半边天。

第二天下午，雷家屯庄仍旋着巨大的烟柱，还有断续的爆炸声传来。

打进被打出，再进去又被打出

在倪家营子，陈昌浩、李卓然代表红军西路军致函马元海接洽停战。据当时《青海日报》公布的原函：“本党已与中国国民党三中全会去电谓：西安问题和平解决，全国庆幸，今苏维埃政府改名为中华民国特区政府，红军改名为国民革命军，直接受南京政府和军事委员会之指挥，爰派代表与贵军商洽一切，先此函闻。”

马元海收函后，电告西宁马步芳。马步芳无动于衷，认为红军昼夜奋战，伤亡颇大，不久即可全部消灭，又眼热红军携带的武器，欲以装备自己的部队。马步芳回电：“红军此时已至山穷水尽，设此诡计，缓我进攻，仍聚集重兵，勿稍放松，以免失机。”马元海指挥所部各旅团加紧进攻。

2 月 14 日，马元海电告马步芳：“倪家营子红军避不应战，已无西上新疆能力，发现有东返模样。”马步芳以红军行将东下，急电蒋介石请示，蒋于15日复电：“据情报确有此企图，已分令防范。”马步芳即于当日电令马元海、马彪、马朴、韩起功，“协力四面急攻，不得任其东返”。

马元海拼凑一切力量，大举进攻。当时，马家军聚集倪家营子的部队和民团，共达73000人。

马元海以韩起功部久驻甘州，生活优裕，给养无缺，战场既已转入甘州地区，应以韩旅负起主攻责任，以均苦乐，借试身手。马元海为监督韩旅行动，将马朴旅马步銮团、马禄旅、马步康旅混合编成的步骑兵团，连同各民团人马，分布于左右翼，严令一致行动。

韩处此情势之下，遂将所部摆入正面第一线，向部队强调：“倪家营子为最后决胜战，生死在此一举。人人抱必死的决心，奋勇当先！”

当战斗紧急时，韩起功曾靠近前沿督战。韩的侄子由甘州前来省视，跟在左右，至一院落席地坐于韩旁，当场被红军流弹击毙。韩起功为之愕然。

韩起功，字玉山，循化撒拉族。马步芳在化隆任团长时，韩是其属下一个营长。韩起功驻防甘州，贩烟放赌，横征暴敛，每年以运送子弹为名，用骆驼向西宁运送黄金和白银，并大量贩运鸦片于绥远和天津，以换取枪支，因而深得马氏信任。

马家军的兴起和发展，和撒拉族有较多的联系。马步芳的爷爷马海晏，原是同治末年投降清朝的河州回民军首领马占鳌的旧友和部将，被清军收编后任旗官，其子马麒任哨官。庚子之役（1900年），马海晏病故，由马麒补旗官遗缺，后驻防化隆县扎巴镇，不久升任花翎副将衔循化营参将。撒拉人在镇压“河湟事变”中立有军功。马麒以循化营为骨干，循化、化隆为基地，在撒拉族中招募兵丁。辛亥革命后，马麒任西宁镇总兵、甘边宁海镇守使兼蒙番宣慰使，在此基础上，奠定了马麒及其弟马麟、其子马步芳对青海近40年的军阀统治。

撒拉族是我国信仰伊斯兰教的少数民族之一。在撒拉族民间流传着他们的祖先尕勒莽从中亚撒马尔罕一带迁来的传说。这种从中亚迁来的历史事实，可从语言、习俗、体格外形、庭院布置、历史记载等方面得到证实。撒拉族的先民系西突厥人撒鲁尔部，元时从中亚东迁，定居到循化已有700年以上的历史了。撒拉族首领在元时被任命为积石州世袭达鲁花赤，至少传了三世，即尕勒莽——子奥玛尔——子神宝。明洪武三年归附明朝。神宝改为韩宝，以韩为姓。

韩起功令所部谭呈祥团为先驱。该团第一营高登瀛部于2月26日向东南方正面的几座庄堡攻击，激战终日，死力争夺，因红军寸土坚守，进展甚慢。日落时分，高营勉强靠近前哨的一个庄堡，但未得喘息，又遽遭红军援兵的猛力冲突。该营措手不及，狼狈溃退，伤亡甚重。红军乘胜侧击，击毙谭团第三营营长马学良及马步銮团的营长马朝选，以及下级军官70余人、士兵456人。左翼的民团中，循化旅长韩忠良、团长马忠良，在视察阵地中为流弹击毙。在左翼的旅长马朴，亦被击伤臀部，不能行动，旋即抬往后方医治。各部队死亡士兵及民团壮丁两三千人，攻势为之顿挫。

马元海经此创伤，迁怒韩起功平时养尊处优，临阵软弱无能，使左右翼也遭受了空前损失。韩为挽救颓势，当夜命谭团第二营反攻，并一再申令“务须奋力死战，以保全全旅军誉”。

第二营营长孟全禄与韩谊属姻娅，为公为私，自应誓死报效。根据形势，红军已将所据守的各庄堡正门堵死，另从后墙开辟门道与附近各据点联成一气，并在各庄堡墙头用机枪组成了严密的火网，如从正面进攻，势不可能。为一战立功，孟全禄决定采取从旁侧击的措施，他考虑到高登瀛营当天的失败，既犯了横冲冒进的错误，又陷于孤注一掷、后续无力的困境，久战疲惫之下自然经不起红军生力军傍晚的冲击，以致功亏一篑。为了吸取这些教训，孟全禄将全营兵力编成梯队队形，依次跟进。这样既避免了整个兵力的久战困乏，又能积蓄部分主力相机支援，以备红军增援部队的乘机突击。布置完毕，已是天明。

在山炮和机枪的掩护下，配合左右翼的大部队，孟全禄营从侧背开始进攻，集中火力，轮番交战。一时炮火爆发，硝烟弥漫，灰尘乱飞，火药气窒人呼吸。

中午时分，炮兵在红军据守的最前哨庄院的东南角，轰开一个缺口，这一处的机枪顿时哑然无声。孟全禄即率先登上东北隅的一处庄院屋顶，指挥部队蜂拥而进，不顾死亡，拉开了红军以枣木重叠构成的层层障碍物。在付出重大伤亡之后，将进抵庄院院根。此时，红军果然迎面冲出，以密集的火力射击，孟全禄即以预先布置的兵力猛力截击，遂将红军击退。

孟全禄部继续猛扑，红军以无比英勇的斗志沉着迎击，外围虽已突破，内圈尚难攻入。孟全禄部打进去，即被打出来，再又进去，又被打出来。反复争夺中，营副马献图、二连连长周尚文、三连连长马国龙、四连连长王文元，相继殒命，士兵亦死亡130余人。但孟全禄邀功心切，不顾死伤，一再通令部队舍身强攻，终将红军据守的最前哨一处庄堡占领。左右翼其他部队，随之一拥而进，红军牺牲甚重。堡内尚有红军100余人，以无险可守乘隙冲出，即与刘呈德团遭遇，相互混战，其中少部分红军突围而出。

倪家营子一役，马家军死伤7000余人，是河西挫败最大的一次。

马家军各路步骑兵及民团步步推进，缩小包围圈，迫使据守附近各庄堡的红军大部队逐步集中于倪家营子的本庄院。

孟全禄营进抵倪家营子前哨庄堡时，发现墙壁上到处有红军书写的标语，如“各民族团结起来，一致抗日救国”，“各民族不要互相残杀，枪口共同对外”，等等。孟全禄不识字，听别人念念之后，毫无所动，置之不理。

韩起功以孟全禄营突破前哨堡垒，左右翼步骑同时推进，合力夹攻，以致红军全线撤退，特电马步芳告捷，并荐升孟全禄为第三○○旅六○○团团长。原任团长马全义是马步芳的妻弟，尾大不掉，素与韩不睦，韩无可奈何。至此，为避免掣肘，乘机以孟全禄接替。

重建骑兵师

红军缴获一批战马，送到总部，在总部驻地旁边圈起来。徐总指挥决定以此重新组建一支骑兵部队。

这天下午，警卫员小霍拉着勤务员李培基去看这批战马，战马个个剽悍、矫健。小李回头看看自己的坐骑，骨瘦如柴，简直没法比。小霍悄悄对小李说：“这些马好，咱们偷偷换一换吧。”小李本来就因为自己的战马又小又瘦，平常跟随首长行军很吃力，经小霍这么一说，也动心了，觉得是个好主意。两人一拍即合，立即换了战马。

这事很快让徐总指挥和昌浩政委知道了，小李和小霍被叫到了徐、陈首长面前。室内气氛严肃、紧张。面对两位首长的亲自盘问，小李一五一十地把偷换马匹的事说出来。陈政委指着他俩的鼻子大发雷霆，差一点动手打人，声言要以军法从事。战时偷换骑兵的马意味着什么？这是杀头的罪，特别是在极端困难的时候，就更不可饶恕。他俩醒悟了，害怕了，后悔了。这时，徐总指挥面色严峻，一言不发，来来回回地踱步。平时，他们怕徐总，就怕他不讲话。昌浩政委还在批评，徐总很严肃，仍然不讲话。小李紧张极了，尿了一裤裆也不知道。

徐总终于说话了："你们这两个小家伙，人还没长大，胆子可不小呀，竟敢私自调换马匹。你们不知道这些马是给骑兵师打敌人用的吗？在总部首长跟前工作，连纪律都不懂，还得了吗？"

小李 15 岁，小霍也大不了多少。小李年龄小，但平时工作总是勤勤恳恳、兢兢业业，力争一丝不苟。首长们平时总是忙，生活上凡是小李能办到的，他都尽力办到。他总是等到首长睡下后才睡，第二天起早给首长打上漱口水、洗脸水。那时找水困难，只能走很远到戈壁滩上捡冰块。首长的衣服他洗，那时洗衣服没有肥皂，就多下点力气，洗干净，不长虱子就行。衣服、鞋袜破了，徐总指挥大多是自己补，但昌浩政委的都是小李给补。首长的衣服破破烂烂，补起来很费力。他常想，首长们为了全军、为了胜利，那样辛苦操劳，自己多干点、累一点算不了什么。首长见他听话、活泼，也很喜欢他。

徐总既严肃又亲切地对他俩说："我们是革命的队伍，每个人不论职务高低、年龄大小，都要严格遵守革命纪律。没有纪律的军队就像一盘散沙，是不能打胜仗的。在总部工作的同志，尤其不能搞特殊，任意违反军纪。你们自己看，这事怎么办吧！"

他俩答不出话来，吓得直打哆嗦。

徐、陈交换了一下眼色，便对他俩说："到警卫营蹲禁闭去！用不着派人押送，你们自己去！"

听了这句话，他俩如释重负，恭恭敬敬地鞠了一躬，告别徐总指挥和陈政委，来到警卫营向营长做了报告："我们犯了错误，总指挥叫我们来蹲禁闭。"警卫营长一听，乐得哈哈大笑。

蹲禁闭是很丢人的事。这件事一传十，十传百，大家都知道首长的警卫员偷换战马坐禁闭了。

红四方面军开始组建骑兵师是在长征过草地的时候，于 1936 年 5 月在四川甘孜，归总部直接领导。为了加强部队的战斗力和把过硬的作风带出来，组织上把红四军军长许世友抽调到骑兵师任师长。师下设四个大连，每连四个大排，每排四个班，每班有十二三个人。师部设有作战、侦察、通讯、管理四个科。作战科的科长是刘庆南，原是许世友的作战参谋。8 月，红军长征走出草地，许世友调红军大学学习，师长由马良俊担任。西路军西渡黄河，马良俊调回民支队任司令。骑兵师援助高台时全师覆没，只极少数人跑回来。

为了有效牵制敌人，加强部队的机动性，在倪家营子战斗紧迫的情况下，总部决定重新组建骑兵师。师长杜义德，政委刘庆南。杜义德，原四局局长；刘庆南，原骑兵师作战科长。司令部只设作战科和管理科，参谋长李彩云，作战科科长李新国；政治部只配了一名政工干部，归政委直接领导。全师设两个团，编七个连，共 400 余人。组成以后，归九军领导。

杜义德，湖北黄陂人，1912 年 5 月出生。家贫，世代农民，14 岁至武汉学木匠，每日拉大锯兼干家务。某日，锯偏了模板，师傅大怒，一拳将其击昏过去。他溜回家，16 岁参加赤卫队，18 岁参加红军。红军时期某战，部队攻城，初战失利。时任红四方面军第三十军八十九师政委的杜义德一跃而出，大喊一声："冲啊！"他"噌"地一下跃出掩体，冲了上去，中弹而仆。子弹由前胸进后背出，差一点伤到心脏。当时没有麻药，用一条盐水泡过的纱布，穿进伤口来来回回拉，痛啊！他奇迹般地活了过来，返回部队后就一直跟在徐向前身边任作战参谋，长征不久任方面军总指挥部第四局局长。杜义德鼻翼有一疤痕，花生米大小，自谓"生死疤"、"光荣疤"。他说："这是当红军时与敌人拼刺刀留下的。他的刺刀已捅到我这里（鼻翼），我用刺刀一下捅到他的脑瓜上，把他捅死了。"他言此放声说："什么叫你死我活，这就叫你死我活。我不坚决捅死他，他就捅死我！"他一生负伤 9 处，此为最轻伤。

骑兵师的干部战士除原来骑兵师幸存下来的，大都是从军直属队精简抽调来的。组建仓促，由参谋长李彩云亲自组织训练。李彩云，甘肃临洮人，是参加宁都起义的知识分子，原是红五军团的训练科长。马匹的来源，一部分是从直属队抽调的，一部分是从敌人那里缴获的。马的质量很差，大约三分之一是母马。俗话说，骒马上不了阵，不能打仗。

骑兵师组建起来，经过短时间的骑术和战术训练，就投入战斗，从倪家营子东下，调动敌人。

夜幕降临，骑兵师冲破敌人封锁，插入敌后。夜晚，沿着祁连山根行进；白天，进山沟隐蔽休息。经两夜急行军，到达永昌东南大水坝地区，被敌发觉，追了上来。古浪方面的敌人也来了，加上当地民团，力量大大超过骑兵师；而骑兵师打算把倪家营子的敌人主力牵引出来的目的却没有达到。

骑兵师抢先占据一个土围子，与敌人拼杀了两天两夜。弹尽粮绝，伤亡十余人，管理科长也牺牲了，于是利用夜色突围。

途中有许多母马脱驹，跑不快。战士们不仅不能骑，还要拉着马走，遭到严重伤亡。骑兵师冲破敌人包围，沿着祁连山边转移。此时，接到军部电报，立即返回倪家营子。

“千峰云起，骤雨一霎儿价。”摆脱敌人之后，半夜突然来了暴风雨。雷响得震耳，雨大得滂沱，闪电照射在马身上，一片亮光。狂风暴雨笼罩了一切，人站不住，战士们只得抱住马腿。一个多小时，暴风雨才停。他们靠着指南针，看着地图，走了一夜，天亮到达永固山口。遇见敌人从西宁往前线送马的小马队，追击了一下，未能追上。大约又走了两三天，回到倪家营子。

这时，红军处境已十分困难，整天都在与敌人拼杀。西路军在倪家营子毙伤敌人数以千计，自身伤亡亦重，全部兵力已不足万人。

远处，一株生长在戈壁滩上的骆驼草，严冬早已剥去了它的繁枝嫩叶，只剩躯干在风雪雨霜中摇曳，沙沙作响。

东进？西进？艰难游弋的困窘之师

夜色沉重而肃穆。

徐向前伫立在缪家屯庄土屋内，冷峻的目光直视地图。猛地，他离开桌子，倒背着手，时快时慢、时慢时快地踱起步来。听着不时传来的撕裂夜空的零星枪声和爆炸声，他心潮起伏，如涛似浪……

西路军在河西建立根据地的每一次战斗，都几乎是在不得已的情况下，进行各种战斗中最残酷最血腥的巷战、肉搏战，各军、师、团的人数越来越少。战争诸因素中，兵源是最重要的因素，没有士兵，便无法组织战争。极其丰富的经验告诉徐向前，必须在适当时机把预备队投入交战，以便将进攻的敌人彻底击溃，继而乘胜追击，无情地消灭或俘获敌人。但是西路军已经没有机动部队，现有部队也几乎得不到片刻休息，甚至连吃饱穿暖都做不到。

面对险恶，徐向前镇定自若，尽管只有他真正明了局势的危险性。他审慎而正确地认识到西路军要在河西建立根据地，力量是不够的。他曾希望避开和马家军的正面冲突直插新疆，但是，西进以后，他却不能按照自己的预想采取有力和有效的行动。西进计划随着不断变化的形势而一再拖延，最终失去了宝贵的时机。现在似乎有了转机，东返将取代打打停停的西进方法。可是，当徐、陈准备东返时，中共中央又电令西路军停止执行东返计划。

原来，倪家营子大血战不久，西安局势又趋紧张。国民党中央通讯社忽然发出“讨伐”电讯，在西安引起了轩然大波。西安军民群情激奋，认为蒋介石背信弃义，主战呼声高入云霄，内战有一触即发之势。中共力挽狂澜，力排众议，坚决反对内战，争取和平，由周恩来等人从多方面进行了一系列的工作和斗争。同时，中共中央令西路军停止执行东进计划，以避免加剧西安地区的紧张局势。中央让西路军依靠自身力量，就地坚持，粉碎马家军的进攻，适时完成西进任务。同时，中共与南京方面的谈判正紧张进行。2 月 9 日，毛泽东、张闻天致电谈判中的周恩来：“军事方面，同意提出初编为十二个师四个军，林、贺、刘、徐为军长，组成一路军，设正副总司令，朱正彭副。”2 月 12 日，张闻天、毛泽东又致电周恩来：“西路军防地虽指定，但让防未实行，且未停战，应要求停战让防。”军委致电西路军，为了避免加剧西安地区的紧张局势，争取与蒋介石达成谈判协议，西路军放弃东进计划，依靠自身力量，就地坚持，建立根据地，粉碎马敌进攻，适时完成西进任务。

2 月 13 日，西路军军政委员会根据西路军面临的情况，为摆脱不利处境，完成西进任务，致电党中央：西路军灭敌西进，相当困难。如上级不派四军、三十一军来援，打击“二马”实力，则西路军难以完成西进任务。万不得已时，西路军在现地坚持一段时间后，只好东出青海大通、西宁一带活动，解决部队的补充问题，伺机再图发展。此电全文如下：

（一）关于此方针，我实情已经屡电详陈军委，西路军全体指战员苦战孤诣，消灭敌人的决心是没有何时候动摇的，但战胜敌人仍须决定于敌我之武装力量，主力如不够时，必须另想办法。正如五次“围剿”未能冲破，结果仍须退出中央苏区。并不是我们无决心战胜敌人，而是由于当时新的情况，根据地不能不如此干去，更为有利于全局。

（二）“二马”与我拼战甚坚决，南京是有人暗中指使，利用蒋、顾借口，不能推辞。请详考虑。

（三）我们详细考虑及根据百余日苦战的教训，认为四军、三十一军此时不能归还建制夹击“二马”，则西路军无法完成西进任务，决心在甘州、抚、高地区乘机击敌，俟天气稍暖，即转到西宁、大通一带活动，因拼战而不能根本战胜敌人，持久消耗实为不利也。

（四）以上提议极重要，提出讨论并速复军政委员会。

（引自《中国工农红军西路军·文献卷》上，甘肃人民出版社 2004 年 7 月第 1 版，第 572 页）

血战在继续，谁也难以预料战斗结束的时日。徐向前忧心忡忡，彻夜难眠。他的眼睛熬红了，面容愈加消瘦，脸色像铁石般青硬。他从得到的情报和敌人进攻的凶焰判断，短期内敌人是不会停止攻势的。这样坚持下去，胜利的希望十分渺茫，危险甚大。总指挥部所在地缪家屯庄，也屡遭敌人骑兵的袭扰。白天，他除了用电话和电台指挥各部队抗击敌人外，经常到屯庄的望楼和围墙上观察敌人的动静，检查防御工事，鼓励指战员们保卫阵地；夜晚，他大都在电话机旁或电台旁边踱来踱去，及时综合战斗情报，反复思索、分析、判断，设想着种种摆脱危境的方法。

2 月 14 日，毛泽东电告周恩来：“蒋指定凉州以西，甘州府、肃州府及安西所有各县在内。”“西路军待春暖以一部占安西州，接取货物，主力在甘、肃二州地区，但须马部退出该地。”

2 月 15 日，毛泽东又电告周恩来：“西路军问题请作两步交涉：第一步，电令‘二马’停战让防，或派人示意令其自让，同时派飞机送款、弹去；第二步，派兵增援，结果盼复。”

2月17日，中央书记处、军委主席团联名电示徐、陈及军政会各同志：

（一）同意你们春暖以前在抚彝地区寻机破敌的意见，争取春暖后向肃州、安西行动。

（二）依据你们自己与当前敌人力量对比的情况，依据国内与西北的环境，如果蒋介石不能或不愿停止“二马”向你们进攻，又不愿主力红军派兵向你们增援，则你们唯一的方针是调动敌人，寻求机会逐渐削弱之与各个击破之，以便达到自己的战略目的。例如，你们有一次缴获敌人二百余枪，这样的胜仗多打几个，则情况便起大的变化，此外不能有任何别的方针。中央苏区突围如果不能战胜敌人的围追堵截，便不能达到在西北建立根据地，开展新局面的目的。

（三）作战行动时注意，须坚持集中兵力，包围、消灭的方法，切忌准备不充分，分散兵力与仅仅击溃敌人的打法。总之，你们应在一切可能中寻求取得决定胜利的道路，而坚决抛弃过去作战上的主观弱点。

（四）你们的政治纪律，究竟有无确定的基本上的转变呢？从兰州方面来的人员与新闻记者都详报你们部队与群众的关系不好，究竟实况如何呢？

（五）你们对过去所犯的政治错误，究竟有何种程度的认识？何种程度的自我批评与何种程度的转变呢？我们认为今后的胜利是与对过去政治错误的正确认识与彻底转变是有关系的。你们认为是否如此呢？

（六）你们春暖后向大通行动的提议，目的何在呢？是把向大通当做调动敌人回守青海，以使自己仍然回到甘州、肃州区域，并向安西呢？还是想占领青海呢？

（七）上面提出的问题，请你们明确答复我们。

（引自《中国工农红军西路军·文献卷》上，甘肃人民出版社2004年7月第1版，第576页）

中央书记处、军委主席团的这份电报，虽不完全出乎徐、陈的意料，但在当时确像是一个晴天霹雳。红一、四方面军懋功会师后，发生北上和南下之争。徐、陈曾力主和中央共同北上，后因张国焘反复电令，只好南下。事实证明，南下的路走不通。现在把西路军的行动方向与过去的“政治错误”联到一起，徐、陈自然有难言之苦。陈昌浩压力尤大，他曾是“国焘路线”的积极支持者，现时又身负西路军军政委员会主席的重任。

夜已很深，徐向前让指挥部的人员都去休息，而自己却未曾合眼。他几次把中央的电报拿到眼前，读之再三，仿佛试图用某种超感觉的洞察力来推测究竟该怎么办。他在房间里踱来踱去，有时则在挂着地图的墙前站下来。值班人员隔着门听到总指挥“吧嗒、吧嗒”地抽烟锅的声音。

每支军队都会产生它自已值得纪念的将领。这些卓越的领袖是战争胜利之本，因为胜利常常要靠指挥有方。当鄂豫皖根据地红军还只有300多人时，出乎意料地甚至是偶然出现了一个人，他的来到给鄂豫皖根据地的红军活动留下了永远难以磨灭的个人的痕迹。他，就是徐向前。徐向前是一个有远见卓识的军事家。正是这种远见卓识使他能预见到战争的前途，相机而动；正是这种远见卓识使他不能听任事态的发展，而要设法保障已方军队的安全，并使自己获得自由。如果西路军完蛋了，还谈什么建立河西根据地呢？还谈什么打通国际路线呢？

徐向前建议召开军政委员会会议，讨论行动方针，陈昌浩同意。会上，徐向前讲了西路军面临的严重不利形势、中央不能派兵来援的情况，提出自救东返。多数到会者，对东返和西进的具体策略踊跃研讨，但提到与中央意见分歧的事，都似乎心情沉重，不愿多发表意见。陈昌浩迟疑不决，显得心事重重。最后，大家一致赞成徐总指挥的自救东返主张。会议决定，取消红五军番号，将红五军两个团补充红三十军、红九军。

2月21日凌晨，红三十军八十八师经过拼死血战，打开突围通道，王树声率红九军于后掩护，顽强阻击敌步骑追兵的攻击，全军万余人向东南方向突围而出。

部队进至威敌堡。总部刚刚进入屯庄，四面的枪炮声已经猛烈地响起来。李先念根据尖兵报告，前进方向堡塞已由马家军控制，我军通过不易。

徐向前果断决定，按第二方案行动，进祁连山而后东进。

就在李先念、程世才即将指挥红三十军猛打猛冲夺路之时，陈昌浩迎着爆炸的气浪站在不远的一个山包上。红军充满艰辛的斗争生活，一再激励着陈昌浩的年轻活力。他不顾风险，渴望战斗，常常觉得无法控制自已。他不失一切时机地磨炼自己，因而成为红四方面军中出类拔萃的人物。可是现在，他尽管稳健地站在那里，但心里却是动摇的。“还得回去，回到倪家营子，因为中央让西路军就地坚持，适时完成西进任务。”这是此刻站在飕飕寒风中的陈昌浩唯一的想法。

2月21日，党中央和军委致电徐、陈及军政委员会诸同志：

甲、对于你们艰苦卓绝的奋斗，我们是完全了解的，我们无时无刻不想尽方法援助你们，但当援助还不能立即成为有效的事实时，总是鼓励你们，用自力解决难局。

乙、望告全体指战员，坚持党和红军的光荣旗帜，奋斗到最后一个人，最后一滴血，绝境中求胜利，全党和全体红军誓为你们的后盾。

丙、“二马”现有若干，“二马”位置及损失和防线情况，你们位置及行动方向与计划，即告。

（引自《中国工农红军西路军·文献卷》上，甘肃人民出版社2004年7月第1版，第578页）

这份电报中，中共中央及中革军委没有对突围东返之事表态，也没有给西路军以机断专行的表示。特别是电文中说：“坚持党和红军的光荣旗帜，奋斗到最后一个人，最后一滴血，绝境中求胜利”，这不是要求西路军就地血战到底吗?

陈昌浩因东进没有中央的命令，本来就有顾虑。他见部队受阻，便召开军政委员会扩大会议，提出要重返倪家营子，继续建立甘北根据地。徐向前听了，一下从炕上跃起跳下地来，大声说：“我的老子，我们现在还有什么力量消灭敌人吗?”徐总指挥反复向昌浩政委分析敌情我情，说：“我们只有几十个堡寨，被敌人重兵围攻，怎么建立根据地?打阵地战我们没有资格，我们部队很英勇、很坚决，但毕竟各方面很有限。部队已经伤亡过半，精疲力竭。”但是，昌浩政委坚持自己的观点，继续强调说：“我们别无出路，别无出路!”陈昌浩头上有“紧箍咒”，不顾实际情况坚持要回去。徐向前和他吵了一顿，没有结果。

陈昌浩在军政委员会上，说了些“国共和谈即将成功”、“形势大好”、“打回倪家营子”、“坚决执行中央指示”、“反对右倾逃跑”一类的话。那种气氛下谁还能唱反调？徐总指挥坐在墙角处低头不语，右手托着铜头瓷嘴的小旱烟锅，“吧嗒、吧嗒”地猛吸。竹竿烟筒上还拴着那个沾着油泥的黑布旧烟包。会议作出了重返倪家营子的决定。

孙子曰：“将能而君不御者胜”，而西路军面对的情况恰恰相反。西路军担负着一个独立作战方向的战略任务，但每一步行动均需请示报告，不折不扣地照指示去办。事实上许多指示难以行通，尤其是河东红军的战略行动部署，既未向西路军通报，又要求西路军配合，令之不知其然，更不知其所以然。这就使西路军最高指挥官几乎没有机动自主权力，战场指挥也就无法随机应变、机断专行。陈昌浩思想上有包袱，患得患失，一切唯上，当断不断。徐向前在回忆录中自责说：“我作为军政委员会副主席，西路军总指挥，虽向上级和陈昌浩提出过不同意见，但不无顾忌。特别是在受到中央指责的情况下，心情忧闷，不想吭声，缩手缩脚，教训是深刻的。”

由于陈昌浩坚持，西路军二返倪家营子。真理总是在远方时隐时现，被许多自相矛盾的理由和根据掩盖着。陈昌浩的理智和心灵没能使他接近真理。关键时刻决策失误，付出的代价就不仅是鲜血和生命。

2 月22 日，西路军返回倪家营子。

不添油的灯

祁连山下，大夜如盖。这苍凉的四野八荒啊，到处氤氲着红军的英勇牺牲和石壁般凝固的歌声。

二返倪家营子，敌人对红军的包围更加紧缩，梯队重叠，步步推进。这时的倪家营子，已是断壁残垣，千疮百孔，群众逃散，空空如也。红军托群众照管的伤员也被敌人残杀。到处血迹斑斑，惨不忍睹。

敌人又来进攻了。敌人的兵力不断增加，红军的兵力急剧减少，战斗更加激烈而艰苦。照例是天刚亮就打响，一天反复冲杀几次，到了黄昏，红军将敌人击退，形成对峙局面。

此刻，倪家营子出奇地宁静。李先念整整两天没有合眼了，头沉脚飘，晨昏颠倒，更难受的是饿，最后一次填腹还是昨天的事。警卫员端来一碗汤面条，再三催促他吃，他端起碗刚刚喝了一口，突然枪声乍起，呐喊声声：“马匪冲进村了！”“马匪冲进村了！”

李先念从桌边弹起来，拔出驳壳枪，冲了出去。尘烟沿着敌人不整齐的队伍腾起，一声跟着一声的射击从敌人中间发出。李先念挺身而上，举枪射击，向周围的交通队战士喊道：“冲上去！狠狠打！”

红军战士结成愤怒的一群，冲向那纷乱的敌人。

程世才听到屋外一阵大乱，有枪声、喊叫声，也有奔跑的脚步声，便拿起“快慢机”直冲屋外。他要亲手结果敌人，消消心头之恨！五六个马家兵沿着墙根跑来，为首的离他只有几步远，翘着山羊胡子，提着一柄鬼头刀，后边的几个都端着枪，上着刺刀。山羊胡子穷凶极恶的目光直直地逼视着他，举起刀来。程军长刚要开枪，“砰”，从后面飞过一发子弹，山羊胡子应声栽倒。这是军长的警卫员先开了一枪。又上来一个敌人，端起刺刀直对程世才的胸膛刺来，军长背后闪出一个战士一把将刺刀攥住，几个战士上来用枪托敲碎了这个家伙的脑袋。手抓刺刀的战士两手被刀刃割得鲜血淋淋，捡起敌人丢在地下的武器又冲上去了。

敌人将红军前沿围子包围数层，一直冲到纵深与红军后方部队激战。警卫连出来反击，更多的敌人又拥上来，两军混战，短兵相接，杀声动地。七八十个被打死的敌人横躺竖卧在街面上，进攻暂时被阻止住，但必须组织更大的力量反击敌人，把他们赶出去。

程世才跑过一道矮墙，来到二六五团团部。邹丰明团长来接受任务，他像历次打仗一样，不拿短枪，背一口大刀，提一条步枪，站在程世才面前，瓮声瓮气地说：“副军长，你下命令吧，我们冲！”

程世才组织二六五团和八十九师的两个团一齐反击，冲杀几次，将左右两路敌人全部打退。但正面的敌人占领了红军当面的一个土围子，有了立脚点。红三十军在没有炮火配合的情况下，屡攻不克，只好紧缩一步。敌人在新占领的土围子里安置大炮，可用炮火直射下营子中心地区，对红军威胁很大。炮弹嗞嗞叫着砸下，每一块弹片都染上红军战士的鲜血。

第二天，空前的恶战开始了，敌人集中兵力从下营子西面和左右猛攻，将红军守备部队包围数层，与红军激战，切断了红军与前沿阵地的联系。红军几次反击，将敌打退一步，前后方部队联系上了。但是敌人并没有全部退却，如不把敌人的气焰压下去，就有被分割的危险。

总部通知程世才，立即到总部接受任务。他来到总指挥部驻地缪家屯庄。在一个低矮的北屋里，并排放着两张桌子，徐向前伏在桌上看地图，因为室内光线不好，他的鼻子几乎挨到了桌面。陈昌浩坐在桌旁。骤然间一种轰雷似的声音响了一下，一颗炮弹打过来，洞穿了指挥部屯庄的上层，接着爆发了一阵猛烈的枪声。他俩安详镇定地工作着，不断爆炸的炮弹和激烈的枪声，对两人没有丝毫影响。

徐总指挥慢慢地抬起头来，凝视着程世才，用不容置疑的口气，扼要、透彻地说：“敌是优势，我是劣势，如果今天不把敌人打退，就有被消灭的危险。世才同志，我派你率领部队立即出击，九军的一个团附属你指挥！”

程世才沿着一条被雨水冲刷的沟渠急速奔向前沿阵地。左右的敌人火力封锁着这条路，子弹从他的头顶嗖嗖地飞过。

程世才回到前沿阵地，抓紧时间组织出击。他命令八十八师的二六八团和二六五团一部由左侧、八十九师的两个团由正面同时反击，九军的一个团作为预备队。各团的炊事员、饲养员等都充当了战斗兵，也还没有一个足营的兵力。

敌人又排山倒海似的扑来了。红军用来隐蔽身体的断垣残壁只有二三尺高，敌人的枪弹打得这些矮墙上的土块四处飞溅。战士们谁也不动弹，也不打枪，因为每人手里的子弹顶多也不两三排了。当敌人“呜呀呀”地喊着冲上来，离红军只有二三十米的时候，手榴弹才下冰雹似的一齐扔过去。程世才身旁有位机枪射手，看见敌人冲上来，也不顾隐蔽，伸出半截身子转动着枪口连放。敌人退下，他用袖子抹抹脸上的汗滴，一歪身子，竟在爆炸声中响起了鼾声。连续恶战，昼夜难眠，战士们疲劳到了顶点。

司号兵吹起了冲锋号。打旗兵抖开了红旗。战士们从背上抽出了闪亮的大刀。

在灼热、狰狞的子弹和弹片飞蝗般的啸叫声中，邹丰明一口大刀上下翻飞，指向哪里，哪里的敌人就抱头鼠窜。一颗子弹飞来，邹团长栽倒在血泊中。马家兵抡着马刀向他扑来。战士们急忙跳过去，用大砍刀架住马刀。邹团长一跃跳起，旋风似的抡起大刀，一个马家兵被斜肩带臂砍成两截，他自己也又一次栽倒在地，血洒疆场，英勇牺牲。红军夺回阵地，敌人反冲过来又夺去，红军就再次冲上去夺回来……

落日缓缓向荒漠坠下，它仿佛被祁连峻峭的山峰刺破了，在流血，天边一片嫣红。

2 月24 日24 时，徐、陈致电军委："抱全部牺牲决心，在此战至最后一滴血"。全电如下：

甲、我们二十一日晚移威敌堡，敌于天明即接近，因地形堡塞太多，敌易封锁，又于当晚仍回集倪家营。天明敌骑又接近，接连三次敌猛力炮击进犯，夜在野外四面伏击，不便出击，必在此时打。如天明有机即东进，无机另想办法。

乙、欲战胜此敌，只要八个足团，一两千骑兵，带足较强火力及山炮、迫击炮一部即可，最好能速抽出这样兵力过河，以归还建制名义向凉州进攻。我们适时夹击，可彻底消灭此敌，夺取甘北，奠定抗日后方，接通远方，实现根本大计，无论对西安之和平、战争计，无论对中国红军及西路军计，此为上策，望军委考虑，希予采纳。

丙、敌骑日夜接近，步、骑、炮集中日夜交战，西路军不战胜此敌，必有极大牺牲。西进不可能，东进亦不可能。我们虽拼战到一人一弹为止，但此前途危险极大，恐全军牺牲，不但毫无代价，且壮大敌之人马，敌重振威风，影响中国红军前途，造成将来再来此地困难。究竟战略后方是否此地，究竟战争前途是否存在。如果甘北必须占领，战争前途不免，即望实现此议，不然我们只有抱全部牺牲决心，在此战至最后一滴血而已。如何望告。

（引自《中国工农红军西路军·文献卷》上，甘肃人民出版社2004 年7 月第1 版，第582 页）

2 月26 日，军委主席团来电：

甲、固守五十天。

乙、我们正用各种有效方法援助你们。

（引自《中国工农红军西路军·文献卷》上，甘肃人民出版社2004 年7

月第 1 版，第 584 页）

这份电报简洁明了地指示西路军就地“固守”。陈昌浩又一次占了上风，证明他是马克思主义，徐是“右倾机会主义”。

二返倪家营子，从 2 月22 日到 27 日，西路军又与敌人血战五昼夜，损失过半。红军的血肉和这片泥土融为一体，又覆盖了薄薄一层新雪。不添油的灯是会灭的，再顽强的生命力得不到养息也无法支持。

西路军军政委员会一致决定再次突围。阔大苍凉的疾风夹着碎雪扑来，在被炮火烧焦的土地上，在迎面而来的枪炮声中，西路军战士你挽我，我扶你，开始了倪家营子的又一次突围。

河西走廊飘逸出一股浓浓的历史的难堪，和风沙卷逝又卷来的生命的喟叹。

第十章

兵败祁连

南柳沟突围

浓重的黑暗包围着红军。恢弘而磅礴的万物枯死的大漠冬夜，阒寂而蕴蓄着无限悲愁的大漠冬夜！精力耗尽，疲劳已极的红军战士跃动的雄姿已显得笨拙，两腿的摆幅越来越小，然而，每一个人都不会因为戈壁死命地拽撴而盘桓片刻。向着前方，以生命力不可遏止的气势奔驰向前，如陨星俯冲而去。

红军从倪家营子突围，刚刚转移到沙河，马家军大队人马的追兵立即扑来，红军边打边退，继续向西南方向转移，于2月28日拂晓进抵威敌堡南的三道柳沟。

三道柳沟傍依在祁连山下，祁连雪水融汇的三道凝固的小河把村子划成几截：东面一截叫东柳沟，西面一截叫西柳沟，中间偏南一截叫南柳沟。柳沟因少量柳树而得名。根据总部命令，红三十军扼守西北，红九军扼守东南。28日，徐、陈致电军委："我们昨夜全移威敌堡南之东西柳沟，……坚决克服困难，在此坚战。"

红军战士疲累得连眼皮都支不起来了，可是乌云似的追兵就在身后，别说睡觉，饭也顾不得吃一口，就立即动手筑工事，挖枪眼，斫鹿砦，准备厮杀。

浓烈的尘土和磅礴的曦潮一起从东天横溢而来，像烟，像雾，由远而近。透过弥漫的飞尘，可以看到马家骑兵奔跑的身影。

红三十军代军长程世才令师长熊厚发坚决固守，并待机出击打垮敌人。熊师长坚决执行固守的命令，亲自到阵地上指挥作战。马家军在优势火力掩护下，以密集队形，冲到红军阵地前。伏在阵地内的红军战士，立即从尘土中爬起来，跳出工事，以大刀、枪刺、梭镖，与马家军肉搏。整个前沿阵地，完全被鲜血染红了。入夜，程军长即指挥八十八、八十九两个师实行反击。这两个师只有3000人了，将进攻的马家军打退，恢复了原来阵地。

夜间敌人用沙包、箱柜在红军周围筑起工事，生起堆堆篝火。程世才站在围墙上纵顾四野，看到红军被包围在几道火环中间。作为指挥员，他完全明白面临的形势如何严峻。

三道柳沟红三十军指挥部所在地。李先念曾在这棵枯树上拴过战马

西路军被围在南柳沟，越到后来，战斗越残酷，越艰险，最终陷入绝境。

3月4日，徐向前、陈昌浩、李特又一次致电中央军委及彭德怀等，“日食一餐，眼前无水，而绝不灰心，准备战到最后一滴血，同时恳望援军星夜奔来”。

党中央军委并致彭、任、林、刘、萧、郭、王、陈、炳辉：

（一）西路军弹药将尽，最近战斗主要靠白刃格斗，但刀矛又少，体力亦不强，不及敌兵强悍。敌四周封锁，日夜被迫与敌血战，每次伤亡多则数百，少亦数十。卫生材料早已用完，彩病号安插后均被敌屠杀。现敌洞悉我军弹药无法接济，彩病号无法安插及粮、水之困难，正加紧封锁并企图乘虚短期歼灭我军。马敌已派兵配合民团实行封锁要道，转移困难。

（二）在上述紧要情形下援军早到一天，则我无上英勇红色之战士少受一天之损失。万一援军来迟，前途危险堪虑。

（三）我们坚信胜利前途，并号召全军斗争到底。现虽日食一餐，眼前无水，而绝不灰心，准备战到最后一滴血；同时恳望援军星夜奔来，或以更迅速而有效办法灭马敌，保全西路军……取得甘北，奠定大计，策之上也。事急，时盼望速复。

徐、陈、李

（引自《中国工农红军西路军·文献卷》上，甘肃人民出版社 2004 年 7 月第 1 版，第 599 页）

3 月4 日，就在组建援西军之时，就在电告西路军关于此项决定的当日，中央书记处致电西路军军政委员会，批评了西路军领导人：

一、中央对西路军全体同志奋斗的精神，深表嘉许，对目前西路军所处的危险境地表示深切同情。

中央现在决定派队向你们增援，利用各种其他方法帮助你们，团结干部，激励士气，派□增援军，战胜当前敌人。

二、但中央认为西路军目前所以陷入危险境地，一方面固然由于地形、给养与客观的困难条件，但主要的原因，是由于西路军的领导者没有依靠自己的力量战胜一切困难，消灭敌人，完成自己的任务，自信力因而扫地，希望寄托在外力的援助上；同时，对群众的关系上，特别是回民的关系与战略战术上的错误，也是其中的重要原因。因为据敌我力量对比结果，我们是完全可能战胜“二马”的。

三、中央认为西路军领导者的这种错误，是同过去四方面军成立第二中央时，采取右倾的退却机会主义，因此遇到新的困难时，又发生这种错误。

西路军在三道柳沟与敌人作战时的战斗遗迹

四、因此，中央极诚恳地希望你们深刻检查此次西路军受到的重大的损失的经验与教训，彻底揭发过去与现在的错误，以布尔什维克的自我批评在实际工作中执行中央的一切指示与方法，西路军在政治上、军事上得到彻底地转变。只有这种转变，才能保证西路军最后的胜利。

（引自《中国工农红军西路军·文献卷》上，甘肃人民出版社 2004 年 7 月第 1 版，第 597 页）

这又是一次严厉的批评，在西路军危机深重，濒临灭亡的时候。它的严厉在于把西路军的失败与过去张国焘另立中央联系起来，与逃跑主义、机会主义联系起来，并且认为，西路军的失败是这种错误的继续。

西路军不是一直不折不扣地执行中央和军委的指示吗？又如何成了张国焘的“第二中央”、右倾的退却机会主义错误？

同日，张国焘也致电西路军军政委员会，表示坚决拥护中央和军委指示，同时也对西路军领导人进行了严厉批评：

甲、希望你们能够依照中央三月二日（指 3 月 4 日中央书记处电文）指示，发展自我批评，从克服错误中求得胜利。

乙、你们上次来电谈到你们所受损失，应由军委负责，那是错误的。

丙、谈和平不可靠，红军主力应当西移，这是对于统一战线的成就有

西路军在南柳沟鏖战的主战场之一——李家小庄子

不正确之估计。

丁、要求四军、三十一军归还建制的观点，也是错误的。

戊、希望你们坚决拥护中央，在中央领导之下，团结的像一个人一样，克服困难，战胜敌人。不要从自己手里失去了党和红军的光荣呀！

（引自《中国工农红军西路军·文献卷》上，甘肃人民出版社 2004 年 7 月第 1 版，第 598 页）

这是张国焘以个人名义致西路军的第二份电报，也是张国焘署名的仅有的两份电报之一。

3 月 5 日，毛泽东、朱德、张国焘致电徐、陈：

……

乙、想尽一切办法，至少支持三十天，就有办法。

丙、顾祝同或可答应派飞机送款子与你们，有何办法接收。

（引自《中国工农红军西路军·文献卷》上，甘肃人民出版社 2004 年 7 月第 1 版，第 602 页）

3 月 5 日，刚刚组成的援西军的负责人刘伯承、张浩、李达致电红四军军长陈再道、政委王宏坤，红三十一军军长萧克、政委郭述申，红三十二军军长罗炳辉、政委袁任远，红二十八军军长宋时轮，并报中央军委，西路军领导人徐向前、陈昌浩及周恩来、彭德怀、任弼时：

一、军委命令：我西路军现在甘州附近与青海回军苦战，为增援与接应西路军起见，特以第四军、第二十八军（附骑一团）、三十一军、三十二军组成援西军，刘伯承为司令员，张浩为政治委员，李达为参谋长，刘晓为政治部主任。

二、我们于今五号就职，率队由淳化出动，并带无线电二十五分队与你们联络。

（引自《中国工农红军西路军·文献卷》上，甘肃人民出版社 2004 年 7 月第 1 版，第 603 页）

3 月 5 日，援西军从淳化、三原出动向镇原方向开进。

西路军领导人将援西军出动的消息通报全军，激发了指战员斗志，全军上下，同仇敌忾，奋勇杀敌。正如徐向前说："援西军出动的消息，鼓舞我军与敌拼杀，力挽狂澜。”可就在这时，援西军的行动停止了。

3 月9 日，毛泽东致电周恩来：

> 甲、援西军现停止于白杨城、青石嘴之间待命。
>
> 乙、徐、陈所部在沙河堡仅占地十里，被敌包围，粮水均缺，不能持久。
>
> 丙、全力用政治方法解决，并须速解，免去军事增援为上策。
>
> 丁、此事须在你去南京之前督促张冲、顾祝同即速办理，并得确定结果如：
>
> (一)“二马”撤兵停战。
>
> (二) 飞机送款弹。
>
> (三) 容许西路军安全东还，或容许其去肃州、安西。

(引自《中国工农红军西路军·文献卷》上，甘肃人民出版社 2004 年 7 月第 1 版，第 607 页)

徐向前在回忆录中说：

> 我们不断向党中央告急，请求速派援兵支援西路军。但这时我党与蒋介石的谈判，已进入“拍板”阶段，和平协议，即将达成。一着不慎，就会给蒋介石以借口，破坏和谈，挑起内战，危及全民族的生存。所以，对于救援西路军一事，党中央左右为难，总是尽力争取通过谈判途径得到解决，万不得已时方可诉诸武力。鉴于西路军已面临覆灭危险，党中央除紧急指示在西安谈判的周恩来等同志，强烈要求蒋介石令“二马”停止军事进攻外，二十七日决定组成“援西军”，任命刘伯承为司令员、张浩为政治委员，准备增援西路军。中央指出，增援西路军极为迫切，但必须服从两条原则：(一) 不影响和平大局。因此，增援部队开动时，由周恩来即告蒋介石的谈判代表顾祝同，请其谅解。如蒋介石令“二马”停战，援西军即中道停止，将部队位于西峰、镇原、固原地区。(二) 不使增援军又陷入困难地位。因此，在取得南京方面的谅解而我军西进时，只能控制黄河附近的一段，接出西路军，共返东岸。增援军不可西进过远，以免造成更大困难。由此可见，援西军的组成，带有向蒋介石施加压力的性质；它的行动，以不影响和谈大局为限。

援西军组成了，远在数千里之外的西路军已是败局已定，大势去矣！

马家军猛烈地进攻红军阵地。红八十八师师长熊厚发像往常一样，扎一根宽皮带，上面插着一支蓝得像鸹翎似的匣子枪。他的警卫员握一口寒光闪闪的雁翎刀，站在他的背后。熊师长正视前方，打量着包围圈缩小了的马家队伍。

第一炮打起的尘烟还不曾散尽，另一团尘烟又喷起来，随后是一声一声的轰隆。弹片和冰冻的土块，雨点似的飞迸着。

师长身旁的一个青年战士被弹片打中，血像喷泉一样从胸口突突涌出来。他用两只胳膊支撑着站起来，呼出了最后一口气，栽倒了。小战士奋力挣扎着仰起头来，寻找他的武器。他无力挪动身躯，只能向心爱的步枪送去一瞥。他的眼睛闭上了，永远地闭上了。湛蓝的天穹上，几朵白云一动不动，把阴影定定地罩在小战士的遗体上。

马家军以密集队形冲到红军阵地前。熊师长从警卫员手中接过雁翎刀，第一个跳出堑壕："同志们，杀——"伏在阵地内怒视敌人的红军战士，从尘土中爬起来，紧跟师长，跳出工事。刀光闪烁，杀声盈野。每一个倒下去的红军战士周围，都躺着几具甚至十几具敌人的尸体。

傍晚，敌人被反击受挫以后，沿着干涸的河沟，借着堤坝的隐蔽，向红军展开猛烈攻击。红二六八团守卫的两座土围子，首当其冲，遭敌急攻。红军首长的血总是和战士流在一起的。程世才军长和熊厚发师长在弥漫的硝烟和飞舞的弹片中来到二六八团。

"首长，到后面去吧，这里太危险！"

"不危险，我们也就不来了！"

太阳下山了，围子笼罩在一片刺鼻的硝烟中，狰狞的弹片啸叫着，每一块都染上红军战士的血。围墙被炮弹、子弹打得像锯齿似的，西面被炮弹轰开一个缺口。沿着河沟攻上来的敌人，已占领了村边一座独立房屋。

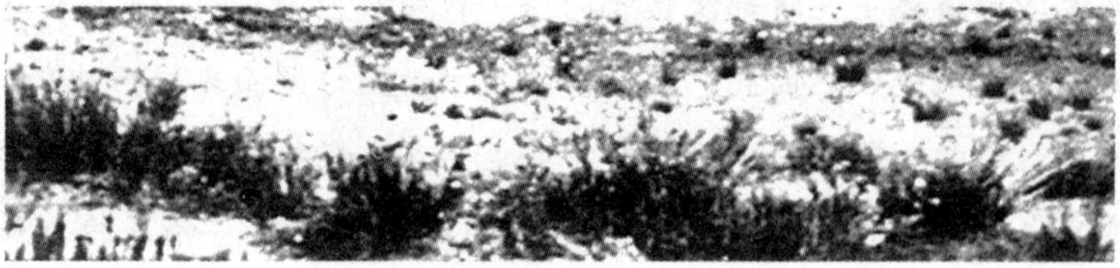

西路军在三道柳沟战斗过的南山坡滩

程军长和熊师长登上围墙，刚从缺口上观察了一下敌情，耳边便嗞嗞地飞过几粒子弹，墙头被打起一溜尘土。熊师长摇晃了一下，一股鲜血蹿得老远，直溅到程军长的身上。熊师长的左臂负伤，鲜血染红了衣袖。

程军长急忙扶着他说："快下去包扎，我来指挥!"

"不要紧，打断了手，有嘴和腿照样能指挥作战。"熊师长按着伤口，紧紧地咬着牙，望着敌人。

熊师长的胳膊虽然被打断了，但他没有躺下。夜晚，他一只手吊在脖子上，一只手提着马刀，在村子里转来转去，到最危险的地方鼓励指战员坚守阵地。

虽然红军打退了敌人无数次冲击，守住了围子，但是情况却更加险恶了。

3 月 10 日，徐、陈报告军委"坚决死战，三百米内亦用电台联系"：

> 昨晚敌以几个团兵力，抢占我南、西柳沟野外中间地带，我集兵出攻，激战一夜未得出，因火力太弱，伤亡大，出击不易，敌占野外沙滩，层层筑工事，已将红三十军、红九军联系截断，现已无粮，仍战中。附近地区均无粮缺水，转移不易，只有坚决死战，三百米内亦用电台联系，请天明与我们通报。

（引自《中国工农红军西路军·文献卷》上，甘肃人民出版社 2004 年 7 月第 1 版，第 608 页）

程世才军长与李先念政委只能靠埋在地下的电话线联系。李政委率二六五团在另一个土围子里与敌对峙。他在电话中告诉程军长，总部已命令九军的两个团从左右两方接应二六八团。

程军长一面坚守阵地，一面待援解围。他在寒风刺骨的围墙上，望着总部驻扎的方向，谛听着是否有从敌人背后传来的枪声。

西路军在三道柳沟李家庄的射击孔

“噼噼啪啪”，传来猛烈的枪声。但因敌人兵力太多，解围未成。

程世才抓起话筒与李先念商量：“先念，我们必须自己突围了，要不明天孤军奋战，情况就更不妙了！”

“既然这样，就突围吧，我派一个营接应你！”

“你还派得出人来吗？”程军长完全了解政委的处境，他率领的二六五团也只剩下几百人，如果再抽出人来接应二六八团，确实存在着被敌人突破围子，全军覆没的危险。

“困难是困难，可是你们更困难啊！”李政委说。

手表的秒针催动分针，分针催动时针，“咔咔”地走着。当指针重叠在12点上的时候，李政委派出的出击营在敌人背后打响。二六八团像潮水一般冲出围子，冲向敌人。

熊师长艰难地跟着突围的潮水流动，负伤的左臂渗着血，右手仍挥动匣子枪向敌人射击。

二六八团跨过第一道火环，又冲击第二道火环。人人的战刀滴着血水，衣服染着血污。

3月11日夜，西路军由南柳沟突围。红三十军八十八师打开突围通道，八十九师掩护总部，九军殿后。敌人以密集火力阻击。机枪射出的子弹，织成一束束干硬的光带，交叉出破碎的扇面。黑暗中无数火舌喷吐，比火舌更夺目的是飞舞的战旗，战旗下跃动着红军将士的身影。

愤怒的潮水冲出了包围的堤坝，突破口上留下短暂的寂静。寒风似刀，天穹上游云跟干燥的硝烟混沌一片。几百名红军战士横躺竖卧，静静地长眠在这悲怆的起跑线上，这浑黄跌宕的漠海潮头。

梨园口阻击

梨园口夹在对峙的山峰之间，像是用巨大的宝剑在绵亘的祁连山劈开的一座大门。

祁连，冷峻的山峰像铁骨铮铮的硬汉挺立在劲风里。它西起阿尔金山脉的当金山口，东达贺兰山与六盘山之间的香山一带，长约1000公里，山峰海拔多在4000米以上，有常年白雪皑皑的山峰和千姿百态的冰川。

祁连，是峻荡日月的颠天扑地的莽莽苍龙！迭现于眼中的是立锥形的奋勇向上的擎天大柱，是拔地而起的古松翠柏的硕干高枝。它以骇世惊俗的逼人气势兀然立于红军面前。祁连山下漫漫荡荡的每一棵小草纤细的叶片都显得具有力量。是的，轻悠悠的草尖托起了日益扩展的丝绸之路，托起了古羌人威武的姿影、蒙古人悠长的牧歌、匈奴人响亮的鞭声，托起了古战场的金戈铁马。

曙光来临，大地又一次呈现出天似穹隆，笼罩四野的恢弘。西天边际的天地结合处，大气在阵痛中骚动。千里祁连、千里走廊、千里相似的戈壁，黄沙、黄风、黄色的世界铺开红军剽悍的梦，气吞山河的悲壮！

陈海松率领红九军，直奔梨园口。疲弱不堪的红军战士脚步沙沙，腾起土浪。他们一个个累得张着嘴，喷着气，眉毛上、鬓角上、帽檐上、乱蓬蓬的胡须上，都结着雪白的霜花。他们以最快的速度行进着，决心用两条腿赛过马家军的骑兵，抢占梨园口，掩护总部及红三十军进山。

陈海松率领红九军，刚刚赶到距梨园口还有八九里的小村子梨园营，就听见由远而近传来一阵令人不安的马蹄声。朦胧晨曦中，只见东北方向尘土飞扬，数不清的敌人骑兵分两路向红军追来。敌骑黑压压、杀气腾腾，卷起阵阵

通向祁连山的梨园口

黄风野尘，浩荡而来。

陈海松立即命令仅有几百人的部队，迅速占领一个土围子和西山头。敌人山炮猛轰土围子，打开几处缺口，人马猛攻土围子，将围子紧紧围住。陈海松率部突围，集中在小山峁上。他大声喊："叫人都上山，拼了!"

悲哀的是，子弹奇缺，除军部人员还有挺轻机枪和每人有30发子弹外，战斗部队简直处于束手待毙状态。敌人登上高地，机枪一吼，死伤惨状目不忍睹……

马元海认定，马家军此前所以受到严重损失，主要是在进攻庄堡时吃了苦头。现在红军离开村落，最后"胜利"是完全有把握的。他指挥部队和民团，将梨园口三面包围，发起冲锋。马家兵全然不顾火力杀伤，踩着同伴的尸体一步一步逼上山峁。

如果陈海松决定以生为出发点的话，警卫人员完全能掩护他很快撤走。然而，陈海松没有这么做，他是一贯"责尽道义"的将领，他说"要给三十军争取时间"。大家劝他的话一概不听，尤其是见到生死与共、经历百战的老战友一个又一个惨遭阵亡，他悲痛至极，眼睛愤怒得血红血红。

在机枪手倒下的一刹那间，陈海松猛地跃起，飞一样地前去抱起机枪。他当过机枪连指导员，枪法精熟，扫倒一大片敌人，吸引了对面山头上敌人的注意力。敌人山头比红军高一半，居高临下集中全部机枪对付红军这挺唯一的轻机枪。一阵猛烈扫射，陈海松倒下了。

陈海松躺在他跌倒的地方，不自觉地发出一种柔和的呻吟。他不知道自己的知觉失去了多久。太阳穴铅一般沉重，疼痛难当。心脏急剧跳动，拼命往上蹿，刺着喉咙。他躺在那里似乎在静静地听，几丛簌簌有声的苦艾草，蓬勃着干枯的枝条，抽打着随风飘来的枪声和炮声。他睁开眼，上面是天空，有一团一团的云在浮动。他看一看周围，许多战士再也起不来了，成了一堆堆残缺不全的躯体。回眸，他的一位通讯员面颊被子弹贯穿，舌头已断，荡悠在冒着鲜血的嘴边，身子侧向陈海松，仿佛还在向他报告似的。

陈海松的双腿已经变得僵硬，好像插在地上的木桩，不过这木桩还在艰难地移动着。血，滴在太阳庄严的凝视中，落在梨园口那古老的土地上，一滴、两滴……

看见政委，红九军保卫局长陈宜贵就想到死。当然，是死在阵地上，脸朝着敌人进攻的方向。他早就在准备着这样的归宿了。

“没有挂彩吧，你?”陈海松问保卫局长。

“没有!”陈宜贵轻轻地吐出两字，身子向政委的方向探去。

“陈宜贵同志，你和几位部长赶快带领机关撤退，这里由我留下来掩护!”

“不，政委，还是我和你一起留下！你忘了？我是‘夜老虎’团的呀!”陈宜贵心里明白，留下就难活着出去。

“叫你撤你就撤，怎么这么婆婆妈妈的!”陈政委脸色骤然一变，把脚一跺，厉声喊道。

保卫局长还是第一次见政委发火，知道在这种时候拗不过他。可是想到这也许是最后的离别，心如刀绞，眼泪扑扑流下来。

陈海松见陈宜贵哭了，也难过得扭过头。“好啦，赶快走吧！再晚谁也出不去啦。能活着出去一个算一个，总比都留下来死强!”

陈宜贵含着眼泪依依不舍地告别了政委，领着机关干部和一部分战士，在总部和红三十军之后撤进了梨园口。

敌人又进攻了。炮弹骤然卷起的狂飙横扫小山峁,大地发出了沉闷的呻吟声。

陈海松怎么也不敢相信这是真的：在这小土岗上，活着的能够用食指扣动扳机的人，连他自己在内只有二三十个。警卫员蹲在他近旁，这是一个腼腆的小青年，虽然只有17岁，却胡子拉碴，头发蓬乱，挂满灰尘的脸黑黢黢的，眍瞜进去的眼睛围着一圈青色，颧骨凸起。

马家兵进攻的战旗疯狂地摇摆。敌人发现陈海松身边的战士都用快慢机盒子枪，断定他不是一般干部，想抓活的，结果只是留下一具又一具的尸体。马家兵恼羞成怒，集中火力一齐向陈海松射击。“哒哒哒……”陈海松身上多处中弹，斜倒在地上，鲜血染红了沙土。

“政委，你醒醒！政委，你醒醒呀!”交通队程指导员把陈政委抱在怀里，悲痛地呼唤着。

“你们……不要管我了，都突围……去吧!”政委睁开眼睛，吃力地说。

程指导员泪流满面，哽咽着说：“要死……我们和你……死在一起!”程指导员、警卫员以及仅存的几位战士默立在政委四周。“咔嚓”，他们一起打开了刺刀，脸色铁青。

陈海松的机要秘书李良兴手中的快慢机还有子弹，他在点射着接近山包的敌人，几乎一弹一个。陈海松倒下时，他还全然不知。

当李良兴听到大家的哭声，弄清是政委中了弹，急昏了头，杀敌射击也不管了，拉起身边的警卫员“王大娘”就往陈政委身边奔去。李良兴一边抹泪，一边把快慢机横挂到胸前，双腿往下一跪背起陈海松血糊糊的身躯，就沿山腰的一条沟坎跑。他不顾一切地喊：“政委，政委，坚持哇！我们会冲出去的！”在他身后抬着政委两只脚的“王大娘”，发现政委已经辞世，叫李良兴放下。他俩仔细看了看陈政委，政委全身打得到处是弹洞，简直没有一块儿完整的肉……

李良兴选了一个沟坳把陈海松的遗体放了进去，用双手撮土，刚埋了政委身子的一部分，他的右脸遭到冲上来的敌人刺刀一戳，顿时眼冒金星，身子猝然欲倒。但，李良兴头脑很清醒，不顾满脸血污和伤口剧烈的疼痛，用跟许世友军长学过的一个“鹞子翻身”的武术动作，拔出胸前25发子弹的快慢机，趁猛一扭身的当口“哒、哒、哒”一个横扫，把前后的三个敌人全击毙在陈海松政委的遗体旁。

李良兴原跟许世友当司号长，其时许世友是红九军副军长兼二十五师师长。当时陈海松才21岁，已是九军政委。陈政委在首长中像个娃娃官，李良兴比陈政委小6岁，在首长们眼中则完全是小孩子；陈政委对李良兴比一般战士亲热得多。西路军渡黄河之前，许世友军长调到骑兵师担任师长兼政委。许世友调离九军时曾说要带李良兴一起走，却被陈海松把他拦下留在了身边，原因是跟随陈海松的司号长在一次战斗中牺牲了。陈政委找到许世友，要求李良兴跟随他管理司号指挥联络工作。陈政委怕李良兴不高兴，还特地同李良兴谈了一次话。陈政委笑着说：“我们会处得很好的。你要不信，干着看吧！”从此，李良兴留在陈海松身边当机要参谋，也吹号。

此刻，李良兴所敬爱的陈政委倒下了，就躺在他的身边。小山峁上，沟坳之中，几丛苦艾草在炮火中默默摇曳。陈政委仰卧在浅浅的草丛中，那双流血的眼睛，凝注着像梦一样浩渺的天空。

梨园口阻击，红九军政委陈海松、红二十五师政委杨朝礼等壮烈牺牲。杨朝礼，河南商城人，1930年参加红军。

嗣后，敌倾全力向红三十军阵地压迫。为掩护总部机关和伤员向山里转移，红三十军指战员前仆后继，顽强拼杀。梨园口内，战马嘶鸣，白刃交加，血肉横飞。

“男儿到死心如铁”，看试手，补天裂！

血红的夕照

夜色沉重。徐、陈率西路军残部，边打边撤，深入祁连。人流沉默着，驮着伤员的战马也不嘶鸣，只有积雪被“咔嚓、咔嚓”踏碎的声响，和间或传来一两声伤员的呻吟。山风疾猛如鞭，抽得人打趔趄，愈往高走，愈觉得身上捆缚了无数纤绳，步步吃紧。那说话的人，半张着嘴，久久呈现出一种情态，却没有一点声响发出。这冰雪的国度仿佛要把这一队人马冻成立体的塔林。

徐向前走着，干燥得渗出血的嘴唇露出几丝痛苦的细纹。他没有任何表情，没有任何声音，只留下深深的脚印在雪地上延伸。面对溃不成军的队伍，徐总的心像夜色一样沉重，这重量是一次次战斗失败累积起来的。总指挥抬头望天，头顶是风云呼啸的天空，脚下是古老苍凉而且底下岩浆正喷吐着的大地。

曦光升起，红军来到一个慢坡，这里是裕固人的夏季牧场，叫做马场滩。从马场滩上去，就是海拔3000多米的牛毛山。

忽然，西北、正北、东北三道峪谷同时冲出马家骑兵，接着就是一串凄厉的、爆豆般的机枪扫射。这骤然而起的、沉重的枪声在崇山峻岭间碰撞着，反射着，汇成一片隆隆的震撼人心的回响，一片撕心裂肺的轰鸣。

红军奔向牛毛山，抢占制高点。担任后卫的二六四团和二六三团就地展开，抗击敌人，掩护部队。马场滩一片慢坡，毫无遮蔽，敌骑纵马奔驰。仅剩300多人的二六四团全体陷入敌骑的旋涡，虽经左冲右杀，终于全团覆没。二六三团也大部牺牲，热血抛洒，像雨点一样。

红军烈士们静静地躺在晶莹闪光的白雪上，仰面是祁连飘忽的云朵。

牛毛山上的松树、柏树、杉树遮蔽天日。战士们在密林中抗击敌人。树上的积雪震落下来，人人都成了雪人。红军顽强拒敌一整天，直到又一次夜幕降临，才转移到距牛毛山八里路的康隆寺。

3 月 12 日凌晨 1 时，徐、陈就西路军危情向中央军委告急，报告西路军“不足五团”，“无日无夜不战，弹药几尽，疲乏大过”，“全军决死斗待援”：

（一）西柳沟激战四五日夜，敌集团强攻，我火力弱，死战堡内外，又因无弹少粮，昨日我伤亡七百名。早移梨园堡，寨房小，又多近山，敌三个骑旅及步兵两三团随至猛攻。

（二）九军子弹每人只有几发，损失两个多团，海松牺牲，玉清、厚发等带彩，行百里到番地康隆寺。敌骑在白天扑灭我二六四团全部共三四百人，现全军不足五团，在野外老林中食骡马，续死战。

（三）现百分之七十系彩病员，无日无夜不战，弹药几尽，疲乏大过，挖堡寨不易，现全军决死斗待援，希望速配合反攻。

（引自《中国工农红军西路军·文献卷》上，甘肃人民出版社 2004 年 7 月第 1 版，第 609 页）

3 月 13 日，徐、陈及军政委员会致电军委并报中央，报告西路军“不足三团”，“子弹几尽，日夜连续血战”，“望援西军火速前进”：

（一）我们十三日晨被敌猛迫进到西洞堡西边九十里祁连山腹，全在山上露营，现敌已赶到，正持战中。

（二）西路军现不足三团，虽精神团结，斗志坚决，但子弹几尽，日夜连续血战，受挫极大。

（三）附近皆高山险路，转移困难，在这紧急情况下，望援西军火速前进，估计援西军全部或大部若能于五日内渡过黄河，先头部队渡河后即向凉州进逼，则围可立解。西路军现存的大批干部及积极分子可以保存，并可协同援西军解决“二马”，否则全部危险性极大。时迫词切，望即复示，并争取白天与我们通报。

（引自《中国工农红军西路军·文献卷》上，甘肃人民出版社 2004 年 7 月第 1 版，第 610 页）

康隆寺是一个喇嘛庙，当年里面有两千僧家和喇嘛，可以买到粮食，但是为了摆脱敌人，不能在此停留。部队连夜赶行，翻过十几座山头，到达离康隆寺40里的地方。青石山头长着稀疏的灌木和野草，嶙峋怪石矗立在悬崖峭壁之下。裕固人把这里叫做“石窝”。

“石窝”，冲动和沉思的石窝哟！肆虐成性的暴风雪，千百年疯狂地摧击着，剥蚀着，想摧毁你的存在，能够剥蚀的全部剥蚀去了，只剩下筋和骨，一尊残缺的躯体在天地间站立！

马家队伍又冲上来了。一队黄马、一队白马、一队灰马、一队青马、一队杂色马，漫山遍野。总部和红九军余部还在侧面山谷，没有登上高地。

红三十军留下的二六五团和二六七团断后，掩护全军脱险。

二六五团还有200来人，由继邹丰明牺牲后任团长的周洪坤、政委黄英祥带领抵挡头阵。他俩指挥全团人马，卧倒在散乱的岩石后面。黄英祥向侧面山谷里一指，喊道：“同志们！总部和女同志还没有上山，我们要坚持守住，死也死在这里！”战士们甩出一排手榴弹，跳起来迎击敌人。敌人在马上，红军在马下，马刀对鬼头刀杀在一起。一颗子弹打在黄英祥头上，鲜血从额角流下来，他栽倒下去。当几个马家骑兵举着马刀，要从他的面前飞过时，黄英祥忽地从地下跪起，血涂满面，端枪射击，一枪一个。黄英祥、周洪坤双双死于乱刀之下，他们最后留给世界的是一声长长的悲壮的呐喊！“夜老虎”团至此玉碎冰消。

一声凄厉的哀鸣，把一位昏倒的红军女战士从一片草丛中惊醒。她翻身立起的当儿，隐约瞥见一个马家兵扑来。她未及思索，一跃而起，提着步枪，飞也似的奔向一片荆棘丛生的丘坡。她分明已累到了精疲力竭的地步，茫然失措地奔跑着。马家兵四肢飞张，扑向意中目标。就在马家兵即将抓住她的刹那间，她突然一个弹簧般迅捷的急转身，猛地将步枪上坚挺的刺刀捅向追敌的胸脯。只见那个马家兵像一截断木头似的从山坡上滚了下去，在她脚下痉挛成一团。

西路军西征河西的悲壮历程中，活跃着一支妇女武装，这就是妇女抗日先锋团。这支英雄的女红军队伍，人数之多，时间之长，在红军史上是仅有的。她们从川陕革命根据地走来，在祁连山中走完了最后的历程。她们勇敢地面对艰辛、困苦和死亡，跟随队伍来到河西走廊、祁连山中，写下了红军历史上悲壮的一页。她们留给后来者一笔巨大遗产，一种不屈不挠的勇气和难以动摇的信心的光荣传统。西路军失败后，妇女团团长王泉媛、政委吴富莲等领导相继被俘，幸存者无不步步荆棘，处处坎坷，饱受人间艰辛。

西路军上至总指挥、总政委，下至伙夫、马夫，人人手持武器与敌厮杀。红三十军余部顽强抗击，直到总部、红九军余部和妇女团余部上了山，才边打边撤，会合在石窝山头。

山坡下躺着红军死难烈士的遗体，叠股枕臂，陈尸狼藉。幸存者七零八落，有的沉默，有的暗泣，有的两手高高伸向苍穹，经久不落，失声痛哭……

祁连落日，从云的夹缝中挤出，迸出一道血红的夕照。夕照忽宽忽窄、忽长忽短、忽明忽暗，似在拼搏，把燃烧的血滴在山峦积雪上。

3 月 13 日 24 时，中央军委主席团复电徐、陈：

你们现在已处于特殊情况之下，已不是一般方法的解决问题，必须立即采取特种方法达到保存一部分力量之目的。因此，我们向你们提出下列事项和方法，请你们考虑决定一种：

率现存之三团人员向外蒙冲去。

率现存之三团人员打游击战争。

以上方法不论采取哪一种，均须将伤病员安置民间，均须采取自主自动姿态，均须轻装，均须取变化不测战术。如何，望立复。

（引自《中国工农红军西路军·文献卷》上，甘肃人民出版社 2004 年 7 月第 1 版，第 611 页）

雪地上留下一串脚印

凛冽的朔风卷夹着雪屑，阴森的树林弥漫着严寒。

西路军总供给部部长郑义斋坐在灌木丛旁。他魁梧的身体消瘦了许多，眼窝陷得很深。他的心随着夜色的降临袭来几缕淡淡的沉郁。

郑义斋 1901 年生于河南许昌。父亲挑货郎担，做小生意；母亲早起晚睡，纺纱织布。他从 8 岁开始断断续续地上了四年私塾，10 岁到许昌一家杂货商店当学徒。当激荡于中国大地的革命雄风吹拂到郑义斋的家乡时，他便带着扫平人间不平的豪情投身革命。1923年，轰轰烈烈的二七大罢工的浪潮波及许昌，郑义斋积极鼓动和组织工人同资本家斗争。罢工失败后，他因“策动工人罢工”被资本家开除。在革命遭受挫折的1927年，他利用在铁路上当检票员的便利条件，帮助党组织在铁路沿线秘密运送各种物品，以忠诚和坚韧被吸收为中国共产党党员。郑义斋原名邓少文，后因担任党组织在上海开办的“义斋钱庄”经理而改名为郑义斋。

郑义斋

1931年，因在党的中央机关工作的顾顺章和向忠发先后被捕叛变，上海的党中央领导机关遭到大破坏。郑义斋1932年春离开上海，前往鄂豫皖苏区工作。他曾任鄂豫皖苏区民主政府财政经济委员会主席、银行行长，后兼红四方面军经理部长。红四方面军入川以后，任川陕省政府财委会主席、银行行长和红四方面军总供给部部长。他是红四方面军后勤工作出色的领导者和组织者，优秀的红色理财专家。

夜风紧了。大家挨挨挤挤地围坐在一起，气氛压抑而沉闷。人们冻得似乎麻木了，浑身颤抖着。郑义斋的警卫员曾少章扒开积雪，拾来干柴，燃起篝火，用仅剩下的一个小铁壶熬了一壶小米稀粥，盛了一小茶缸递给郑部长。部长看了看周围的同志，说：“大家都喝点，暖和暖和身子!”他接过缸子没喝几口，又递给了坐在身边的杨文局。杨文局是郑义斋的爱人，曾任达县县委妇女部长、川陕省工农银行保管科科长、西路军总供给部管理科科长。

郑义斋和杨文局1934年4月在通江结婚。婚礼办得十分俭朴，没花公家一个铜板。身上穿的是部队发的军装，当晚吃的是伙房“食谱”上定的荞麦面疙瘩，屋里摆的各样花卉、蜻蜓蝴蝶，全是杨文局和战友们动手采用通草编的。当时总供给部库存物资中，光是丝绸彩缎就有数百匹，金银珠宝不少，食品和副食品也有，还存有海参和黑白木耳；部队“打牙祭”经常能吃上肉、鱼、蛋类。然而，郑部长守着金银库，从来不私自动用分文。

郑部长对于给他的额外照顾也向来是不领情的。1934年春，郑义斋身患疟疾，说烧浑身是汗，说冷穿棉袄也顶不住。警卫员曾少章见他衣服倒换不过来，就到军需科替他领了一套衬衣衬裤。郑义斋在换衬衣时发现了，便把小曾叫到跟前严肃地批评说：“衣服是公家财产，没发给个人，任何人不得动用。谁想多领就多领，怎么行！”当即让小曾把衣服退回军需科，并向军需科做检查。这次打摆子打了半个月，眼看他瘦得不像样子了，杨文局很心疼，就想从保管科拿一个肉罐头来给他吃。他听说后赶忙阻止：“不能拿，不能拿，那是送给前方伤病员同志的！”

还在大革命失败后不久，郑义斋接受党中央交给的任务，在上海开办了“义斋钱庄”，当上了钱庄老板，周旋于十里洋场。当时山东党组织准备举行武装暴动，郑义斋和钱庄一位“伙计”携带巨款前往济南，为暴动提供经费。白色恐怖笼罩下的济南特务横行，当地组织遭到破坏，两人在城里转来转去，几天都接不上关系。身上的钱用光了，肚子饿得“咕咕”叫，“伙计”望着郑义斋肩上的褡裢，低声地央求道：“老板，是不是把里面的钱拿点出来用？”郑义斋摇摇头说：“这笔钱一文也不能动，那可是本钱啊，准备做大生意的。”看着“伙计”沮丧的样子，郑义斋安慰道：“你把我穿的这件马褂拿到当铺去，再熬上几天，想法把关系接上。”关系接上了，钱送出去了，郑义斋当完身上的衣物，化装成苦力，为火车锅炉加煤，好不容易才回到了上海。

1932年冬，红四方面军入川。根据地建立不久，便遭到四川军阀田颂尧的“三路围攻”，围攻中敌人截断了从南部运往通江的盐路。一次，郑义斋和徐向前总指挥研究部队后勤保障工作，晚上，徐总留他消夜，炊事员端上两盘小菜，菜倒新鲜，吃起来却淡而无味。郑义斋嘴里不说，心里不免一阵难过，徐总指挥担着那么重的担子，日夜操劳，生活上也和战士们一样在苦熬着。盐巴是根据地军民生活的必需品，不能缺，郑义斋赶紧召开会议，动员根据地军民自己开盐井、取卤水，以应急军需民用。一次，地下交通站通过敌人封锁线运回一批盐巴，郑部长喜出望外，吩咐经理部人员及时分配下发。分发中，郑义斋取了半斤盐巴装在一个小袋中，把警卫员曾少章叫来，说："你把这包盐送到徐总指挥那里去，他跟大伙一样，也在唱旦（淡）角呢。"不一会儿，小曾回来递上一张字条，上面写着：义斋同志，谢谢你的好意，我这里已经有了卤水，这点盐你留下用吧。郑义斋凝视着字条，眼泪润湿了眼睛，他想了想，又命令小曾将这包盐送到战地医院。院长向伤员讲了这包盐的经过，大家深受感动，当场就有伤员要求重返前线投入反围攻战斗。

郑义斋生活上严于律己，对人对事又敢于负责。林月琴是安徽金寨人，出生于小商人家庭，1927 年加入共青团，1930 年参加红军。张国焘到鄂豫皖苏区后，林月琴因家庭错划成地主而被送到劳改队。红军主力离开鄂豫皖，向西转移时她被遣散，但林月琴决心不离开红军。部队行军作战走到哪里，她就跟到哪里，当了几个月的编外红军，一直跟到川陕根据地。当郑义斋了解到林月琴确实有一定组织才能，又是老骨干时，就任命她为新编的妇女工兵营营长。开始，林月琴还心怀忐忑，但在郑义斋的支持和帮助下，她挺起腰杆抓工作，使妇女工兵营在后勤战线上发挥了重要作用。

此刻，郑部长让大家把分开保管的金子、银元以及烟土分成几份用布包好，叫杨文局用针线缝牢实，准备翌日送交总指挥部，在部队分散游击前发给各部。

杨文局接过布包，拿过刀枪的双手簌簌地颤抖。她曾多少次接过郑部长的衣物为他缝补，但这次仿佛接过去的是一抹就要消失的晚霞，一束就要枯萎的残红。她的目光里溢透着凄凉，还不仅是凄凉，因为得接受这晚霞的消失，这残红的枯萎……

在夜晚特有的压抑氛围中，经过连续恶战，疲倦不堪的同志们背靠背坐在地上纷纷入睡了，可是郑义斋和杨文局思绪万千，怎么也合不上眼。郑义斋低首凝视篝火，缓缓地对妻子说："文局，我们随时随地都要准备牺牲！如果我牺牲了，你生下孩子，不管是男是女，都要想法拉扯成人，继承我们的事业！"杨文局的眼里泛起盈盈泪光，她似乎想压抑住，可没一会儿，还是哭出了声来……

杨文局坐在雪地上，瑟缩地抖动着。此时，她怀着八个月的身孕，特别需要照顾。这是郑部长和她的第二个孩子。第一个孩子是长征刚开始时生的，因行军打仗难以带养，忍痛交给一位农民抚养。第二个孩子快出生了，可面临着更加困苦的处境，没有温暖，缺乏食物。

东方泛白。郑义斋和杨文局镇定地道别，迎着朝霞向远处走去。雪地上留下一串脚印，弯向一片松树林中。

郑部长率领十几名警卫战士，带着金银向总部所在地出发，下山就遇上了敌人。郑部长指挥大家边打边撤，中弹负伤，跌落马下。警卫员小曾跳下马来搀起部长，小张牵住战马，两人想扶部长上马。郑部长为了不使经费落入敌手，当机立断，命令说："小张，你赶快骑马冲出去，上总指挥部，把金子上交首长，我们掩护你！"小张担心部长的安全，犹豫不决。部长严厉地命令："快走！不要误了大事！"小张噙着泪，骑马冲出重围。

郑部长沉着举枪射击，从马上打落几个敌人，更多的敌人在他周围举起马刀，左旋右转。郑部长被砍死了，小曾也被马刀击中，倒在部长身旁。

郑部长倒下了，手里还握着枪，手指还扣着冰冷的扳机。他那石雕一样凝然不动的脸颊伏在祁连脚下，白雪之中。

西路军失败后，杨文局不幸被俘，在俘虏营里生下个男孩。1938 年初，天寒地冻，滴水成冰，她携幼子流落戈壁荒滩，为了不使孩子冻饿而死，被迫投靠一个皮匠，随其到深山汉藏杂居的偏僻村寨。她常常站在村头，眷恋地看着戈壁尽头弯弯曲曲的小路，希望从那里走来衣衫褴褛的红军。当她听说红军改编成八路军，在兰州设有办事处，曾几次带着郑义斋的幼子去找八路军，均因路途遥远、交通不便被皮匠追回。直到新中国成立后，杨文局才在一位藏族妇女的帮助下，带着郑义斋已 12 岁的男孩，骑着毛驴，翻山越岭，回到了党的怀抱。

石窝会议

3 月14 日，西路军军政委员会致电中央及军委：

（一）今天血战，部队无弹，饥渴，损失甚大，已战到最后，现存两团余兵力，伤亡及牺牲团级干部甚多，只有设法保存基干。

（二）军政会决定徐、陈脱离部队，由卓然、先念、李特、传六、树声、世才、黄超、国炳等组工作委员会，先念统一军事指挥，卓然负政治领导，受工委直接指挥。

（三）西路军坚决执行党中央正确路线，绝无对南下时期曾一时反五次“会剿”，这是国焘错误，从未继续。不过对敌情、我力、地形的特情，西路军原力并不能单独战胜“二马”。望重新估计各军和客观事实。

（引自《中国工农红军西路军·文献卷》上，甘肃人民出版社2004年7月第1版，第612页）

西路军总指挥徐向前——

我军从康隆寺地区边打边撤，退到石窝一带的山上，已是斜阳晚照时分。我在前沿阵地指挥部队打退追敌的最后一次进攻，还没喘过气来，就接到陈昌

西路军在肃南康隆寺战斗遗址

浩的通知，去石窝山顶开会。

我到那里一看，剩下的师团以上干部，还有二三十人。部队吃了前所未有的败仗，大家异常难过。会上，陈昌浩宣布了军政委员会的决定：徐、陈离队回陕北，向党中央汇报情况；现有部队分散游击，坚持斗争。关于我俩离队的事，他可能和别的军政委员会委员酝酿过，但我毫无思想准备。我说：我不能走，部队打了败仗，我们回去干什么？大家都是同生死、共患难过来的，要死也要死到一块儿嘛！陈昌浩说：这是军政委员会的决定，你如果留下，目标太大，个人服从组织，不要再说什么了。会议决定西路军残部，分三个支队就地游击：王树声率一路，约五连步、骑人员；张荣率一路，彩病号及妇女、小孩千余；李先念、程世才率一路，系三十军余部五个营及总部直属队，共千余人。成立西路军工作委员会，由李先念、李卓然、李特、曾传六、王树声、程世才、黄超、熊国炳等参加，统一指挥部队。李先念负责军事领导，李卓然负责政治领导。

散会后，我还想动员陈昌浩，不要回陕北。我拉着他的手，恳切地说：昌浩同志，我们的部队都垮了，孤家寡人回陕北去干什么？我们留下来，至少能起到稳定军心的作用，我看还是不要走吧！陈昌浩很激动地说：不行，我们回去要和中央斗争去！他要斗争什么呢？无非是西路军失败的责任问题。我那时的确不想走，但没有坚持意见，坚决留下来。事实上，李先念他们，并不想让我走。我迁就了陈昌浩的意见，犯了终身抱憾的错误，疚愧良深。如果我留下来的话，军心会稳定些，最低限度可以多带些干部到新疆去。

总政治部主任李卓然——

西路军余部从康隆寺附近转移到一座小山上。我记得山上有一块很大的石头，在这里我们总部开了一个会议，后来人们称这为“石窝会议”。

石窝开会的时候，大家的心情都十分沉痛。陈昌浩同志讲了一段话，主要意思是为了保存力量要把干部分批化装护送过黄河，去找援西军。他和徐向前同志在部队目标太大，因此他们第一批离队过黄河去找刘伯承的援西军，然后去陕北向中央汇报情况。当时徐向前同志很沉闷，一直没讲话，似乎是不想走，但会议已经决定了，也没有办法。徐、陈二人化装后由战士护送过黄河。我们剩下的几个主要干部组成西路军工作委员会，我任工委书记，李先念等同志任工委委员。

红三十军代军长程世才——

我们整个西路军集中到了石窝山头。

当时的情景真是凄惨极了，山坡上一片片地躺着我们的烈士，山头上伤员在呻吟。经过九死一生而剩下的1000多名指战员，穿着破破烂烂凝结着血污的衣衫，在呼啸的寒风中，抱着枪，背靠着背，争取几分钟的时间睡上一觉，而山下就是云集的几万敌人。一旅黄马在山下逡巡着、警戒着，准备随时向我们发起冲锋。在较远的小丘和树林背后，青烟一缕缕地升起，那是匪徒们在烧饭和烤火。他们想在吃饭以后，再向我们发起进攻。

西路军军政委员会石窝会议遗址

天快要黑了，我带着警卫员到西南方向约三公里的地方侦察地形回来，通讯员来通知说陈昌浩主席召开会议，于是我便骑上马去了。

会议在山头上举行，到会的师以上干部见了面，你看我，我看你。在战场上顽强得像钢铁一般的汉子，这时眼圈都慢慢红了，眼泪扑簌簌地落下来了。陈昌浩同志也满眼泪花。

会议开始，昌浩同志抹了一下眼泪，讲着下一步的行动计划。他大致上讲了三个问题：第一，我们战不过敌人，只有分散活动，保存现有力量，待刘伯承同志率领的援西军过黄河以后，再去会合。第二，部队剩下的人不多了，他和徐向前总指挥离开部队，回陕北党中央。第三，将三十军剩下的千把人编为左支队，由李先念、我和李天焕带到左翼大山打游击；第九军剩下的300多步兵和100多骑兵编为右支队，由王树声、朱良才带到右翼大山打游击；总直属队剩下的十几个干部与三十军一块儿行动。

对于这三个问题，大家都同意。最后徐向前同志发言，表示不愿意离开部队，他说："我们不能在部队处境最困难的时候离开，我要跟部队一起走，大家死死在一起，活活在一起，将来听候中央的决定。"向前同志说这些话的时候，大家都心酸地低下了头。这种临危不惧的精神，深深感染着大家。一个指挥员不离开部队是对的，指挥员应该始终和部队在一起，但是已经失败到了这种地步，陈、徐离开部队会减少目标，因此大家都同意他走。最后，昌浩同志做了结论：照计划行动。

会议以后，我们将部队进行了整编，砸毁了所有带不走的武器，将一些不能跟着部队行动的伤员组织成小单位，派部队掩护着打游击。天渐渐黑下来，无边的黑暗吞噬了一切。左右支队同时出发了；开始走一条路，走了一程，便向左右两方分开。徐向前和陈昌浩同志带了几个人也拉着马离开了队伍。在这分手的歧路上，心里真比油煎还要难受，人人心里都有千言万语，但一句话也说不出来。并肩作战、同生共死的阶级弟兄，现在各奔西东了，将来冲开这漫天的黑暗，重新回到党中央的怀抱的时候，还能有几个人呢？我含着满眼热泪，一步一回头，看着向东南方向走去的右支队。

红三十军政治部主任李天焕——

这天下午，总部在石窝山头上开会，决定分散活动，保存实力，待刘伯承同志率领的援西军过黄河以后，再去会合。把三十军剩下的千把人编为左支队，由李先念、程世才同志和我带到左翼大山打游击。九军剩下的300多步兵和100多骑兵编为右支队，由王树声、朱良才同志带到右翼大山打游击。总部剩下的十几个干部和三十军一起行动。

傍晚，我们整编了部队，安置了伤员，砸坏了带不走的武器。入夜，便怀着沉痛依恋的心情，含着满眼的热泪，和同生死、共患难的九军战友们分手了。

总部三局（通讯）局长宋侃夫——

3月14日到石窝，我们的处境更困难了。西路军军政委员会开会决定：徐向前同志和陈昌浩同志回延安。李特讲，为缩小目标，减轻负担，除留下一部电台和中央联系外，其余全部砸烂毁掉。我的心情非常沉痛，回电台传达命令时，声音都哽咽了。我和同志们都想到，红军电台的建立是多么不容易。大家一面砸，一面烧，一面流眼泪。

红八十八师参谋长（红五军余部在倪家营子与八十八师合并时任职）饶子健——

空中繁星闪烁。干部们在山坡上来回奔走，忙着整编队伍，安置伤员，掩埋烈士遗体，砸坏带不走的武器，烧毁无用的文件材料。我安排好了行军的队伍，又根据上级吩咐，从部队调十几支盒子炮，从供给处取了一些经费给总部送去。从总部返回，带领几个战士，扛了副担架去抬师长熊厚发同志。熊师长在南柳沟战斗中左臂负伤，动脉管被打断，由于缺乏药品，伤口化脓，胳膊肿得圆鼓鼓，疼痛得很厉害，动弹不得。见我们来抬他走，怎么也不干，硬是要坚持自己走，经我们再三劝说，才勉强地坐上了担架。我迈着沉重的步子跟在担架的后面，在石窝山腰上走着。

红八十八师政委郑维山——

晚10点钟光景，我和警卫员、秘书三人又遇到我军一些零散人员，副师长熊德臣、师经理部长叶永松、二六八团政委徐金书，还有八十九师师长邵烈坤、师政治部主任裴寿月等人，都蹲在一座小山上。

我惊奇地问："你们怎么在这里，部队呢？"

"部队被冲散了！"他们烦恼地说。

我又问："总指挥他们呢？"

他们说："走了。"

我再问："军政委他们呢？"

他们答说："不晓得在哪里。"

我问他们："在这里干什么？"

他们说："准备找援西军去。"

他们是随主力行动的，我没有理由不信他们的话。后来我才弄清楚，我军主力也遭到骑匪袭击。熊德臣他们是在混战中与部队失去了联系，也不晓得石窝会议和全军编成左右两个支队，分头突围的决定。这样，我们就聚在一起，依星辰判定方位，朝东北方向走。第二天白天，突遇搜山骑匪，又把我们冲散。

3月15日，西路军工作委员会致电军委主席团、党中央：

（一）为适应目前战略环境，为保存力量，分为三大支队活动。张荣率十五团及彩病号及特务团一部为一支队，约一千余人，枪百余；树声率二十团及骑兵两连共约七百人为一支队；先念率三十军之基本主力约五个营为一支队，工委会随此支队行动。今晨到祁连山脚的番人地区，距龙首堡约两天路，地形险要。明日拟在此休息。

（二）现马敌仍以全力对付我们，现因我军分散活动，彼亦分散兵力。

（三）地形及粮食、弹药没法解决，刻下不能（有）较大的活动，且难持久。

（四）我们极望援西军迅速渡河，以达配合主力消灭“二马”，决定甘北之目的。如何请示。

（引自《中国工农红军西路军·文献卷》上，甘肃人民出版社2004年7月第1版，第613页）

3月17日，中央及军委复电李先念、李卓然：

甲、同意你们成立工委会，并分为三路游击。

乙、你们应以主动的游击战争，独立争取自己的生存及发展，反对过去靠人而不靠己被动而非主动的机会主义路线，过去领导一贯违反中央及军委指示，致陷西路军于今日地位。你们应该坚决反对此种错误路线，而在新的精神上执行主动的依靠自己与群众力量的方针。

丙、东北军调豫、皖，兰州、平凉、固原等处由中央军接防，我们四军、三十一军现到镇原不能西进。

丁、顾祝同已电“二马”停战，但效果如何不得而知。因此，你们行动应完全放在独立自主的方针上面。

（引自《中国工农红军西路军·文献卷》上，甘肃人民出版社2004年7月第1版，第615页）

中共中央及中央军委的这份电报，批评西路军领导人是“机会主义路线”错误，批评西路军“过去领导一贯违反中央及军委指示”，因而“致陷西路军于今日地位”。这对遵循中央及军委指示行动的西路军主要领导人陈昌浩、徐向前公平吗？对用鲜血和生命书写中国革命史的西路军两万一千八百余名将士公平吗？对长眠在河西走廊、祁连山中的西路军万千英烈公平吗？

妇女团红军老战士的回忆

团长王泉媛——

梨园口战斗中，妇女团和九军掩护部队撤退进山。战士们英勇抗击，与敌拼杀，伤亡惨重。妇女团战士大部牺牲，有的被俘。进入祁连山，在弹尽粮绝的情况下，为了保存有生力量，总部决定将部队化整为零打游击。由于敌人层层包围和大规模搜山，绝大多数同志没有逃出敌人的魔掌，我们妇女团几位领导相继被俘。

参谋长彭玉茹——

在祁连山中，西路军指挥部作战处处长向我们布置任务，说："现在的情况很紧张，援军一下子来不了，部队伤亡太大，弹药的补充也成问题，而又面临十倍于我们的敌人。我们已经打得够疲惫了，要继续与敌人周旋是很困难的。上级决定让一部分有生力量突围。你们的任务就是拉住敌人后腿，迷惑敌人，掩护主力突围。你们考虑一下，妇女团能不能完成这样的任务？"团长、政委和我相互看了一下，不约而同地说："能，一定能完成任务！""那么，好吧！不过你们回去，只是向大家说到祁连山去打游击，一直坚持到救兵来，如果来不了，就坚持到最后一支枪、一个人。今晚就和主力部队调换番号，卫生部接骑兵师的防务，少先团换十四团，妇女团换十五团。记住，要保密，夜间3点钟以前，一定要全部换好！"

政治处主任华全双——

梨园口一仗，西路军受挫。我们独立团奉命掩护其他部队转移，终因寡不敌众而失败。当时，马家军把我们围在一个山头上，狂呼："冲上去，一人赏一个小老婆！"情况万分危急，我们弹尽粮绝，便手挽着手唱着《国际歌》，准备从后山悬崖跳下。正在这时，一发炮弹打到我们中间，我被掀下悬崖时挂在了树枝上。我三处负伤，肉里还有一颗子弹，昏迷过去。醒来后，同志们用绑腿把我从悬崖中间放下来。我身上三处受伤，藏到深山老林里，直到5月份敌人最后一次搜山，被搜了出来。

特派员曾广澜——

石窝山，由张琴秋同志召开了一个妇女干部会，说现在形势需要分散走，自己找出路去找红军，并给了我们一些银子和大烟土做路费。

我与十多个女同志和几十个男同志在一起，经过几夜急行军，始终摆脱不了马匪的包围。白天我们藏在一家窑洞里休息，大家太累都睡着了，被马匪骑兵搜出来而被捕。有团长王泉媛、秘书李开芬等。

秘书李开芬——

我和王泉媛、曾广澜等人一块儿行动。天又冷又黑，我们摸着爬下山，一下去就是一个深沟。我们想往东走，过黄河找部队，可在山里转了几天，也没有摸准方向。马匪在四面搜山，我们也不敢找老乡问路，就在山里转圈。一天晚上，已到了下半夜，大家又冷又累，看见一个空窑洞，就在里面休息一会儿。连续紧张行军，大家一躺下都睡着了，结果被搜山的马匪发现，把我们抓了起来，一直押到凉州监狱关起来。

二营营长何福祥——

石窝会议决定将现有的枪支弹药集中起来，挑身强力壮的组成左右两支队。有些伤病员和我们妇女团一块儿朝张掖方向撤退。这时女的还有好几百人，我记得有王泉媛、曾广澜、吴富莲、陶万荣、赵应兰、张怀碧、李开芬、李文英、李开英、张茶清等。第二天，敌人就把我们从四面围了。我们没有武器，人又分散。敌人冲上来，我们就和敌人肉搏。妇女力量单薄斗不过敌人，结果我们30多个女的被敌人抓走，押到张掖西花寨子，关到一个大房子里。

石窝会议后的团长陶万荣——

西征时，我在供给部，与妇女团接触不多，所以对石窝会议以前妇女团的情况不清楚。石窝会议的当天晚上，总部两位参谋急匆匆地找到我说："总部首长决定让你负责把山上的300余名女同志组织起来，番号仍叫妇女独立团，由你担任团长！"我们又商量让赵明英同志任副团长。给我们的任务主要是带领剩余的女同志想法突围，然后就地打游击，等待援军。

此时大部队已经撤离石窝山，我们必须赶在天亮前撤走。我们选择了后山敌人防守较松的一条险路。天黑路陡，不少同志滚下山崖。我急中生智，叫大家把绑腿都解下来连在一起，拴在悬崖边的树干上，一个接一个地拉着带子往下溜，这样果然既快又安全。为了跳出马匪的包围圈，女战士们虽然已经累得浑身酸痛无力，双腿都直打战，可大家咬紧牙关，奋力地爬呀爬呀。有些受伤和体弱的同志，不知什么时候就掉队了或摔进山谷中去了。天亮时，我们撤到一个山洼里，清点人数，只剩下不到200人，就连协助我们突围的两位参谋也不见了。

此时，马匪疯狂地四下搜山，我们的处境仍很危险。我一面命令大家注意隐蔽，不得暴露目标，一面鼓励大家克服困难，同敌人血战。我召集党团员骨干会议研究决定，我们要想法找到大部队，不能在这里等死。

天黑，我们开始向山口方向突围。天黑得伸手不见五指，我们分不清东南西北，只好靠运气，摸索着前进。走了一个晚上，还没有走出山去。天亮了，我们怕被敌人发现，赶紧找了一个山洼隐蔽起来。等到天黑我们又摸索着继续前进，走着走着，突然前面出现了一个寺庙，近前一看，原来是进山时经过的康隆寺。大家松了一口气，总算找到来路了。这时，天又要放亮了，我一边让战士们原地休息，一边召集干部会议，研究下一步行动方案。突然，哨兵跑来报告："庙前大路发现敌人骑兵！"

我命令大家立即向寺庙对面的牛毛山撤退。牛毛山是一片原始森林，不利于敌人骑兵行动。如果能够抢先冲进这片森林，我们就有可能脱离危险。但我们的两条腿，怎能跑过敌人骑兵的四条腿？女战士们被马匪的骑兵冲散，跑得快一点的冲进了森林，跑得慢的就被马匪抓走了。我们借助树木的掩护，且战且退，天黑时好不容易甩开马匪的追击，只剩下几十个同志了。

我们决定暂时在这深山老林里隐蔽几天，躲开敌人的搜捕。那年冬天冷得出奇，西北风呼呼地号叫着，寒冷折磨着我们这些衣衫单薄的女战士。饥饿、寒冷和伤病又夺去了几位战友的生命。为了不致冻死，我们冒险生火暖暖冻僵的身体，没想到却惹出大祸。马匪循着烟火将我们团团包围，当我们发现敌人出现在身旁时，跑已经来不及了。我们剩下的几十个同志被俘了。

石窝会议后的副团长赵明英——

总部开会，把剩下的人编成三个支队，枪支弹药集中起来，把妇女集中起来编成妇女团，陶万荣任团长，我是副团长，还有伤病员和小娃娃也编在一起，就地打游击，寻机突围。我们在山上转了几天，搜山的马匪太多，我们越走人越少，最终也没突围出去，被马匪俘虏。当时一块儿被抓的还有陶万荣、余桂珍等，还有几个男同志。

第十一章
徐陈东返

“你们能把信送到，不容易呀！”

半轮皎月升在天宇，近山的波带在月光下浮泛着盈盈亮色，远山的叠浪早已化做迷离的雾影。虽然月色在天地间酿造出一派婉柔馨郁，但徐、陈一行没有观览老木古藤、奇峰怪岭的山间野趣。徐向前、陈昌浩把脚印深深嵌进祁连山中，心中也嵌进了说不出的沉重，沉重到每迈出一步，仿佛都听见了灵魂的猛烈的喘息声。总部参谋陈明义、警卫排长萧永银牵着一匹栗青马跟在他俩后面。

石窝会议之后，总部首长明确由政治部保卫科长袁立夫，以及陈明义、萧永银、杨天保挑选传令兵20余人护送徐、陈首长离开部队回延安。人人懂得，此次东返绝不是轻而易举的事，而是要从敌人的重重封锁下冲出祁连山，渡黑河，闯北山，过沙漠，最后才能到陕北。他们把首长的衣服、文件收拾好，用一匹栗青马驮着，跟着首长出发了。

这支小分队在雪地上艰难地跋涉前进，白天隐蔽在山沟里、岩石下、树丛中，夜晚兼程向着启明星升起的东方，向延安行进。

晓行夜宿，第三天拂晓听到哗哗水声。黑河奔喧在岸畔下，那水因山形地貌的落差更加湍急、汹涌。从冰山雪岭间回旋而来的长风，裹起细碎雪粒，拍打得树木啪啪作响。林旁小路如一条素缘银练临风梳理，翩翩飘动。一切似乎平静无事，他们走进附近树林隐蔽休息。

中午，突然响起“嗒嗒”的马蹄声。呀！原来是敌人的骑兵过路，有些家伙还不断地向树林张望。陈明义、萧永银紧紧地趴在地上，心里不住地念叨着：“千万别弄出一点声音，千万不要叫敌人发觉。”偏偏在这个时候，拴在旁边的栗青马吼叫起来，前蹄还使劲“嘚嘚”地刨地皮，摇得树上的雪团也纷纷落下地来。陈明义、萧永银见势不妙，急忙掏出手枪，推上子弹。徐、陈也握着枪，直盯着敌人。大概因为敌人自己的马也在乱叫，才没有发现他们。敌人的骑兵过了一批又一批，整整过了一个下午。

整整一个下午，人人的心都像提到了喉咙上，没有平静过一分钟。敌人终于走完，大家松了口气，收起枪站了起来。萧永银气冲冲地说：

“这匹鬼马，差点把我们的命给送了！不要了吧！”

“不要吧！”徐总指挥说。

“那就打死它！”萧永银举枪就要打。

“打死它干啥，它跟我们一同长征过，也是我们的伙伴，放了它，让它自己去吧！”徐总指挥急忙说。

刚才的情况，使大家都为以后的行程担心。该怎么办才好呢？萧永银想着，看了看陈明义。陈参谋蹲在那里烧火煮饭，看样子也在想。徐、陈蹲在旁边，不说一句话。

吃过饭，徐、陈首长把大家召集在一起，深情地说：“同志们，根据这两天的情况看，人多目标大，容易被敌人发现。为了保存力量，让更多的同志到达陕北，回到延安，我们还是再一次化整为零，分散行进吧！”

陈政委说：“人太多了，不好活动，把警卫人员组织起来，在祁连山里打游击，名称叫别动队！”他指定陈明义为政治委员，杨天保任队长。

陈政委一再叮嘱大家，还对几位干部说：“你们往东乐方向走五六天后，那里有个石灰窑，要碰到困难，就在那里去找一个姓王的王大哥，通过他找周五哥想办法。周五哥是我党甘州中心县委书记。”

甘州中心县委是西路军驻倪家营子时，由陈昌浩政委安排筹建的。陈明义和萧永银在后来东返的路上找到了中心县委书记周五哥，周五哥将他俩在一个30多丈深的煤洞藏了18天。

徐总指挥说：“往前走，敌人查得更严了，人多不好行动，我们就分开走。分几路，就算碰到危险，总有一路可以回到陕北！”他把皮包交给陈明义说：“里面的东西带不走时，就把它烧了！”又把带的金戒指分了几个给他们作盘费。总指挥接着写了一封信递给萧永银说：“你们到了延安，把这封信交给党中央，再说说我们的情况！”

大家谁也不愿离开首长。离开首长，首长没人保护、没人照顾，他们也失去了掌舵人，可是不分散走更危险。萧永银接过信，看着总指挥，鼻子一阵阵发酸，哽咽地答道：“只要我们有一口气，一定把信交给党中央！望首长路上保重！”

徐、陈化好装，把随身带的东西用褡裢袋装好搭在肩上，和大家紧紧握了手，连声道：“到陕北见面！”保卫科长袁立夫跟两位首长同行。三人迈开大步，踏着孤寂的白雪，向东走去。

大家失神地站着，目不转睛地看着首长的背影消失在黯淡的暮色里。他们把马牵到路边，迈步走向黑河边，背后不断传来栗青马长长的嘶叫声。

凄迷的星空在他们头顶展开，一直伸展到那黑色的隆起的地平线。萧永银踩着什么东西，站稳一看，原来是一具被雪盖着的尸体。他们停住脚再一看，附近雪地里横七竖八地躺着一片尸体。可以看出，这是被敌人杀害的同志。大家心酸透鼻，眼泪夺眶。

陈明义和杨天保带了二十几个人沿祁连山打游击 30 多天，在一次和敌人的遭遇战中被打散了。陈明义和萧永银滚崖脱险。

“叭，叭！”“什么人?”陈明义、萧永银过了黑河，正要下山，突然听到枪响人喊，接着跑下来几个敌人搜索，一边用手电筒乱照，一边瞎咋呼。他俩急忙钻进旁边树丛，动也不动，直到敌人走后。他们身上带着首长的信，决不能有半点疏忽，必须步步谨慎。

两人在山里转来转去，每次走到山边都碰上敌人又被迫返回。浑身饿得像棉花一样软，腿也直打战。

他俩在石崖下并排躺着，用饿得无神的眼睛望着蓝天。萧永银抓把枯草送进嘴里，嚼着、嚼着，随着那苦涩的汁液，心头猛地冲腾起一股热浪。他不禁回忆起长征中挖野菜、煮牛皮吃的情景，可是今天，他们想出去挖野菜也不可能，似乎只有等着活活饿死。

突然，陈明义翻身坐起，打开皮包细心地翻着文件和照片。他把一张照片放到萧永银手里，轻声地说："你看看！"萧永银接过一看，是朱总司令的。两人把皮包里的照片都看完了，一下子，革命先辈艰苦奋斗的影子涌上心来！

"老陈，我们一定要把首长的信送给党中央！"萧永银两手抓住陈明义说。

"走！找饭吃去，一定要活下去！"陈明义毅然站起来说。

他俩脱下军装，换上带来的旧羊皮袄，把首长的信仔细缝在萧永银的破毡帽里，又擦着一根火柴，把文件和照片全部烧掉，朝山下走去。

白天，找一个石洞避风遮雨，防止敌人的清剿袭击；夜晚，披星戴月，不停地赶路。渴了，抓一把积雪填进嘴里；饿了，剥一块树皮聊以充饥。一天，他俩突然发现一只从石崖上摔下来的死羊，竟然高兴地跳了起来。是啊，多少天来很少吃到食物，这次可以打打牙祭，开开斋了。萧永银很快剥掉羊皮，陈明义捡来枯树枝和干茅草生起火来。他俩把羊肉投进火堆，浓重的羊膻味让人想吐。为了走出祁连，回到延安，两人硬着头皮把肉吞咽下去，填饱肚皮。

两人走出祁连山，走到一片沙漠。黄昏，他俩向老乡买了些炒好的青稞，根据北极星辨别着方向，把鞋脱下装进口袋，走进了荒寂的沙漠。天亮，他俩不敢再行动，便找了个沙坑躲藏起来。骄阳斜射，沙漠变得像个大蒸笼，蒸得两人大汗淋漓。他俩把破棉袄脱下，铺在沙上，躺着休息。烈日当头，一股劲儿往下晒，沙热蒸腾，一股劲儿往上冲，搞得他俩口里像有团火，舌头也拌不转了，嘴唇也发焦了，只能张大嘴呼哧呼哧地喘气。陈明义把洋瓷碗递给萧永银，有气无力地说："撒点尿给我喝吧！"萧永银尿了一阵，一滴也尿不出。陈明义苦笑了一下，翻身起来拉着萧永银说："走！找水喝去！"

"这样大的沙漠，哪里找水？"萧永银爬了起来，惊诧地问道。

"你看那只野羊，我们渴它也渴，跟它去找水喝！"

野羊见他俩一动，拔腿就跑。他俩紧跟着野羊的脚印走。四周都是蓝蓝的天、白白的云、黄黄的沙，水在何方？陈明义一头栽倒在沙里，耷拉着眼皮，嘴张得大大的，两手紧紧地抓住胸前的衣服。萧永银见陈倒下，渴也忘了，急忙把洋瓷碗掏出来，在沙上用力往下挖，一边挖一边想：和首长分开了，现在只剩下我们俩，要是老陈再有个好歹，可怎么办？他越想挖得越快，只想挖出点水来。他挖了两尺深，哪里有水，只是沙子湿润了些，用手一摸凉森森的。萧永银急忙解开陈明义的衣服，舀了两碗湿润润的沙倒在他袒露的胸膛上，不眨眼地盯着陈明义。沙干了，萧永银把干沙拂掉，又舀两碗撒在陈明义的胸上。太阳慢慢西下，陈明义苏醒过来。

他俩拖着疲惫的身子，忍着饥渴，走呀，走呀，沙丘之中隐隐约约显出一排黑影。“树，一定是树！”他俩向黑影跑去，真是“疏影横斜水清浅，暗香浮动月黄昏”。两人一屁股坐在水边，谁也不用洋瓷碗，索性趴到地上，把头埋在水里，咕噜咕噜地喝起来。喝一阵，抬起头来换一口气，“嗨”地长吁一声，然后再趴下去喝，喝得“嗨嗨”直吁气。

两人艰难地越过沙漠，万里长城赫然呈现在面前。万里长城绵延向东，成了他们的向导。白天，他俩在长城附近的草丛中躲藏起来，等到黄昏人们吃罢晚饭快要入睡的时候钻出草丛，找家老乡弄点饭吃，然后再沿着长城继续前进。

月色斑驳而朦胧。他俩准备讨点饭吃，走到一家门口叫了一阵门，一个老乡从围墙上伸出头看了看。门打开了，两人走了进去，抬头一看，门里站着三个彪形大汉，一个拿着手枪，两个提着木棒，眼睛喷射着凶焰，瞪着他俩。这时，开门的那人“哔”的一声关上了门。

“你们是不是‘共产’，到这里来干啥？”拿枪的汉子劈头向他们喝道。

“我们是‘共产’的散兵，被韩旅长捉去，看我们身体坏又把我们放了，让我们回家。今天路过这里，口渴了来讨口水喝。”两人面对高高举起的木棒和黑洞洞的枪口，知道走错了门，闯进恶霸家里来了。情势不妙，硬拼不行，只好和颜悦色地答道。

“搜！”拿枪的汉子把头向身边的人一摆。那两个家伙一拥而上，从头到脚搜了一遍，没有搜出东西来。他俩确实没有什么东西，几个金戒指都缠在陈明义手上。陈明义的手爬山时划破了，化了脓，撕了一块破布缠住，金戒指就缠在破布里。破布被脓浸透，发出一股恶心的恶臭。

萧永银此刻担心的不是金戒指被拿走，他最怕这些家伙看中他头上的破毡帽，因为破毡帽里有徐、陈首长的信啊！搜查的时候，他故意把手举得高高的，一面表示没有东西，一面用手遮住破毡帽。哪知道，搜查他的那个家伙见他故意用手遮住毡帽，便怀疑毡帽里面有什么东西，一把就将毡帽抓去了。他心里一阵紧张，准备冲上去拼了。那家伙把毡帽翻来覆去看了一遍，没发现什么，又一下摔在他的脚边。拿枪的家伙见他俩身上没搜出东西，回过头进屋去了，另外两个也掉头向屋里望去。

萧永银连忙弯腰抓起毡帽，低声向陈明义喊了声："老陈，跑呀！"回头拉开大门，拔腿就跑。三个家伙脚跟脚地紧紧追赶上来。他俩身体弱跑不过他们，就跑到高处捡起石头向三个家伙砸去，砸一阵回头又跑。三人见赶不上他俩，就开枪射击。他俩也不管枪打得多近，只是拼命地跑，一口气跑到没有人迹的长城边上，看看后面没有人追赶，才坐下来喘气。

两人几经磨难，死里逃生，终于走到黄河边，坐着羊皮筏子渡过了黄河。过河之后，最初他们向着延安走，后来听说去延安的路上有土匪阻挡，便改道走陇东。从祁连山到陇东，一共走了四个月。两人过了同心城，有关援西军的消息便随时可闻了。

傍晚，阳光像一道道金色的瀑布从云雾镶着银边的、颤动的缝隙里喷射而出，湍急地倾泻到千山万壑。白色云块烧起一片熊熊大火，在蓝得耀眼的天空肆意地舒卷着、翻滚着，发出玫瑰花瓣似的悦目光焰。镇原城边，到处写着红军的标语，到处是自己的同志。

刘伯承司令员听说西路军回来人，亲自出来接待。他俩见了刘司令员，激动地流出了眼泪。萧永银急忙摘下头上的破毡帽，拆开缝补的破布，取出徐、陈首长的信，双手交给刘司令员。

刘司令员接过信，像一位慈祥的父亲紧紧地握着他俩的手，从上到下端量了几分钟。

"好呀，好呀，你们能把信送到，不容易呀！"

说话间，刘司令员见他俩头上汗水直流，大热天穿着一身破棉衣，马上叫人拿衣服给他俩，说："你们先去洗澡、理发、吃饭、换衣服，好好地休息几天再说吧！"

他俩痛快地洗了一个澡，换上了崭新的衣服，躺在又干净又软和的床上……

湖北老乡

此刻，已经是夕阳衔山的黄昏时分了。莽莽苍苍的祁连山下，尽管崖桃和软梨的花骨朵儿在充盈着生命汁液的枝头上竞相绽裂，但迎面扑来的山风着实透出几分峭寒。

山崖下，小路边，燃着一堆篝火。两个着当地农民服装的陌生人围在一起烤火。万怀章朝庄子走去，在离村不远的沙锅口的沙河遇见两个烤火人。陌生人主动和他搭话，其中一个是湖北口音。说来也巧，万怀章是湖北人，住在甘家庄姐夫但复三家，姐夫但复三也是湖北人。万怀章把两人领到姐夫家中，但复三见是家乡人，热情接待，安排吃住。

但复三是位老中医，憨厚淳朴、热心热肠。家里人来人往，和周围居民的关系不错。因从原籍湖北来山丹行医，人人都叫他但湖北。但湖北在山丹续娶徐氏遂落户，家道小康，一儿一女，儿子但维朝十七八岁，小女十五六岁。徐氏去世后，但湖北因苛捐杂税无能为应，遂避居大马营北窑坡甘家庄。他的湖北籍妻弟万怀章和他一起生活，因万怀章是但湖北儿女的舅舅，人称万舅。但湖北身边还有一义子聂友成。

翌晨，因陌生人中操湖北口音者有病，便留在但家养息治疗，另外一人饭后辞行，向东走了。但湖北知道是红军，不便问姓名及其他。患者也不透露姓名和身份，只是头向墙内，蒙被而睡。

寒星满天，村巷寂静，忽有轻轻敲门之声。但湖北及病卧者惊醒，开门一看，原来是半月前曾资助过路费的自称王裁缝的红军。但湖北惊问其为何去而复返？王裁缝说："去民乐县境，又被马家军抓获。马家军要我指认西路军领导人陈昌浩、徐向前。马家悬赏，陈、徐二人之一只头，献者可得赏银十万元，要多大官给多大官，隐匿者同罪。我乘夜黑逃来。"王裁缝与但湖北谈话，病卧者更加严实蒙被，也不进食。但湖北再三相劝，病卧者才勉强进食。姓王者见到患者自动退出门外，要求但湖北善加照顾，说："将来决不会忘记，今后予以报答！"但湖北感到有所轻侮，认为治病疗伤是医生职责。王姓人见但湖北有不悦之色，向但说，卧者就是马匪要他指认的红军主要首长。但湖北不懂什么叫首长，王姓人解释"大头头"。但湖北感到问题严重，避开王姓人再去追问病卧者的姓名身份。病卧者说："白银能买黑人心！"

但湖北为消除病者怀疑，安下心来治伤医病，起了誓。但家的真诚，如同春风和煦，把病者笼罩住了。病者见但湖北态度真诚，说自己就是陈昌浩。

徐、陈离开护送人员后，只和保卫科袁立夫科长同行。第二天，袁科长失踪，遭遇马家军被俘。

陈昌浩愿和但湖北以兄弟相称，公开身份为湖北家乡来此经商的兄弟。两人日间大谈生意经。除但湖北一人外，家中人都不知是陈昌浩。

马家军搜捕红军日紧。陈昌浩有时藏在甘家庄甘有仁大庄子的一个地道里。有一次来不及躲避，但湖北将陈藏于枯草中。马家军的坐马跳过来跳过去，但湖北坐守草旁，提心吊胆。

夜，天空中几颗稀寥的星星泛着惨淡的白光。但复三为陈昌浩的安全担忧，和妻弟万怀章、义子聂友成趁黑夜把陈昌浩转移到曹家大口子窖洞隐藏，住了一月时间。陈昌浩被在山上找牲畜的人发现，要求转移。他们又把陈转移到大黄山钟山寺后寺树丛中。大黄山即焉支山。因产锦纹大黄，纹路清晰，气味芳香，为古代丝绸之路旅行者所称道，所以又称大黄山。

风摇动着丛丛密密的枝叶，轻轻地抚摸着陈昌浩的脸上、身上。但复三、但维朝、聂友成以进山挖药为名，轮流给陈昌浩送食物、药品。

在暖意十足的淡绿色的春光中，但复三等人常常看见陈昌浩伫立在土崖斜坡上，对着苍茫祁连低颔凝思。那里长眠着他的许多战友和部下，他的英勇无比的战士……

温柔的阳光，清脆的鸟语，遍地蓬蓬勃勃奔涌而出的青草及其散发的气息，就像但复三的中药一样，注入肠胃，注入血液，注入心灵。陈昌浩病情逐渐好转，体力得到恢复，提出要走。

但复三为陈的安全担忧，不同意他一人独行，准备全家回湖北，以便护送陈昌浩。其时但维朝已经订婚，岳父岳母和未婚妻都不让他走。但维朝想要陈昌浩的小手枪，陈昌浩说，你拿这个连命都保不住，没给枪，给了他一个金镏子。但复三准备将幼女带回湖北，陈认为带着十五六岁的少女，如被盘查，恐出问题。最后，但复三决定舍家弃子亲自护送，瞒着家里人准备了两头毛驴，一头夜里被狼吃了。

但复三只带了义子聂友成，沿着被晨雾笼罩得严严实实的羊肠便道，护送陈昌浩朝东匆匆而去。

但复三的亲生儿子但维朝发现后，一夜没有睡好，追到大黄山钟山寺后，见做过饭的余火未尽，人已他去，呼号而返。

风不吹，鸟不鸣，浩浩原野屏声敛息，无边夕阳凝定不动。三人留下一串足迹，一串用双脚蹚出来的足迹。面对苍天，面对荒原，涌动于心的已不再是苍凉了。

但湖北与义子和陈昌浩装扮成一家人，以行医为掩护，步行到了兰州。陈昌浩不清楚兰州已经设有八路军办事处，只知道西安有八路军办事处，便与但湖北坐上汽车赶到西安，找了个小旅店住下。

但氏父子对山路熟悉，到了大城市就晕头转向，又不敢明目张胆地打听八路军办事处，只能走街串巷密访，结果毫无头绪。陈昌浩心中焦急，一时又没有好办法，在小旅店里踱来踱去。

陈昌浩打听到西安与延安有邮路可通，便提笔给在延安的朱光写了一封信，让朱光转"张先生"，说明他在西安某旅店住着。他虽未写明"张国焘"，也未落款，但估计朱光和张国焘都认识他的笔迹。只要"张先生"收到信，一定会派人来接他。信发出了，左等右等，杳无回音。陈昌浩后来回到延安时问起朱光，朱说信收到了。因为内容含含糊糊、不得要领，张国焘又正挨批，就没有把信转给"张先生"。

陈昌浩在小旅店里坐卧不宁，无计可施，长久羁留也不是个事，便请但湖北回但的老家湖北应山广水镇，再从广水到汉阳永安堡戴家庄自己家乡，密访妻子刘秀珍是否健在，那里的风声紧不紧。

忠诚的但老头带着义子回到广水，又到汉阳探听到刘秀珍还在，带着两个儿子租棚子住，生活艰难。陈昌浩接到但老头的信，便乘火车南下到武汉，租了一间小旅店与妻子儿子团聚。他只住了两三天，便带着两个儿子返回西安，继续寻找组织。

正当陈昌浩急急找党的时候，党也在千方百计找他。八路军驻兰州办事处党代表谢觉哉接到毛泽东的电报，即委托高金城寻找陈昌浩。谢在1937年10月24日的日记里记着："派高金城往甘州，系往寻陈昌浩。"

高金城是一位笃信基督教的名医，是共产党的忠诚朋友，在西北行医多年，在甘州开设过福音医院。为寻找陈昌浩，高金城带着医护人员顶着烈日的灼烤，走遍甘州、民乐的甘峻、龙渠、安阳、康隆寺、倪家营子等区乡，打听到陈昌浩隐蔽在民乐县花寨子一带。高金城便写了一封信请红军人员蔡光波、王定国前去接应。他们找到了掩护陈昌浩的但湖北的邻居郭老汉。郭老汉也是医生，也协助但湖北掩护过陈昌浩。郭说陈昌浩已由但湖北护送过了黄河。为进一步证实此事，高金城两次派人去访郭老汉。郭索性亲自到甘州城把详情告诉高金城，并送了一包黄油给高，表示敬意。高金城立即将陈昌浩已渡河东去的情况，写密信告知谢觉哉，谢当即转报党中央。

陈昌浩由湖北返回西安，西安阴雨连绵，汽车不通，只好焦急地等待。天气终于放晴，大地承接阳光。他买票乘车到了耀县，又从耀县步行走向延安。他迎着山风，踏着山路，野豌豆花在风中摇摆得狂野，山丹丹花星星点点引人注目。当他远远望见延安的宝塔山时，才真正感到轻松下来，忘记了数月来沉重如铅的疲劳。

但湖北同义子聂友成回到湖北应山广水镇，因年纪已大，第二年9月病故。聂友成新中国成立后病故。

1966年，北京的两个人来到民乐，带着糕点和糖果找到但维朝，谈了两个多小时。两人临走留下通信地址：中共中央编译局，刘维列收。其时，陈昌浩任中共中央编译局副局长。

“你能回来就好，有鸡就有蛋！”

祁连山的峰巅，一颗最亮的硕大的星宿闪射着嫩金色的光芒，好似一盏桅灯，用它那平静而柔和的光芒，注视着一个奔向东方的红军战士。

徐向前匆匆而行，有时停下来饮一掬清凉的溪水，然后又在雪地里用足印书写下征途的磨洗和艰难。

徐、陈转出大山的怀抱走到甘州大马营一带，在老乡家里住下。陈昌浩是湖北人，户主也是湖北人，碰上老乡格外兴奋，有了安全感。徐、陈吃了顿饱饭，拖着疲惫的身体爬上炕。房内暖烘烘，使人倍觉疲倦，真想长睡不起，但沉重并未卸落。

“明天早点起来，好走哇！”徐向前对陈昌浩说。

陈昌浩答应得很痛快。

次日拂晓，徐喊他起床时，他说：“太累了，休息几天再走吧！”此刻，陈昌浩还不知道，疾病正在向他进攻，他大病了一场。

徐向前想，他有老乡掩护，住几天没关系，自己不行，得坚决走，就说：“如果你不想走，就留下住几天。我的口音不对，在这里有危险，得先走了。”

陈昌浩表示同意，徐向前匆匆离去。

断崖上，风尘仆仆的跋涉者，在遥望夜色迷蒙的天边。他消瘦的面颊上，那锐利的线条凝结着冰峰般的冷峻，被风吹裂的嘴唇像干枯的罂粟花般深红。周围是没有生命的荒寂，甚至看不见象征着死亡的磷火。他孑然一身，只有一弯冷月吊着眉梢，漠然地看着他。一种浩阔、博大，甚至是悲壮的情感又悄悄涌上他的心头。

任何一个革命者，经历的失败都不会只有一次。徐向前，原名徐象谦，在革命形势危急之际，他加入了中国共产党，不久把名字由“象谦”改成“向前”，表明对革命忠贞不贰、永不回头的决心。广州起义中，他受命指挥工人赤卫队，与敌浴血奋战，最后时刻才撤出广州城。徐向前和部队奔向海陆丰，坚持东江游击战，处境越来越艰险。敌人整天搜山、杀人、放火。有的同志在战斗中牺牲，有的被抓住杀害，有的负伤没药治疗死去，有的活活饿死，人越来越少，最终弹尽援绝，剩下的一二百人只好全部撤走。徐向前辗转上海找到党中央，又毅然奉命前往鄂豫皖。靠着历经磨难而铸成的革命信念和痴心不改的追求，徐向前将没齿难忘的西路军败北，又一次铸成信念铸成追求，向着延安，向着未来一往无前的胜利。

暮春，残雪融尽，风过处一片遥遥草色。徐向前归心似箭，沿着祁连山边的戈壁滩，大步流星昼夜兼程。他已几个月没刮胡子，好些天没洗脸，穿着件羊皮袄，像个羊倌，沿途找老乡要点吃的，倒没遇上麻烦。他经永昌至凉州地带，碰上西路军特务营长，外号叫曹大头。他俩经土门、景泰，到了黄河渡口，坐羊皮筏子渡河，直奔打拉池。

打拉池是个小镇子，有些店铺。他俩找了个旅店住下。徐向前用金戒指换了身棉袍穿上，像商人，又像教书先生。曹大头也换了套衣服，打扮成伙计模样。这里已不属马家军的统治地盘，归邓宝珊管，离陕甘根据地不远，徐向前心里稍微踏实了些。

晨风凉爽，他俩迈步攀登六盘山。六盘山为陇山山脉主峰，位于宁夏南部山区。据史书载，六盘山为古代的络盘道，又名络畔，而沿用至今的六盘一名，就是古代络盘、络畔的音转变而来。登上峰顶，远近山水尽收眼底，徐向前顿觉视野开阔，清风震荡。

翻越六盘，走到平凉。国民党队伍正往西开，城里乱糟糟的，气氛有点紧张。徐向前在书店里买了张地图，赶紧找个旅店住下，关起门来看地图。因怕敌人搜查，觉也没睡好。

离开平凉一路向东，路边有个农民摆摊子，卖小吃。他俩买了点吃的，边吃边和农民拉话儿。徐向前问：

“你们北边的山上住的什么军呀？”

“是红军！”农民说。

徐向前心中有了数，吃完东西，赶紧往北走，到了小屯，见到耿飙、刘志坚。悲喜交集的心情，真是难以形容。

翌日，刘伯承派人把徐向前接到镇原援西军总部。他们谈了西路军和援西军的情况。徐向前疲劳得要死，好像浑身百分之九十九的精力都耗尽了，只想好好睡几天觉。

在镇原休息了两三天，徐向前同任弼时、杨奇清一道去云阳。山丹丹花正在盛开，鲜红似火焰，美丽如落霞。汽车在马路上飞驰，把两旁的景物抛在了后面。突然，汽车翻到沟里，任弼时、杨奇清没事，只有徐向前头部撞破。至云阳，见到彭德怀、左权。

此时，彭德怀任红军前敌总指挥，任弼时任政治委员，左权是参谋长。因国共谈判已初步达成协议，局势稍微缓和了些。彭德怀他们向徐向前介绍了西安事变的经过情形，徐向前也讲了些西路军艰难转战的情况。任弼时听后，让徐向前写了个文字材料。徐将从西路军带回的十多个金戒指全部交给了彭德怀。

徐向前牙病发作，疼痛难耐，便去西安拔牙，住在红军驻西安联络处。

周恩来、林伯渠、谢觉哉都在西安。草地一别，恍如昨日，周恩来剃去了长胡须，神采奕奕，显得格外年轻。他们在百忙之中经常关心徐向前饮食起居，问寒问暖。

几缕艳阳由窗口悄悄射进，使室内生辉。徐向前向周恩来汇报了西路军的情况，周恩来很关心被俘和失散人员的命运。宽厚慈祥的周恩来、林伯渠、谢觉哉想方设法营救被俘指战员，费了不少心血。

7 月间，徐向前和周恩来一道回延安。他俩坐的是国民党的战斗机，每架飞机只能坐一个人。周恩来的飞机先起飞，在前面；徐向前那架后起飞，在后面。飞了一段时间，周恩来的飞机就没影了。徐向前这是第一次坐飞机，头晕得很。国民党驾驶员向他问话，他听不清楚，驾驶员便写了个条子：我们飞到了什么地方？这下可把徐向前给问住了，因为他没到过陕北，哪里晓得这是什么地方呢？又飞了一阵，转到延河上空。徐向前让驾驶员沿着河飞，顺川而上，发现了飞机场，降落下来，才知道是延安。下飞机后，发现周恩来的飞机还没到，徐向前对迎接的人说：这下可糟了！大家都很着急，怕出事。不多时，西安来了电报，说那架飞机迷了路，又转回西安。

徐向前刚到延安，毛主席就接见了他。毛主席简单问了问西路军的情况，说："留得青山在，不怕没柴烧；你能回来就好，有鸡就有蛋。"这话使徐向前很受感动。张闻天见到他则不同，责备了一番。他想，打了败仗嘛，批评、撤职、杀头都应该，没有什么好说的。

陈昌浩下落不明，徐向前很担心，曾向毛主席建议，再派人找一找。毛主席也同意，但一直没找到。陈昌浩回到延安时，清算张国焘路线的斗争早已告一段落。

1937 年 8 月间，国共达成协议，将在陕甘宁边区的红军主力改编为国民革命军第八路军。八路军下辖三个主力师。四方面军、援西军和陕北红军一部组编成一二九师，刘伯承任师长，张浩任政委，徐向前任副师长。

徐向前奉中央命令即将奔赴抗战前线。此刻，他在山色青翠的宝塔山上站立，扶着腰间短枪的手在颤抖。他抬头凝视宝塔，宝塔静静地耸立在蓝天下面，雄峻峭拔；他低头俯瞰延河，延河冲向群山外面，带着亮闪闪的阳光。他想着那些来不及捧饮延河水就在黄沙漫漫的旷野上、在峰峦叠嶂的祁连山中，永远倒下去的好战友、好同志。

第十二章

左翼支队

“死了算我革命成功!”

祁连山巅，积雪不化，积百年千年万年之雪。3 月，已是东风解冻的阳春时节，可是被冰雪覆盖的祁连山依然以它的冷寂和沉静组成白茫茫的琼玉世界。登上山巅，白云重重叠叠，在雪峰间翻腾；进入谷底，冰坡遍布，阴冷彻骨。祁连恢弘的壮丽是残酷的。

左支队 1000 多人，穿着破烂不堪的衣服，拉着骨瘦如柴的战马，翻山越岭，迤逦西进。

此刻，八十八师师长熊厚发倚着一块岩石，坐在一丛干枯的枸杞旁边。他那丰满的面颊早已塌陷下去，面色灰青，眼圈黯黑，两眼痛苦地半闭着，左臂挂在脖子上，衣袖和衣襟满是血污。他看到李卓然、李先念、程世才、李天焕等踏着积雪走来，急忙用手扶地，想挣扎着站起来。李先念紧走两步，把他按住。

“首长，伤口痛得厉害……”熊厚发皱着眉头指着左臂，痛苦地说。

大家坐在熊师长的身旁，极力地安慰他，可是一点办法也没有。他那打折了的左臂，肿得碗口那么粗，伤口化了脓，没有好药治疗，甚至连顿饱饭也吃不上，这怎么叫人受得了呢？

“我明白……我有一口气，也不能忘了自己是共产党员，可是我不能再走了，再走就得死在路上……个人死了没有什么，给部队增加了多少累赘……现在部队需要前进……把我放在这里吧！”熊师长休息了几次，才说完这句话，滚滚的眼泪从清瘦的脸上流下来。

“我们就是背着你，也要把你背出去……”李先念哽咽地说。周围的人全都泣不成声，几个站在远处的警卫员，也都背过脸去，擦着眼泪。

有谁愿意把久经考验的好战友甩下呢？但是为了全军的利益，只好把熊师长留下。

李卓然、李先念恳切地问熊师长还有什么话要说。熊师长抬起头来，眼睛放射着坚定的光彩：“我只要求给我一个排的战士，一封党组织介绍信。我熊厚发不死，咱们回到党中央再会面！”说着，喘了喘气，“我是穷苦娃子出身，没有党便没有我。我没有什么留给党，手头只有两样东西，作为我的党费吧！”他从挎包里掏出一块手表、一架望远镜。

首长们垂泣相对。李先念含泪从笔记本上撕下一张纸，写好党员介绍信，签上了自己的名字，李卓然也签上了自己的名字。

熊师长接过介绍信，像是最后给大家些鼓励似的，用高昂的语调说：“首长，放心吧！死不了我要回延安，死了算我革命成功！”大家怀着沉痛的心情把熊师长“坚壁”在石崖底下，互道珍重，忍痛而别。

此刻，李先念沉重地坐在一丛枯草上。周纯麟踏着积雪走过来向他恳求说：“政委，也请你给我写个介绍信吧！”周纯麟给李政委当过通讯员，从鄂豫皖根据地到川陕根据地，从长征路上到渡河西征，一直在李政委领导下工作和战斗。

李政委像是对周纯麟说，又像是自言自语：“还有这么多部队怎么办？这么多人，还要有人领导，有人带领！如果我们都走了，这个部队不就散了吗？”稍许李政委语重心长地说：“我们相处很长时间了，雪山、草地那么艰苦都过来了，现在难道就不能坚持吗？我们要想到如何把这支部队带好，想到多带出去一个人，就是为革命多保存了一份力量！”最后，李政委说：“你的伤怎么样？能不能坚持工作？如能坚持，马上就到二六八团三营去当教导员，让我们一块儿把这个部队带好！”

“前几天被敌人砍了一刀，因穿着这件旧皮衣，没有被砍开，只是背上有一道血痕，腰撑不起来。”周纯麟抖了抖身上那件破旧不堪的皮衣轻声地回答。他望着政委一双布满血丝的眼睛，心里荡起一股暖流，很难过，很惭愧：跟李政委多年，为什么在最困难的时候不能与首长患难与共呢？他当即表态，坚决按政委指示把部队带好！说完，便大步向二六八团三营走去。

左支队闯进冰雪之中，向祁连山深处走去。寒冷透明的冰山，向红军挺起陡峭光滑的脊梁。红军战士一个搀扶着一个，一个拉扯着一个，在剧烈的喘息声中摇摇晃晃，趔趔趄趄，脚步愈来愈迟钝，肢体仿佛已不存在，只是凭着一种顽强的意志。祁连山中留下他们的体温，留下他们永不风化的信念，留下他们被雪水洗濯的故事。

李先念回忆当时情况说：当时要想摆脱敌人，出路只有翻越祁连山。有人说，祁连山很高，终年积雪进不去；还有人说，山南面是死海，就是过去了，也无法生存下去；找当地的牧民询问，他们也不敢说能过得去。当时情况很危急，不过祁连山，剩下的两千（应为一千）多人就可能被敌人消灭。我和李卓然、曾传六、程世才等几个同志商量，我们一致意见要过祁连山，于是就向部队作了动员。我们先赶到雪山下面的山坡上宿营，等到夜间12点左右起来，翻越积雪的山峰。因为这个时候，风平谷静，便于行动。越过积雪的山峰后再宿营。就是这样还有不少的同志牺牲在雪山上。

程世才回忆当时情况说：敌情仍很严重，敌人离我们很近，如果不迅速行动脱离敌人，就有被最后消灭的可能。在这种紧急情况下，我们决定首先第一步，摆脱敌人，便马上从石窝南下，钻进大山。经过极端艰苦的两三天急行军，到达白大坂后，就将敌人远远地甩在后面了。这在当时是很重要的一着。

左支队到白大坂后，部队已拖得精疲力竭，便住了两天，一方面休息整顿，消除疲劳，并开些会议，进行解释工作；另一方面又怕住下不走，敌人会追击上来，便召开工委会，商讨今后行动问题。当时大家对摆脱敌人，保存力量，革命到底，总的方向是一致的，但对部队向东打游击，还是向西打游击，就发生了争论。有的主张向东打，有的主张向西打，最后工委会做出决定，向西打游击便趋于一致了。

指战员们在避风的地方背靠着背休息，累得话都不想多说一句。一个年轻的战士解下背上的洋铁盆和腰带上的洋铁壶，到石缝里填上雪，用石块架在火上烧起来。他看见军政治部主任李天焕走过来，说：“主任，喝点吧，水可甜呢！”

战士才十五六岁，还是小鬼，消瘦的脸上有两只又黑又亮的大眼睛，说话时总爱咧开嘴笑，露出两颗虎牙。他原是连队的战士，进山以后，上级看他瘦弱，年龄又小，想把他和伤员们一起留下，但他坚决不肯。“死了也不离队，要是想留下我就蹲在四川，不干红军了！”他除了一支枪一条破毯子外，丢光了所有的东西，但脊背上始终背着脸盆，腰带上拴着铁壶。他说：“喝口热水，能暖肚子！”

李天焕提小鬼的壶喝了两口，冻得透凉，喝点热水，浑身都觉得舒服，而且真的很甜。许多人喝过小鬼烧的雪水，称赞说：“不光是小鬼，还是个机灵鬼，将来叫他当司务长！”

苍茫天空没有一颗星星，寒冷的夜色令人窒息。指战员们有的挨着篝火，有的找个石坎，裹着破毯子睡下了。李天焕告诉小鬼：“半夜冷了，起来跑跑再睡，别冻坏了。”小鬼把头缩在毯子里，枕着枪说：“这里烧过火，地下热得很！”

夜里，落了大雪。早晨，大家从银袋玉砌般的雪窝中爬起来，一个个冻得嘴唇发青，腿脚麻木，抖抖身上的雪，就满地乱蹦乱跑。一名战士拂掉小鬼身上的雪，推着他，“起来，起来！”但小鬼仍然紧紧地裹着破毯子一动不动。大家围上来，拉开小鬼身上的毯子，只见小鬼那原来又黄又瘦的面颊变得绯红，嘴角上还挂着一丝微笑，但心脏已经停止了跳动。

这个落雪的夜晚，二六七团一营也冻死了两名战士。大家把小鬼和那两名战士抬在一起，埋在一道石缝里，埋在冰冷的积雪下面。他们埋在这里，青春的躯体不再洋溢生命的活力，流动生命的气息；他们将融入祁连山的泥土之中，变土变灰变尘，与巍峨的祁连山共存。雪在继续地下，似乎天和地联结在一起。棉球似的雪花，被狂风卷得旋转着，向着人们身上扑打。

雪过天晴，白云悠悠。左支队的杂沓脚步声已响出很远，可是面前的困难并不像白云那样轻淡。战士们没有鞋穿，一开始还能撕破被单包脚，后来被单少了，不少人只得光着脚板在雪地上走。有人冻坏了脚趾，冻掉了脚指甲；有人脚走肿了，化着脓，渗出了乌黑的血。行军的速度减慢了，最初每天能走70里，后来只能走50里、40里、30里……

开始，还可以碰到蒙古包，向牧民买到牛羊、青稞等，后来只能杀马吃。大家都有过雪山草地时吃马肉的经验，先将骨头和皮烧了吃，而后再吃肉。虽然吃得节省，但马毕竟是有限的。起先，一个营200多人一天杀一匹马，后来只好两天一匹，三天一匹。行军的时候，战士们经常向前看看，向后看看，担心地说："我们的马快没有了啊！"

冰雪张着大口，山风舞着皮鞭！队伍里时常有人跌倒，昏迷过去。首长的马都成了收容队，专让昏倒的同志骑，或者拉着马尾巴走，一个马尾巴上拉着几个人。常常可以看到三两个红军战士背靠背坐在雪地上，疲累冻饿使他们脚步沉重得再也迈不动了……

篝火一堆堆升起。战士们围着篝火，有的烘脚，有的烤衣服，有的用破布结草鞋。要是在火上能烤上一两块马肉或羊肉吃，那有多美啊！但是，谁敢有这样的奢望呢？

周纯麟和营长到支队部汇报情况。程世才代军长和李先念政委等首长也都坐在地上烤火。军长叫他们坐下，详细问了部队的情况。他俩说，今天晕倒的同志特别多。"是啊，两三天不吃东西，叫大家怎么顶得住呢？"李政委向他俩看看，说："好吧，你们先回去，我们再想办法。"

他和营长刚回到三营，军部通讯员就牵来一匹大白马，颤抖着声音说："首长叫你们今晚把这匹马杀了吃！"周纯麟接过缰绳，凝视着马，心里一阵难过。这是首长的马。

战士们看见马，都吵着围上来，有的卷卷衣袖，准备动手。

"这是李天焕主任的马！"有位战士从人群中挤进来仔细端详着大白马，突然叫了起来。

"你怎么知道？"

"我认得，今天我昏倒在山那边，李主任叫我骑的就是这匹马。我认得的……"他抚摸着马背，说着说着竟哽咽住了。

"是的，是的，我也骑过的！"三四个战士异口同声地说。这一讲，大家顿时沉默了，你看看我，我看看你，再看看马，说不出一句话来。

有一位战士走上前来响亮地说："同志们，首长很辛苦，身体又不好，我们不能杀首长的马！"

"对，这匹马杀了，如果再有同志昏倒，骑什么呀？"一个战士补充说。

大家议论纷纷，都说要把马送回去。这样，周纯麟和营长倒为难起来了。今晚不吃，明天怎么行军呢？正在踌躇，一个战士走到他俩面前说："我看此地的羊粪是新的，地上的树杆像是才拆掉的羊圈。这里一定住过老百姓，我们能不能派人骑上首长的马去找老乡呢？"周纯麟心里一亮，是个好主意。

夜色已浓，篝火也更红了。他俩走到支队部，首长们还都在瑟瑟寒风中围在火边，拿着指南针，看着地图，研究行军路线。

"怎么把马送回来了？"程代军长见他俩牵着马，就问。

"战士们不愿杀！"

李政委说："不吃点东西，明天怎能走路？叫大家杀了吧！"

营长把战士们的意见谈了。军部通讯员高兴地接过马去，把它拴在草地上。饥饿疲惫的马，立刻踢腿甩尾，刷刷地大嚼起干草来。

听着营长传达战士们掷地有声的话语，程世才无言以对，他的右拳重重击在左掌心，震落泪珠两行……

第二天，挑选了几名强壮的战士，骑着首长的马，找到了一个羊群。

红军战士的生命像音乐和图画一样携带着一种固执的声调和色彩，当它听到战斗的催促，当它遇到困难的袭击，它会顿时抖擞，露出本质的绚烂和激昂。每当黎明，指战员们便又顶着寒风，踩着积雪，笃定地一步一步向前走去。

祁连山的电波

西路军政治部主任李卓然交给警卫员邱正基两样东西：一斤多黄金和三个密电码本子。他严肃而轻声地交代说："小鬼，这两样东西，特别是这三个本子，就是你的生命！你人在东西在，懂吗？"

邱正基知道这点黄金是部队唯一的钱财了，至于那三本密电码，他自然懂得其重要性，连忙坚定地回答："报告主任，懂了，保证人在东西在！"

雪山连着雪山，冰川接着冰川。警卫班10个战士，个个蓬头垢面，筋疲力尽。邱正基和班长走在队伍的后面，在涉过一条冰河时，一不留神掉进了冰窟窿。待他明白过来，脑子里闪过的第一个念头就是，保住皮挎包，不能叫它和自己同归于尽。就在向下沉的片刻，他急速地将皮挎包从肩上摘下来，高高地举在手上。班长一下接过挎包，又使劲把他拉上来。班长赞许地说："小邱，刚才你做得对。一个红军战士在危急关头，首先应该想到革命！"他知道班长指的是皮挎包，因为里面放着这支部队的生命线，与党中央联系的三个密码本。

邱正基和班长赶到宿营地时已是傍晚。他觉得两腿火烧似的疼痛，低头一看，天啊！两只裤管被血染得通红。原来湿透了的裤子经寒风一吹，冻成铅皮一样，走起路来，裤管上结成的冰凌把两腿划了无数条细细的长口子，跟蜘蛛网一般。他无力地倒在火堆旁边。

李卓然主任走过来，轻轻地抚摸着他："小鬼哟，凡是冷天打湿了衣服，得赶快脱下来揩干身子再跑路。这也是血的教训啊！"说着送给他一块烤熟了的羊皮，"来，嚼一块，真香！"邱正基饿得实在够呛，也不客气，接过主任递来的羊皮便狼吞虎咽地吃起来。

李主任和警卫班围在火堆旁边吃着烤羊皮，东拉西扯地摆起了各人家乡的"龙门阵"。李主任解下包头布，他怕他的大胡子冻断，每天都用布把胡子包好。

西路军左支队西进中攀登过的考克赛山峭壁

"主任，你胡子上是些什么玩意呀？"邱正基躺在火堆旁，看见主任的大胡子上有一粒粒白色的小东西在爬动。

主任用手指捋了一下，立刻笑了起来："这个嘛，是'芝麻'！"

所谓"芝麻"，就是虱子。长时间以来，由于衣服得不到洗换，人人身上长满了这种吸血虫。经主任一说，大家劲头来了，这个抓了抓头皮，那个摸了摸腋下，一时，火堆上“噼噼啪啪”响声不断。有人给它起了个名儿叫“炒芝麻晚会”。这个晚会一直进行了个把钟头，可是“芝麻”怎么炒得完呀！

天快亮的时候，邱正基冻醒过来，轻轻爬起，走到前边的一个火堆旁边。马粪快着完了，剩下的几点火星时隐时现，发出微弱的光亮。他看见李主任默默地坐在那里，双手摆弄着包脚布。他悄悄地走近主任的背后，一股刺鼻的腥臭味袭了过来。主任的脚烂得厉害，腿肿得又红又粗。

“主任，你的脚！”邱正基悄悄地叫了一声。

“这没什么，不是很好吗？”李主任连忙把脚包好，满不在乎地说，他站起来走了两步，可是走得很不自然。

“主任，你骑牲口吧！”

“牲口，哪来的牲口？不是早杀了么？”主任奇怪地问。

“没……没杀！”邱正基吞吞吐吐地说。

“哦……是这样。好，去牵来！”主任恍然大悟地说。

几天前，李主任看到同志们啃羊皮都断顿了，就决定把马杀了。他对警卫班长下了几次命令，班长躲不过去，只好去杀马。凑巧有单位杀了马，送来了马肉。班长乘此“移花接木”说马杀了，主任信以为真。班长把马藏在后边队伍里，不让主任看见，想等他走不动时再给他骑，现在不正是时候了吗！哪知，当他们兴冲冲将马牵来时，主任的态度变得严肃起来。

“这是谁的主意，马儿时还魂了呀？嗯！”

班长红着脸没话回答。

“主任，你的脚不能走路了，骑上吧！”邱正基小心翼翼地说。

“骑上！你看见同志们在吃什么？啊！”主任大声说着，使劲地解下包头布递给班长，“勒，勒死它！”

班长知道无法挽回了，只好将布条套上马脖子。

“小鬼，拉住一头，勒！”

邱正基和班长迟疑地站在那儿，愣眼对着愣眼，怎么也使不出劲来。李主任见此情景，一下夺过邱正基手里的布头，对班长厉声喊：“拉！”

从此，李主任拄了根棍子，一拐一瘸地和大伙一起，行进在风雪弥漫的祁连山中。

李卓然1899年11月10日生于湖南湘乡一个乡村教师家庭。1920年和周恩来、蔡和森等一道赴法勤工俭学，1922年加入旅欧少年共产党，1923年转为中共党员，1926年赴苏联，先后进入东方大学、中山大学、列宁格勒军政学院学习，1930年秋与列宁格勒军政学院同学萧劲光一起赴中央苏区，开始军旅生涯。苏区时期曾任中央红军总直属队总支书记（司令朱德、政委毛泽东）、中央局代秘书长、毛泽东办公室主任、总政治部宣传部长、红三军政治部主任（军长黄公略）、红一军团政治部主任（军团长林彪）。长征中任红五军团政委（军团长董振堂），参加了具有历史意义的遵义会议。一、四方面军会师后，调任四方面军前敌政治部副主任，并一度担任红军总政治部主任。西路军组建后先后任军政委员会常委兼政治部主任、西路军余部工委书记。

夜幕沉沉，低低地压着冰峰雪岭，阴冷的天空飘下霏霏细雨。部队在一个巨大的山岩旁边停下来。沿着弯曲的山沟，堆堆篝火跳动。

李卓然躺在几个电台工作人员身边，聚精会神地看着他们修理小发电机。因为没有电池，也没有汽油，他们一直想把小发电机改为手摇发电机，但没有成功。现在，这些不知疲倦的同志又在顶着细雨埋头苦干。手摇发电机终于发出了“呜——呜——”的声响。

邱正基在这有节奏的连续不断的声音中，蒙蒙眬眬地睡过去了。不知过了多少时候，突然一阵惊喜的叫声把他从梦中惊醒。

“摇！快摇！”呜呜的响声越来越大，越来越急。李主任和电台的同志们紧张而兴奋地围住报务员。

“滴……滴滴滴……滴……”滴答声从雨雾中传开去，也仿佛被细雨沾得湿漉漉。联系上了，联系上了！李主任从报务员手中接过一条条带着号码的纸条，回过头来喊：“小鬼，把那东西拿出来！”邱正基连忙从皮挎包里掏出那三个宝贝本子给主任。

3月23日，西路军工作委员会致电援西军领导人刘伯承、张浩、李达请转中央与军委：

（一）西路军自本月十四日起与马敌四天最大激战，士气大受损失，当即决定分路游击。由树声率二十团为一路，约五连步、骑；张荣率一路，枪百余，彩号、妇女千余；先念、世才率一路，为三十军主力，约五个营与直属队。

（二）据谍息：树声、张荣所率之队，均已被马敌击散，详情不明。先念、世才所部为游击纵队，现已脱离敌人，深入祁连山中，露营雪山，无粮食，仅觅食一些牛、羊肉充饥，甚困难。但我们决不灰心，执行中央指示，在自主、独立与依靠自力的路线上克服任何困难，求得最后胜利。

（三）徐、陈离部队，由先念、世才、黄超、李特、传六、国炳、卓然等组织工作委员会，现随游击纵队行动。

（四）我们今已到青海之巡堡以北约三日行程处，明晨决继续设法越过祁连山西面，相机到敦煌。惟沿途找不到向导，只能用指北针前进。请常给我们指示及情报，最好能由援西军出一部，威胁吸引马敌而便我西进。

（引自《中国工农红军西路军·文献卷》上，甘肃人民出版社2004年7月第1版，第616页）

4月5日，西路军工作委员会致电援西军刘伯承、张浩转中央军委，提出“经新疆到远方学习”：

（一）我们率九百余人及长短枪六百余支，已到肃州西南山中，再经南山越祁岭正峰，约半月可到敦煌。

（二）途中未曾遇马敌。估计肃州敌于最近即可发觉我们，原拟到安西已不可能，决相机占敦煌。近二十日来，均在老林大风雪中零下十余度露营，缺柴火，烧牛屎，吃牛羊肉，又缺盐，冻病死者、落伍者及外逃现象无日无之。

（三）祁连山脉中只有稀少游牧民，住帐篷，我无法游击。估计现有力量如无外援，绝难在敦煌立足。因人员饥疲至极，武器弹药亦太少，以及地形与敌情的限制，实无再与较强敌人作战的可能。我们慎重考虑，前途只有在敦煌稍休整，迅速经新疆到远方学习，培养大批干部。请转呈中央，速向国际及新疆交涉。时机迫切，请速复示。

（引自《中国工农红军西路军·文献卷》上，甘肃人民出版社2004年7月第1版，第620页）

4月7日，军委主席团致电西路军工委并告刘、张，“你们可以向新疆去，已电彼方设法援接”。

甲、你们现在何地，距敦煌若干里，路上困难情形如何？

乙、我们已派三批人找马步芳、顾祝同，已电马停战。

丙、被俘约六千人在凉州集中，正向顾交涉，开来陇东归队。

丁、你们可以向新疆去，已电彼方设法援接。

（引自《中国工农红军西路军·文献卷》上，甘肃人民出版社2004年7月第1版，第621页）

翌晨，天空格外晴朗。太阳升上山头，被几片鲜红的朝霞掩映着。阳光从云缝里照射下来，像无数条巨龙喷吐着金色的瀑布。雪山披上五颜六色的轻纱，显得轻盈而又透明。随着太阳的上升和朝霞的移动，雪山变得金光闪闪，天空也变得像蓝色的宝石。这是雪山奇景，每一个人都体会到生的美好灿烂。中共中央发来电报的消息传到整个队伍，到处爆发出一片欢呼声。久未听到的歌声一阵阵响起，有的唱《打骑兵歌》，有的唱《打“马”十大把握》，有的唱李卓然主任编的新歌《巍巍峨峨祁连山》。歌声此起彼伏，山鸣谷应，响彻云霄。

气候转暖，雪化冰消，除了满目银色屏障外，到处是纵横交错、野草齐肩、水浸脚面的沼泽地。队伍越走人越少。警卫班10个人只剩下7人了，其余三人在向着希望迈进时，生命却不再给予他们机会。他们或者因为寒冷，或者因为饥饿，或者因为疲惫，永远栽倒在祁连山中。

邱正基饿得完全不能支持了，最后竟东倒西歪。他就趴在地上爬，满身满脸全是烂泥，手脚泡得跟死人一样浮肿发白。他爬到一块枯草稀疏的地方，刚直起身子走了几步，便一下陷进泥潭。他急得拼命挣扎，可是越挣扎越往下陷，起先还只陷到大腿，一会儿陷到小肚子。他出不来上不去，只得高呼救人。当烂泥陷到胸口时，他已经闷得发不出喊声了。班长他们听见喊声又折回来，可是谁也不能走近他，要不连他们也会一块儿陷下去。“不要动，不要动！快，快解绳子！”班长急中生智。

班长他们三个人连忙解下身上的绳子，结了个绳套甩了过来。邱正基吃力地用绳子套住自己的身体，三个人便拼命地拉起来。天啊，绳子是个活结，愈拉愈紧，勒得邱正基透不过气来。他用左手的指头拼命抠住绳套，可是连手指也抠得不能动弹了。当他像根树桩一样从泥潭里被拔出来时，他只能躺在水草地上张开嘴巴直出大气，渐渐闭上疲惫的眼，什么也不知道了。当他苏醒时，只见战友在胸口使劲按摩。班长见他醒过来了，要架着他走。他拒绝了，捧了些臭水抹了抹脸，咬咬牙，挣扎着继续跟大伙一起前进。

七八天的水草地行军，班里每一个人的脚都溃烂了，脚皮一层层地剥落下来，脚趾与脚板间裂成了一条条深罅，一触地面就针刺般地疼痛。每人脚上都沾满紫色的淤泥，分不出是泥还是血。李主任把自己的皮斗篷一块块地割下来给大家包脚，可是情况并没有什么好转。

邱正基感到祁连山中一个多月原始人似的生活，要比一年的时间还长。见不到一个老百姓，也碰不上一个敌人，只有他们这些顽强的红军战士一步一瘸，精疲力竭地支撑着，踉踉跄跄地跋涉着，向着祁连山口艰辛地前进。

“砰砰，砰……”前边传来了一阵枪声。这声音，听起来是那么清脆而带有生气。消息传来，前面有个牛羊场，先头部队围住了一部分牛羊。好了，总算从死亡线上闯了出来。同志们轻轻地呼了口气，脸上都泛着微笑，牛羊肉的美味刺激着人们的辘辘饥肠。大伙的肚子早已沉不住气，咕噜咕噜地骚动起来。

后勤部门分配给警卫班一头小牛和一只羊，要警卫班去牵。邱正基从地上一跃而起，自告奋勇跟着班长到前边场里去领牛羊。他用腰带拴住大公羊的脖子，班长牵着小牛犊，一起往回走。唉，说来真是倒霉，那只鬼羊，大概知道跟着走是挨刀子的，走了一段路便不听指挥了。邱正基往前拉，它向后退，而且把两只角冲向地面，用前腿死死地抵住，不肯迈动一步。“鬼东西，我宰了你!”邱正基急得骂起来，但他自己也感觉到声音是那么微弱。40多天了，除了做梦，从来也没填饱过肚子。他实实在在感到一只羊的抵抗力远远超过了他的力气。他使出全身力气猛地一拉，带子断了，羊窜跑了。他发疯似的喊着追着……

日落西山，夜幕降临，四周一片漆黑，仿佛蓦然之间掉进了一个无底深渊，邱正基脑袋嗡地一响，昏厥了过去。班长牵着牛犊跑过来：“小邱，你饿坏了，来，我扶着你。咱们不要着急，回去杀牛吃!”

大家瞄着小牛，恨不得一口吞下它。在这被饥饿折磨的生命攸关的时刻，即使是一小块能吃的生牛皮也是天大的宝贝呀，何况现在是一头牛，一头足足可以填饱肚子的小牯牛。怎么杀呢？谁都觉得没有力气能扳倒它。大家瞪着深陷的眼珠，口水在喉头咕咕地作响。警卫班七个人身上所有霉烂绳子全解了下来，乱七八糟地套住了小牛的四条腿。班长扳牛头，两个人抽绳子，四个人在一边推。靠了这众志成城的集体力量，小牛犊终于被扳倒在地。

这时，一个报复的念头袭上了邱正基的心头："杀，让我来杀！大公羊跑了，我要宰掉这头牛来出出胸中的闷气！"他从班长手中抢过刀子。那是把什么样的刀呀，连刀柄也不过七寸长，刀刃还有几个缺口，没有一点儿锋芒。七个人各就各位，班长扳住牛头，一个人踩住牛尾巴，四个人各按住一条牛腿。准备好了，一切全准备好了。邱正基卷了卷袖口，在手心里狠狠吐了几口唾沫。他拼上吃奶的力气，猛地将小刀刺进牛的喉头，连半截刀柄也刺了进去，鲜血从牛脖子直溅出来。忽然间，小牛"哞——"的一声，四条腿猛烈一撑，把四个战士撑得仰面朝天。小牛犊一跃而起，哞哞叫着，飞也似的跑了。大家从地上跳起，一齐追过去，可是能抓到什么呢？

"刀子！刀子！"邱正基喊着。小牛犊带着刀子跑了，这是全班唯一的一把刀子呀！班长气得抓起盒子枪，对着跑得只剩下一点黑影的牛犊开了两枪。邱正基恨得捶胸顿足，眼冒金星，抓起挂在腰间的饭盒子，一下摔出老远。

李卓然主任站在邱正基的面前，一定看见了他刚才出的洋相，微笑着拍着他的肩头说："小鬼，又不高兴了？为什么摔我的饭盒子呀？嘿，从此不想让我吃饭啦？"主任跑过去，弯下身子捡起饭盒，轻轻塞到他手里。唉，这个时候，邱正基真想钻到地缝里去。不是么，主任也跟大家一样，打着赤脚，衣衫褴褛，饭也没得吃呀！看着首长那消瘦的脸颊，那深陷的眼窝，他伤心得直想哭。

前面部队知道了他们的情况，连忙送来一条牛腿、一副牛内脏。大伙总算有说有笑地美美饱餐了一顿。

错打安西

4 月中旬，左支队跨大雪山，越野马滩，由公岔山口走出祁连山，到达石包城（今肃北蒙古族自治县石包城乡）。

草丛嫩绿，柳芽鹅黄，远处隐隐出现了几座茅屋。大家兴奋得忘记了一切，高声叫喊着奔跑起来，几十天来，第一次见到人迹所在。袅袅的炊烟，哞哞的牛鸣，匆匆来去的人影，一切显得生机勃勃、春意盎然！

石包城叫“城”，其实只是个小小的村落。黄泥砌成的低矮土屋，稀稀落落地住着10多户人家，可是在这里买到了粮食和盐巴。大家扳着手指头一算，33天，第一次吞下美味软滑的青稞面，第一次尝到了真正盐巴的咸味，人人的眼睛里喷出了火一般的光彩，激动的红晕从青黄的脸上泛了出来。

到达石包城的4月16日17时，西路军工委会致电援西军刘（伯承）、张（浩）并转军委：

（一）我们今十六日到达石包城，距安西两站半路，距敦煌四站。

（二）为争取先机，我们遂改向安西前进。到安西后稍作休整，即向星星峡进。请设法与新疆交涉并请远方派人到星星峡接我们，最好由汽车带粮到该地。

（三）我们全部只八百五十人，困疲至极，急需待机休整。

（四）特急！请即复昨日电，你们是否收到我们万万火急报。

（引自《中国工农红军西路军·文献卷》上，甘肃人民出版社2004年7月第1版，第622页）

4月20日，毛泽东、朱德致电援西军刘、张并转西路军工委会：

远方对于西路军进入新疆转赴远方求学问题，已决定了。为此，目前西路军必须到达星星峡，他们在该地迎候你们。你们不应在敦煌久停，而

西路军战斗过的安西城旧址

应尽可能只休息两三天，最迅速地取得粮食和骆驼，向星星峡进。

（引自《中国工农红军西路军·文献卷》上，甘肃人民出版社2004年7月第1版，第623页）

晨光熹微，左支队经过紧张行军来到蘑菇台。蘑菇台属安西县，距县城约140华里。

安西，汉属敦煌郡，唐为瓜洲。悠久的历史给这里遗留下大量的文物古迹。蘑菇台南侧便是著名的“榆林窟”。榆林窟同莫高窟、西千佛洞齐名，并与之合称“敦煌艺术”。榆林河把两岸冲刷切割成了若削若砌的直立峭壁，高达四五十米，石窟错落有序点缀在两岸悬崖峭壁之上，窟里有大批佛像，群众称这段河谷为“万佛峡”。

万佛峡主持道士郭元亨以慈悲为怀，捐助红军小麦2石4斗，黄米6斗，面粉200余斤，胡麻油30斤，牛2头，羊20只，硝盐4口袋。程军长挥笔写下借条，并签上“程世才”三字。郭道士牵来匹棕红色马说：“这马脚力颇佳，贫道相赠，以供长途驱使。”程军长坚辞不收，郭道士定要相送，程军长谢了郭道士好意，遂将马收下。

休息一日，部队上路。

晴空下一团团云浪从山边升起，很快遮住了半边天，起初是如丝如缕的呜咽，继而便成牛吼马嘶般的怒号，最后竟形成了摧枯拉朽的山呼海啸。狂风夹着沙砾如狂涛巨浪，呼啸而来，霎时沙石蔽空，拔树毁屋。战士们捂着脸，躬着身顶风而进，等大家重新睁开眼睛，他们留在沙上的脚印已是踪影全无，只有一波一波的风刮向远方。

安西榆林窟，西路军在此得到郭道士的救助

安西，著名的“世界风库”，平均每年有75天刮7级以上大风，多时可达100天以上，最大风速每秒24米，9级。当地谚曰："出了嘉峪关，西去玉门关，两眼泪不干，刮上一场风，三百六十天。"不过，安西大风对历尽千难万险的红军来说算不了什么。使后来的幸存者永志不忘的是左支队遭到猛烈的枪炮的风暴。

左支队进抵距安西城25华里的十工村。

安西一带豪绅地主风闻红军走出祁连，急忙携带金银细软麇集安西城内。一时间，人声鼎沸，慌乱一片。县长尹尚谦更如热锅上的蚂蚁，惶惶不可终日，一面下令在城内挨户拔丁，强迫居民守城，一面派湖北人刘永超前往十工村和红军联络谈判。

刘永超清晨骑驴来到左支队总部驻地马家庄子。西路军参谋长李特亲自讯问刘永超。刘说："我原籍湖北黄安，来安西已经几年，做杀猪卖肉的生意。尹县长和当地绅士说红军都是南方人，派我以老乡身份前来联络谈判……"李特问城内有多少马家队伍时，刘回答说："只有一个通讯排，20多人……"至此，工作委员会的首长确信，早已获得安西城内只有马家队伍一个排的情报是准确的，为挺进新疆，取得给养，负责军事的李先念下定了攻打安西城的决心。有些回忆文章把攻打安西说成是李特决定的，李先念对此纠正说："安西是我决定打的，不能说责任在李特。"

红军战士们听到可以打安西的消息，都非常高兴，似乎觉得这是漫漫长夜的一线光亮，是浩瀚沙漠的一泓清泉。入夜，部队迅速向安西城运动，集结于城西南三华里的梧桐树窝和彭家庄子一带，融进那一片睡眠的沙丘和辽阔的天地。但是，攻打安西是个错误，这几乎折断了左支队沉重的翅膀。

早在3月，马步芳即通电："剩余红军约有一千四百人，深入祁连山，经过陶苏勒地区，似将向嘉峪关外奔入安西、敦煌，西入新疆。"即调派骑兵李增荫团追击，调派骑兵马忠义团取道嘉峪关前往堵截，并以安西防务空虚，电令驻防肃州的第一〇〇师二九八旅旅长马步康派出部队。再者4月3日，毛泽东、朱德、张国焘、彭德怀等，及4月13日毛泽东、周恩来，先后致电在西安的叶剑英，指示他向顾祝同交涉，"对河西余部，请顾令马不得再行追击，依其转赴新疆受盛世才收编"，"务使这批人到敦煌后马军不得为难"。这种谋求营救的交涉，反而将左支队行程的准确时间告知了马步芳。

马步康旅第五九六团的两个步兵营，配备旅直属手枪连，由团长刘呈德率

李 特

领，星夜西进，据守安西县城。刘呈德以三日夜急行军赶到安西，县长尹尚谦和各机关的人员都已弃城逃匿。刘据通讯排长报告："红军从祁连山北进，已抵距安西城六七十华里的塔什桥子，即将到达安西。"刘将所属部队分为两队，在城头轮守轮休。

当晚风吹灭了千家灯火，夜幕笼罩梦乡的时候，红军兵临城下，向东南隅攻击。

安西城用板土筑成，东城墙和北城墙有很长一段被流沙掩埋。红军组成两个梯队攻城。第一梯队刚一打响，就招来猛烈炮火。机枪像暴风雨似的扫射，迫击炮炮弹一颗接一颗地落下来，炸起一根根土柱，间或也有几颗山炮炮弹呼啸着掠过头顶，飞到很远的地方爆炸。攻击梯队在积沙涌满的斜坡上向东城墙进攻，几次艰难地爬到城墙附近，都被强烈的炮火压了下来。李先念和程世才命令停止攻城，部队且战且走，转移到城西南五营村王家屯庄。

天明，刘呈德以少数兵力守城，多数调出城外，将红军包围在王家屯庄一整天。夜12时左右，红军突围而出。刘呈德俘获红军警戒人员十余名，他们说："所剩人马不多，仅有七八百人赴新疆。我们原先探悉马家军在安西只有二十多个骑兵，计划占领安西，休息三五日，再入新疆，谁知那晚攻城时，马家军援兵已占领了安西。"

月光凄迷，冷风在原野上飘浮，隐去了枪炮声的戈壁滩一片沉寂。左支队向西疾进，后面的枪声听不到了，前面却传来女人哭泣的声音。走近一看，岔道口上停着一辆翻倒的大车，辕马躺在地下，拉长套的两匹马在路旁啃着枯草，车上箱柜翻在地上，满地撒的是白花花的银元。两个穿戴讲究的女人，坐在车旁蒙着脸哭泣。这不知是哪一个地主老爷，听说红军来了，连夜拉着自己的金银财宝逃跑，半路翻车，遇到红军从这里路过，就把女人也丢下逃走了。红军战士从车旁过去，银元被踢得满地乱滚，但是没有一个人弯下腰拿一块。

月亮沉没，大地黑暗，传来哗哗的流水声，已经到达疏勒河。他们找了个水浅的地方，脱下衣服，徒涉而过，走到河中，河水到达胸口，上岸以后，一个个冻得牙齿格格作响，说不出话来，整个下肢都冻麻木了。大家穿好衣服，奔跑取暖。

这一夜跑了90里路，拂晓到达一个叫白墩子的小村落。

刘呈德的骑兵连跟踪红军而追击，步兵随之，一直进抵白墩子。骑兵连长报告说："红军全部向红柳园西行，距此约有20华里。"刘即凑集骑兵数百人，紧紧尾追，步兵两营后随跟进，至红柳园附近，天已渐晚。红军沿大路两侧的沙山向刘部阻击，刘将骑兵分成两股，绕袭红军左右翼，步兵亦分为两个梯队，一个梯队由正面猛攻，另一梯队由左翼攻击，其余作为预备队。

激战两个多小时，红军力不能支，向西撤退，仅留少数人抵御。刘呈德部攻上山头，俘获红军100余人，其二营营长马如良被红军击毙于沙山，该营二连连长亦被击毙，伤亡连、排长10余人，死士兵20多人，伤30多人。

翌晨，刘呈德又派骑兵前往红柳园以西搜索，直至晚9时左右返回白墩子。骑兵带回曾被红军叫去带路的农民二人，农民说："红军作战不利，连夜直往星星峡去了。"

1937年4月26日晚，西路军与敌人的最后一战旧址——安西红柳园

刘呈德电报请示马步康，接到回电："我命暂行返回安西，听候命令。"刘呈德部回

驻安西，此时李增荫团已到达安西，马忠义团亦进抵距安西 70 多华里的三道沟。

奔向星星峡

工作委员会领导人坐在一起开会，决定：总直、军直往北进入沙漠地带，去星星峡；二六七团坚守山头阵地，担任掩护任务；二六八团沿公路向西去星星峡。

二六八团团长杨秀坤、政委刘庆南、参谋长饶子健，还有曾玉良、陈德仁、李培基、唐启祥、萧显清等，沿着戈壁公路拼命往西北方向走，碰上沿路旁电线杆走的三营教导员周纯麟、营长赵正洪和营部的两个通讯员。大家一道顺着电线杆子，往西北方向走了整整一夜。

拂晓，他们又饥又渴，到路旁一个叫马莲井的马站里要了点水喝，并搞了点面疙瘩吃了。休息片刻，继续赶路。

戈壁夕阳，刺破云层，圆圆的如一只火轮。眼前出现一座巍峨雄伟的大

星星峡　　　　（陈知庶　摄）

山，巨龙般地伏卧于甘肃、新疆的交界处，它就是自古以来，中原通向西域的一道天然屏障——星星山。星星山中有一条峡谷，两旁峭壁兀立，危崖欲倾，中间一路纵贯，这就是声名远播的雄关险隘——星星峡。星星峡，群峰插天，中通一线的地形，大有一夫当关、万夫莫开的气势。

大家远远看见山头上有两个哨兵在游动，但不知是新疆的部队还是马匪，不敢轻易上前。饶子健的马从敌人手里夺来不久，还能跑路，他对大家说："我先上去看看究竟！"他把大衣斜披在身上，一只手握着掖在腰里的盒子枪，准备对付意外情况。他骑马跑到星星峡山口前面，放慢步子。

"哪一部分的？"山口的哨兵高声地喝问。

"中国工农红军！"饶子健大声回答。

哨兵听他这样一说，向后面招了招手，喊道："他们来了！"

后面上来一个腰扎武装带的干部，上前握住饶子健的手，说："你们辛苦了！"紧接着问："徐向前总指挥、陈昌浩政委来了没有？大部队在哪里？"饶子健一一回答，说完向后招手。

这位腰扎武装带的军官是星星峡边务办事处负责人王孝典。他与大家一一握手，不住地说："你们辛苦了！你们辛苦了！我们在这里已等候你们多时了。这几天，天天盼，日日等，也经常派人打听你们的消息，只知道你们在河西走廊打得很激烈，却不知道具体情况！"

他们再也抑制不住喜悦之情。真的，当梦想变成现实的时候，那是怎样的一种激动啊！大家笑啊，哭啊，叫啊，互相拥抱，泪水满脸直流！几个人互相对视一下，人人的衣服破烂不堪，露出皮肉和斑斑血迹，虱子一团团地蠕动，头发和胡子老长老长，脸上的灰尘污垢不知有多厚。友军士兵端上水来给他们洗脸，一个人洗过，盆子里的水就浑浊得像酱油一样。

星星峡的新疆友军不多，房子也很少，但友军客气地招呼他们到床铺上休息，晚上还硬把床铺让给他们睡。

第一晚到达星星峡的 13 人，第二天晚上也不过三十几人。

第二天晚上，星星峡边务办事处主任王孝典把办公室让出做他们的支队部，并向他们传达了新疆督办盛世才的一个电话。大意是：第一，尧乐博斯叛变了，可能要缴他们的枪，要特别注意；第二，他们到了多少人？枪够不够？

把边务处的两个班的枪给他们用；第三，有什么具体困难，新疆方面派飞机援救。

后山上，几个土碉堡相隔不到几百米远，碉堡下面，就是星星峡办事处的住房。这一夜，除团里几位领导之外，其余的人都分别蹲在三个碉堡里。

第三天上午，萧显清站岗时发现远处有个小山包似的东西缓缓地向这边移动，马上报告团长。团长杨秀坤仔细瞧了瞧说："那是汽车，快准备战斗!"30 多人迅速埋伏起来。

尧乐博斯派来一个副团长和一个副官长，开着一辆卡车来到星星峡。两人气焰嚣张，要红军把枪打成捆，领导干部到哈密去受奖，其余人就地等待命令。

杨团长、刘政委、饶参谋长和王孝典主任立即研究，作出决定：把这两个家伙处决掉。一营营长曾玉良、三营教导员周纯麟和其他几个人执行。

大家先让这个副官给尧乐博斯通了电话。副官叫通哈密尧乐博斯，按大家教的话报告说："红军有一万多人，每人身上都有长枪、短枪和大刀，后面还不断有队伍过来，可不得了啊!"

曾玉良、周纯麟几个人把尧乐博斯派来的两个家伙捆起来，拖到对面山沟。起先，这两个家伙以为红军人少，不敢杀他俩，仍然非常傲慢，特别是那个副团长更是嚣张。可是，当周纯麟用王孝典主任的长马刀，将那个副官一刀劈成两段，踢下山坡的时候，那个副团长便吓傻了，像个皮球一样，一下子泄气，瘪了下去。

他们劈了尧乐博斯派来的两个家伙之后，一面继续在星星峡守卫，一面利用这两个家伙开来的汽车，打上红旗，去接后面的同志。

山坡上的冰草、芨芨、麻黄、芦苇、猫儿刺、骆驼刺、酥油花，都冒出了绿芽；红柳像火炬一样，东一簇、西一簇，把茫茫的戈壁滩点缀得生机盎然。

俞新华是二六八团政治处主任。他突出重围后，在周围找到八个冲散的同志。一行九人沿着通往新疆的电线杆子的方向，抄小路向星星峡奔去。

他们走到大泉，遇见集结在这里的近百名指战员。从攻打安西以来，许多人三天三夜只吃过一小把干炒的小米，到了大泉总算吃了一顿面疙瘩。

百十人走到马莲井，遇见饶子健派来找大家的人。来人说："星星峡情况很好，敌人不敢去搜索！"至此，他们紧张的心终于放下了。

俞新华搞了点草，往地下一铺，手枪当枕头，大衣一盖，整整睡了24小时才醒。他带着部队刚刚离开马莲井，从星星峡方向开来一辆大卡车接他们来了。

到了星星峡，俞新华又连续两次带车返回白墩子、安西一带寻找失散的同志。当他第二次带车回到星星峡时，李先念等也回来了。

电台报务员胡正先没有枪，蹲在红柳园的山包上。宋侃夫的警卫员有枪，趴在离他不远处。他背个小背篓，目标大一些。台长王子纲说："你没有枪，蹲在这个地方干什么，下去！"他刚站起来，一颗子弹从裤裆打过去，把裤裆打穿了。宋侃夫的警卫员"哎哟"一声，被穿过他裤裆的子弹打中，当场牺牲。小山包不高，胡正先顺着山坡往下，有一个牵骆驼的，子弹飞来又把牵骆驼的打死了。

胡正先下到坳里，躺在骆驼旁边。太疲劳了，躺下就睡着了。他迷迷糊糊听到敌人喊："快抓，快抓！抓活的，抓活的！"起身一看，天已黑了，只见宋侃夫从山包下来，枪别在身上，骑上牲口。他就在宋的牲口旁边，宋说："你拉上我的马尾巴一起跑！"马跑起来，四蹄挖地然后腾空，后蹄向后蹬。他拉着跑了几步，不行，就说："我自己走吧！"

夜幕之下，子弹打来，像萤火虫的光"嗖"地一下过去。他想打着就完了，赶紧往边上跑。跑了好远，一看没人。哎呀，这么大的旷野，一个人跑到哪去。他年龄小，害怕，又往回跑。月亮上来了，碰到台长王子纲。王台长说："咱们一路走吧！"

他俩又碰到徐明德台长。三人一起走，走到天亮，只好进山，山里隐蔽。他们进的山是石山，石窝窝里能碰到点水，是雨水。王子纲牲口丢了，没有吃的；徐明德牲口丢了，也没有吃的；胡正先在路边捡了一小袋小米，有一斤多，还捡了三个木头做的驳壳枪套子。他们三人用破瓷脸盆装上石窝窝里的雨水，用驳壳枪套烧火，煮小米吃了一顿。上了对面山的人，整天没喝上一口水。有人喝自己的尿，第一次多一点，第二第三次就没多少，以后连尿都没有。

他们走着，逐渐聚集起30多人，有电台的，有首长警卫员，有连队的，有连长、指导员。他们白天放哨，看有没有马匪往新疆去，晚上下山。对面山上也下来人，夜黑看不清，只见有人影。他们把对方当敌人，对方把他们当敌人。“呼啦”一下，大家跳到一人多深的干河沟里，再看一看，不像敌人，没有打枪，没有喊话，是自己人。两路人会合到一起，互相问：“看到敌人往新疆去没去?”“没有见到，没有过去。”大家胆子大了，顺着大路向前走，遇到一个泉水井。啊呀，人人饱喝了一顿。

胡正先和王子纲、徐明德慢慢走，其他人也是三个两个结队而行。胡正先对王子纲、徐明德说：“你们两个走吧！我实在太累了，走不动了，在这里休息一下！”他俩说：“我们三个是一起的，大家都休息一下吧！”他们三人躺在路边，睡着了。

天亮一看，有一站一站的骆驼站，快到星星峡了。在一个站边，遇到刘寅。刘寅是他们训练队的教员，带着两个学员，牵着一匹骆驼。刘寅等吃了一点东西，正准备走。他们说没有饭吃，刘说有水喝。他们喝了一点水，大家一起前进。先到星星峡的人派汽车来接大家，走不动的上了汽车。星星峡不远了，他们三人谁也没有上车，走到了星星峡。在星星峡，发给每人两个馕，一包苏联的方块糖。大家弄了一点开水，饱饱地吃了一顿。

电台人员奉命破坏电台时的心情有多么沉重和痛苦。他们保护机器就像保护生命一样，总是想尽办法不使它受到一点点损伤。每天出发时，汪名震总是先把发报机的真空管取下来，装在一个小木匣内，自己背着，唯恐受到一点轻微的震动而损坏，可是现在竟要亲手把它毁坏，真是痛心至极，无法可忍，但也只有含着眼泪两手颤抖着把它破坏了。

突围人员分路向星星峡方向前进。汪名震和电台的机务员贾善考虑到走进沙漠会迷失方向，决定顺着电线杆向西走，若敌人追来再进沙漠。

他俩打着牲口跑了一阵，觉着后面没什么动静，就不那么急跑了。走着走着听到后面有马蹄声，心想是不是敌人追来了？仔细一听，只有一匹马的蹄声，回头一看，微弱的月光下两人骑着一匹骡子。他俩问是谁，答话的口音是自己人。

他俩时快时慢地走了一夜，第二天清晨又陆续遇到他们通信部门的荆振昌、刘寅、王玉衡及其他同志。大家在马莲井等处有人家的地方喝了点水，买了点东西吃，在太阳快落山时到了星星峡。他们到时，已有数名同志先到了，其中有乘一匹骡子的两个同志。

总直、军直进入沙漠地带，去星星峡。

太阳渐渐升起，暴热也跟着升腾。人人汗流浃背，满脸涨红，嘴唇干得裂开了血口。

前面仿佛是荡漾的水波。有人问老向导："前面不是一片大水吗?"老向导无可奈何地摇了摇头。小伙子不信，说："那道沙岭下面，一定是个水塘，走到那里就好了。"但是走到沙岭一看，荡漾的水波似的气体仍然在远远的前方。

口渴比肚饿更加难忍耐，许多战士头昏脑涨，脚步迟缓，慢慢掉在了后面。瘦弱不堪的战马偶尔溺一点尿，都被用缸子接着，送给实在支持不住的战士。可是马像人一样，由于缺水，连一点小便都没有了。有几个战士渴得实在走不动了，坐在地下张着嘴喘气，连话都说不出来。军长程世才赶来，掏出口袋里仅有的一包仁丹，他的警卫员还带着一瓶水，分给每人两三粒仁丹，喝一口救命水。战士们含上仁丹，什么话也没有说，爬起来赶队伍去了。

走着走着，又刮起了大风，吹得天昏地暗。老向导迷了路，他们只好靠一个指北针，照西北方向走。本来就口渴万分的战士们，经热风一吹，两眼通红，嘴唇出血。大风稍停，战士们的嘴里、鼻子里、领口里灌满了沙子，满脸盖着厚厚的尘土，只有两只眼睛转动。许多战士倒下了，有的浑身发烧，说不出话来，有的勉强说出一个字来："水……"老向导也渴得受不住了，向大家要尿喝，但是谁也没有。

太阳像火，热风在扇。老向导提议杀马，有的战士反对，甚至有个将要渴死的战士爬起来，指着马摆手。战士们这种感情是可以理解的，战马从西渡黄河，就与战士们一起行军、作战，同样经历了千辛万苦，今天已瘦成了骨头架子，怎么忍心将它杀掉呢!

老向导发了火，说："人要紧，还是马要紧?有人还愁没有马骑?"为了救人，只有牺牲马，于是将几匹瘦马杀掉，取出血来，分给那些最渴的战士。战士们情绪又高涨起来，一股劲地向前走去。

天渐渐黑下来，本来应该休息一下，但戈壁滩的夜晚对没有皮衣棉被的人是不客气的，坐下去就站不起来，因此，大家只好强打精神，拖着疲惫的身子继续行进！

他们在白天热得像蒸笼、夜晚冷得像冰窖的戈壁滩上走了三天三夜。

第三天下午走到一个不高的山跟前，山上有些小树。程世才军长站在山顶上，用望远镜看到公路上有人骑骆驼，一个骆驼背上骑着三个人。军部侦察人员回来报告："公路上骑骆驼的是二六八团的人，这座小山那边有水！"指战员们听到这个消息都十分高兴，立即翻过山包。山脚下竟然是一处水坑，尽管是浑浊的泥汤，战士们一拥而上，有的用杯喝，没有杯的干脆趴在坑边。战马也都挣脱缰绳跑到水边痛饮。

路上过来一辆汽车，插着红军旗子、青天白日旗子各一面，车上有二六八团参谋长饶子健，还有星星峡办事处主任王孝典。大家上了汽车，很快到了星星峡。

晚上吃饭，桌上摆着刀、叉、勺、面包和牛羊肉等。大家坐下来，你看我，我看你。怎么吃？干脆用手拿着吃，大嚼大咽，边吃边笑。

茫茫戈壁，一片漆黑。没有向导，没有指北针，往哪儿走？他们正徘徊彷徨，忽听郭天民局长说："天上无云，我们可以用北极星辨别方位，先向北走，然后往西北方向。白天可以用表与太阳的位置来定方位。"郭局长成了大家的领路人。黎明的曙光渐渐扩散开来，朝霞升起在东方。

夜晚，沙砾凉如冰雪，寒风一吹，冻得直打哆嗦；白天，太阳一晒，像处在炉火旁烘烤，沙砾热似火炭，烫得直跺脚。

正午，大家被毒辣的太阳晒得头昏脑涨，嘴唇干裂，忽听有人用嘶哑的声音惊叫："看！前面有河！"

远方，一片翠绿的森林，一条蓝湛湛的河流穿林而过。这碧色的苍穹，仿佛是天神泼洒的绿葡萄酒。

大家骤然兴奋起来，七嘴八舌地议论着，嬉笑着，加快脚步向河流奔去。

走呀走，那河流、森林总离那么远，恍惚间又不见了，一会儿又颤悠悠地出现在远方。他们终于明白，这是沙漠中的海市蜃楼。

他们忍痛杀了奄奄一息的马，饮血解渴，但仍不断有人休克在戈壁滩上。

狂风刮起，沙尘蔽日，天暗得像黄昏。他们迷失了方向，只好停止前进，躺倒在一个几十米方圆的沙窝中。

“水……水……”有人因干渴昏迷过去了。

“有——水——啦!”

风送来了一声微弱的呼喊，使吕黎平从昏迷中惊醒。只见一匹枣红马抖着鬃毛，嘴唇滴着水珠，矫健地迈着四蹄，留在地上的蹄印也是湿的。

大家兴奋地爬起来，循着马蹄印，终于找到了一个戈壁滩上极罕见的小水池。

继续西行，爬上一个大沙丘，他们引颈翘望，发现远方腾起一条尘带。李卓然、黄火青判断，这是汽车开过后升起的尘土。他们兴高采烈地向有人烟的方向奔去，日落前夕果然踏上了公路。暮色渐浓，山朦胧，人也朦胧。他们终于到达星星峡。

李卓然主任的警卫员邱正基按李主任的命令，通知失散了的战士，沿着电线杆往北冲。邱正基转身往原路返回去，一路上都有自己的同志，瞪着血红的眼睛，英勇顽强地战斗着。

“顺电杆往北，同志们，赶快冲出去!”邱正基一边喊，一边奔跑着。蓦地，他看见前面不远处，黑压压的一片人在蠕动着，便不顾一切冲过去。原来被马匪骑兵包围住的200多红军战士还没冲出来。怎么办？他悄悄地向前移动身体，靠在一个土堆旁边，拔出仅剩七发子弹的盒子枪，拼着全力大声叫喊起来：“同志们，顺电杆往北冲！冲啊!”他举枪“砰砰砰”打了三枪。刹那间十多枚手榴弹在同一个方向爆炸开来，这是被围指战员手中仅有的手榴弹，被围指战员向包围圈外猛冲……

快到红柳园，邱正基追上两个人，一个是红三十军的一个副连长，手里提着块马肉，一个是电台的机要员老翟。这时遇上生死与共的战友，尽管从来没有见过面，大家比亲兄弟还亲热。

前边有十多个人跑过来，是自己的同志。这15个战士已经走出了红柳园，但身上没有一颗粮食，正要回去搞点麦子充饥。“这怎么行！好容易摆脱了马匪的追击，不能再回去冒险了！”邱正基大声阻拦他们。

机要员老翟提出建议：组织起来，统一行动。那时候，党组织还没有公开，但邱正基已经知道老翟和副连长是党员，15名战士中间有一名党员。他们扩大了两个战士参加，开了个临时党小组会，决定：一、组织起来过沙漠，不准掉队；二、集中现有粮食，平均分配；三、照顾好病员和体弱的同志。

他们18个人组成一个排，三个班。老翟任排长，邱正基任第一班班长。所有粮食一集中，说也可怜，只有两三个战士的口袋里还剩几把炒麦。邱正基呢，有整整三斤麦子，这是给主任过沙漠用的。这一点点命根子做三天打算，每人每天分不到二两。

沙浪一泻千里，天际苍茫辽阔。他们拖着沉重的脚步，日夜不停地走着。滑溜溜的沙子没过脚面，软绵绵的，走一步退半步。最难耐的是口渴，脚下是滚烫的沙子，头上是毒热的太阳，整个身子好像放在火上烤一样，喉咙干燥得直冒烟。

第三天早上，他们遇到一个大汉，一只袖筒是空的，让风吹得摇来晃去——左臂没有了，右肩上扛着一挺机枪。他是红三十军的一个副营长，叫陆第荣。陆第荣拍拍枪筒子说：“什么都能丢，就是这家什不能丢，革命少不了它！”人愈聚愈多，他们这个核心组织像冬天的雪团，越滚越大，竟聚集成70多人的一支队伍。

粮食吃完了，虽然是一把把地分，三斤麦子够几个人吃啊？饥饿、干渴、疲劳折磨着大家。一阵风刮过来，跌倒的同志便会呼噜噜地睡过去。忽然前边有人大叫起来：“同志们，看，杨梅！多大的杨梅呀！”“有房子了！有水了，快来呀！”倒下去的人们，骤然跳起来，兴高采烈地迈步向前，口水来了，瞌睡没了，一阵压抑不住的笑声滚过沙漠，滚到远远的天际。

置身于沙漠，渴死、饿死、活活晒死，那是怎样的一种感觉？他们不停地走了三天三夜，一路上用黄沙埋葬了一个个献出生命的忠魂。埋骨何须桑梓地，人生何处不青山。黄沙之中时而兀立着一束枯草，早失去了水分和绿色，可仍是高高地挺着，向着沙漠宣泄自己的骄傲。

第四天中午，遇到一个水潭，里面已经干涸了。大家挖了些湿土包在衣服里，让布片湿透，然后擦擦干裂的嘴唇，继续向前。

突然，前边有辆汽车开来，车上插着红旗。大家的心情是无法用语言来形容的，大声笑着、叫着、哭着、跳着，拼命地跑过去。车上装满了饼干、罐头和水果。他们跳上汽车，泪水模糊了眼睛。

一下汽车，邱正基就到李卓然主任的住处报到。李主任一见他，高兴得直拍他的肩膀，第一句话就问：

“那两样东西还在不在？”

邱正基迅速打开挎包，掏出三个密码本子放在桌上。

主任满意地点着头，停了片刻又问：“黄金呢？”

“撂了！”

主任轻轻叹息了一声，说：“撂就撂了吧，人回来了就好！”

他一撅嘴巴，随手掏出一斤多黄金放在桌上，赌气地说：“在这儿呢！谁叫你把我撂在白墩子，也不等等我！”

“小鬼，还这么调皮！”主任哈哈大笑起来。

安西收容

左支队指战员在星星峡稍作休整之后，程世才便对杨秀坤团长说：“派两名能干的同志到安西走一趟，把被敌人冲散了的同志接回来！”他又交代要打消失散同志的顾虑。

杨秀坤当即找来王国梁和王明超，说：“派你们去安西，把敌人冲散了的同志接回来。向大家讲清楚，只要愿到新疆，不追究丢失武器的责任！”

汽车把他俩送到红柳园以东。两人白天休息，晚上行走，第二天拂晓渡过疏勒河，隐藏在安西县城西南的草湖。

天黑，两人到一户贫苦农民家里，买点吃喝以后，王明超问：“这一带有没有被马家队伍打散的红军娃娃？”

“二工、六工、八工、九工等地都有，天天出来要饭，还有受伤的拄着棍子讨要。”

5 月，经过冬眠的土地早已苏醒了，杨树柳树绽开一片片鲜嫩绿叶。王国梁和王明超装着要饭的样子，分别到上述地方去找，在六工村西草湖边找到王姓农民，村上人称王大叔。王大叔住着草房，铺着草席。红柳园打散的同志，大部分隐藏在草湖附近，到他家总是给吃给喝。他对村上人说："红军娃娃为穷人办事，吃苦受罪，挺可怜的！"

大约半个多月时间，两人会见了 20 多人。有的被农民收做儿子，不想去新疆；有的说，只要上级不追究枪的责任，愿意回去。两人先后集中了 12 人，包括自己共 14 人，按规定时间到六工土地庙中会齐。王大叔帮他们做了干粮，赵大哥送来一只大山羊，大家在土地庙里美美地吃了一顿。

赵大哥家距王大叔家四五里路，老小四口人，养着几只山羊。

赵大哥赶着一头黑叫驴，驮上干粮和水，送他们向西北方向走。大家涉水渡过疏勒河，经白墩子过红柳园。在红柳园一带，他们找到一个埋枪的地方，起出一把盒子枪、四支步枪和随枪的子弹袋。

赵大哥说："把那枪送给我吧！我回去先把保甲长狗腿子毙了！"

王明超说："赵大哥，我们不是不愿把枪给你，是怕你孤身一人带着枪太危险！"

大家说了许多感谢的话，又送给赵大哥十块银元，彼此告别。

星星峡方向开来了一辆汽车，一杆红旗在车上迎风招展。他们到星星峡时，前面到的指战员已被党代表接到迪化去了。

王国梁和王明超等休息了几天，正要动身西去，又有失散的王大奎、潘明珍、李文华、李树党、吴在起、张玉明等 11 名指战员来到星星峡。

左支队 4 月20 日夜由安西城王家屯庄突围时，决定派红三十军政治部宣传部长王大奎率李树党、吴德其、陈科祥、樊明俊、李文华等十多名指战员组成小分队阻击敌人，掩护部队西进。李先念、程世才指示王大奎："你们的主要任务是阻击敌人，等部队过红柳园后，再设法转移星星峡找部队；如果暂时不能进疆，也可就地隐蔽，坚持斗争！"王大奎指挥十多名红军迎击敌人，黎明前转移。

他们转移后剩下 11 人，迷失了方向，又折回安西城郊以西的南岔乡六工村、七工村、八工村。他们都带着短枪，分成三个组，住在三个村。他们白天把短枪藏起来，装扮成农民，帮老百姓在田里除麦草和干其他农活，晚上都把短枪带在身上，警惕敌人突然袭击。为了不连累老百姓，他们大部分时间都在村外或山沟里宿营。

他们11位大多是四川人，通过群众的帮助，找到了六工的湖北人庞德祥。庞认为，很早以前四川人少湖北人多，为开发四川就由湖北动员了一些人迁移到四川落户，这就是“湖广填四川”，所以湖北、四川是老乡。庞德祥同情“老乡”的境遇，慷慨应承让到自己家中隐蔽养伤。王大奎和庞德祥商量，为了防备万一，留李树觉五人在庞家，一面养伤，一面帮工，其余六人由庞德祥做工作，安排在附近可靠农家。王大奎等在这一带住了一个多月，一直平安无事。这天突然来了十几个马家骑兵。

“日奶奶的，人家说你屋里养着几个共产党，你再不交出来，把你的狗皮扒掉！”马家兵一脚把门踢开骂道。

西路军左支队到达星星峡，由此进入新疆

庞德祥在上房听见这话吃了一惊，灵机一动，满脸赔笑，上前拱手。“长官辛苦了，请坐下喝茶，有话慢慢说！”他接着又说，“左邻右坊谁不知道我庞德祥吃饭防噎，走路防跌，还敢把红军留在家中？不信，到保公所去问！保长要说我家有红军，我就跟你们蹲班房去！”

马家军班长叫人把庞德祥吊在保公所房梁上拷打，说：“你不把老共产党交出来，今天非把你的皮剥掉不可！”

庞德祥的儿子庞忠义14岁，见此情景连忙飞奔回家，把李树觉等五位红军送出后门藏到谷地里。

区长谢殿青、保长马兴海闻讯来到保公所，替庞德祥说情。他俩让庞德祥拿出一些钱给马家兵，庞答应后才放下来。庞德祥拿出八块银元、半脸盆大烟土。这些家伙在保公所酒足饭饱后扬长而去。

庞德祥的儿子搀扶着父亲回到家中。李树党、吴德其、樊明俊、陈科祥、李文华五位红军看到老人为了掩护他们被打得遍体鳞伤，泪水夺眶而出。

天麻麻黑，王大奎来到庞德祥家，对庞说："为了我们，你受委屈了！"

"只要你们都平安，我心里就踏实了！"

"我们再不能在这儿待下去了，再待下去老百姓就受连累了，我们要上新疆去找部队。"

庞德祥第二天即找了两个人去疏勒河看洪水大小，还为他们准备了干粮、面粉，缝制了七条干粮袋，买了几瓶擦枪用的双喜牌生化油。

王大奎一行走的时候，陈科祥因去敦煌等地做工，未能同行。陈科祥原是团政治处干事，返回安西留在庞德祥家帮工达两年之久，后来在庞的帮助下，在安西城内学徒理发。抗日战争胜利后，回到四川老家旺苍县。落脚敦煌的红军陈大志和杨占奎也得到过庞德祥的救助。

聚集在星星峡的指战员组成三个班，出发向西。新疆方面派了一辆卡车和护送人员，沿途管吃、管住、管看病。他们6月初到达新疆迪化，与5月初到达的将士们会合在一起。

安西县中沟村13岁的小姑娘张淑珍路过小南沟，发现大茅柳墩子下有人呻吟。小姑娘吓了一跳，急忙跑回家。

"妈！小南沟茅柳墩下躺着一个人，呻吟得怪厉害，看样子是个红军！"

她妈一听赶紧用手堵住她的嘴，说："丫头，小声些，刚才马家队伍把你爹和你哥抓到王家屯庄，去捞井里的枪了。我看见几个马家兵刚才进到柳家，说是搜查红军，说不定还来咱们家搜查呢！让马家队伍听见，那还了得！"她顿了顿又说："珍珍，你去看一下柳家来的马家队伍走了没有。"

珍珍答应着就向柳家跑去，不一会儿回来，说："马家队伍从柳家出来朝西走啦！"

"走，咱们上地顺便看看去！"

母女俩来到小南沟茅柳墩下一看，一个约十八九岁的小红军躺在墩下，脸色苍白，两眼紧闭，右腿包扎的破布已被鲜血渗透，不时发出低微的呻吟。

张大妈见此情景，忙对珍珍说："你回家去把剪刀取来，再拿上干净棉花，端上一碗盐水，要快！”

张大妈将红军腿上被血水浸得粘在一起的布剪开，用棉花蘸着盐水擦洗伤口，然后又从自己的衣服前襟上撕下一块布，将小战士的右腿伤口包扎起来。

月光从茅柳中挤进来，夹带着春的温馨。大妈让女儿给红军送来一张羊皮和一件棉袄，每天早晚又让珍珍来送饭。

十几天过去了，小红军可以拄上木棍走路了。张淑珍和她哥哥张希圣把红军接到家中养息。

小红军和张大妈一家挥泪而别，背着大妈和珍珍做的干粮向西南方走了。小红军走了，大妈心中荡起一层深情的涟漪。

从丛红柳在阳光照耀下，托举着火焰，闪闪烁烁，红红火火。

第十三章

右翼支队

"太阳有落就有升!"

冬日天短，又在大山里面，天说黑就黑。暝色阴晦，冷风飕飕。左支队已朝西出发了，右支队400多残兵败将也集聚待发。西路军副总指挥兼九军军长王树声，西路军教导团政委兼团长、原三十一军政治部主任朱良才，九军参谋长李聚奎，九军政治部主任徐太先，九军宣传部长方强等聚在一起议事。他们一个个心情沉重，面容悲戚。打过多少大仗、恶仗，从未经历过如此的惨败，心头岂能轻松!

"良才、聚奎同志，我们走吧!"王树声有点着急地说。

"副总指挥，你带着部队先走吧，我等等电台!"李聚奎说。

李聚奎身为参谋长，知道电台的重要性，在深山打游击更需要有电台与党中央和左支队联络，否则，不成了聋子、瞎子吗?

"你等一下吧，我们先走了!"

"副总指挥，右支队下一步怎么行动，是不是研究一下?"朱良才问。

"这里危险，赶紧离开，明天再研究。你跟在后边走吧!"王树声回答，显得有些仓促急迫。

夜色笼罩着四周，似一成不变。队伍在茫茫夜色中出发。王树声带着交通队走在前面，几百人的队伍稀稀落落地跟着移动。朱良才、方强走在队尾，收容伤病员。

李聚奎、徐太先站在路边等电台。映着雪光，他俩看见总政委陈昌浩走了过来。陈政委心事重重，眉头紧蹙，见了李聚奎，急忙舒展眉结，露出几丝勉强的笑，打招呼道：

“聚奎同志，你怎么还不走?”

“陈政委，我等电台！”

陈昌浩望着忠于职守的李聚奎，说了几句勉励的话，带着警卫员匆匆离去。

夜的阴影四合，浓重而凄清。李聚奎、徐太先等了一个时辰，不见电台人员的影子。天就要亮了，不能再等，他俩便骑上骡子追赶队伍。他们走了十多里山路，便被堵住了。三五成群的伤员跌坐在地，再也走不动了。山径狭窄，七堵八堵，整个队伍被切得零零散散。山下的敌人出动了，马在嘶、人在吼。

李聚奎看着心焦，想把队伍收拢整顿一下，以便迅速疏散隐蔽。他派跟着自己走的军部交通队长到前面去，跟王树声打个招呼，请他下令让前面的队伍休息一会儿，待他把后面乱糟糟的队伍收拾好一道走。交通队长受命骑马到前面去了，不久返回来转告了王树声的意见：敌人要搜山了，现在不能停，必须马上脱离战区，并让李聚奎到前面去，一起走。

“我不去，把伤病员都丢了，我一个人到前面去干啥呢！”李聚奎有些不快地说。

“参谋长，我到前面去劝劝!”徐太先自告奋勇。

“去吧，告诉王树声同志后面太乱，请他停顿一下，给我时间收拢队伍!”李聚奎看着眼前散乱的残兵败将，心急如焚。

徐太先骑马飞奔而去，不一会儿赶上了王树声。他把李聚奎的意见转告了王树声。王树声透过渐渐青灰的曙色，回头看了看后面稀落的队伍和山下嚣张的敌人，说：“太先同志，你回去告诉聚奎同志，快走吧！敌人就要搜山了，保存骨干要紧!”说完，他和杜义德等上了马，飞驰而去。徐太先怔怔地望着远去的身影，不知所措。

朱良才、方强赶上来了，李聚奎也骑着骡子赶到了。

队伍极为混乱，许多人叫骂起来。李聚奎站在一块石头上，尽量提高嗓门盖住叫骂声。“同志们，我是参谋长李聚奎，请大家听我讲几句话。大家不要骂，不是谁把我们丢了，而是我们掉了队，没赶上。失败了，同志们，谁也不要怪，起来走吧！能走出去就有希望，留在这里只有死！”

李聚奎，1904 年 12 月31 日出生于湖南安化兰田（今属涟源）西坪村一个农民家庭，7 岁开始读书。1926 年 9 月，他参加了国民革命军，参加了波澜壮阔的北伐战争。1928 年 7 月，当中国革命处于低潮时期，他毅然参加了彭德怀领导的平江起义。他一直在彭德怀帐下听令，参加了攻打文家市、长沙、演陂桥等战斗。1928 年 12 月，在军长彭德怀、党代表滕代远统一指挥下，红五军进军井冈山，与毛泽东、朱德领导的红四军在宁冈会师。1930 年 1 月，黄公略任军长、陈毅任政委的红六军成立，下辖第一、第二、第三三个纵队，李聚奎调任第三纵队纵队长。1930 年 6 月，红六军归红一军团建制并改称红三军，下辖各纵队也改称红七师、红八师、红九师，李聚奎历任红九师二十七团团长、红八师师长、红七师师长。1933 年 6 月，按照组建大师大团原则，红军总部决定由军团直辖各师，原红三军的红七师、红九师合编为红一军团第一师。红一军团第一师，意味着将成为中央红军的先锋劲旅，谁来当一师之长呢？红军总司令朱德、总政委周恩来踌躇难决：红一军团军团长林彪眼光很高，一般人他是不会满意的。这时，彭德怀报上一个人名：李聚奎。朱、周一见人名，顿时展开愁眉，异口同声地说：红一师师长就是此人。命令下来，林彪致电中央军委：让李聚奎当一师师长，充分反映了军委对红一军团的重视。

1936 年 10 月，李聚奎在红三十一军任参谋长，由于连续冒雨行军，高烧不止，昏昏沉沉地躺在担架上。萧克军长派一个排护送他到四方面军总卫生部就医。这样，他随总直属队过了黄河，病稍好后即到九军任参谋长。

李聚奎一呼百应，散乱的队伍聚拢在他的周围。山势陡峻，山谷狭窄，他们在黎明前的黑暗中，在石头沟沟里转来转去，又转回到原来打过仗的地方，走了回头路。天亮了，不能再走，李聚奎把队伍分散隐蔽在树林和石缝里。傍晚，他又把队伍收拢，分成两路，让 100 多机动性强的骑兵走一路，他带着步兵和伤病员走一路。马家骑兵分成小股兜剿，压缩了包围圈。李聚奎率领的残兵败将几次被冲散，不到一天工夫，只剩下朱良才、李聚奎、徐太先、方强和十几个通讯员。右支队像一个被风刮落的鸟巢，支离破碎了。

他们没有力量打游击，而是在山里打圈子。他们与敌人周旋了几天，干粮全部吃光，只好杀牲口吃。先杀李聚奎的小骡子，割成一块一块，连骨带肉放在篝火上烤，等不及烤熟就拿来啃，装饱一肚子牲口肉又犯渴，就抓一把雪往嘴里填，或者干脆啃冰凌。这样虽然解了渴，却冻了肠胃，刺激得全身发抖。没几天工夫牲口也吃光了，满眼只是冰雪和衰草。他们再三商量，决定下山到平坝子去找生路。

他们利用夜幕，摸黑下山，过了黑河，朦胧中一马平川，顿感豁亮。摸到山脚下一个叫小源的村子边，正打算进村去讨点吃的，却发现村里驻着敌人。他们吓了一大跳，赶紧掉头，这才感到平坝的局限。天色渐明，无处隐蔽，只得前功尽弃地回转上山。经过一夜的奔波和惊吓，大家已经累得不行，爬到半山坡一块枯草坪，便倒在地上喘息。

“山下的敌人白天可能搜山，这半山坡说话就到，我们还得仨俩一伙往高处爬。”李聚奎提议。

“对，爬得越高越好，让敌人看不到影子，嗅不到气味！”方强发挥。

“大家在山顶的石缝、草丛里小心躲着，傍黑再下到这里来集合，以拍掌为信号。”年已37岁的老大哥朱良才考虑得更加细致。

大家三三两两各自选择目标往山顶爬去。山石嶙峋，雪深冰滑，稍不小心就是一出溜。愈往上爬，愈觉得寒气刺骨，空气稀薄，步步艰难。多数人爬不到山尖天已大亮，只好胡乱找个地方隐蔽。

李聚奎带着警卫员一鼓作气爬到山尖尖上，那里兀立着一块硕大的石岩，岩中凹部积蓄了一点泥土和雨水，居然长出了几棵苍劲的树。他俩攀援石棱翻进凹部，身子紧贴着小树站着，灰的衣服和灰的树枝融为一体。李聚奎虽然冷得发抖，但有安全感。

太阳升起来了，照亮了一切。满山喧腾着敌人的马嘶声、人吼声和零星的枪声。没有藏好的同志，纷纷被敌人捉去，个个被五花大绑。中午时分，李聚奎分明看见徐太先反穿羊皮大衣，满山乱跑。他大概藏得不是地方，被敌人发现只好跑。

挨到黄昏，残阳夕照把群山笼罩在一片暮色中。李聚奎和警卫员下到半山坡那块小草坪集合，却不见其他人。望着渐渐落山的残阳，李聚奎心中生出一个念头："太阳有落就有升！西路军是失败了，但革命没有完，河东红军还在！"他站起身，向升起太阳的地方走去。

夜幕下，他带着警卫员走近村边独立小屋，叩开了门。身穿破羊皮袄的老乡把他俩让进屋，说："马家军盘查得正紧，见到红军就抓，你们这样走可不行！"

"我们穿军装走路不方便，能不能给换身衣裳？"李聚奎试探地同老乡商量。

老乡看看自已身上满是窟窿的破羊皮袄。

"没关系，越破越好！"

老乡把满是窟窿的光板山羊皮衣给了他，他把棉军装和羔羊皮大衣留给老乡。老乡又给了他一顶西北农民特有的毡帽子。这一装扮，再拿上根棍子，倒真像个叫花子。

他俩走进一座残破不堪的小庙，只见里面躺着两个形干骨瘦的人在抽大烟，要退出去显然不可能了。李聚奎掏出旱烟凑上去，借着他们的火抽起来。

"二位是红军吧？"他们承认是红军。

那两个人抽罢大烟，非要拉他俩到家里吃饭。他俩早饿得腿软脚飘，便跟着其中一人，去了他家。吃过了饭，李聚奎起身谢别主人。

"二位跟我走一趟吧！"那人一步拦在门前，说。

"到哪儿去？"李聚奎问道。

"上马家去！"说着，那人找出一张纸问他们，"你们识字吗？"

李聚奎跟警卫员交换了一下眼色，异口同声说："不识字！"

"好好看看，我是马家的副官，跟我走一趟吧！"

李聚奎向纸上扫了几行，上面写着那家伙因违犯马家队伍的军纪被除名。他看出这家伙是在敲竹杠，就说："这样吧，我身上有两块钱，给你一块，放我们走！"

李聚奎示意警卫员先走，因为警卫员的脚冻坏了，行走迟缓。他做好了同马家"副官"拼打的准备，一旦阻拦就给那家伙一棍子。那家伙将两块钱一把抓过，放他走了。

警卫员的脚烂得实在走不动了，一户穷苦人家收留下他。李聚奎告别了警卫员，一个人向东走去。他始终惦记着警卫员，后来曾多方打听，却一直杳无音讯。

李聚奎清理身上的东西，摊在他面前的只剩下一支没有子弹的手枪、一枚二级红星奖章和一个指北针。指北针是第四次反"围剿"从俘虏的敌师长李明手里缴获的。他把空枪拆散，把零件一个一个丢到草丛里，把红星奖章藏进树洞，把指北针塞进皮袄的破洞里，上路了。

他沿着河西走廊北侧向东走，时而是岩石裸露的山地，时而是寸草不生的戈壁。卧龙般的古长城蜿蜒起伏自西向东伸延。他夜里凭借指北针摸黑走上二三十里路，白天则找个地方隐蔽起来。每天一早一晚，乘着无人悄悄跑到村边，敲开农民的小房讨些吃的。

当朦胧的月光又一次笼罩了大地的时候，他来到一个村边，走近一座独院敲门。门里出来一个年轻人，约二十六七岁，留着平头，身穿半旧不新的蓝色中山装。

"你从哪里来的?"

"从靖远来。"

"听你的口音像江西人，怎么到靖远来的?"

李聚奎虽不是江西人，但南方口音毕竟无法掩饰，只好撒个谎说："我是八师的，去年打红军路过靖远，因病掉了队，就在老乡家里干活挣口饭吃!"

"你们八师师长叫什么名字?"

"毛炳文!"李聚奎不假思索地回答道。这样的问题难不倒他，作为交战的对手，敌军指挥官的情况是必须掌握的。

青年汉子沉吟片刻，狡黠地说："你们师长叫毛泽东吧!"

李聚奎心里不由一惊："糟了，这人八成是民团的。"

他正在思忖对策，青年汉子却解释说："我原是二十六路军的，去过江西，同红军打过仗，现在请假回家奉养母亲。"

李聚奎听到"二十六路军"，心里一动。西路军五军就是二十六路军宁都暴动的部队。

"红军就在庆阳，你到庆阳就可以找到红军嘛!"青年汉子边说边拉他进了院子，"娘，来了个客人，给做点饭吃!"

老太太望着他蓬头垢面、衣衫褴褛的样子，叹道："客人，你辛苦了，出门在外的人难哟!"她吩咐儿子给李聚奎打来热水洗浴，又给他做了面条，还炒了菜。

讨饭以来，李聚奎第一次用热水洗脸烫脚，第一次吃上热饭热菜。等他一觉睁开眼时，天已大亮，日头出来很高了。

老太太和青年汉子一再留他吃早饭。吃罢饭，他收拾起东西准备走。老太太打开他的干粮袋，倒出发了霉的食物：一个饭团，一撮炒面，两捧豆子，几块干馍，生熟软硬都有。老人叹了口气，带着几分严厉说："这是人吃的？不要了，都给我留下喂猪!"

老人端来一簸箕白面馍馍，塞进干粮袋，对儿子说："你送他到大路上，他就好走了!"

李聚奎上了大路，握着青年汉子的手，泪花花直在眼眶转。他走出很远了，又忍不住回过头去，只见青年汉子仍伫立在路边目送着自己。

"趴在羊群里，爬着跟羊走!"

西路军每一个人，从普通战士到高级将领都需要以坚忍的意志去忍受困苦，以平静的心境去容纳坎坷。朱良才记忆的深处也嵌下了深深的印记。

朱良才年纪较大，身体也弱，分散隐蔽时没有爬上山尖，被搜山的敌人捉住了。与他同时被捉的还有方强、徐太先等。被抓的人很多，乱哄哄的。敌人得意忘形，松松垮垮地押着他们下山。周围有零星战斗，分散了敌人的注意力。他和另外两个人乘隙挣脱绳子跑了。三个人跑向三个方向，敌人一时不知追谁好，稍一犹豫，他们就跑进了树林。

朱良才一瘸一拐地走着，忽然前边出现敌人骑兵。平坝开阔地，他跑不能跑，躲无处躲，急出一身冷汗。正在他无计可施的时候，旁边一群绵羊"咩咩"地叫唤起来。他寻声望去，挥着鞭子的牧羊人正向他招手。

"你把羊皮袄翻过穿，快!"牧羊者是位老人，对他说，"你趴在羊群里，爬着跟羊走!"

他四肢着地，趴在羊群里。

牧羊人挥着鞭子，把羊群赶拢。在一片白色羊群的涌动中，朱良才消失得无影无踪。

敌人骑兵追过来了，询问牧羊人："喂，看到打散的红军吗?"

牧羊人抬起头来恭敬地回答："老总，刚才有个穿羊皮袄的人，慌慌张张地打那边跑了，不知是不是红军?"

马家骑兵朝羊群扫了一眼，便向牧羊人指的"那边"奔驰而去。

朱良才从羊群中站起来，走到牧羊人身边，深深一揖，感谢救命之恩。

暮色笼罩四野，一片冷硬冰凉。他走进一个破庙，生起一堆篝火。火苗旺旺地烧着，他暖烘烘地烤着，蒙蒙眬眬。

朱良才，1900 年 9 月 27 日生，湖南郴州汝城人，原名朱性明，字少时，上过初中，当过小学教师。农民运动闹得轰轰烈烈、天翻地覆时，他当了村农民协会副委员长。长沙"马日事变"，国民党十六军军长范石生带兵来打郴州的农民赤卫军，把他们抓了，关起来。他们穿的是农民衣衫，谁也不承认是赤卫军，敌人准备放了他们。他们之中有一个人政权意识很强，把农民协会的大印藏在身上，被搜了出来，谁也赖不得账了。牢里的看守叫朱良，是朱少时的本家。敌人查问朱少石，看守朱良说这里没有什么朱少石，只有朱良才。从此，这个名字跟了他一辈子。后来，范石生的书记官来审问他们，问话很蹊跷，暗示他们反告土豪劣绅何其朗贩枪。他们照办了，书记官把何其朗抓了起来，却把他们放了。原来书记官是地下党。朱良才回到家乡入了党，参加了湘南暴动，上了井冈山。1935 年 6 月，红一方面军和红四方面军懋功会师之后，朱良才奉命调到四方面军三十一军任政治部主任。1936 年秋，调任四方面军教导团团长兼政委。

朱良才觉得浑身刺痒，醒了过来，脱下皮袄一看，好家伙，被火烤得暖洋洋的虱子，正四面出击，活蹦乱跳。他拎起袄角拍打，把虱子抖落进篝火，噼啪作响，鼻子尝到了一点荤香。天尚未亮，篝火熄灭。他躺着耐不住五更寒，索性揣起破饭碗走出庙门。

他来到一座煤窑，煤工们给了他一点吃的，还提醒说他穿白茬皮袄一眼就能认出是红军，不换很危险。他脱下满是虱子的羊皮袄，穿上向煤工们换的又脏又黑的烂棉袄，更像一个乞丐了。

走出大山，天幕显得比先前明亮。他忽然听到后边有马蹄声，赶紧走下路坎，躺进一条干沟。敌人马队发现几只兔子，“噢噢呵呵”地开枪轰起兔子来。有一只被追急的兔子，从朱良才躺着的干沟上窜了过去。该死的兔子，你往哪里跑不好，偏偏跑到沟边来！他心里直叫苦。敌人马队追到干沟边，咫尺之间，他大气都不敢喘。

“该死的兔子，跑得跟箭一样快！”

“算了，放它一条生路，反正打死了三只，够咱美餐一顿了！”

谢天谢地，兔子跑得无影无踪。马蹄声渐渐远去，他悬到嗓子眼的心落了下来。这次经历提醒了他，干脆天黑走夜路，保险。他从干沟里爬起来，紧紧裤腰带，揣起破饭碗。

朱良才讨饭到了兰州附近一个小镇，见墙上贴着几张布告。他凑前一看，吓出一身冷汗，是通缉“红匪”和枪毙被俘红军的告示。墙角蹲着一个老汉，早就注意了他。待他转身要走时，老汉悄声喊：“客官，你过来！”

老汉瞅着他，半晌问道：“你是红军吧？”

朱良才一惊，见老汉只身一人，又是南方口音，模样也慈善，便点了点头。

“瞧你细皮嫩肉的，就是南方人。南方来的红军在这里可遭罪了！你千万莫往前走了，前面昨天杀了好几个。跟我家去吧，我也是南方人。”

老汉让他吃饱喝足，又给换上衣服，还让儿子送他走小路到了兰州市郊。

朱良才望着兰州的铁桥发呆。大铁桥很雄伟，让他大开眼界。可是，铁桥上的哨兵很凶恶，使人不寒而栗。他远远望着，过桥的人都被搜查一番，还要查验纸片一样的东西，想必是通行证吧。正在他愁眉不展时，一个敌人军官坐着轿子向桥头晃去，后边大摇大摆地跟着两个马弁。他想起，1927 年湖南暴动后，组织上派他去广东韶关找朱德部队。走到韶关桥头也是哨卡盘查，不得通过。他在桥头观望半天，看见几顶轿子坐着妓女，娇声嗲气，招摇过桥。哨兵望着妓女，眼直口张。他乘虚而入，跟在妓女的轿侧混了过去。这个经验可用。他从隐蔽处跳出，紧走几步，跟上了敌军官的轿子。哨兵忙着向军官献殷勤，顾不上马弁后头的人。朱良才混过了大铁桥。

他不敢贸然进入市区，也不知道市内有八路军办事处，便擦城而过，顺公路向东，到了会宁县城。

一群衣衫褴褛的西路军俘虏，被押解着路过会宁县城，其中有教导团俱乐部主任李宽和。李宽和打定逃跑的主意，每天都注意寻找机会。他东张西望，忽然瞥见一个穿着又破又脏的人，端个大破碗，正沿街乞讨。他觉得面熟，定睛细看，原来是自己教导团的政委朱良才。他见老首长落到这般凄凉境地，心里泛起一阵酸楚，趁押送的士兵不注意，一把将朱良才拉进遣返队。遣返队也苦，却不致讨饭，战友在一起还有个照应。

遣返俘虏的路费一次性发给个人，李宽和的一份盘缠要分成两份用。他一个人用时每顿饭勉强吃个半饱，现在与朱良才合用就只够填个肚角了。天天吃不饱却要天天走路，李宽和的身子和老首长一样，也开始摇晃。可是，他与老首长在一起，精神十分充实。白天，他俩走在一起，你扶我搀；晚上，他俩同盖一件破衣袄，头靠头，脚并脚。

5 月下旬，太阳渐渐毒辣起来。他们走到平凉县境内的蒿店，一个小镇，四面环山。走了一天，热了一天，又累又渴，大家胡乱吃了点东西，就东倒西歪地蜷缩着靠墙躺下。朱良才和李宽和想着逃跑，睁一只眼闭一只眼，不敢睡踏实。

夜，温馨而湿润。朱良才熬不住，昏昏入睡了。李宽和极力抵制瞌睡，夤夜已过，似睡非睡。隔壁房中断断续续传来低沉的说话声，“红军”两字特别响亮地敲击着他的耳膜。他睡意顿消，将耳朵贴在墙上仔细地听。他们寻觅了两个多月的红军，就近在眼前，就驻扎在蒿店以北。李宽和激动得流出了眼泪，轻轻推醒身边的朱良才，把红军的消息告诉了他。他俩又叫醒了串联好的两位被俘红军悄声商议如何逃走。四个脑袋碰在一起合计，夜间门上锁，窗钉牢，敌哨也很警觉，得钻起床后早饭前这段混乱的空子。

一大早，大家乱哄哄地起床洗漱，准备吃早饭。朱良才、李宽和四个人，借上厕所之机，溜出小镇，向北跑去。

四人跑近一个土围子，见有红军哨兵站岗，高兴得流出了眼泪。哨兵见四个叫花子模样的人要进围子，便上前挡住。朱良才又是高兴又是着急，大声喊道：

“找你们头头出来说话!”

“好大口气！”哨兵嘀咕着进门去通报。

团长出来，看见朱良才就喊：“老首长，老首长，是你呀！快请，快请！”团长叫韩伟。长征时，朱良才任师政治部主任时，韩伟在该师任团长。韩伟见到讨饭回来的老首长，格外亲热，少不得丰盛招待，亲切叙谈。

最初，上级组织决定朱良才任援西军政治部组织部长，未到任又派他任八路军驻兰州办事处秘书长，专门负责收容和营救西路军流落和被俘将士。

“来，拿着这个家伙！”

傍晚，祁连山凄凉而冷酷。苦于无处宿营的王树声等人，发现不远的山谷里有一间茅草屋。

王树声接近茅屋时，不知被什么绊了一跤。他爬起来一看，是一具尸体，再借着惨淡的月光朝周围看了看，到处都是尸体，被雪半掩着，茅屋里也全是尸体。尸体大多有绷带，这是一批红军伤员遭到了血腥屠杀。

雪的山野，风的丛林。风从山坳吹来，在树梢嘬出尖厉的哨音。树摇曳的枝条，似手臂在召唤春天，似演奏最悲壮而又苍凉的天籁之音，有穿透天穹的强力。

山坳里，他们稀稀落落地坐在一起，沉默不语。眼前，冰天雪地，人烟稀少，困死饿死，冻死病死，随时都在发生。

“同志们，莫着急，事在人为，会有办法的，会有办法的……”正当大家茫然若失时，性格乐观的杜义德站起来打破了沉闷的空气。杜义德是西路军四局局长，原骑兵师增援高台失利后，再次组建骑兵师时任师长。

“对，天下事难不倒红军！”一个声音接着说，“你们看，这高高密林，这漫山冰雪，吃的、喝的、睡的，都给我们准备好了，只要忍耐，我们一定能生存下去！”熟悉的声音，撞击着每一个人的心扉。说这话的是西路军副总指挥王树声。“我们受到挫折，这算不了什么！只要我们坚持下去，就一定能够克服眼前困难，走出祁连，回到延安！”

王树声1905年生于湖北省麻城县乘马区。黄麻起义的烈火给过他锻炼，给过他坚韧。起义失败后的大别山区白色恐怖到了极点，党团员和重要的农协干部多被杀害，而无辜农民遭殃者就更多了。不少人藏在山林深处，每晚更换几个地方，以免遭到杀害，而更多的人则埋藏枪支，改名换姓，逃出恐怖区域。王树声参加的那支农民队伍继续与敌周旋，有时集中行动，有时分散战斗，偶尔还能予敌以打击，但人员损失和逃亡者甚多，由百余人减到50、30，最后仅剩下18个人了。

王树声

最后的18个人，9个是党员，9个是大别山中的绿林好汉。这些好汉原在农民队伍中只占少数，大体还能循规蹈矩，现在占了半数，也就故态复萌。一个月明星稀的夜晚，那九个绿林坐在王树声等九名共产党员的对面，说："你们共产党都是傻瓜，性命朝不保夕，还谈什么'苏维埃'，我们要的是'吃喝乐'，再也不能跟你们共产党做傻瓜了。把你们的枪弹和钱财都交给我们，好好分手，否则，我们就分个高低!"王树声等九人商量后认为，如果火拼的枪声响起来，四周民团必乘机围捕，就会同归于尽。即使民团不来，与那些枪法高明的绿林火拼，也是凶多吉少。几经谈判，结果将全部钱财和九名同志的子弹的一半给了绿林。

王树声等九人形单势孤，前途茫茫，但他们坚持了下来。1929年夏季，这支游击队扩大到300多人。此时，徐向前受中共中央派遣来到大别山，成为这支游击队的大队长。这个大队编为三个中队，王树声任其中一个中队的中队长。徐向前发挥军事才能，指导大伙打游击。从此，这支游击队的军事行动便节节胜利，人数迅速增长起来，由几百人发展到一千、两千……苏区也跟着扩大，其他各地的同志也陆续聚集到他们这里。

王树声、杜义德一行人走进一片森林。突然从林中跑出二三十个女同志和几个男同志，一再要求拉着马尾跟着走进山里去打游击，但情况不允许这样做，只好让分散行动。他们刚走出六七里地，就听见后面响起枪声。一阵一阵的枪声融进苍茫山野。

他们向西而行，在一个三岔口，被敌人搜山的骑兵发现，边打边跑，摆脱追击。

他们发现烧过不久的柴火灰，用手摸摸还有余热，地下还有纸屑，上有钢笔字样。根据宿营地践踏的脚印看，不是少数几个人。他们断定这是红三十军的宿营地，于是赶紧向西追去，走了十余里，追上了一支七八人的小分队。走近一看，原来是原红九军军长孙玉清、红三十军副军长兼八十八师师长熊厚发和他们的警卫员。孙玉清骑匹枣红马，熊厚发骑个灰骡子，两人负伤在身，孙玉清还生着病，熊厚发左臂伤口肿胀流脓。大家谈了红三十军的情况和去向，估计不可能追上了。

进山大约半月或20天了。连着几天的晴朗天气，使山坡阳面的积雪有些融化，人也觉得暖和一些了，但他们仍是艰难地在祁连山里游动。每天的宿营地大多是森林中的马尾松树下，偶尔找到深沟里的土洞或牧羊人住过的草棚子就很幸运了。

一天，他们在一道没入云端的大坡前驻足，发现深沟里有八九个土石洞子，决定分散在洞中宿营。孙玉清、熊厚发等伤病员住在后沟，王树声、杜义德等住在前沟。

正当他们沉浸在极端疲累后的松弛之中，小股敌人从山口左侧小路翻越直达后沟。

“砰——砰！砰！”几声沉闷的枪声。王树声、杜义德等赶快备鞍上马，赶到后沟一看，发现敌人骑兵不到十人，还有驮马，立即开枪射击，打死一人和一匹驮马，其余见势不妙，翻山逃跑了。原来这是给追击红军的敌人运送粮食的运输队。从此，孙、熊和王、杜两队人马又被打散。

王树声、杜义德一行慢慢登上大坂的脊骨。他们不是在走，而是爬，在没膝的深雪中艰难蠕动。累了，闭上眼歇歇；渴了，抓把雪嚼嚼；饿了，拔草根啃啃。长期缺乏营养，他们个个瘦得皮包骨，虚弱得连举腿迈步的力气都没有了。

王副总指挥坐在一边，双眉紧蹙。突然，他站起来两眼发亮地向大伙一招手，说："有办法了！"原来，他们白天远远看见山下有人在小河沟打捞什么，附近还搭着几个草棚子。王副总指挥用望远镜观察，知道是些淘金游民。因为怕暴露目标，没有惊动他们。现在，在这个节骨眼上，王副总指挥决定晚上冒险下山去向淘金者商讨买粮。

暮色苍茫，他们悄悄摸下山找到淘金游民。淘金者有十多个人，看见他们荷枪实弹，吓得浑身发抖，以为碰上兵匪强盗。一个老者跪下磕头，战战兢兢地说："老总，我们四海为家，天当屋，地作床，实在是一无所有呀！求求老总大发慈悲，饶了我们吧，饶了我们吧！"说完把头低低地伏在王副总指挥面前，一动也不动了。

副总指挥没有回答，沉默了好一会儿，才慢慢地弯下腰，双手扶起老人。他把老人拉到身边，并肩席地坐下，和蔼地说："这个东西是专打日本鬼子，专打国民党反动派的！来，拿着这个家伙！"说着把枪往老人怀里一放，哈哈笑了起来。老人被副总指挥的话语和诚恳举动所感染，疑惧逐渐消除。

副总指挥说明大家的处境和来意。老人听后，回头向同伙挥了挥手。同伙们一个个会意地钻进草棚，不一会儿，每人拿出些米和面，捧到他们面前，他们用银元买下粮食。老人关照说，这阵子马匪搜山搜得厉害，要注意躲藏好。

他们沿着崎岖小道东行，发现有间草房住着一个牧羊人，曾给红军带过路。牧羊人详细谈了山外敌人把守路口的情况及敌人活动的规律，又给大家煮了黄米饭吃，还安排了住宿的地方。在悬崖峭壁的石头岩上，有两个大石洞，离地约有三四丈高，要用吊绳才能爬上去，非常隐蔽安全。他们放心睡了个好觉。

西路军艰苦转战的风雪祁连山一角

“砰！砰！砰！”突然，他们头顶的山上连着三声枪响，把他们从睡梦中惊醒。这时已是中午12点了，他们怀疑老乡向敌人告了密，但枪响之后再没动静。过了一会儿，老乡从绳子上溜下来告诉他们说，敌人搜山来到他棚子里，问有无红军的散兵，没有发现可疑的迹象，就到山口外面去了，说完便让他们去吃饭。饭后，副总指挥用他带的金叶子付了饭钱，并感谢牧羊人的帮助。老乡送他们走了约一里多路，指给他们去的方向和应走的道路。

在崎岖狭窄的山间小路跋涉到黄昏，人人筋疲力尽，个个又累又饿，就在山坡林边空地宿营。大家捡来枯枝干草生起篝火，火焰窜起，夜晚的寒冷向后退去，煮熟的小米香气逼近。极度疲惫的衰弱身体，有小米下肚，有干枝垫背，很快就睡着了。

一觉醒来，天光大亮。在重重叠叠山的包围中，静穆的太阳宁静如斯，散射光明。对面山坡有十多个穿皮衣戴皮帽的人，高声咋呼着向他们走来。那些人渐行渐近，举起手中的长枪，远远朝他们打了一排子弹，并喊叫起来。

“红军，你们缴枪吧！”

“我们知道你们是红军，把枪留下放你们走！”

这时大家才清楚，来人不是马家军，而是黄番武装。黄番即后来的裕固族。

王树声掏出一支手枪，朝黄番喊道：“手枪给你们留在这里！”

他们从旁边的山坡滑雪而下。坡下深沟流水湍急，奔腾呼号，沟上横着一条铁索。大家攀着铁索，过了深沟。

转眼已是垂杨绿柳摇曳之时。雪水泛着白沫，汩汩地流淌，红柳拱出沙包，擎起殷红的花束。他们向着东方，向着延安走去……

“我们不叫共产军，叫红军！”

徐以新凛然呆在山坡上，看着面前山下，血浸浸、灰蒙蒙，横七竖八地横尸在雪地上的战友。山上山下浓浓密密渗下凝重的寒气，使这山这树都瑟缩在一起。

“局势很严重，部队要分散转移。现有党、政、军、文化各方面干部一二百名，派你去统起来编成干部支队，你担任该支队政治处主任!”西路军政委陈昌浩给徐以新交代说。

徐以新 1911 年生于浙江衢州，1926 年参加北伐，1927 年加入青年团，参加南昌起义，同年底受党的派遣从上海到莫斯科中山大学学习，1930 年转入中国共产党，次年回国，先后任鄂豫皖军事委员会总政治部副主任、总参谋部主任、西北革命军事委员会秘书长。西路军西征时任干部团政治处主任。

徐以新将干部支队编成三个大队，总部又派曾日三等担任支队领导。干部支队还有张琴秋、刘瑞龙、魏传统等领导人。

支队来到一个叫北泉的地方，遇到了右支队负责人、西路军副总指挥王树声等。当时在右支队的还有红九军军长孙玉清、八十八师师长熊厚发、骑兵师师长杜义德等。王树声等领导决定，将徐以新调到右支队，成立西北工委，王树声任书记，徐以新任副书记。

山中有零星的山洞和草棚，大都是淘金者和牧羊人住的。这支小小队伍走进一条淘金狭沟，沟长数里。沟底是细碎的沙石，一侧的崖壁下，泥沙淤积的断层上有七八个洞子。他们将负伤的孙玉清和熊厚发安排在后沟，后沟比较隐蔽。大家开始杀马。粮食紧缺，万般无奈。

突然，后沟枪声大作。大家赶快备鞍上马，向后沟赶去，向敌人射击，打死了一个士兵和一匹驮着面粉、红枣和军鞋的驮马，知道这是敌人的运输小分队。再看地形，原来后沟左右两侧的山上有一条和沟底相接的山间小路。敌人运输分队路经沟底，和孙玉清、熊厚发等遭遇。一场混战，孙玉清、熊厚发被打散。余部收集起来，仅剩二三十人。

冷风卷着夜幕慢慢离去，天空渐渐发白。一天拂晓，不知是炊烟还是战马的嘶鸣引来了敌人。一交手就短兵相接，打得十分激烈。徐以新和大家失去联系，领着两个警卫员杀开一条血路，朝近旁的一座山峰退去。敌人尾追过来，他们一齐开火撂倒几个，趁着混乱往山上爬去。身后的枪声越打越紧，他们铆足最后一点劲，不顾一切拼命往上爬。徐以新爬到山顶，一看只剩自己一人，两个警卫员一个也没有跟上来。

王树声、杜义德他们冲杀出去，经过千辛万苦先期回到陕北。当时他们只听到徐以新方向一片枪声，不一会儿又戛然而止，估计是牺牲了。大家在延安重新聚首时，真是喜出望外，激动不已。

徐以新孑然一身，四顾茫然。眼看众多的战友一批一批死去或被俘，他欲哭无泪，心如刀绞。冰凉的黑玫瑰色的血丝漂浮在山野，挟着冰冷的风，撕扯着他的悲痛，他饥寒难耐。但是，他的青春、他的热血并没有被痛苦和饥寒逼得离他远去，他越想越不甘心。他要寻找自己的出路。

徐以新拖着疲倦的身体来到北泉。北泉的淘金场十分简陋，只是在山里挖了深洞采金，洞口搭盖的几间低矮草棚是淘金人的居所。这些采金者大都是山下平川的农民，主事的二老板是一个 60 多岁的老头儿。右支队经过这里筹粮时，王树声、徐以新就是与他打的交道。

徐以新自称是红军中的“师爷”，向老头及采金者讲述了自己的遭遇，引起了一片欷歔感叹声。他请求说：“山中马家军还在搜捕，请你们把我藏起来，待调养好身体就回东边去，烦大家多多帮助！”他将自己的表和钢笔等物分赠淘金者，这些东西当时都极为稀罕。

二老板沉吟了一会儿说：“好吧，本来马家出了告示，不准收留红军。我看你很年轻，很可怜，就让你待在我这里，不过白天要躲到洞子里去，晚上才能出来。”

洞中潮湿，见不到阳光，徐以新浑身浮肿。一个多月过去，山中的敌人撤走了，徐以新终于能到山坡上晒晒太阳。阳光从树冠缝隙挤过，周围生动起来。那是一种温柔细致的抚摸的语言，就像春雨对禾苗的微笑。徐以新的身体逐渐恢复，体质日益增强。

大老板张积玉上山来了，听说徐以新的情况后，就决定把好事做到底，让徐以新随他一起下山。他备了两匹牲口，将徐以新改扮成当地人模样。满目葱绿的 6 月，徐以新向祁连山留下感情深沉的一瞥，默默告别了长眠山中的战友，到了平川张积玉家。

张积玉家生活宽裕，有两儿一女。他的老婆也是好心人，叮嘱徐以新：“白天不要离房到院中来，免得碰上外人，晚上再出来。”张积玉两次去东边的张掖探听情况，城里关押着成批的红军，有逃跑的抓住就枪杀。虽然战事已过去两三个月了，但马家军仍然控制很严。

徐以新化装成商人，到北边的高台探听消息。他头戴瓜皮帽，身背褡裢袋，怀着沉重的心情来到高台城。他走到城门口，马家警察狐疑地问：

“你像是东边人吧?”

“是的，我是个买卖人。”他按张积玉的交代，熟练地说出一串商店字号和买卖人的姓名。

城里，残垣断壁，一片瓦砾，到处是战火遗迹。他听说东返途上关卡重重，而且到处都在抓壮丁。

徐以新将情况告诉张积玉。张积王说：“看来你一时半会儿走不了。平川人杂不能久留，我还是先送你回山里，过一段再想办法!”

张积玉骑着牲口，徐以新紧随在后。徐以新心想，山里闭塞，消息不灵，待在那里什么时候是个头，还是设法留在山下为好。他走着走着，落在了后面。

小路狭窄得可怜，沿着山梁河湾，时高时低，弯弯曲曲，如一条游蛇。

“你到哪里去?”迎面一个当地年轻人问道。

“我去八个家。”八个家是肃南境内裕固族的一个部落名，该部落居住地也叫“八个家”。

年轻人叫屈大成，一听徐以新是外地口音，便说：“八个家驻着马家军，我刚从那里来，你不要去!”

后山头扬起尘土，响着杂乱的马蹄声。

“马家的队伍来了，你路不熟，跟我来!”

两人转过小山头，来到一个长满芨芨草，积雪很深的沟里。屈大成说：“你藏下不要乱跑，等我来找你!”说着，把身上带的两块干粮放下，拐过山梁向大路上走去。

“见到红军的人没有?”他刚上路就和马家军碰上。

“没有。”

当官的走过来，手里提着马鞭：“没有?日奶奶的。”顺手就朝他的脸上抽了一下。屈大成半边脸上，斜斜一条血印。

“新坝怎么个走法?”

“顺路下去向西拐。”

另一名穿马靴的军官说：“日奶奶的问啥呢，押上叫带路就行了!”几个马家兵连打带踢，推推搡搡地押着屈大成。

山大坡陡，沟多弯急。屈大成知道前面崖下有个草窝，转过一个急山嘴子便猛跑两步顺山崖跳了下去，在草丛中连滚带爬地转了两弯，沿沟崖拼命逃走了，背后响了两下枪声。

浓重的夜雾把山川、田野、道路、村庄、奔走的流水、归巢的雀鸟，遮掩得严严实实，屈大成才领着徐以新来到自己家中。屈大成靠给人放羊赶牲口为生，家境清贫。他仔细盯住徐以新被硝烟和风霜弄得黑黝黝的脸，憨厚地笑道：

"实话说，你不像个买卖人。你想，现在谁还敢到这里来做买卖?"

"你看我像什么人?"

"我看你是个共产军，对不对？你走路的样子，说话的声气，一举一动都像我见过的共产军。"

"对，不过，我们不叫共产军，叫红军!"

徐以新历经曲折，在屈大成的掩护和帮助下一起到了兰州，找到八路军驻兰州办事处。八路军办事处党代表谢觉哉对屈大成说："你是个好同志，把人送到了，只能说你完成了任务的一半。现在你应该到延安去，学点革命道理，将来在河西做革命的事情。"谢老和徐以新介绍屈大成加入了中国共产党。

徐以新和屈大成乘新疆送皮衣的汽车到西安，由西安办事处用汽车送他们回到了延安。

屈大成在延安参加了中央党校学习，1939 年党校毕业后，分配回甘肃河西老家搞地下工作。

熊厚发牺牲　孙玉清被俘

熊厚发离开左支队留下后，又先后与右支队的王树声等相遇，又被打散。他躺在一块草丛中，看着曦光中飘舞的雪花，回忆起在红军中的每一次战斗。他的伤口在灼痛，渐渐地神志不清了。"砰！砰……"四面响起了枪声。他晨雾一样宁静的眼睛深处掠过痛苦的目光，倒在密集的枪弹中，与周围战友的血流在一起。他安详地躺着，身上沾着雪花，洁白晶莹。曙光，把祁连山照得更加素洁，像是从天上垂下的素帷。

大漠的风依然冷飕飕，带着尘沙的气息源源扑来，涌动着一种似乎从天地之外而来的阴冷恐怖，展示着命运、痛苦、死亡和悲剧的主题。

1937 年 5 月初，肃州大衙门，马步芳一〇〇师二九八旅旅部。旅参谋长韩得庆见进来的红军健壮魁梧，相貌堂堂，镇定自若，一身灰棉布制服不像其他红军那样褴褛，认定起码也是红军团级以上军官。他立即进行审问，但来人拒不表露自己的真实姓名和身份。韩得庆将来人押到旅长马步康住的院内堂屋，请示如何处理。马步康正围在桌上打麻将，不屑一顾地说："交给副官送火神庙看押！"

"军长！"当来人被送到火神庙时，一个年轻红军战士迎上来说。押送的人一听是军长，不禁大吃一惊，连忙又把人带回旅部。

韩得庆将来人带进房内请茶让烟，一面派人报告马步康。马步康赶来，满面堆笑，握住来人的手连连说："辛苦，辛苦！赏光，赏光！"

来人泰然自若，慷慨陈词，只说自己是个营级军官。

马步康吩咐韩得庆陪着去洗澡。洗澡的时候，韩与之攀谈起来。听了韩的身世，红军说："你这样的年纪，真不简单！"韩得庆趁机问起红军的身世，但红军有意敷衍，巧妙周旋，不表露自己的真实身份。洗完澡后，两人躺在床上休息。韩说："马步康是马步芳的哥哥，你是个军长，马步康、马步芳对你还要按上宾对待呢！"红军犹豫一会儿，忽然坐起来说："我是行伍出身，由班、排、连、营、团升起来的军长。古浪战役，我的军受了重创，被撤掉了军长职务，戴罪立功，没想到被你们抓住！"

孙玉清军长的这些话被站在门外窥探动静的马步康听到，他急忙跨进房里，又握住孙军长的手说："给我们赏光，赏光！我是马步芳的哥哥，我保证他不会伤害你，你尽可放心！"说完，将带来的一套新服装让孙军长穿上。韩得庆又带孙军长回旅部，和马步康同室居住吃喝在一起。

马步康是马步芳的堂兄。马步芳的爷爷马海晏和马步康的爷爷马海潮是亲兄弟。马步康将抓住孙军长事电告马步芳，马步芳回电说："对孙军长妥善照顾，等马忠义旅长返肃后，将孙军长交他负责带回西宁。"

马忠义路经酒泉，将孙军长带去西宁。

道路蜿蜒远去，一点点深重起来，碾碎过多少沉重的岁月？微茫的暮色中，眼前一片澄明，孙玉清的思绪像眼前的道路，蜿蜒无尽。

孙玉清在观山口被“肃州区保安团”俘获。“肃州区保安团”按行政区划编为六个团，共有团丁2624人，每团400余人。每团下设三个至五个大队，大队下设三个分队，分队下设三个班。分队长级以上骨干多为区、乡、保长兼任，成分亦多系地主、富农及地方恶霸。各团衣食供给自备，由村、保统一筹集，每人带矛枪一支，大队司书以上自付价款发给军服一套。1936年底，各民团相继集中肃州城内小校场训练。西路军撤入祁连山后，马步康将二、五、六三个民团调往酒泉南山，防守山口要道。每团配马家军一个营，每人发土手榴弹两枚。民团第五团驻扎观山口，团长于洪林。

观山口。雪岭吞云吐雾，显示着祁连山的雄浑浩荡，巍然诡然，苍然肃然，一切内在的精气皆托之于裸露峭壁和挺拔青松。

早晨，“肃州区保安团”五团二大队大队长茹大本带领二分队长王仁义、三分队长罗世才、一大队一分队长于如瑞、团部传令兵茹其厚等40余人，进观山口向五道沟方向行进，午时走到上闸子下面的大草滩。那里河沟比较开阔，长着许多红柳，还有扁麻秧子。茹大本骑在马上，远远看见一个人往下走，一会儿又不见了，便命令团丁们散开搜。传令兵茹其厚走到河边一个大石头跟前，发现石头后边有个红军站在水中。红军看到有人，就慢慢地走出水来。团丁们搜出红军身上的武器、皮背包、大衣等物，计有：盒子枪1把、子弹75发、匕首1柄、怀表1块、指南针1个、黄色烟嘴1个、水笔1支、笔记本1个、茶缸牙刷各1个、钞票175元，还有1个小布袋，内装粗炒面1碗和盐巴少许。大队长茹大本赶到，从茹其厚手中夺过盒子枪，夺时把皮带都拉断了。狄学贤把钱交给茹大本，茹大本给了茹其厚一张5元钞票，烟嘴由王仁义拿去，灰面羔子皮短大衣由茹其厚穿回，怀表给了团长于洪林。

红军中等个子，头发很长，圆形脸黑红色，头戴灰帽子，身穿灰色棉制服，棉裤半截子都磨光了，脚上没穿鞋，包着破毡、布子，用绳子绑着，已经走不动路了，像有病的样子。

茹大本、王仁义等人七嘴八舌地询问：叫什么名字，担任什么职务，一起还有多少人，为什么没有开枪，等等。

红军一口湖北音，说是个通讯员，姓陈，叫陈泽功。在山中遇到了马家军手枪队，双方打了起来，被打散了，计划到马苏河接头。他不知道什么地方是马苏河，走了几道沟找不见自己人，看见一些马蹄印子，以为红军从这里过，就走了出来。远远看见许多人，当是马家队伍，准备在石头后面开枪打，可仔细一看，是些农民，扛的矛杆，就没有开枪。红军还说："如果是马家队伍，我的命舍掉也要打他几个!"

茹大本等人从这个红军的气度、穿戴和随身物件上分析，认为不是当兵的，一定是个军官，又追问了一阵，红军又说当过教导连的连长。茹大本从少数民族百姓处要了一头毛驴让红军骑上，并派一大队的两名团丁将他送到观山口团部。

落日渐渐西沉，披上斑斓的晚霞，仿佛燃烧的火焰。团丁把陈泽功押出观山口，送到一大队驻地黄家大院南院。一大队长谢占元、大队副任子才正在吸大烟，他们向陈泽功问了许多事。陈泽功一身正气，什么都不说。第二天，谢占元将陈泽功送到北院团部，交给团长于洪林。陈泽功在北院西房内和四大队团丁一起住了近一月时间。

在此期间，陈泽功和团丁马希轩合睡一个被窝。他虽然生活上受到虐待，常常吃些剩饭，但由于性情乐观，为人随和，说说笑笑，平易近人，和团丁们关系搞得很好，混得很熟。马希轩给他买烟，帮他捉虱子，民团炊事员段举先经常偷偷给他端饭吃。

十多天过去了，陈泽功的脚伤慢慢好起来。他给大家讲红军战斗的故事，讲共产党对老百姓的好处，晚上还给团丁教唱红军歌曲。一次，团丁刘加林等人向他诉说大队长茹大本打骂、欺压他们，他还教他们和茹大本斗争的办法。

马家军旅部通知各民团，把俘虏的红军送到城里集中。民团第五团团长于洪林写了条子，派团部传令兵茹其厚将陈泽功和一名十四五岁的四川籍红军通讯员唐玉明押送旅部。

1937 年 7 月，旅长马步康到西宁开会后返回酒泉。韩得庆跟他打听孙军长去西宁后的情况，马步康说："孙军长被秘密杀掉了!"

听了这话，韩得庆一时很紧张。孙军长在酒泉的十多天里，整日和他形影不离，说说笑笑，毕竟也有了一点感情。他对马步康说：

“你当初对孙做了保证，最后还是没有保住。再说，孙既然身为一个军长，与其暗暗杀害，不如上交给中央体面得多！”

不料马步康脸色一沉，说：“只知其一，不知其二！”

韩得庆连忙问其缘故，马步康遂告诉他：

“当初古浪战役中，师长给中央拍出的电报中已称：古浪大捷，击毙军长孙玉清一名。现在孙还活着，中央知道了岂能放过师长谎报军情之罪，你说不杀掉行吗？”

第十四章
游击支队

组织关系已经用电报发给党中央

大约2.3亿年前的古生代末期，由于长期和多次的地壳运动，海水退出，“祁连海槽”终于从完全褶皱隆起，形成了今日祁连山的雏形，又经过冰川大师的长期雕琢和风化剥蚀，以及再次的上升运动，逐渐形成了祁连山现在的面貌。在祁连山岩石中，仍可找到像三叶虫、珊瑚及腕足类等古老的海生化石。祁连山不仅光耀着远古，也铭记着现代，铭记着那些曾偎依在它怀抱的艰难的红军。

西路军失败后组成的工作委员会曾致电中央军委主席团：“为适应目前战略环境，为保存力量，分为三大支队活动。张荣率十五团及彩号及特务团一部为一支队，约一千余人，枪百余。”张荣，河南人，曾参加宁都起义，曾任红五军团教导团政委，西渡黄河后曾任西路军骑兵师政委。西路军余部退入祁连山，他率一个支队打游击，不幸被俘，被临泽县民团杀害。

此刻，陈宜贵愣愣地坐在一块嶙峋的石头上，深深地埋下头去，灵魂里充满了沉甸甸的悲哀。生龙活虎的和血肉模糊的陈海松，在他眼前交替闪现。他仿佛看见陈政委蹒跚的脚步，迎着敌人，踩着鲜血，向梨园口山坡上走去……他是心重的人，陈海松曾戏称他“姑娘性子”。他虽然已是红九军保卫局局长，也才21岁，神经难以承受这样强烈的刺激。他抓了把雪揉了揉满是泪水的脸，又抓了把雪吞进空空的肚里。

正在他暗自落泪的时候，总政治部主任李卓然、总部保卫局局长曾传六来到这里。他们100多名干部组成了一个游击大队，总政治部老胡任工委书记，回民支队司令马良俊任大队长，陈宜贵任政委。游击大队的任务是向东行进，相机回延安。陈宜贵虽不会咬文嚼字，但“相机”两个字他特别注意。这两个字意味着困难，意味着艰险，意味着难以设想的遭遇和不幸。

李卓然最后说：“你们的组织关系，已经用电报发给了党中央，等找到党中央，即可把关系接上!”

他们的组织关系已经通过电波传到延安，可人却难离开祁连山一步。从高处眺望，马家骑兵稠密得就像蚂蚁蠕动。在望远镜里，还可以看清骑兵是以马匹颜色分为青马、黑马、白马、枣骝、花马等队，声威显赫，气势逼人。

游击大队的几位头头开会决定了三件事：一、把游击大队分成三个中队，便于行动；二、选举赵国威担任党总支书记；三、设法搞马，建立骑兵，以骑兵对骑兵，尽快突破敌人的包围。

乌云在空中浪涛般地翻滚，西北风扬着沙石，凶狠地扫荡着山谷。山林中野兽的怪叫，不时把人们从梦中惊醒。这样的夜，他们已经度过了十几个。许多同志白天还在随他们行动，夜晚就悄悄地死去了。

夜极黑，北风刀刃一般削过来。他们正在为弄不到半点吃的而发愁，忽然发现半山坡上有忽隐忽现的灯光，闪烁着微弱的温暖，断定是个小村庄，便冒冒失失地进村敲开一家家屋门，钻了进去。他们屁股还未落座，埋伏在四周的敌人便“哗”的一声包围过来。

他们被打散了，还牺牲了不少人。工委书记老胡年老体弱走不动，骑着牲口逃目标大，被一枪打死。妇女团政委吴富莲，被子弹打中乳头，血流如注。她捂住伤口，气喘吁吁地跟着大家往深山跑。

大家到深山聚拢在一起，只剩下三四十人。吴富莲全身血糊糊的，脸上却没有了血色，惨白惨白的好吓人。她每时每刻都沉重难熬，却异常镇静，一声不吭地斜倚在石头上。陈宜贵心里有说不出的难受，叫人撕了块布给她包扎，止住了血，大概也无血可流了。

建立骑兵的幻想成了泡影，惨败使大家垂头丧气。陈宜贵才21岁，感到手足无措。他召集开会，研究下一步行动。大队长马良俊主张进一步化整为零，划分小组突围，不少同志赞成这个主张。陈宜贵也感到，集体行动目标太大，迟早要被敌人消灭。因此决定分散前进，把三十几个人分成若干小组，由马良俊、陈宜贵和李家义等分别率领向东行进。

一直斜倚在石头上静静听着的吴富莲，这时有气无力地对陈宜贵说："政委，你不要带我了，我已经不行了，留下我吧！"她的生命已是一缕游丝，脸白得像一张纸，嚅动着的嘴唇也是惨白的。

这情景陈宜贵终生都难以忘怀。这位红军大姐是从中央苏区过来的，曾担任省妇女部长。应该把她带出去，为党保存一位优秀的女干部，可是环境险恶，每个人的双腿疲劳得连自己的身体都载不动，又怎么可能带她出去呢？陈宜贵满心凄楚，满眼含泪，使劲握着吴富莲的手不松，两双手都在颤抖。

"政委，把我也坚壁在这里吧，我走不动了！"总部保卫局副秘书长孟强楚成也提出留下的要求。他年纪大了，离了牲口走不动路，又怕连累部队，所以抱着一死的决心主动提出留下。

大家搀扶着吴富莲和孟强楚成走进一条山沟，找到一个废弃的窝棚，把他俩安置在窝棚里，留下一点干粮。为了照顾他俩，把孟强楚成的马夫也留了下来。

陈宜贵走出窝棚，走上山梁，返身凝望着黑暗中的枯寂窝棚，就像眺望着险恶波涛中的一叶孤舟。他久久挪不动步，心里喃喃地祝福这叶孤舟不要沉落，能与他们一起闯过险波恶浪。

陈宜贵的游击小组共五个人，赵国威、三中队长、三中队教导员，还有陈宜贵的警卫员唐国先。他们在山沟里转了几天，干粮早已吃光，身上一点力气也没有了。

"同志们，把小骡子杀了吧！"陈宜贵从忧郁中挣脱出来说。小骡子几天没吃东西也奄奄待毙。

"我来动手！"赵国威自告奋勇。

赵国威和唐国先把小骡子放倒，用绳子捆上腿。赵国威找出一把裁纸刀费劲地把骡子捅死剥了皮，一刀一刀地割下肉。他们将一个原是装颜料写标语的小洋铁桶收拾干净，架在火上煮骡肉吃。桶小，煮一次仅够一个人吃。肚饥也等不得煮熟，桶里嘁嘁喳喳刚响，就涮涮捞起，囫囵吞下。

还剩下一些肉，他们一片片割下来，架在火上烤熟，用绳子穿起来，每人一串，系在腰间。

山沟里有几股蓝色的炊烟袅袅上升，与黯淡的晨曦融汇在一起。他们走了下去，俯身一看，是流散的红军伤员，红九军保卫队的队长也夹在里头。

伤员行走困难，在地沟里搭起小窝棚，作为栖息之所。有两位女红军，没人带她们突出去，伤员收留了她们，居然睡上觉过起日子了。陈宜贵觉得这样做太胡来，批评了他们，尤其是重重地说了保卫队长几句。他也明白，他们因失败和伤残空虚沮丧，还有一种被抛弃的失落感。作为人，自然是可以理解的；作为战士，则未免有失检点。伤员对首长的批评不太在乎，还慷慨地拿出仅有的一点小米，为新来的战友熬了一锅小米粥。陈宜贵他们也从腰上解下烤骡肉串。

密集的枪声在周围响了起来。陈宜贵简单动员了几句，轻伤员自己走，重伤员一人搀扶一个，向外突围。也有伤员躺在那里一动不动，听天由命了。敌人的火力很猛，伤员劝陈宜贵赶快脱身，不要管他们。事实上谁也管不了谁，敌人已经扑到了跟前，只能夺路逃跑。陈宜贵五人因为没有伤而有枪，居然全部甩脱敌人冲上了山。山下传来阵阵叫骂声、呻吟声，惨不忍闻。

残缺不全的躯体横七竖八一片狼藉，被挖眼，被砸腿，被砍头……最惨的是两位女红军，衣服被撕烂，乳房被割掉，下身被捅刺刀。他们吞咽仇恨，噙着热泪，把两位女红军的尸体掩埋了。

陈宜贵心里沉甸甸的堵得慌，脚也就沉甸甸的抬不起来，牺牲的同志残缺不全的尸体老在眼前晃动。一个时辰之前还是鲜活而生动的生命，还请他们喝小米粥，转瞬之间就成了惨不忍睹横七竖八的一片尸体，再过些时辰，狼撕狗啃，就只剩下一堆枯骨。一路上，他们看到多少尸体，一堆堆、一片片，没有掩埋，连狼都吃不过来。这些烈士尸骨曝野，没有坟墓，没有墓碑，甚至没有留下姓名。他们的亲属不知他们死在何地，他们就这样无声无息而又痛苦万状地消失在西北的荒山野岭。

他们借着夜幕的掩护，钻出山沟，过了小河，又爬上一座山。他们发现半山腰有个石窝可以栖身，于是迂回到半山腰，蜷缩着身子蹲进石窝里，背靠着背，肩挨着肩，互相以体温驱寒。对方的体温是那样低，似乎血液也冰冻了。不能这样久待，可是一坐下就起不来，屁股好像钉在了地上，扶着石壁使劲挣扎才站了起来。

一片漆黑中，左边山脚下一闪一闪的，好像是灯光。陈宜贵本想绕过去，可三中队长说快要饿死了，请求到村子里去讨点吃的。陈宜贵也饿得不行，又想派人找老百姓问问路，三中队教导员走丢了，就派赵国威和唐国先过河去侦察一下动静。

赵国威和唐国先蹚过小河，来到一片小树林。林边有座房子，房里亮着灯光。他俩屏声静气观察动静，听到房里有人说话，便对着房子悄声喊："老乡！"房子里的"老乡"听到声音，立刻慌乱地往外冲，一边放枪，一边大叫："抓共产！抓共产！"赵国威和唐国先赶紧拔腿往回跑，哗啦哗啦地蹚冰河。

他俩找不到陈宜贵和三中队长，四处呼唤，杳无音讯。唐国先刚刚18岁，年轻胆小，急得直抹眼泪。天快亮了，他俩蹒跚着就近找个山洞藏了起来。惊吓和饥饿弄得两人浑身瘫软，在山洞里蜷缩着昏睡了一天。

他俩走出山洞，在山坡前遇到一户人家，便敲门进去。主人是个光棍汉，看上去50多岁。赵国威请他搞点吃的，他直摇头，说家里没有粮食。"老乡，我们有银子，有大烟土。你弄些吃的，我们照价付钱。"赵国威只好露底。老乡板着的脸上堆起了笑，摇头换成了点头，马上淘米烧火，一会儿就端来一脸盆小米稀饭。他俩一口气喝光，觉得不饱，又让老乡做点小米饭当干粮。有钱吊着胃口，老乡满口答应，又做了一盆半干的小米饭。赵国威掰了块鸦片烟土给他，又提出请他带一段路。老乡说不能走大路，有马家军，得走小路。

这老乡走小路也不好好走，专拣高粱茬子地走，走着走着，突然反过身来，双手卡住了赵国威的脖子。"老子是民团，快把银子、烟土留下，不然送你们到团部！"

赵国威心里明白他不是什么民团，只不过是个图财害命的坏蛋罢了，急中生智地说："你把手松开，我的银子、烟土全给你！"

坏蛋手一松，赵国威立刻从口袋掏出手枪，顶着这家伙的脑袋就是一枪。可惜，子弹瞎火，没有打响，只在光脑袋上凿了一下。这家伙被顶在脑袋上的手枪吓蒙了，撒腿就跑，把高粱茬子踩得啪啪响。

赵国威纳闷小唐怎么不上前帮忙，转身一看，哪有小唐的影子。小唐在革命队伍时间短，还没有锻炼结实，见自称民团的家伙向赵国威下手，早吓跑了。赵国威朝黑暗里呼唤了半天，没有回应。“熊包!”他骂了一句，打起精神，沿着山麓向东走去……

陈宜贵听见枪声也吓了一跳，睁大眼睛接应赵国威、唐国先，可左等右等不见两人的影子。他急坏了，向河的下游走一段，悄声喊叫一阵，没有动静，又往河的上游走一段，悄声喊叫一阵，还是没有动静。他和三中队长碰见路边有个山洞，就钻进去趴在洞口期待着赵国威会忽然出现，等了半天等来的只是失望。

石窝会议后，西路军余部分三路在祁连山中打游击

他俩的神经和肠胃被连续刺激搞得麻木了，躺下就昏睡了过去，待被噩梦惊醒时，已经是下午了。陈宜贵睁开眼睛，不知身置何地，好一阵才想起发生过的事。很远的地方传来吆喝牲口的声音，他探身洞口一望，远处人影憧憧，他俩不敢轻举妄动，只能老实地待在洞里挨天黑。

山野终于淹没在黑暗中。他俩从山洞走了出来，沿着艰难的山路悄声而快步地走出了山沟，向山口走去……

大队缩小队，小队化小组，小组也可以分成个人

祁连山顶常年积雪，太阳一照，白茫茫、亮晶晶。群峰矗立，好像无数把利剑直刺蓝天。

在大牦牛山上，通讯局长宋侃夫召集会议，分析形势，传达了总部的决定：为了保存力量，部队分成三部行动，各部都以打游击为主。

龚兴贵被领导从电台调出来，要他率领一部分电台人员和机务人员参加游击大队。龚兴贵像千千万万红军指战员一样，以忠诚革命之心点燃执著追求的火把，使自己的红军之路闪烁出壮丽的灵光。

游击大队二三百人，大多数是年老体弱的机关人员，枪支很少，弹药缺乏，一派听天由命的凄凉。开始，他们想逐步向东南方向突围，可是希冀得到的却是冷酷的事实，试了几次都没有成功，只得折回头向西走。他们东躲西藏，始终没有摆脱敌人。几经周折，队伍减员很大。

一个寒风凛冽的日子，大队领导召集大家说："我们大队已经断粮断草，无法维持。这样下去，要不了一个星期，大家都得饿死。为了冲出包围，保存有生力量，现在决定：缩小目标，化整为零，自寻出路。大队缩小队，小队化小组，小组也可以分成个人，只要能达到突围的目的，单独行动也行！"大家也认为，与其困死饿死在祁连山，还不如八仙过海，各显神通，去找红军大部队。

龚兴贵和报务员刘生标还有另外四个人愿意一起行动。大队领导表示赞成，并对他们说："你们共六个人，一方面军三个，四方面军三个，要团结一致，一定要到达陕甘，找到党找到红军！"

他们凄然含泪，向领导表示："不到陕甘，决不罢休！誓死找到红军！"

3 月，祁连山中寒风仍在灰色天宇推磨般地号叫，四野冰天冻地，八面寒气逼人。他们身上穿着破衣，脚上拖着烂鞋，开始艰难起步，翻过一座座大山，涉过一道道深沟。脚冻肿了，手冻裂了，双眼在风沙吹打和阳光刺射下，又红又肿像两个桃子。

他们艰苦行军，赶到喇嘛寺，又从喇嘛寺经榆树湾向梨园沟前进，到了梨园沟天刚亮。

龚兴贵和刘生标爬到山顶观察敌情，发现梨园沟驻有敌人。他们避开村庄向山坡上的小丛林走去，在丛林里一直等到黄昏，才从村子的后山沿着小河摸了出去。幽暗的暮色照在脸上，每个人的脸容在瞬间绽放出些许光华。他们想，这回可冲出敌人的封锁线了。

他们停下来歇了一会儿，然后放大胆子慢慢走，可是刚刚踏上一条小路，就遇到了敌人。敌人连喊两声，不知是谁慌了手脚，携带的脸盆"当啷"一声掉在地上。枪声立刻响成一片，他们慌忙四下跑开。龚兴贵摔了一跤，就势趴倒在地。敌人连续不断地扫射，子弹把树叶打得直往下掉。

龚兴贵爬起来，看看周围一个人也没有了，就摸索着向约定地点走去。他来到干河沟，听前面有人跑动，便蹲下细看，原来是刘生标。两人下山，绕过村子，避开哨兵，一口气走了几十里，终于出了山口。

北边是沙漠，沙在脚下沙沙作响，每走一步都得费力地拔出脚来。他俩过度疲劳，拖着疲惫的身躯一步一步走着，一坐下就睡着了。夜寒袭来，龚兴贵打了个冷战，睁开了眼，刘生标也被冻醒了。两人紧缩身子，双腿一蜷又睡了过去。

太阳已经老高了。龚兴贵四下瞅瞅，前面是一望无际的大沙漠，背后有一个小村子。两人怕被人发现，便面朝天背朝沙，挪到一个沙丘后面，用手把沙子扒开，躲了进去。

太阳悬在头上，像火球一样炙烤着大地，没命地喷着火。两人汗流浃背，嘴和鼻子像在冒火，实在受不住了，就把身下的沙子扒开一个大坑躺进去，再用下边凉沙把身子埋起来，可是太阳一晒，沙子又热了。到了中午，汗水干了，嘴唇裂了，嘴巴张也张不开，张开了又合不上，只能半张半合着喘粗气。

龚兴贵渴得没有办法，取下小瓷碗接自己的尿喝。哪知道小便是苦的，喝不下去。他抓了一把沙子放到碗里沉淀，屏住呼吸，硬着头皮吞下去。午后，连小便也没有了。两人翻过身子脸朝下，把嘴伸到沙子里吸湿气，吸一会儿再换一个地方，沙子呛得他们直咳嗽。

太阳终于偏西了。村边有一个水池，两人拼命爬过去，一头扎到水里，不喘气地喝，真甜哪！

他俩决定到倪家营子过去的房东家要点吃的，了解情况。到了屯边，只见屯子的大门关得紧紧的，墙上有人问干什么的，他俩站在墙脚下和老乡拉扯起来。一会儿，从墙头上用绳子吊下来一罐稀饭，两人就蹲在墙下猛吃起来。一个年轻人走出来，拉着两人的手直喊对不起。“明知是你们也不能开门。保甲有规定，哪家留了外地人，全屯遭殃。”年轻人回家拿来衣服和鞋子叫他俩换上，再三叮嘱，一定要沿着沙漠走，朝着北极星的方向走。

第二天他俩到了黑河边。启明星还没有出来，但东边的山却比西边的山显得清晰一点，在天和地的连接处有一条淡淡的曙色。“站住!”不知从哪儿跳出两个人来，举着棍子说：“你们是从南面过来的吧？一定是红军，是共产党!”说着，就把龚兴贵贴身藏着的几块大洋和20元法币全拿了去，还扒掉他俩的衣服，打了每人两个耳光。两人全身只剩裤头，只好赶快过河，找村子求百姓。

他俩不顾冰水刺骨下水过河，上岸被一个送粪的老乡喊住。“这些东西不是人，刚才的事我都看见了。快跟我到家去!”进村后，一位老大娘流着泪把他俩拉到家里，让上炕暖和。有的老乡送来姜汤，有的送来热饭，有的送来衣服。两人双手捧着这些东西，心里涌出感动，眼里流着泪水。

时间飞快地流逝，两个多月过去了，他们到了武威城西南的一个村口。两个马家骑兵手按腰间的驳壳枪，说他俩是“老共产”，先把衣服脱光搜身，又把他俩带到村子里说要活埋。围观的人群里走出一位老人，穿黑长袍，套马褂儿，留小胡子，叼长烟袋，扬扬手对两个骑兵说：“干吗跟逃难人过不去呢？你们当兵出门在外，就能不遇着遭难的事？救条人命值千金，积积德吧!”两个骑兵不吭声了。老人把他俩带进小院，叫靠墙坐下，说：“放心吧！那两个兵是催粮的，那个班长是我的外甥，都得听我的。”老人留他俩住了两天，管吃管喝。他俩再三向老人感谢，辞别上路。

龚兴贵嘴唇像干裂的土地，两眼晕眩，四肢无力，倒在破庙里，一连六七天高烧不退。刘生标每天到村里讨饭给他吃。他心里难过，咸咸的泪水流进嘴角，紧紧抓着生标的手叫生标走。生标坚决不走，也紧紧地握着他的手，大颗大颗的泪珠沿着脸颊滚落。有位老人来说："要是能出汗退烧，就有救！"老人从40里外买了中药汤和一块冰糖给龚兴贵吃。当天晚上，他出了汗，头脑清醒多了。老人每天来看两趟，给他送饭送药。他看着探望他的老乡们，连声道谢，布满忧郁的脸上有了一点光彩。

清晨，刘生标走出破庙，准备去要饭。龚兴贵想同生标一起去，便支撑着站起来，可是眼冒金花，又摔倒在地。生标把他扶起来，两个人相互看着，什么话也说不出来，只是掉泪。生标一边往外走，一边转回头看他。他躺在地上望着生标，心里涌起一阵难耐的酸楚。

龚兴贵爬到破庙门口，晒着太阳，等候生标的归来。然而中午过了，到了下午，仍不见生标的身影。他目不转睛盯着生标走去的路，盼望着能看到生标一摇一晃走来的样子，但是，周围阒无人影。这时，真是哭没人知，喊没人听，他的心都要碎了。

龚兴贵不敢久待，带着纷乱的离愁，按两人商量的计划向兰州方向走去。他离开破庙，一步一回头，眼睛里蒙着一层晶莹的泪光，总希望能看到生标。这几个月，要不是生标，自己哪能活到今天？

他孑身一人，走一走，歇一歇，实在走不动了就爬。陕北，是他心中的启明星，他下定决心，爬也要爬到陕北。他情绪不好，加之又累又饿，病又犯了。他拄着木棍，一步三寸地往前挪，挪一阵又趴下，双手扒着地向前爬，爬着爬着就昏迷过去了。他吃在路上，睡在路旁，醒了就爬。

龚兴贵爬到兰州东面华家岭山下的公路上，抬头一看，吃了一惊。国民党兵押着很多人，有穿便衣的，有披国民党军装的。他正想避开，忽听有人喊："老龚！"他扭头一看，正是他们电台的同志，有刘俊英、刘玉庭、曾庆良、黄子坤、陈祖林等。大家一下子跑过来把他围住，问长问短。这个给他一件衣服，那个给他一双鞋，还有一位女同志抱着他被狗咬烂的腿直流泪。刘玉庭把他拉到队伍中说："你这样是要死在路上的，还是先跟着我们走，以后再说以后的吧!”

六盘山过去后，押解队秘密党支部让龚兴贵先走，了解一下前面的情况，因为他走不会引起敌人的怀疑。他在前面打听到，向北不远就有红军，当夜就向党支部做了汇报。党支部立即决定，过了平凉四十里铺找机会逃跑。大家给龚兴贵凑了点钱和干粮，他恋恋不舍地和大家告别。

龚兴贵过了泾河，就往大路上跑去，迎面的暖风充满着生机。有几个人迎面向他招着手跑来，“同志，从西面来的吗？我们是红军侦察员。”

龚兴贵的心扑通一下像从空中掉了下来，两腿软了，眼泪滚了下来。他扑到侦察员身上，什么话也说不出来。

龚兴贵在援西军司令部驻地意外地遇到刘生标。两人见面就紧紧地拥抱在一起，泪水洒满了面颊。刘生标告诉他，那天迷了路，没能找到他。

此刻，落日的余晖正以它金子般的灿烂与辉煌，尽情斜映在泾河岸边。

子弹，一杆枪三发

“你带着游击队，阻击敌人，迷惑敌人，扰乱敌人，使主力脱离敌人的尾追。完成任务后，你们各自分散回延安!”红三十军政治部主任李天焕对耿万福说。

耿万福是红五军财务科科长，在他的请求下，总部又派来郑维俱、刘义两人协助他工作。

游击队由200人组成。总部交给他们地图1份，旧枪40条，子弹120发。子弹，一杆枪仅有三发，根本就不能作战，用于吸引敌人仍嫌太少。一些沉重的东西，背着行动不便，只好忍痛扔入山谷之中。

他们把200人分成三个支队行动，规定行动原则是要尽可能地吸引敌人，缠住敌人，保证主力安全西进。

每一支游击队迈出的都是西路军历史沉重而苦涩的一步，但他们的所作所为就像祁连群峰一样傲然挺立，难以磨灭。

“砰！砰!”祁连山中不时响起震荡山谷的枪声。声音在空旷的山野显得那样深远，那样悠长。马家骑兵蜂拥地奔向枪响的地方，却不见红军的踪迹。

为了便于活动，各支队又化整为零，五六人为一组，坚持与敌人周旋。耿万福同郑维俱、刘义等人在一个行动小组。

积雪覆盖山峦，寒风飞卷雪片，枯干的灌木枝在凄风中发出刺耳的尖叫。山石突兀尖利，行走十分艰难。耿万福脚上穿着新布鞋，可没几天工夫，鞋底磨穿了，锋利的石头划破脚掌，冰凉的积雪钻进伤口。穿草鞋的人就更不好受了。大家迈着沉重的双脚，步履异常艰难地行走。

祁连山中，杳无人烟，飞禽走兽也难寻找。吃喝困难，唯一的一头大青骡子也只好杀的吃了。如果不是上级发给的约一斤洋参、一斤藏红花，他们可能早就饿死在积雪之中了。有位战士在山下偶然遇到一位老乡，买了一斤小米。大家饥肠辘辘，如获至宝。一斤小米，两人一顿就能吃光。可在这困难的环境中，这点粮食只能像挤牙膏一样一点点地用。

睡觉也是件愁事。晚上，他们爬到山的高处，躺在厚厚的积雪上，盖上破碎的线毯，身子冻得打战，谁也不能入睡，眯上一会儿眼，便是睡眠了。

饱受饥饿与寒冷的游击小组，与敌人周旋更是不易。敌人骑着膘肥体壮的健马快步如飞，他们拖着沉重如铅的双腿艰难行走，随时都会被发现被追击。他们常常是在离敌人百米远的地方开枪，敌人一旦被吸引过来，便马上跑开，即使这样也难免与敌遭遇。

一次，他们正在风雪深处蹀躞行进，突然在转弯处冒出一队马家骑兵。后撤已经来不及了，有人主张迎上去打，可耿万福知道，凭几条破枪、几发子弹与敌人硬拼，等于白白送死。路的一侧是直立的峭壁，另一侧是陡斜的山坡，坡上尽是枯干的灌木丛。敌人越来越近，没有别的选择，耿万福命令大家顺坡滑下。他们每一个人的脸和手都划出一道道血红的伤痕，本来就很破烂的衣服被灌木丛划得尽是口子，沾满泥雪，黏黏糊糊。一到山底，谁也顾不上喘口气，便顺着山沟向另一座山跑去。后边响起急促的枪声，子弹在耳边嗖嗖地飞过。敌人的马不能下陡坡，只是放些乱枪。

艰苦卓绝的半个月过去了，掩护任务可以结束了。

那一夜，没有月亮，夜色沉沉。大家饥寒疲惫，累得瘫成一团，拾来些干树枝生起篝火。生明火是违反纪律的，但看到同志们冻得累得那个样子，耿万福心一软，默许了。

篝火升起来了，摇曳在苍茫的夜色中。树干和残庄都在火光中倒成围墙般深不可测的影子，好纷乱，又好阴森。远处跑来一个人，大家都有些紧张。那人跑到跟前，原来是另一游击小组的一名小鬼，也就有十五六岁的样子。

小鬼坐在他们身旁，一边往篝火里添干树枝，一边小声说：“这样下去会吃不消的，不如到那边去！”

风暴般的愤怒充斥了每一个人的心，老曾噌地拔出驳壳枪。小鬼吓得脸都白了，支支吾吾地说：“别，别这样，我也是为你们好呀！”

耿万福上前制止住老曾：“别开枪，会引来敌人的，再说他还是个孩子！”

大家赶紧熄火转移。火还没灭，敌人便喊着冲上来了。

耿万福估计敌人是小鬼引来的，心里好不气恼，但又不容细辨，马上喊：“散开跑，出山见！”

耿万福一出山便被马家军抓住，同许多被俘的游击队员一起，被押到敌人司令部的大门外，周围是荷枪实弹的马家兵。

马家军的一个大官背着手站在大家面前，说：“我今年快五十了，还没有儿子，绝不干那伤天害理之事。你们谁是当官的站出来，谁是文书和机枪手？我绝不会亏待的。”

半天没人动一下，几个马家军官走到大家中间“挑选”，郑维俱、刘义被“挑”了出来。

一个马家军官走到耿万福跟前，上下打量一番问：“你是干什么的？”

“工人！”耿万福冷静地回答。

“工人？工人穿这么好？”

“我是缝纫工人，为了做活方便。”

马家军官将信将疑，从大门内叫来一位红军，要当场对证。那位战友刚一走出大门，耿万福便抢先嚷道：“我是缝纫工人，不信问他们！”出来的同志马上随声附和。

他们被分成干部、士兵两个队伍，耿万福被带到战士这边。耿万福的衣服被扒光，大衣被马家军一个排长抢去，换给他一件“皮袄”，破旧得只有一个光皮板，油光光的似乎穿了两三辈了。

耿万福不久被押解到永登“补充团”，在饱受折磨之后从“补充团”逃出，历经艰辛回到延安。

掉队人员组成游击队

祁连山的云是缱绻的，那峰峦那沟壑间的白云久久不愿散去，恋着这峰峰峦峦，恋着这沟沟壑壑。那飘逸在祁连雪峰的云，你是不是想替长眠在这里的红军指战员抹去悲怆和遗恨？你是不是想替还在祁连山中与敌人周旋的红军指战员抹去饥寒与劳累？

左支队指战员在重重叠叠的雪峰冰山间行进，在过膝的积雪中深一脚浅一脚地跋涉，第二天就有50多人掉队。方震被留在队伍后面负责收容，他是西路军总指挥部一局作战科参谋，此时在左支队任警通连指导员。他们走到一座大雪山下，已是后半下午，遇到辛元林和刘振堂。三人商量，部队越走越远，无法赶上了，先找个地方休息。他们将掉队人员带到一个有两户人家的山沟里，遇到了西路军政治部主任李卓然，以及黄火青、曾日三、张琴秋等首长。首长指示将掉队人员组成游击队，由方震任队长，辛元林任政委，刘振堂任党支部书记。

他们的小小游击队几天后又编入了毕占云支队，方震被调到队部任参谋。

支队行军到红湾寺以南，在一条没有人烟的深山沟里住下来。因为没有粮食，难以维持，就在这里一面休整，一面筹粮。队部派方震带领一个步兵班，在几十里范围内向藏民购买粮食和牛羊，限三天完成任务赶回支队驻地。

祁连山如此冷峻，他们走了60多里，既没有买到粮食，也没有见到牛羊，只好空手返回。

返回支队驻地不远处，突然听到稀稀落落的枪声。他们顺着山梁，一边侦察，一边前进，看见马家骑兵押着自己人往沟外走去。显然，支队遇到残酷的围歼。

方震只好带领全班爬上雪山顶的松林里。雪花飘洒得颇有生机，把他们的脚印盖住了。他们又冷又饿，可是求生的意志像灵魂一样依附在每一个人身上，给了他们力量。他们一把炒面一把雪地度过了一天。

“我们身上一点干粮也没有了，在这里待下去，不被敌人俘虏，也得饿死、冻死！”有个战士对方震说。

方震鼓励大家：“不用发愁，我们十个人手上有枪，会有办法的。估计敌人不可能在这荒无人烟的深山沟里多待，等敌人撤退后，我们就可以到支队打仗的地方去找点吃的。”

暮色朦胧，方震他们慢慢摸回支队失利的地方，远远望见一束火光在闪耀。方震带了一个战士摸到离火光不远的地方侧耳细听，判明是自已人。走近一看，认出是西路军军政委员会委员、原川陕省苏维埃政府主席熊国炳，支队参谋长李崇和一个战士，共三个人。不多时，刘俊秀也来了。

大家聚在一起，围着火堆，自有说不出的沮丧和冷落，一面吃着拾来的牛羊骨头和肠肚充饥，一面商量怎么办。他们谈起西安事变以后，党中央曾电令西路军返回黄河以东，西路军的困难增大时，中央军委又组织了援西军。大家回到黄河以东找党中央和红军的愿望就像火花一样迸发出来。

熊国炳的两只脚像灌了铅，沉得自己都拖不动。他在敌人追击时光着脚跑，两脚被冰扎坏了。大家决定从方震带的一班人中留下五个战士跟着熊国炳，找个较安全的地方治好脚伤。

李崇、刘俊秀和方震等，走了几晚上夜路，一天拂晓赶到梨园口。他们在一个独户的房子前停下，想进去买点吃的并打听情况。

“你们是什么人？干什么的？”房子里面问。

“我们是红军部队打前站的，请开开门，问个路！”

方震他们侧耳听到屋里有不少人在说话和动作，立即分散在大门两边。房里十几个马家兵，听说是红军就慌乱起来，先从半掩半开的门里射出几道手电光，接着就开枪冲了出来。方震等人没有还击的力量，四散而奔。有个战士跑到不远的山上，掉下去摔死了。

皑皑雪野泛着银光，方震和刘俊秀在深山沟里摸索前进，走了几天，离开了冰天雪地的祁连山，到达北部戈壁地带。空寂和广漠的大戈壁，白天不便隐蔽，只好躲在壕沟或沙沟里休息，晚上赶路，或走进小村庄找老乡买点吃的。

他俩跋涉在戈壁，抑或行走在山野，深信黄河东面有红军。两人终于进到平川，可最先看到的是一张马家军的布告：凡是老百姓发现共军人员时，要一律捉拿送交军部或地方政府。如发现不捉不送或者不报者，以通共匪论罪……

山岳在星辉下沉默，原野在月华下沉睡。方震和刘俊秀翻过围墙叫开一家老乡的门。一个中年男人端着一盏油灯出来，上下打量他们。

“我们是红军，想借你家的锅灶做点饭吃！”

中年男子叫出女当家，洗刷锅头，烧起火来帮他们做饭。他俩将米袋子里仅有的一点小米面做成糊糊充饥，又拿出一块银元求老乡帮着买点路上吃的粮食。

老乡拿着一块银元去了，不多久买回一升小米。

两人觉得一块银元买一升小米太少了，求老乡再多要一点。老乡返回卖米的人家去说好话，可是那户人不但不给添，反而把米要去将钱退回。他俩想了想，一点粮食也没有，一旦前不着村后不着店又得饿肚子，无奈又求老乡，就是一块银元买一升也要把那一升小米买来。

老乡说：“我不能再去了，卖米的是个富户人家，可能看出我是帮红军失散人员买的。你们赶快离开这里吧，时间长了会出事的！”

他俩正要走，保长引了两个马家兵提着马刀，气势汹汹地闯进门来，问道：“你们是共匪吧？有没有枪？有没有银元？有就赶快交出来！”

两个马家兵抓住方震和刘俊秀的手，气势汹汹地说：“马家军有布告，凡见到共匪捉拿的有赏，不捉不送的要受罚。快跟我们走！”

走出门来，他俩互相暗示，决心拼个你死我活不当俘虏。方震先以迅雷不及掩耳之势把前面那个一脚绊倒，刘俊秀紧接着把后面的一拳揍倒。保长见势不妙拔腿就溜。两个兵大喊大叫：“来人呀，来人呀！捉拿共匪，捉拿共匪！”

他俩夺路跑出村庄，一直向东北方向飞跑。刘俊秀比方震跑得快，一会儿工夫两人跑散了。

星空冷漠，夜色如烟。戈壁，峭崖，山峦，村庄，呈现出无声的单调。

“老刘，你在哪里？老刘，你在哪里？”方震着急地一边走一边放开嗓门大喊，可是没有回声。

启明星刺破黑暗，晨曦正在扩大。方震远远看见东边山坡有一大片房子，便不管三七二十一走去，临近山脚一个小庙时，意外地碰到刘俊秀。他高兴得蹦了起来，把老刘的手握得紧紧的。

有个操本地口音的人站在庙前的山坡上叫他们站住，不多时又走出一个人，问：“你们从哪里来?”

方震听出是河南口音，说：“我们是红军，从青海方向来!”

那人也听出他的江西口音，说：“我姓马，是三十军二六八团团部的管理员!”

大家一起上到老君庙，老马忙给介绍说：“他姓李，叫李升，是从马家队伍带了一支步枪开小差出来的。我们两人在一块儿有十多天了!”

四人到老君庙以北游击，遇到红三十军的余排长。李升也带来一个从马家军开小差的同乡，叫王汉。他们在甘北、宁夏交界地区活动了30多天。李、王多次提出要大家去拦路抢劫客商，遭到坚决反对。

一次，余排长同李、王下平川买粮食。李、王谈及方震的盒子枪如何如何好，这枪能搞到他们手中就好了。二人还商量先采取借的办法，借不来就找个机会偷。余排长听到这些话，回到山上就向刘俊秀和方震做了汇报。

一次，他们在山里一个停止开采多年的煤窑过夜。李升睡在方震的左边，王汉睡在方震的右边。半夜，李升几次伸手摸方震的枪，由于方震睡得十分警觉，李的企图没有得逞。

第二天，方震利用提水做饭的机会，把昨晚李升想偷枪的情况告诉了老刘。老刘也说他一晚上没睡，觉得李、王近来的表现不对头。他俩都认为这里不是久留之地，但在离开以前必须把李升处理掉，否则这家伙会干坏事。两人商量，先把王汉支下平川，然后把李升在煤窑上搞掉。余排长和老马也都同意。

四个人把李升打死，埋在煤窑的深沟里。

王汉下平川买了几斤猪肉和大米，高高兴兴地回到煤窑。四人出来接他，老刘问：

“老李借了老方的盒子枪，带了一些布送回家，还带了一块钱去买白糖，你没碰到吗?”

“没有碰到，可能回家了!”

第四天中午，方震说：“现在已经是第四天了，还不见老李回来，如果他真不回来怎么办? 得想办法把他找回来，不把我的盒子枪找回来是不行的!”

王汉闷不做声，老刘对他说：“你和老李是同乡，他能到哪里去，你是知道的，还是你下去一趟找找他吧！”

方震接着说：“老王去一趟也好，带着老刘的手枪下去方便些！”老马和余排长也表示同意王汉去找李升。王汉听说让他带着手枪下平川，很高兴，就答应去找李升。

苍凉而广阔的戈壁滩，一片灰蒙的洪荒，一草一木都带着悲凉。他们干掉了李升，支走了王汉，沿着长城又开始了艰难的行程。

干部支队

左支队在天寒地冻、冰峰雪岭中向西而行。

西路军保卫局局长曾传六委婉地探询式地对保卫局侦察部长欧阳毅说：“欧阳毅同志，成立了干部游击支队，你看怎么样？”

怎么样？下“逐客令”啦！欧阳毅原是红一方面军五军团保卫局局长，初到红四方面军任总部保卫局秘书长，后调往一局任局长，西路军西征后任五局局长，西路军失败时五局撤销，又回到总部保卫局任徒有其名的侦察部长。他明白局长的意思，虽是征询，目的却是打发，便毫不犹豫地回答：

“好嘛！干部游击支队我可以去，什么时候去呢？”

“噢，好好，什么时候走都可以！”曾传六见欧阳毅这样痛快，倒有些意外，从兜里取出十块法币，“这点钱带着，路上有用。”

“我不要，要钱有什么用？”

“拿着吧，部队失败了，什么情况都会遇到，兜里有点钱能活命呀！”

干部游击支队成立了军政委员会。主席兼政委是曾日三，他原是红九军政治部主任，后为总政治部敌工部长。副主席兼支队长是原五局侦察科科长毕占云，是欧阳毅的部下。委员有张琴秋、欧阳毅、刘瑞龙、张然和等。军师级干部就有好几个，能供他们指挥的只有一个不满员的步兵连。一个官指挥一个有枪无弹的兵，有什么战斗力！

被抛弃的念头折磨着他们。多数人认为，成立干部游击支队没有必要。这么多高级干部集中在一起，怎么能打仗？还不如各回原单位，跟战斗部队走。

大家公推欧阳毅为代表，向总部反映意见。总部首长陈昌浩、徐向前已离开部队，现在负责的是李卓然、李特、李先念、程世才等人。欧阳毅跟李卓然熟，李卓然长征时任红五军团政委，他是五军团的保卫局局长。李卓然本人没有什么意见，但说他一个人不能改变决定，必须经过西路军工作委员会研究。研究结果，产生了一个折中方案，要他们跟随在大队伍的后面，隔半天的行程。

欧阳毅回来传达了这个折中方案。大家不仅感到绝望，还有些愤慨，纷纷嚷道："为什么要隔半天行程？发生问题，与大队联系非常困难。这完全是把我们当掩护部队呀！敌人追来先打我们，我们又不能作战，还不是等死？算了，我们单独行动吧！叫我们游击就游击，干到哪天算哪天！"

辛元林率领着一个游击队，听说干部游击支队在附近活动，便派人来联系，要求把他的游击队编入干部支队。曾日三等军政委员考虑多一个人就多一份突围的力量，便派欧阳毅去收编这支游击队。欧阳毅骑马出发。夜色朦胧，寒风料峭。当晚他住在辛元林的游击队里。

天刚蒙蒙亮，欧阳毅与辛元林在研究整编细节。欧阳毅的警卫员小宋喊叫起来："局长，不得了！支队长跑来了，跑得好快呀！后面还有敌人骑兵追哩！"

欧阳毅高度近视，只听见马蹄响，看不清人影子。一片混乱的马蹄声，敲鼓似的敲击着他的耳膜。他本能地命令辛元林小队占领前面的小山坡，堵截敌人。还没等他把话跟辛元林说完，机警的马夫不由分说就同警卫员一起把他抱上了马，狠抽了一下马屁股。他的坐骑奔驰起来，与发疯似的跑过来的毕占云、张然和的马成了平行线。

"老毕，出了什么事了？"欧阳毅迫不及待地问。

"呼哧呼哧……"毕占云只顾喘，只顾跑，顾不上回答。

"曾政委呢？"

"呼哧呼哧……"

三匹马都跑直了尾巴。敌人的骑兵遭到辛元林游击队的抵抗，迟滞了一会儿，又风驰电掣般追过来了。马被陡峭的山挡住了。山太陡，马蹄直打滑，只好把马丢掉。

毕占云身体好，跑得快，呼哧呼哧地跑上半山腰。跑在后面的欧阳毅急了，骂开了："谁也不许跑！谁跑枪毙谁！为什么不抵抗，要死死一块儿!"这话显然是骂毕占云。毕占云是他手下的侦察科长，骂也无妨。欧阳毅骂完与张然和利用一块石头，居高临下地向敌人射击，毕占云也回过头来打了一阵子。

奇怪，敌人怎么不追了？欧阳毅回头一看，敌人正忙着抢东西哩！他们的全部财产都在马鞍子上。敌人正吵吵闹闹地瓜分马鞍子上的财物。

山顶上只有冰雪和石头。欧阳毅、毕占云、张然和以及毕占云带出的几个侦察员，冷得浑身抖成一团，呼出的热气立即冻成冰溜子。他们一致的意见是在山顶过夜非冻僵不可，必须乘着夜色下山。他们朝山下望去，簇簇篝火像一条火龙环在山脚，游动哨兵一目了然。悬崖下面既没有篝火，也没有哨兵。他们从陡崖连滚带爬下了山，绕过哨兵，溜出了包围圈。

这时，欧阳毅才又打听干部支队的情况。在他去收编辛元林游击队的那天晚上，敌人一部袭击了支队。多数同志不是被打死就是被俘虏。干部支队军政委员会主席兼政委曾日三、地方工作部部长吴永康等英勇牺牲。曾日三，湖南宜章人，1927 年参加革命，同年入党，红一、四方面军懋功会师后，任红五军代政委兼政治部主任，1936 年任九军政治部主任。吴永康，广西兴业人，1919 年赴日本留学，攻读冶金专业，1925 年在东京加入中国共产党，1931 年到鄂豫皖根据地。

曾日三是欧阳毅湘南暴动的老战友，欧阳毅心里顿时涌起一股揪心断肠难以言喻的痛苦和悲哀。

他们为了隐蔽，几个人分开行动。欧阳毅和张然和在一起。

冰天雪地，无铺无盖，躺在地上怎么睡觉？幸亏张然和抽烟，有一盒火柴。他们捡来一堆堆干树枝，烧起篝火。他们先烧小树枝，后烧大树枝，睡觉前再把禁烧的树干架在篝火上。篝火旁边那一小块地盘烤热了，有了热"炕"。他俩环火躺下，在闪闪的火光映照下做着种种噩梦。

讨厌的风，可恶的风。张然和"嚓"地擦燃一根火柴，霎时被无情的山风吹灭了。他想取一根再擦，可是盒内已空空如也。完了！他俩的心情坠入了黑暗的深渊。欧阳毅突然异想天开地对张然和说："咱们试试击石取火!""怕不行吧?"

欧阳毅捡来两块薄石片，咔嚓咔啦地对敲起来，打出了炫目的火花，却引不出明火。他叹气懊恼地玩弄起驳壳枪来，真想放他几枪，以驱散恐惧和绝望。“子弹取火？老张，咱们再试试子弹取火！”欧阳毅拿着驳壳枪，忽然想起“弹火”这个词。弹火弹火，说明弹与火有联系。“试试吧！”张然和无可无不可地说。

欧阳毅还有4排子弹，每排10发，总共40发。他把子弹头取下，又把自己棉袄里的棉絮拽出，捻成小团当棉弹头，塞进弹壳里，然后装上膛，对着预备好的柴草窝射击。柴草窝选择在大树根的凹处，这样可避免枪声远传。第一次，枪不响，火花也没有出现。打过几枪，有一枪爆出了火花，只可惜火力太冲，小火球穿透柴草之后就熄灭了。“有希望，有希望！多倒掉一点火药试试！”袖手旁观的张然和喜不自胜，指手画脚起来。他俩把柴草窝换成棉花、烂布、干树叶等易燃物。子弹射出，弹头的火球点燃了柴草窝。火苗欢舞，熊熊的篝火燃起来了。

他俩从树枝上剥下树皮，绑成长长的火把。走时，扛着火把行进；住下，将火把吹成旺火，点燃篝火。两人扛着火种在山里转悠，收容了红三十军通信员小张，还陆续碰到一些负责同志，都形容枯槁，憔悴不堪。大家相互问个好，握下手又默默地分开。打仗才需要合在一起，“流窜”还是分开的好。

寒冷的黄昏，三人路过一个山洞，见有自已人向洞外张望。张望者姓周，是团部特派员，跟张然和熟悉，招呼他们进洞休息。周特派员编在一个游击队，游击队打败了，他逃了出来，在洞里住了几天，跟洞里的猎人混熟了，拜猎人为干爹。这是个石头洞，由窄洞口进去，里头洞里有洞，宽敞暖和。猎人尽了地主之谊，招待他们吃了干粮，喝了水。

他们四人坐在漆黑的洞里，谁也不吭气。欧阳毅感到大家都很沮丧，一种责任感油然而生：“同志们，敌人捕得紧，不能在山上久待，我们明天就下山。我们要搞点老百姓衣服化化装，我身上有十块法币……”

翌晨，他们辞别猎人朝山下走去，路上又收拢了几个人，凑成了七八人的小分队。走到河边，天已黑了。他们把衣裤脱下，绑在脖子上，涉水过河。张然和个子矮，欧阳毅把他安排在中间，前后有人夹着。走到水深齐胸处，张然和“哎哟”叫唤一声，一脚未踩稳滑倒了。他一倒下来，带动着前后的人都倒了。欧阳毅怕水深淹死人，决定退回河岸。

“过吧，过吧，他妈的，过不去嘛，硬过，差点把老子淹死！”张然和埋怨起来，骂开了。

欧阳毅皱紧了眉头，只是劝他：“没过去就没过去嘛，你骂什么人呢？今晚没有选准过河点，怪我，我们再研究嘛！”

“研究个屁，我不过了！”张然和无名火还是消不下去，“你们走你们的，我一个人走，我死也要死在平川，老子不死在山上！”

张然和赌气跑了，任凭欧阳毅怎么叫也不回头。两人就此分别。回到延安以后，欧阳毅见到张然和，问他怎么回来的，他还埋怨道：“那天我赌气走了，躲在一个洞里，还以为你会来找我哩，等了一天你老兄没来！”张然和是怎么回到延安的？原来，他讨饭无门，便抢了老乡一头驴驹子，化装成粮贩子。可他口音不对，碰到民团盘查便被俘了。七波八折，好不容易从集中营跑出来。

此刻，连欧阳毅还有三个人。三人回到山上，找了个宽敞的石洞住下。奔波一夜，累得不行，刚才发生的事也令人精神不快。欧阳毅想躺下睡一觉，养养神。

“派小张去我干爸那里搞点干粮吧？晚上吃饱好过河！”周特派员出主意道。

“行，小张你就辛苦一趟吧！”欧阳毅不假思索地说。

“慢！”周特派员叫住了小张，“局长，咱俩有枪，小张没枪，把你的枪给他带着吧，遇到情况也好对付！我的枪保卫你，行吗？”

欧阳毅觉得有理，便把驳壳枪解下来，交给小张。小张伸手来接，还没拿稳，周特派员一把抓了过去，上上子弹，枪口出乎意料地对准了欧阳毅。黑洞洞的枪口不偏不倚，就是对准他的。

周特派员冷冰冰的声音像是从冷冰冰的枪口射出来：“局长，对不起了！你们这些人靠不住，会丢掉我们的，张然和不就是这样吗？他发火撒气，还不是要自己单独走！”

欧阳毅心里直骂混蛋，恨不得一枪毙了他，可枪在人家手里，只能来软的了：“我们走到一起不容易，你何必这样呢？把枪放下吧，有话好说。”

“没什么好说的，你还是放明白点！”

欧阳毅当然明白，他要的是钱，图的是十块法币。欧阳毅把钱包取出来，主动扔给他而又不扔到他身上。钱包掉在地下。“唉，同志，谁丢谁呢？钱，你保管着，放心了吧？你保管和我保管一样。”

这家伙没有急于去捡钱包，而是用枪逼着通信员小张去检查欧阳毅。小张老实，哭丧着脸在欧阳毅身上搜查，报告说：“特派员，没有了，没有什么了！”此时，这家伙才钩下头去捡起钱包，打开一看，骂开了：“妈的，苏维埃币，有什么用？我就知道你骗人！”

“骗你干啥，你再看看里层。”钱包有两格，外格装的是张苏维埃纸票，在大西北不值一文。

周特派员翻开里格，果然有十块法币。他嘴角咧了一下，挤出一丝不易察觉的微笑，眼睛死死盯住欧阳毅，身子慢慢后退，退到相当距离，转身朝洞外撒腿跑了。

这是一个刻骨铭心的日子。震惊、懊悔、愤慨、疲惫，欧阳毅颓然跌坐在洞里。

欧阳毅和小张走出山洞。雪白得虚虚幻幻，冷得清清醒醒，那股皑皑不绝，一仰难尽的气势，压得人呼吸困难，心寒眸酸。他俩又碰到五位流散红军，有一位是司号长，老婆也是红军。他们所在的游击队打散了，结伴跑出来。他们还带着几袋干粮，这对于钱尽粮绝的欧阳毅和小张，不啻是救星。大家又回到石洞住下，准备休息两天再一起下山过河。

深夜，山野静寂。洞口一丝雪色，洞里阵阵鼾声。一个黑色侧影在洞口听了听动静，便朝洞里走来。欧阳毅猛地惊醒，睁开眼缝一看，是姓周的家伙。“狗杂种，偷干粮来了！”他心里骂道，踹了踹睡在脚下的小张，想把小张踹醒一起逮偷粮贼。可小张睡得很死，翻个身又睡过去了。姓周的家伙从那五位同志的头底下摸去了好几袋干粮。他干着急，不敢叫喊，姓周的手里有枪。他觉得窝囊透了，眼睁睁看着这个败类走了，才喊醒大家。

“这家伙太坏了！只管自己活命，不管别人死活，哪有红军的气味！”大家唾骂了一阵，把劫后仅存的两袋干粮拿出来吃。

东方裂开一道白缝，欧阳毅领大家朝黑河走去。他琢磨上次渡河失败，是因为选择的渡河点河面太窄，水流太急。这次他选择了河面宽阔、水流平缓的河段。

“河面那么宽，能过得去吗？”有人怀疑地摆摆头。

“河宽水才浅，我们上次失败就因为河面太窄，水深流急。”欧阳毅解释道。

“对，就这儿好过！”还是司号长的老婆勇敢，脱了外衣裤绑在脖子上，头一个跳下水去。女红军带了头，六位男子汉也都脱了外衣裤，手牵着手跳下水去。

高空的太阳，在一个凄苦的夜晚之后，又突于天际骤放澄明。这时但见远方天幕下的衰草残茎，近处山坡上的枯叶树丛，顿时沉浸在一片柔美也耀眼的光芒之中。

第十五章

赢之“二马”

连日欢庆　热闹一番

诗云：“关陇风回首，河湟雪洒旗。”古人笔下强调了河湟的“冷”。河湟首邑的西宁虽然春日迟迟，但近来似乎有点“热”。马元海率部队返抵青海，马步芳大事欢迎。西宁城，连日欢庆，热闹一番。

《青海日报》4 月 11 日至 14 日：我军凯旋归来，马军长偕同省党部委员赴门源县城迎接；距省垣西北三十里之莫家泉湾，省慰劳会设备宴席欢宴官兵，各机关首长各法团领袖在此候接并事招待；省垣全体民众及各县代表在城北十里之惠宁桥至西城门前欢迎，燃放鞭炮，欢声雷动；省垣公共体育场由省政府新二军司令部备有宴席欢宴官兵，由马军长等亲自招待，分别面慰。各法团各民众在会场周围燃放爆竹欢呼狂舞。宴后马军长亲送各官兵民团每人国币十五元、白布一匹、鞋袜各一双、手巾一条。各部队返驻营地，各民团即时解散，欢声响彻云霄。

《剿匪概述》：自 4 月 15 日起至 17 日止在小校场召开庆祝（欢迎凯旋将士大会）大会，……十五日上午九时大会开始……西宁、湟源、互助、大通、门源、循化、贵德、化隆、同仁、都兰、乐都、民和等各县农工商各界民众代表均来省参加，情意之挚切，益令各将士感奋不已，继呼口号摄影娱乐欢宴，颇极一时之盛。至晚七时提灯游行，行列计省政府省党部及新二军司令部等机关职员，各手提红纱灯，望之如列星。此外各机关法团学校自制之花灯花样繁多，备极精制，有飞艇火车宫殿牡丹花鸟白鹤双羊，灯光辉煌如同白昼。游行时军乐队前导，秩序井然，经省垣西大街、大什字、东大街、东关至晚十时许始行散队，沿途牌灯矗立万众拥挤，高呼庆祝胜利欢迎凯旋将士之声达里外。

蒋介石“慰问”

蒋介石根据马步芳的呈报，颁发了叙功奖章。马元海、马彪、马朴、韩起功、马步康等得到了不同等级的“国花奖章”一枚。马步芳的儿子马继援得到“国花一级三等奖章”，其实马继援那时还在学校里学习。马继援在中学求学时期，就被委派为青海南部边区警备司令部上校参谋长，并经南京军政部予以正式任命。马继援从昆仑中学毕业后，就直线上升，由旅长而军长，睥睨一时。

河西战役之时，红军称谓“二马”的军队为“马家军”，从此这个名称似乎流传开来。马步芳深恐蒋介石怀疑他独树一帜，先后发表布告和小册子，并上报军委会，强辩自己是“国家的军队，人民的武力”。中央政治学校附设蒙藏学校青海籍学生中的拥蒋反马分子，遂利用《新青海》，指责马步芳“虚张声势，迹行夸大”，并揭露其乘机扩张势力、坐地壮大等罪行。马步芳乃于1936年12月3日，电报蒋介石，以“恐有贻误”为由，辞卸青海省政府代理主席和新编第二军军长等职务。

蒋介石于12月8日以齐电慰留说：“该员夙娴豹略，近益鹰扬，殊堪嘉尚，……除西北总部，已明令裁撤，该纵队自应撤销外，所请辞却代主席、新二军长及青海保安处长等职，着勿庸议。”马步芳于12月10日对《青海日报》记者发表谈话：“本主席奉令办理民团，彼时一般不明真相者，纷纷议论，不日扩充势力，即日增加军队，妄作言论，清谈误国。”

1937年4月27日，蒋介石派军委会西安行营中将参议萧致平，代表蒋介石来青，表示安抚。马绍武在欢迎萧的大会上致词。他根据马步芳指示说：马军长的做法“纯为求统一及安内工作，并非为地方或个人而战”。《青海日报》同时发表了标题为《欢迎萧致平来青宣抚》的短评。萧读报后，即在省政府会见《青海日报》总编说：“这次来青是奉命慰问，并非宣抚，请予更正。”马步芳听编者汇报后说：“人们说我扩张势力，就是来宣抚，既是说慰问，就算慰问。”第二天报上做了更正，称措词是记者笔误。

《青海日报》1937年5月13日：军事委员会西安行营代表萧致平，此次代表蒋委员长来省慰问剿匪将士，携带慰劳款洋二万元，萧氏日前除为驻省部队赏洋一万元，此项款项已为负伤官兵，每人赏给五元，余发给参战将士，其余一万元，将由□□□赴河西，奖给河西骑五师云。

马步芳于6月1日举行“剿赤”阵亡军民追悼大会，蒋介石又派军事委员会高级参谋兼第三组组长陈启之来青参加。会后将木制的许多“阵亡将士”灵位送到昭忠祠供祀。并令西宁东关清真大寺、各县清真寺、省垣佛教会，以及各蒙藏地区的寺院等举办佛事。

“每村均有阵亡之人，每家均有负伤之兵”

马元海讲“伤亡一万五千余人”

各位父老各位兄弟姊妹：今天开会欢迎实在愧不敢当，为国剿匪，为民除害，是军人应尽的天职。自去年共匪由洮岷惨败后偷渡黄河企图窜扰河西各县，我军奉命即行追剿。本中央安内攘外之方针，本香公军长既定之战略，努力清剿。在一条山接触，经七昼夜伤亡五六百名，匪终未得逞。其后大靖甘沟古浪以及凉州的四十里铺，永昌山丹西洞堡高台梨园堡沙河诸役，幸赖香公军长之德威及各友军之协助，将士裹创而奋斗，民众输粮而襄从，始得以歼敌，微功稍尽军人卫国之天职。前蒙各界公推杨厅长李特派员到永登慰劳，复在永昌由马院长郭特派员代表各界慰劳，实觉感愧之至。不过尚有一事须为各位告者，元海此次奉命出征虽获空前之胜利，回念去年出发之时带出去的官兵民团很多，既今归来已伤亡一万五千余人。统计全省每村均有阵亡之人，每家均有负伤之兵。虽在胜利之氛围中，然念及伤亡，讵不令人悲从中来。尚望各界有以抚恤之，以慰死者在天之灵。今竟蒙各界举行盛会，元海深觉不安，谨代表各部队弟兄致深切之感谢云。

（《剿匪概述》记载马元海在1937年4月15日的“庆祝胜利”大会上的

讲话全文）

马步青诔“阵亡之数，七千有奇”

惟中华民国二十六年6月1日，骑兵第五师师长马步青致祭于剿赤阵亡将士之灵日。赤匪肆虐十载于兹，既扰陇右，复窜河西，占我城堡，杀我群黎，焚烧掳掠，儿哭女涕，似待援军，望切云霓，后有团勇，前有百师，冲锋陷阵，力合心齐，拼命奋斗，履险若夷，人不解甲，马不停蹄，苦战半载，才剪鲸鲵，阵亡之数，七千有奇。呜呼为国尽忠，勒鼎铭碑，气壮山河，遐迩皆知，今逢追悼，谨具诔辞，忠魂烈魄，维希鉴之尚飨。

（《剿匪概述》记载马步青6月1日在“青海省各界追悼剿匪阵亡将士大会”上的祭文全文）

马步芳文“阵亡将士，共三千余人”

剿匪以来，诸将士或陷阵殉难，或负伤前线，省内各界一本爱国爱乡之心，捐助慰劳款洋，医治伤亡，实多感激。慰劳款洋，除由慰劳会收到二十余万元，作为伤亡费用外，不足费用，均由本席捐助。阵亡将士，共三千余人，每人所给抚恤费，或千元、五百元、四百元不等，最低在五十元以上，平均一人一百元计算，约须三十余万元。各部队对各机关公务人员捐款慰劳，尤表感谢，盖因各公务人员，一人之后，养给家属七八口，非如为商为工者之有生产事业，可以补助，今竟捐二个月半的维持费，慰劳将士，譬如以己之食而食人，其爱护之忱，殊为可感。本月三日，又达发放时期，本席在财政困难中，经筹措两万元，定今日发放矣。

（马步芳1938年元旦讲话《代理省政之过去与现在》一文的中间一部分）

《剿匪概述》记载毙命与负伤的青马军官

11月4日，匪以优势围困我马进昌团，各官兵均能埋头苦斗矢志不渝终，予匪以重创，惟马廷祥指挥于是役奋不顾身，中弹殉职。

11月24日，红梁山之匪惨败逃窜，我马进忠营长亦于是役殉职。

11月25日，匪以优势胁迫我驻古浪少数部队，我军以众寡悬殊且地势不佳，为避免重大牺牲暂行放弃古浪，俟我进剿各部队集结后再行协同进剿。

1 月 27 日，西墩（洞）堡战斗马玉龙团二营营长阵亡，连长二员，连副三员，士兵数十名同时殉职。

2 月 20 日，马指挥元海率部发动攻势达四昼夜，战况激烈，毙匪千余，我伤亡五百余名。

2 月 22 日，我马学良马朝选两营长先后殉职。

2 月 27 日，马指挥元海电告循化上四工民团韩忠良司令，马团长亚子阵亡，警备旅马团长占成、马团长得胜负伤。

2 月 28 日，我马朴旅长奋不顾身督促部队前进，臀部受伤。

3 月 12 日，我马彪旅谭成祥马占成两团长亦同时殉职。

同槽相争

河西战役之后，蒋介石为了笼络“二马”，将马步芳的新编第二军正式改编为陆军第八十二军，马步青的骑五师扩编为陆军骑兵第五军。其后，蒋介石为了抑制“二马”，控制河西走廊，保持内地通往新疆的大道，于 1940 年秋令驻防在甘州、肃州一带的马步芳部撤回青海，并用缓冲的办法，将防务交由骑兵第五军马步青接替，即由该军所属骑兵第五师马呈祥部进驻肃州一带。1942 年 4 月，国民党政府特派马步青为柴达木屯垦督办，令其率骑兵第五军开赴青海柴达木盆地屯垦。

新命宣布后，马步青心烦意乱，颓丧异常。马步芳独霸青海军政全权，入青实难相容。可是蒋命不敢违抗，又无周旋门径。部属之中，有主张暂缓其行，有主张直赴西宁，有主张不经西宁而由河西走廊经敦煌西上沿新疆的南疆边境，直入柴达木。意见纷纷，莫衷一是，使马步青处于进退两难的境地。马步芳为达其并吞骑兵第五军的蓄意，连电促其成行，表示欢迎。马步青终以形势所迫，在蒋介石的压力下接受命令，于 1942 年 5 月 11 日在武威先行宣布就督办职。6 月 2 日，该军骑兵第五师师长马呈祥率部从肃州防地沿祁连山经门源进入西宁，随后军司令部直属各团营及暂编骑兵第一师亦由武威、永登相继入青。

马步芳对骑五军的并吞蓄意已久。远在河西战役之时，每当骑五军较高一级的军官因公私事来西宁晋见马步芳时，即乘机进行拉拢，给予一些金钱粮食或房地产，以加强自己的影响。并说："阿哥多不管束部队，你们要好好训练队伍，爱护团体，骑五军和八十二军是一家人！"对直属的八十二军军官讲话，也扬言"骑五军没有训练，不能打仗，官兵多半抽大烟、打麻将。阿哥迷醉于玩乐，不训练部队"，等等。

骑兵第五师到达后，马步芳以马呈祥是自己的外甥，以家长身份直接指挥其部队。首先命令所部马匹入场放牧，并规定了休息期间的活动安排等等。马呈祥每天也与马继援在一起，无形中打成一片。马步芳旋对骑兵第五军进行整训，派张成桢为总教官，在营以上单位，均派驻教官一名。所有骑五军的各级官佐，分编为两个连，每天早饭后的两个小时进行制式教练或战斗教练，以备第二天训练部队的课目。自开始训练后，每天拂晓到晚间，总有三至四次武装活动，训练是够紧张的。这是马步芳认为骑五军军官腐化堕落而有意设置的。每天早晨还进行半小时的精神讲话，中心内容一贯是："我们在河西反共，和共产党结下了血海深仇。共产党是我们最大的敌人，如不训练好打仗的本领，将来要被共产党消灭。我们要保卫桑梓，保卫团体，必须精诚团结。骑五军和八十二军是一家人，是兄弟骨肉，要相亲相爱，拧成一股绳。"并提出了"骑五军八十二军是一条命一口气"的口号。骑五军的部属，已识透马步芳欺骗麻痹的诡诈心理，相互私语说："八十二军是有一条命，骑五军只剩下一口气！"

马步芳除了对骑五军部队在精神上麻醉外，生活上给予了较八十二军优越的待遇，以示其所谓深切的关怀。当骑五军未到达前，即腾出了八十二军原驻地的一部分营房，并且加以修缮，还由八十二军士兵在各个营房储备了足用一周的生活用煤及马草等。八十二军的军司令部驻地让给骑五军军司令部，原保安司令部作为骑兵第五师的司令部。部队到达后即给予肉油等食物，作为马步芳的犒赏。发给羊毛，令部队制作毛衣、毛裤、鞋袜之类。马步芳还经常走串营房，亲自检查伙食，对士兵问长问短，偶尔遇到来营探望的家属，也施以小恩小惠。有的官长或士兵陈说家庭困难或家事纠纷，也即满口应允，传令当地政府办理。有些下级军官和士兵说："我们在骑五军多少年，还未见过自己的军长！"

举办"骑五军八十二军军官训练团"为并吞骑五军铺平了道路。马步芳为达到统一两军指挥权，几经策划，征得马步青的同意，于1938年冬在西宁乐家湾举办了军官训练团。马步芳对骑五军受训的某些中上级军官注意较多，不时向队长们询问了解。如某某调皮不调皮，某某吃苦怎么样，某某是否抽大烟等，还提醒说："骑五军的队伍外防驻惯了，军队没有好好训练，当官的毛病多，散漫惯了，不能吃苦！"示意对这些人要多注意，严要求。对在该军有影响的、马步芳中意的团以上的高级军官，则接往省政府，单独召见谈话，并一起就餐，有时还自行引导他们参观工厂、学校或军队训练，用以鼓励和达到羁縻的目的。马步芳借军官训练团加强自己在骑五军各级军官中的影响，并摸清了该军一些主要军官的底细。

军官训练团的大队长是少校级，分队长是上尉级。一个职务很少有连任两期的，调动频繁，升迁较快。这三期担任大队长分队长的，其后在马步芳集团里大都成为骨干，其中将级军官就有马继援等十多人。

马继援在第一期第二大队担任大队长时，刚由昆仑中学高中班毕业。他在学校时就挂有青海南部警备司令部上校参谋长的职衔。马步芳让他担任大队长是为使其学习和掌握军事知识，并借以在两军军官中扩大影响，为尔后继承军权奠定基础。马继援尚能勤苦好学，先学后教，表现比较出众，在受训的军官中确也留下了较好的印象。训练一结束，他即担任了骑兵第三旅少将旅长，未及一年又调升为八十二军副军长。

马步青到西宁后，马步芳百般奉承说："阿哥多年在外，备受辛苦，现在到了自己家里，应该享福，好好休养休养，事情叫年轻人去办！"马步青乐得迷醉于抽大烟、耍洋狗、飞鸽子等声色圈子里，而与部队逐渐隔离了。马步芳指示马继援常向马步青请安问好，毕恭毕敬，假意请示汇报一些无足轻重的事宜，表示一切听从马步青的指挥。马步芳乘机推荐亲信丁元杰为马步青的柴达木屯垦督办公署秘书长，作为自己的代理人。

马步青的高级幕僚孟练百，认为马步芳心胸狭窄势难相容，曾主张借词推延入青，鉴于入青的前途黯淡，由凉州开拔时未随其行。马步芳侦悉马步青心腹旅长袁耀廷与陈诚有勾结，从侧面放风，施加压力，使袁望而生畏，不得不离开马步青，直接投奔于陈诚的门下。军参谋长吴波亭慑于马步芳的淫威，到青后即辞职回家。马步青所属军官都不敢与其随意往来，积时一久马步青几乎隔绝了与外界的接触。这时，高级军官觉察到马步芳的野心，有的直接投靠于马步芳，有的担心前途情绪沮丧，也有的偷偷到马步青处诉苦，或设法向马步青申请回家。马步芳针对这种情况，即对骑五军军官讲话说："有些官长这几年在外驻防，尽打算自己发财，欺上瞒下，把军队带烂了，团体的名誉就叫这些人败坏了，阿哥的事情也坏在这些人手里，应该严办几个人才对！"致使骑五军军官既不敢异心，更不敢接近马步青，使马步青愈加孤立。

马步芳将骑五军所属骑兵第五师十三团二连少校连长韩某予以撤职，代之以马继援的上尉随从副官马福林。他对马呈祥说"我给你选了一个很好的连长"，并令马继援同马呈祥向马步青汇报。马步青以事先未得他的同意，并因以马继援的随从副官派充他的连长，大为不满，即令马呈祥拒绝马福林到职，说："像这样的人才，我们部队里很多！"马步芳对此故作镇静说："这个人是营级材料，放连长我还舍不得呢！"遂将马福林委任为八十二军骑炮团中校营长。

马步青急于到柴达木屯垦，马步芳建议说："叫马呈祥替你去，先铺好底子，你可以住在西宁指挥！"马步青也感于种种困难，令马呈祥率骑兵第五师司令部及所属骑兵第十四团，于 1942 年 8 月初开往柴达木边缘的察汗乌苏。马呈祥师进入柴达木时，马步芳将该师副师长祁明山、参谋长康冠儒等留在西宁，借口其年龄大不适宜柴达木工作。马步芳几经和马步青婉言商议，马步青允许马步芳委派军和两个师的参谋长。

1942 年 8 月上旬的一个傍晚，马步芳驱车至乐家湾八十二军军部，以电话召集"骑五军八十二军军官训练团"总队长郭全梁，教官张成桢、马象乾，派郭全梁为骑兵第五军司令部参谋长，张成桢为骑兵第五师司令部参谋长，马象乾为暂编骑兵第一师司令部参谋长。他叮咛他们说："骑五军部队训练差，要担起整顿的责任来，你们到职后要把军队好好训练一下，把官兵的精神提起来！军部和师部里年龄大、嗜好多、不称职的处科长，可以调换，人选向训练团提名申请选拔！"回头指向马继援说："你们以后多多商量，我们团体发达了，你们干的事情就很多了！"他指示郭全梁等当夜将徽、领章准备齐全，第二天一早即去见马步青。

翌日清早，马继援带领他们到东关白玉巷马步青私邸时，马步青连他们的姓也叫不上来，只说了几声好。

马步芳唯恐马步青有变，当即召集骑五军各级军官，介绍郭全梁到职，并令马继援星夜派人送张成桢到马脊沟峡骑兵第五师报到，随军赴柴达木，送马象乾去永登到职。这些措施，为马步芳的调换骑五军各级军官打开了门径。

马呈祥率部进入柴达木后，送呈马步青的种种报告，均按马步芳的意图办事，使马步青心灰意冷。他这时对马步芳诡计亦有所悟，故一心前往柴达木屯垦，另起炉灶。

1943 年 3 月，马步青带领卫队 20 余人，在骑兵第五师十四团团长马硕卿陪同下，分乘卡车两辆，前往柴达木。他抵达后始悉先进入部队的马匹因缺乏草料倒毙大半，官兵以粮秣无着，潜逃人数增多，怨声四起。虽已春季，柴达木依然冷风肆虐、气候恶劣。马步青自己居住在部队修建的小院落里，面临的尽是难题，无法解决。寒气从门缝挤进来，他缓缓撩开沉重的眼皮，深感柴达木难以立足。停留数日，改乘马匹，返回西宁。

马步芳深知并吞骑五军，必须先抓骑兵第五师，因而从不忽视对马呈祥的笼络和利诱。马呈祥是马庆之子，马庆系“二马”的姐丈，马呈祥是马步青的女婿，又是“二马”的外甥。马步芳为拉拢马呈祥，以马继援与马呈祥既是姑舅，也是妹丈，叫他们吃住在一起。马步芳暗示马继援常请马呈祥给八十二军官兵讲话，并介绍马呈祥的履历及其治兵方法，有意表示亲密。马步芳、马继援以自己喜爱的枪、马以至心腹人员，不断地送给或介绍给马呈祥。马呈祥为了自己乘机而起，每天也形影不离地追随在马步芳和马继援的身边，凡事遵照马步芳的指示办理，对马步青的命令，也由表面应付，转变为无所顾忌了。不久，马步芳保荐马呈祥为骑兵第五军副军长。马呈祥充任副军长之后，马步芳继以心腹马成贤接充骑兵第五师师长。

马步芳指使暂编骑兵第一师师长韩起禄向马步青辞职，许韩以青海省建设厅水利局局长之职，推荐马振武接充韩的师长。马步青以为马呈祥是自己可靠的心腹，马振武也是自己的外甥，大可放心，遂一一应允。

马步芳在不到半年时间，先后将骑五军原任团长以上主要军官，除少数另调他职外，大部遣送回家，均改以自己的心腹充任，所有下级军官，也陆续以八十二军的亲信和军官训练团的学员代替。其时骑五军在表面上虽未完全脱离马步青，而实际马步青已成为一个挂名的军长。

1943年秋，蒋介石将八十二军和骑五军编成第四十集团军，委任马步芳为总司令、马步青为副总司令，这给了马步芳最终并吞骑五军的有利条件。

第四十集团军成立后，马步芳即将马继援由副军长升任军长。马步青既成为马步芳的副手，又因自任骑五军军长与马继援处于平等地位，愈加烦闷苦恼。马步芳却安慰马步青说："阿哥是大家的长辈，请你带领我们，今后军政大事，我们向你请示!"

自此，马步芳每天殷勤地问长问短，事无巨细，都要经过马步青同意后再去办。马步青沉醉于马步芳的曲意顺承，一时很是高兴，连自己的私章也交给马步芳。哪知马步芳夺取他的军权已下最大决心，随即怂恿说："我俩任总、副司令担子够重，军队交给年轻人去干，省事得多。你当军长与马继援处于平等地位，也不好管!"马步青不知就里，与之商议。马步芳揣测马步青的心理，即把马呈祥推荐为骑五军军长。马步青认为马呈祥当军长，等于是自己的化身，只盘算他的儿子马绪援还没有出处。马步芳以计谋已售，立即委任马绪援为八十二军副军长。马步青即将骑五军的关防印章交给马步芳。

马步芳夺取骑五军军权后，唯恐马步青不甘心作罢，即于1944年春将骑五军所部由西宁乐家湾移驻乐都、民和两县，与马步青隔离，自己也撕去了以往对马步青奉承的假面具，对其置之不理。马步芳命令电话总机，凡马步青给任何人的电话不予接线，部属与其他有关方面的人士也不准接近马步青，并暗派便衣监视。马步青在马步芳包围之下，举步维艰。

这时，柴达木屯垦督办公署被撤销，马步青自知在青海已无法立足，遂于1944年春返回河州，搜集马步芳罪恶，辑成"控诉书"，前往重庆向国民党政府密控马步芳在青海的种种虐政。蒋介石因马步青已失去了军权，终难成事，也改变了对他的态度，不予接见。马步青转请何应钦说项，何对马步芳素所深恨，为加深"二马"之间的裂痕，就把马步青的"控诉书"转交马步芳自行查复，令马步芳十分沮丧。其后，马步青只弄到一个蒙藏委员会委员的职衔，在重庆闲居无聊，又退返河州。

1948年蒋介石召开国大行宪会议，马步青以甘肃回族代表出席，青海亦有人参加。会后马步青委托青海来人传话给马步芳说：“我们是亲兄弟，我决不反对你，只希望你给我一个实际的职位，使我不要闲起来就行了！”马步芳听后说：“去掉不易，哪能自讨麻烦，把他再拉回来！”

第十六章

历史回顾

徐向前：西路军为什么终于惨遭失败呢？

回顾历史，既容易，又很难。说容易，是因为历史上的事，自己亲身经历过，写出来就行。说难，则是因为你经历过的东西，不见得就是全面掌握和深刻理解了的，不仅需要大量历史资料的印证、补充，而且更重要的是，必须运用唯物辩证法的观点去分析、去概括，得出合乎历史本质内容的结论来。历史现象纷繁复杂，蛛网交错。要实事求是，忠于历史，反映历史的本来面貌，达到借鉴过去、教育后人的目的，很不简单，是要花力气的。西路军的问题，也不例外。

西路军的两万多人，遭到几乎全军覆灭的命运，在我军历史上，绝无仅有。回顾这段历史，确有“不堪回首话当年”之叹。我是西路军的主要指挥者，这支部队的两个主力军（九军、三十军），又是我和其他同志从鄂豫皖带着发展起来的。西路军的失败，长期使我愧悔交加，余痛在心。下面，我想把西路军失败的主要教训做些探索，以慰先烈，以戒自己，以鉴后人。

如前所述，西路军自始至终是奉中央军委的命令、指示行动的。广大指战员在极其困难的条件下，披坚执锐，喋血奋战，历时近五个月之久。先后共消灭马家军25000余人，在战略上起到了有力策应河东红军和友军的作用，对争取西安事变的和平解决，推动全国抗日民族统一战线的形成，实有不可磨灭的贡献。然而，西路军为什么终于惨遭失败呢？

第一，任务问题。

西路军担负的任务，飘忽不定，变化多端，并大大超出应有限度，是导致失利的根本因素。

孤军外线作战，任务不定，迟疑徘徊，实为兵家之大忌。而西路军的情况，却恰恰如此。先是执行宁夏战役计划，渡河北进，鏖战一条山，待机策应一方面军西渡，共取宁夏；继则放弃这一计划，独力西进，准备打通新疆；再又停在永凉地区，不进不退，建立根据地；复则根据西安事变后形势变化，忽而准备西进，忽而准备东进，后明确执行西进任务，刚至临高地区，又停止西进，就地建立根据地；继复为了策应河东，改为东返；再奉命“固守五十天”，在倪家营子坚守待援；如此等等。西路军的任务飘忽、多变，虽与风云变幻的全局形势有关，但不能说毫无战略指导上的失误。结果呢？造成了西路军孤军深入河西走廊，长期遭敌重兵围困的被动局面。疲兵屡战，有耗无补，进退失据，一筹莫展。这对西路军的有限兵力来说，无疑具有致命的性质。

西路军是整个红军的重要组成部分，党的全盘战略上不可缺少的环节之一。毫无疑义，部队的一切行动，均应服从和服务于策应河东红军与友军的全局需要。但是，如何策应才更符合实际情况，更有利于全局发展，则值得研究。苏联当时应我党要求，为支援我国人民反抗日本侵略者，准备了大批武器，待红军去取（后因西路军失败，才将这批武器转交盛世才的军队）。假如西路军渡河后，抓住战机，乘虚而进，照直往西打，取得武器、弹药，如虎添翼，回师横扫而东指，有没有可能呢？完全可能的。指导思想不同，方法不同，结局会大不一样。这不是“事后诸葛亮”，我那时就是这种意见。再进一步说，西路军如果及早背靠新疆，打开战局，控制河西地带，那就不单是一时策应河东局势的问题，对整个抗日战争的进程，亦必将发生积极的影响。八路军就不止编制三个师。盛世才后来也不一定敢叛变，叛变了我们可以立即出兵收拾他。可惜的是，当时在西路军问题上，举棋不定，犹豫徘徊，致使西进的战机完全丧失。西路军的行动，步步以河东形势的暂时需要为转移，缺乏战略性的久远安排。这样虽对河东的红军和友军，起到了一时的策应作用，却毕竟招致了西路军覆灭的不幸结局。

要求西路军在永凉地区和临高地区建立根据地，也是不切实际的。且不说河西走廊的地形、民情如何，仅从西路军面对优势敌人的不断围攻来看，就缺乏建立根据地的起码条件。部队刚刚进入河西地带，四面受敌，防不胜防，整天同马家军血战，哪里还有时间和精力，去从事根据地的创建工作呢？创建革命根据地，离不开两个基本点：一是消灭敌人，站稳脚跟；二是发动群众，建党建政。前提是消灭敌人，否则，便谈不上发动群众。毛主席说过，“要以创造根据地发动群众为主，就要分散兵力，而不是以集中打仗为主。集中打仗则不能做群众工作，做群众工作则不能集中打仗，二者不能并举。”（《毛泽东军事文选》第185页）对西路军的要求有悖于此，仗还没打胜，就令一屁股蹲在河西走廊，建立根据地，行得通吗？事实说明，压根儿就行不通。规定任务，必须权衡主客观条件，从实际出发，有一定的限度。“看菜吃饭，量体裁衣”的道理，就在这里。只看到主观需要的一面，忽视了客观可能的一面，硬要部队去承担其无力承担的任务，是不会有好结果的。

第二，战场主动权问题。

战场主动权问题，关系重大。两军对阵，它是决定双方胜负存亡的关键一环。“军队失掉了主动权，被逼处于被动地位，这个军队就不自由，就有被消灭和被打败的危险。”（《毛泽东选集》第401页）西路军的失败，完全证明了这一点。

一般说来，外线进攻的部队，制敌机先，首先就处于主动地位。如果不是在驾驭战局中发生带根本性的偏差，是不致完全陷于被动，一败涂地的。西路军渡河之初，河西“四马”猝不及防，慌乱不堪。我不论北进宁夏或西进新疆，均稳操主动权在手。那时是敌人被动而不是我们被动，是敌人畏惧我军而不是我军畏惧敌人。然而，好景不长，没过多久，西路军便转入被动挨打的地位，直至最后被消灭。这种变化，正是丧失战场主动权的结果。

在敌强我弱的条件下，我军的外线进攻，历来强调依托根据地，实行战役战斗的速决原则。实践证明，这是我们争取和保持作战主动性的有效手段。西路军则恰恰相反，不仅远离根据地，孤军深入敌军腹地，且旷日持久，与敌鏖战。进不能进，退不能退。左右回旋不好回旋，企求援应没有援应。这样，还有什么战局中的主动地位可言呢？违背了外线进攻作战的基本原则，丧失主动地位，一点也不奇怪。

在敌强我弱的条件下，我军进行战役战斗，历来重视集中兵力，形成拳头。而西路军担负的任务及所处的地形条件，却使兵力的集中，受到极大限制。开始，我们对马家军的战斗力估计不足，有轻敌思想，西进时兵力不够集中，古浪一仗吃了亏。“亡羊补牢，未为晚也!”然而，当此之时，建立根据地的任务摆在面前，压倒了一切。我们想集中兵力，事实上却集中不起来。河西走廊是条“弄堂”，地势狭长，堡寨稀疏，走上几十里地，见不着一户人家。每个堡寨，一般顶多能够容纳一营的兵力，堡寨周围，尽是荒凉的戈壁滩。两万多部队停下来建立根据地，要占据地盘，要吃要住，能不分散吗？这样，就在从山丹到凉州的300多里地段里，拉成了“一字长蛇阵”。中央要求我们“集中兵力”、“齐打齐进”，原则上没有错，但实际上是同建立根据地的任务和当地的地形条件相矛盾的。我们提了不同意见，没有下文，便只能分兵固垒，就地坚持。要想集中兵力击敌，摆脱被动挨打的局面，真比登天还难。

在敌强我弱的条件下，我军主要靠什么形式去争取主动，消灭敌人呢？不靠别的，靠的就是运动战。“打得赢就打，打不赢就走”，诱敌深入，声东击西，“肥的拖瘦，瘦的拖死”，出敌不意，飘忽击敌，等等。这是我们的拿手好戏，是变被动为主动，以寡击众、以弱胜强的主要法宝。而西路军却固守一地，不进不退，被迫以阵地防御战为主要作战形式。敌攻我防，死打硬拼，打得赢得打，打不赢也得打。敌人处于内线作战地位，骑兵多，运动快，熟悉地形，能边打边补充，无后顾之忧。我们则完全相反，外线作战，人地生疏，子弹打一颗少一颗，人员伤亡一个少一个。要兵源没兵源，要补给没补给，要援应没援应。旷日持久下去，捉襟见肘，精疲力竭，只有招架之功，毫无还手之力。像这样打法，焉能不败？

在敌强我弱的条件下，我军形成了近战、夜战、奔袭、伏击、迂回、猛打猛追等战术特长。扬长避短，才能百战百胜。但西路军受制于任务、地形、作战形式和骑兵为主的作战对象，使这些战术特长，无从充分发挥，以奏奇效。就拿对付敌人的骑兵来说，我们一无机炮火力，二无伏击阵地，三无大量骑兵。优势装备的敌人，瞬间蜂拥而至，倏忽一啸而去。你想打个歼灭战，谈何容易！敌人进攻，我军多用大刀同敌拼杀，消灭一个骑兵，往往要付出两三个人的伤亡代价。敌人败阵后一溜烟跑掉，我们干瞪眼。你用小部队追击，人家能杀“回马枪”；用大部队追击，阵地就保不住。“虎落平阳被犬欺”。我军的战术特长失去用武之地，优势难以发挥，受制于敌，便是在所难免的了。

凡此种种，都是西路军丧失战场主动权的根由所在。

第三，机断专行问题。

“将在外，君命有所不受”这句古话，指的就是军事指挥上的机断专行问题。寓于其中的经验教训，不知是用多少人的流血代价才换来的。对于一支独立作战的军队来说，指挥员能否根据作战任务和战场情况，机断专行，灵活制敌，往往能对战局发生决定性的影响。战场实际纷纭复杂，千变万化，许多重大问题，要靠身临其境的前线指挥员随机应变，“先斩后奏”，果断处置。驾驭战局，指挥战争，如果不敢从实际出发，独立判断情况，下定决心，而是翘首望天，一切唯上，这叫盲目性、机械性。要想不受战争实际的惩罚，是不可能的。

西路军的失败，与战场指挥上的缺乏机断专行，密切相关。造成这种状况，有两方面的原因。

一方面，上级统得过死，未给战场最高指挥官以应有的自主权。西路军虽担负着一个独立作战方向的战略性任务，但每一步行动，均须请示报告，不折不扣地照上级指示去办。上面叫往西就往西，叫往东就往东，叫停就停，叫走就走，指挥员毫无机动自主的权力。有些指示明明行不通，但不问实际情况如何，硬要下面贯彻执行。尤其是河东红军的战略行动部署，既不向西路军通报，又要求西路军配合，令人不知其然，更不知其所以然。古人说：为将之道，“知理则不屈，知势则不沮，知节则不穷”（苏洵：《心术》）。这话很有道理，所谓“理”、“势”、“节”，指的就是全局性的东西。指挥员驾驭一个独立作战方向，不了解全局形势，不明白局部战争同全局战争的关系，打的便是糊涂仗。难免如堕五里雾中，晕头转向，缩手缩脚，无所适从，岂有应变自如，“不屈”、“不沮”、“不穷”之理？

另一方面，西路军一把手陈昌浩思想上有包袱，患得患失，当断不断。他是军政委员会主席、政治委员，有最后决定权，对西路军的行动，能起“拍板”的作用。但是，这个同志的精神状态，很不理想。原因是他在红四方面军南下期间，一度支持过张国焘的分裂主义，后见共产国际不承认张国焘的那一套，知道自己犯了错误，包袱沉重，不易解脱。他曾向我流露过：南下的事，共产国际肯定对四方面军另有看法。为了四方面军的前途，今后应唯共产国际和党中央的意见是从。陈昌浩同志愿意改正错误，紧跟中央，无可非议。但是，作为一个党的高级干部，决不允许夹杂某种个人得失或山头主义的情绪在内。党内斗争嘛，谁能一贯正确？犯了错误，该检讨就检讨，该工作就工作，没有必要迫不及待地去表白自己，洗刷自己，从一个极端跳到另一个极端。在西路军期间，陈昌浩自始至终以紧跟中央，“回到”正确路线上来而自居。对于上级的指示，奉为金科玉律，不敢越雷池一步，简直到了一切“唯上”的盲从地步。至于敌我力量对比如何，战场实际如何，哪些行不通的指示应向上级反映，哪些事关全军命运、战局胜负的问题需要机断处置，则一概置之脑后。我们之间的两次争论，便充分证明了这一点。他不仅不反躬自省，反倒要对我“开展斗争”哩！结果，使西路军失去战机，作茧自缚，步步被动，直至不堪收拾。我作为军政委员会副主席、西路军总指挥，虽向上级和陈昌浩提出过不同意见，但不无顾忌。特别是在受到中央指责的情况下，心情忧闷，不想吭声，缩手缩脚，教训是很深刻的。

西路军的失败，发生在西安事变后的复杂历史关头。这也是蒋介石利用和谈，玩弄两面手法，乘机加速消灭红军力量所致。事实证明，想通过谈判，要蒋介石制约“二马”，保存西路军，是不现实的。革命力量的生存和发展，必须放在依靠自己、依靠人民的基点上。“反动势力对于人民的民主势力的原则，是能够消灭者一定消灭之，暂时不能消灭者准备将来消灭之。”（《毛泽东选集》第1080页）这是颠扑不破的真理，是阶级斗争的规律使然。

“青山遮不住，毕竟东流去”。西路军的失败，虽是党在土地革命战争向抗日战争过渡时期遭受的一次严重挫折，但由于党的全局路线是正确的，因而终于冲破重重困难，赢来了全民族“停止内战，一致抗日”的崭新局面。历史的潮流不可阻挡。一个伟大斗争时期的新曙光，出现在东方地平线上。中国共产党及其领导的英勇红军，将在民族革命斗争的烈火中，经受更为严峻的锻炼和考验，领导全国人民，打败日本侵略者，解放全中国。

（引自徐向前《历史的回顾》中《血战河西走廊》一章，解放军出版社

1988年10月第1版）

李先念：西路军自始至终都是在中央军委领导下进行作战的

1936年10月下旬，红四方面军一部西渡黄河及后来成立西路军的问题，当时是怎样决定的，过去我也不那么清楚。前几年，中央文献研究室为了系统研究毛泽东思想和党的历史，把过去毛主席的文稿和发的电报都汇编起来了。从这个时期中央和中央军委发的一系列电报来看，这段历史事实是清楚的。四方面军一部西渡黄河，夺取宁夏，及在甘西开辟新的革命根据地，打通国际路线，这是中央根据形势的发展，经过反复酝酿后作出的决策。这个决策是中央建立陕甘宁根据地战略部署的一个重要组成部分。1936年5月东征回师后，从中央安排来看，不仅四方面军一部要过黄河，一方面军也要过黄河。比如1936年6月底，当时二、四方面军还在甘孜、道孚，尚未到达会宁的时候，毛主席6月29日给彭德怀同志的一份电报（即《关于打通苏联及其道路、时机问题》的电报），就提出了夺取宁夏或甘西，打通苏联的问题了。会宁会师前后还有一系列电报，说明四方面军一部是奉中央命令西渡黄河的。后来的西路军也是中央命令成立的。西路军自始至终都是在中央军委领导下进行作战的，重大军事行动都是中央决定或经中央批准的，并不是执行的张国焘路线。

我记得很清楚的是，四方面军总部到达会宁后，有一天发了一份电报叫我去。我带着骑兵连急速赶到会宁。到会宁时，正好朱德同志、张国焘、向前同志和昌浩同志，还有李特和几位参谋都在场。他们给我看中央发来的电报，记得就是最近看到的毛泽东、周恩来、彭德怀同志1936年10月5日发给张、朱《同意迅速从靖远、中卫地区过河之意见》和毛泽东、周恩来10月14日发给朱、张《搜集造船材料及分工问题》等电报。我看完电报，向前同志对我说，三十军先过河，其他部队跟进。我连饭也没顾上吃，就迅速赶到靖远附近的黄河边上，组织部队搜集材料，赶造船只，准备渡河事宜。

10月23日晚上，三十军先头部队开始渡河，由于河面的情况没有侦察清楚，夜间又看不见，等船靠岸后，才发现还有一道河，原来是渡到了河中间的一个沙洲上了。时间来不及了，又渡回来。敌人丝毫也没有发现。第二天，我和程世才同志化装成老百姓，又沿河侦察，发现了虎豹口这个渡口。24 日晚，再次渡河，一次过去一个营，渡河成功。随我们之后，九军、总部和五军团也渡过了黄河，由于敌情的变化，胡宗南的部队北进很快，中央决定先集中兵力击破南敌，再渡河执行宁夏战役计划，其他部队暂时就不过河。同时王均、毛炳文、关麟征的部队占领了黄河东岸和中卫一带，又派飞机轰炸渡口，这样就把我们渡河部队同在河东的红军主力隔断了。

三十军、九军、五军渡过黄河后，开始是执行宁夏战役计划。我们三十军先打一条山，扫除北进的障碍，同时派八十八师进占五佛寺，准备进攻中卫。在这里打了十多天，等待一方面军从金积、灵武渡河，一同进攻宁夏，并派一支部队夺取贺兰山中的一个绿洲——定远营，以便和外蒙、苏联接通，取得援助。由于敌军运动很快，河东部队没有找到战机粉碎敌人的进攻，战局起了变化，中央又决定放弃宁夏战役计划，一方面军没有过黄河。我们过河的部队再回来也困难了。

宁夏战役计划放弃后，中央决定将过河的部队组成西路军，在甘西创建根据地，并相机打通新疆，取得国际援助。于是我们就向西前进。向西进时，西路军的肩上挑着两副重担，一副是要在河西走廊创建新的革命根据地，一副是要打通新疆，取得援助。从当时的战争格局来看，开始河东主力在同胡宗南部作战，后来又发生了西安事变，为了策应河东和建立陕甘宁根据地，需要西路军在甘西建立根据地，在军事上配合河东主力行动，使河东、河西从战略配合上连起来。另一方面，当时红军装备和给养很差，为取得苏联援助，打通新疆又十分必要。但我们一停下来，马步芳、马步青的几万骑兵部队和几万民团就包围上来了。西路军只有两万多人，而且经过长征和过河作战，已是十分疲惫之师，要挑这样重的两副担子，实在力不胜任。现在回过头来看，如果宁夏战役计划放弃后，在一条山打一下就急速西进，直插到凉州、甘州、肃州、玉门、安西，和新疆接通，并能得到苏联的援助，不用说多了，有几十门炮和一定数量的武器和弹药，就有可能打垮马家军和建立起甘西根据地。当时没有这样干，两副重担同时挑，在河西走廊走走停停，犹豫徘徊了三个月，失掉了战机。当时叫在河西走廊建立根据地，那个地区建立根据地的条件也实在太差。

那一带地区狭小，不利我重兵回旋，而且堡寨太多，城坚难破；历史上形成的回汉矛盾很尖锐，“二马”反动势力控制很严，过去没有党的工作基础，争取群众很困难；马家骑兵机动性大，我们缺少同骑兵作战的经验；这里经济落后，部队给养十分困难，在零下二三十度行军作战，吃穿很难解决，古浪一战又没有打好，九军损失很大。这样就越来越被动了。

1937 年 1 月，我们越过甘州进到临泽、高台地区，马家的骑兵紧紧追击我们，拦截我们西进，迫使我们同敌人血战 50 多天，倪家营子突围后，只剩下 2000 多人。

西路军在河西走廊英勇奋战了五个多月，先后共歼灭敌人好几万，为支持和配合河东红军主力的行动作出了贡献。在连续不断的恶战中，西路军自身伤亡也越来越大，最后遭到了失败。失败的原因是比较复杂的，是多方面的。为了总结历史经验可以继续研究。

1937 年 3 月 14 日，西路军军政委员会开会，决定成立工作委员会，由李卓然、李特、曾传六、王树声、程世才、黄超、熊国炳和我共八人组成，军事上由我统一指挥，卓然同志负责政治领导；徐、陈离开部队；余部分三路打游击。占云同志带一个支队，主要是伤病员，就地坚持游击战争；王树声同志带右支队；我带左支队。徐帅当时不愿意离开部队，他说要和我们一起打游击，可是会上已经决定了，他也不能不服从。

当时要想摆脱敌人，出路只有翻越祁连山。有人说，祁连山很高，终年积雪进不去；还有人说，山南面是死海，就是过去了，也无法生存下去；找当地的牧民询问，他们也不敢说能过得去。当时情况很危急，不过祁连山，剩下的 2000 多人就可能被敌人消灭。我和李卓然、曾传六、程世才等几个同志商量，我们一致意见要过祁连山，于是就向部队做了动员。我们先赶到雪山下面的山坡上宿营，等到夜间 12 点左右起来，翻越积雪的山峰。因为这个时候，风平谷静，便于行动，越过积雪的山峰后再宿营。就是这样还有不少的同志牺牲在雪山上。

翻过祁连山后，见到一个大喇嘛寺，寺里有点武装，但火力不强，一打就垮了。搞到了几百件衣服和不少吃的东西。部队在这里稍作休整后，就沿着祁连山南麓向西走。后来又接到中央的指示，让我们走出祁连山，向新疆方向前进。这一带没有人烟，找不到向导，也没有地图，全靠指南针辨别方向。一天只能走三四十里路，走多了就有人掉队。我们的想法是能救活一个，就救活一个，多一个人就多一份力量。没有粮食，就打野兽，烧熟了充饥。因为没有盐，很难往下咽。走了二三十天后，遇到几个蒙古族牧民，问问路，进新疆怎么走？他们说再往西是大沙漠了，过不去了。于是我们又往回走，再向北出祁连山，经安西到了星星峡。

1937 年 5 月 1 日，陈云、滕代远同志根据中央的指示到星星峡接我们。在这里休息了几天，苏联派飞机送来了转盘枪、步枪、皮鞋等物资。我们只接收了一些轻武装，炮没有要，然后就向迪化（乌鲁木齐）出发了。

我们到了迪化还有 400 多人。记得季米特洛夫还发一封信给我们，祝贺我们到迪化。这些人中，一部分送到苏联学习军事技术，一部分留在迪化，组织新兵营，学习军事技术、政治和文化。这批经过严峻战火锻炼的同志，后来大部分成为我军的骨干。当时，也曾动员我去苏联学习，我不愿意去，就没有去。抗日战争爆发后，我于 1937 年冬就离开迪化，返回延安。

（此文是 1982 年 11 月 9 日李先念同志《关于编写红四方面军战史和革命回忆录问题的谈话要点》，由红四方面军战史修改办公室整理提供。题目是作者拟定的。转引自《悲壮的征程》，中共甘肃省委党史资料征集研究委员会编）